# 外國語文論叢

## 第 8 辑

## *Collected Essays of Foreign Languages and Literatures*
## *Volume VIII*

Sichuan University Press
四川大学出版社

责任编辑:周　洁
责任校对:吴近宇
封面设计:米迦设计工作室
责任印制:王　炜

**图书在版编目(CIP)数据**

外国语文论丛. 第 8 辑 / 张叉主编. —成都: 四川大学出版社, 2018.8
ISBN 978-7-5690-2254-4

Ⅰ.①外…　Ⅱ.①张…　Ⅲ.①外语教学-教学研究-文集　Ⅳ.①H09-53

中国版本图书馆 CIP 数据核字 (2018) 第 187991 号

书名　**外国语文论丛　第 8 辑**
**Waiguo Yuwen Luncong　Di-ba Ji**

| | |
|---|---|
| 主　编 | 张　叉 |
| 出　版 | 四川大学出版社 |
| 地　址 | 成都市一环路南一段 24 号 (610065) |
| 发　行 | 四川大学出版社 |
| 书　号 | ISBN 978-7-5690-2254-4 |
| 印　刷 | 郫县犀浦印刷厂 |
| 成品尺寸 | 170 mm×240 mm |
| 插　页 | 2 |
| 印　张 | 30 |
| 字　数 | 540 千字 |
| 版　次 | 2018 年 8 月第 1 版 |
| 印　次 | 2018 年 8 月第 1 次印刷 |
| 印　数 | 0 001～1 000 册 |
| 定　价 | 88.00 元 |

◆读者邮购本书，请与本社发行科联系。电话：(028)85408408/(028)85401670/(028)85408023　邮政编码：610065
◆本社图书如有印装质量问题，请寄回出版社调换。
◆网址：http://press.scu.edu.cn

北京大学外国语学院教授、博士研究生导师，国务院有特殊贡献专家称号获得者，国际中西文化比较协会会长，中国外国文学学会莎士比亚研究会会长，原北京大学世界文学研究所所长、北京大学文学与翻译学会会长辜正坤于二〇一七年三月三日在北京大学外国语学院新楼重题。

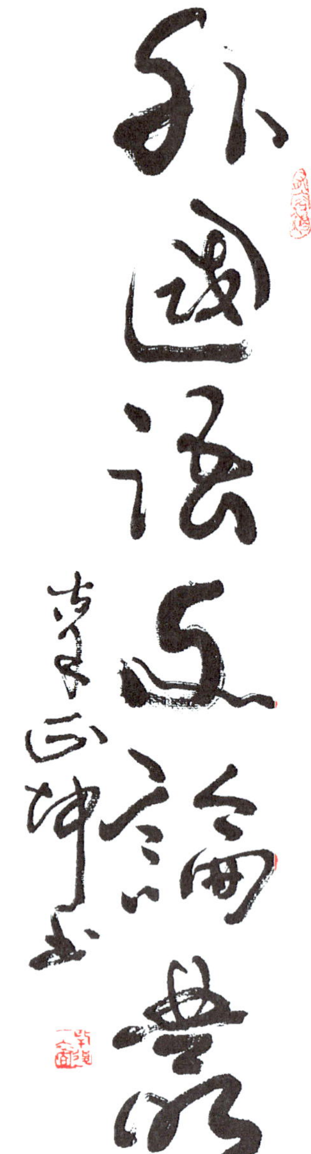

北京大学外国语学院教授、博士研究生导师，国务院有特殊贡献专家称号获得者，国际中西文化比较协会会长，中国外国文学学会莎士比亚研究会会长，原北京大学世界文学研究所所长、北京大学文学与翻译学会会长辜正坤于二〇一八年三月六日在北京大学外国语学院新楼重题。

## 序一

# 春色满园关不住，一枝红杏出墙来

记得大概是在2011年4月的一天，我在四川大学望江校区外国语学院大楼的二楼走道上看到应邀前来参加研究生学位论文答辩工作的张叉教授，我们站着聊了几句。此前，他用快递给我送了一本他主编的《外国语文论丛》第4辑，所以自然想到了他主编论丛的事情。我告诉他说，论丛办得还不错，应该继续办下去，他回答说，他也有继续办下去的想法，并希望我继续帮助他。据我所知，他是一个脚踏实地的学者，言必行，行必果。不出我所料，这几年，他主编的论丛又出版了第5、6、7辑。2017年4月的一天，我又在四川大学望江校区外国语学院大楼的二楼走道上看到他，他也是应邀前来参加这里的研究生学位论文答辩工作的，我们又像上次那样站着聊了几句。当天晚上，我收到他给我写来的一封电子邮件，说他主编的论丛第8辑马上要出版了，并热情邀请我为他写一篇序。我当即给他写了一封回信，表示很乐意为他写序。

我之所以乐意为张叉教授主编的这辑《外国语文论丛》写序，是因为在他身上有某种可贵的精神。他办论丛，既没有依托任何大专院校，也没有依托任何科研院所或者学术团体，没有稳定的经费来源，他是以个人名义来办论丛的。说实在的，办论丛是赚不到钱的，相反，还要倒贴，而现在这个时代，很多人是很讲实惠的，我说的实惠主要指经济实惠。很多人唯实惠是图，有实惠的就干，没有实惠的就不干。在这种不良的风气之下，他还能够坚持以个人之力把论丛办下来，这是十分了不起的。他的身上体现出了不计得失、积极进取、坚忍不拔、愈战愈勇的精神，这是一种难得的、可贵的精神，我们应该予以鼓励。

我之所以乐意为张叉教授主编的这辑《外国语文论丛》写序，是因为他的办刊眼光越来越宽广。我注意到，论丛的第1、2辑所收录的文章全部是四川省内的作者撰写的，其中，主要是四川师范大学的教师撰写的。第3辑收录了西南大学外国语学院副院长、博士研究生导师刘承宇和助教丁泓棣撰写的文章“Trilingualism and Trilingual Education of Yi Students in Southwest China：A Preliminary Investigation”，加拿大西蒙菲沙大学托德·汉森（Todd Hanson）撰写的文章“Explorations of the Roles of Expatriate English Teachers in the People's Republic of China”，香港教育学院助理教授高宝玉撰写的文章《香港小学英语教学与英语老师之专业发展——代名词教学案例》，香港教育学院国际教育与终生学习系教授鲍勃·亚当逊（Bob Adamson）教授和安妮汤小燕（Annie Tong Siu Yin）撰写的文章“Mind the Gap：Content，Pedagogy and Assessment in English Language Arts in Hong Kong Secondary Schools”，美国宾夕法尼亚州里海大学英语系教授彼得·格兰特·贝德勒（Peter Grant Beidler）博士撰写的文章“Teaching Backward”，一下子把论丛的用稿范围扩展到了省外、国外。论丛的第7辑所收录的文章有荷兰乌特勒支大学人文学院教授、国际比较文学学会前会长杜威·佛克马（Douwe Fokkema，1931—2011）撰写的“Foreword of *The Variation Theory of Comparative Literature*”的汉译文章《曹顺庆〈比较文学变异学〉英文版序言》，美国宾夕法尼亚州立大学（The Pennsylvania State University）比较文学与德语“艾德温·尔勒·斯巴克斯”教授（Edwin Erle Sparks Professor）、美国宾夕法尼亚州立大学日耳曼斯拉夫语言文学系主任、比较文学部门与项目协会会长托马斯·奥·毕比（Thomas O. Beebee）教授撰写的“The Ethics of World Literature”的汉译文章《世界文学的伦理观》，第8辑所收录的文章有香港中文大学中文系教授，香港作家协会主席黄维樑教授的《春的悦豫和秋的阴沉——试用佛莱“基型论”观点析杜甫〈客至〉与〈登高〉》；丹麦欧登塞大学（Odense University）博士，奥胡斯大学（Aarhus University）比较文学系教授，欧洲科学院院士斯文德·埃里克·拉森（Svend Erik Larsen）的汉译文章《世界文学中的移民与翻译》，美国文学刊物《弗洛伊德县月光》（*Floyd County Moonshine*）的编辑亚伦·李·摩尔（Aaron Lee Moore）的“A Comparative Analysis of Three English Translations of Liu Xie's *Wenxin Diaolong: Dragon-Carving and the Literary Mind*, *The Book of Literary Design*, and *The Literary Mind and the Carving of Dragons*”，其用稿范围进一步扩大。这些情况说明，论丛的办刊视野已经大大拓宽了。一个学术刊物要办好，主编的眼光是至关重要的，只有站得高，才能看得远，而论丛的用稿范围能够进一步扩大，已经说明了这个问题。

我之所以乐意为张叉教授主编的这辑《外国语文论丛》写序，是因为他主编的论丛学术性强。我看过已经出版的第1至7辑论丛，每一辑所收录的文章，虽然质量水平不完全相等，但是总的来说，都给人留下一个印象，那就是，学术性强。比如，论丛第1辑收录的张顺赴副教授的《论爱伦·坡小说的死亡主题的内涵》，第2辑收录的胡志红教授、陈婷波同学、赵金兰同学的《西方生态批评与佛教之间的跨文明生态对话》，第3辑收录的彼得·格兰特·贝德勒博士的“Teaching Backward”，第4辑收录的辜正坤教授的《对索绪尔若干观点的批评》，第5辑收录的桑宜川教授的《加拿大小学英语教学法理念对中国同行的启示》，第6辑收录的朱鹏飞老师的“Strategies for Helping Junior Middle School Students to Be Efficient English Learners”，第7辑收录的托马斯·奥·毕比教授的《世界文学的伦理观》，第8辑收录的斯文德·埃里克·拉森教授的《世界文学中的移民与翻译》等，都是质量高、学术性强的文章。

最近，张叉教授给我送来了《外国语文论丛》第8辑书稿，告诉我这辑论丛马上就要出版了，这是一件很好的事情，我要向他表示祝贺。我在动手撰写这篇序之前，通读了书稿。说句实话，看了书稿后，我是很高兴的。

这是因为这一辑在“外国语言学研究”的栏目里组织了三篇文章，它们是北京大学辜正坤教授写的《语文的必然性综论》、四川大学周光亚教授写的《索绪尔与普通语言学》和赵洪定教授写的《也谈语言学问题——兼与〈索绪尔与普通语言学〉作者商榷》。在这三位教授中，前一位是国内外语界大名鼎鼎的学者，是莎士比亚研究的专家，多才多艺，学贯中西。后两位是我在四川大学外国语学院工作时的师长、同事，我多年的朋友，也是国内外语界著名的专家，学养非常深厚。他们三位专家的共同之处是他们的文章都写得很棒，而这一辑论丛中收录的他们的这三篇文章就很能够说明问题。这三篇文章围绕的是同样一个主题，那就是，索绪尔普通语言学的科学性的问题。看得出来，这样的主题，是他们长期独立的思考，深思熟虑的结果，其中不乏独到的见解。这三篇文章是典型的学术争鸣之作，给我留下了深刻的印象。他们之间的争鸣是有理有节、温文尔雅的，完全没有学术界不时所见的相互谩骂、相互指责的不良倾向。争鸣文章是很有看头的，而这种争鸣对于活跃学术气氛、促进学术繁荣是非常好的一件事情，我们应该给予大力的倡导，多欢呼，多鼓掌。

我看了这一辑论丛后之所以很高兴，是因为这一辑还专门开设了一个栏目，叫“英、汉、藏三语教学研究”。我们国家民族众多，所以各个民族地区的英语教学所面临的情况是不一样的，至少少数民族地区的英语教学和汉族地区的英语教学所面对的情况是不一样的。由于所面对的情况有所不同，所以英语教学的有效策略也就不一样。该栏目里收录了两篇文章，一是云南师范大学副校长原一川教授领衔撰写的《云南迪庆藏区三语教育语言态度实证研究与启示》，二是西南大学外国语学院院长刘承宇教授领衔撰写的《三语教育背景下藏族学生英语语用迁移实证研究》，都是专门研究中国西部地区三语教育的论文，具有很强的针对性，是有的放矢之作，是我国三语教育研究的最新成果。

我看了这一辑论丛后之所以很高兴，是因为这一辑论丛在选稿上更进了一步，所收录的文章中，出现了一些我们借以窥探海外学者在外国语文领域研究动态的文章。其中，斯文德 · 埃里克 · 拉森写的“Migration and Translation in a World Literature Perspective”的汉译文章《世界文学中的移民与翻译》与亚伦 · 李 · 摩尔写的英文文章“A Comparative Analysis of Three English Translations of Liu Xie's *Wenxin Diaolong: Dragon-Carving and the Literary Mind*, *The Book of Literary Design*, and *The Literary Mind and the Carving of Dragons*”格外引人注目。拉森的文章向我们展示了西欧学者在比较文学与世界文学领域的新思考和新发现，而摩尔的文章则展现了北美学者在翻译学领域的理论探讨和案例研究，这些都有助于我们从侧面来了解海外学者在外国语文领域研究的动态。

据我所知，张叉教授办论丛的积极性是很高的，他希望把论丛办好的愿望是很强的。他希望我就如何不断提高办刊质量给他提提意见，恭敬不如从命，那我就说两句吧。我认为，这本论丛是研究外国语文的学术集刊，既然有“外国”二字，那就可以考虑进一步加强对外国学术界相关研究的关注，换一句话来说，就是更多地把眼光放到国际上去，更多地具有国界视野，更多地采用海外学者的文章，以此进一步扩大国内外学术交流，以此形成国内外遥相呼应、优势互补的局面。

据我所知，张叉教授这本论丛创办于 2008 年，到现在已经十年时间了。十年来，论丛出版了 8 辑，收录文章 448 篇，实属不易。这本论丛于 2017 年 3 月通过专业评审，正式收入中国知网，目前出版了的第 1 ~ 7 辑已经可以在中国知网全球检索、阅读、下载了。即将出版的第 8 辑及以后出版的其他辑，也将在完成刊印后随即上传到中国知网，供国内外学术界的同仁交流，这是一件好事情。我们希望他以此为契机，不断提高论丛的办刊质量。实际上，他在十年的主编论丛的过程中积累了不少办刊经验，同时，他还同海内外的一些学者建立了良好的工作关系，他们都乐意为论丛撰稿，所以我们有理由相信，这本论丛还有很大的发展潜力，应该继续办下去，而且办刊水平一定能够不断提高，产生更大的学术影响。

对于张叉教授主编的这本论丛，我将一如既往地给予支持。同时，我也希望有更多的同志能够同我一道支持他。

在响亮的鞭炮声中，猴年的冬天过去了，鸡年的春天来到了。启窗而望，春风徐徐，“春色满园关不住，一枝红杏出墙来”。祝张叉教授主编的《外国语文论丛》越办越好，为外国语文学术园地增添一枝更加夺目的花朵。

好了，就让这些文字作为本辑论丛的序吧。

石　坚

二〇一八年二月十六日

于四川大学

# 序二

## 文果载心，余心有寄

《诗经·小雅·无羊》：

谁谓尔无羊，
三百维群。
谁谓尔无牛，
九十其犉。
尔羊来思，
其角濈濈。
尔牛来思，
其耳湿湿。①

古者，风调雨顺，水草丰沛，谁谓无羊，谁谓无牛。今者，国泰民安，英俊云涌，谁谓无诗，谁谓无文。《外国语文论丛》第7辑付梓才半载，第8辑又要面世了。主编之视论丛，若牧人之睹羊牛。载笑载言，其欣喜之情，非言辞所能达焉。

### 一

本辑论丛设置了“外国语言学研究”“比较文学研究”“外国文学研究”“外国文化研究”“翻译理论研究”“翻译实践研究”“英、汉、藏三语教学研究”“小学英语教学研究”“中学英语教学研究”“大学英语教学研

① 阮元校刻，《十三经注疏》上册，北京：中华书局，1980，第438页。

究”10个栏目，收入49名作者、译者的论文35篇。这35篇论文中，外国语言学研究3篇，在论文总篇数中占8.5%；比较文学研究4篇，在论文总篇数中占11.5%；外国文学研究6篇，在论文总篇数中占17.1%；外国文化研究4篇，在论文总篇数中占11.5%；翻译理论研究2篇，在论文总篇数中占17.1%；翻译实践研究4篇，在论文总篇数中占11.5%；英、汉、藏三语教学研究2篇，在论文总篇数中占5.7%；小学英语教学研究2篇，在论文总篇数中占5.7%；中学英语教学研究6篇，在论文总篇数中占17.1%；大学英语教学研究2篇，在论文总篇数中占5.7%。威廉·华兹华斯（William Wordsworth，1770—1850）《水仙》（“The Daffodils”）：

> 蓦然举目，我望见一丛
> 金黄的水仙，缤纷茂密；
> 在湖水之滨，树荫之下，
> 正随风摇曳，舞姿潇洒。①

> When all at once I saw a crowd,
> A host, of golden daffodils;
> Beside the lake, beneath the trees,
> Fluttering and dancing in the breeze. ②

## 二

四川大学的知名专家同北京大学的著名教授一南一北，遥相呼应，就专门的话题进行学术对话，这是本辑论丛最大的一个看点。

瑞士语言学家费尔迪南·德·索绪尔（Ferdinand de Saussure，1857—1913）是现代语言学的重要奠基者、结构主义的开创者之一，有“现代语言学之父”“结构主义的鼻祖”之誉。他的代表著作《普通语言学教程》（*Cours de Linguistique Generale*，英译 *A Course of General Linguistics*）集中体现了其基本语言学思想，对20世纪的现代语言学研究产生了深远的影响。与

① 华兹华斯，《华兹华斯诗歌精选》，杨德豫译，太原：北岳文艺出版社，2000，第94页。
② *The Collected Poetry of William Wordsworth*, Ware: Wordsworth Editions Limited, 1994, p. 187.

此同时，这部著作的研究视角和方法论具有一般性和深刻性，著作中的思想也成为20世纪重要哲学流派结构主义重要的思想来源。可以说，索绪尔的《普通语言学教程》在世界范围内引起了高度关注。1990年，北京大学外国语学院辜正坤教授在中国全国第四届国外语言学研讨会上宣讲了《互构语言学与人类文化发展方向》一文，提出语言文字是具有必然性的，批判了西方一些语言学家的观点，其中包括索绪尔的"语言的任意性"和乔姆斯基的"普遍语法"等经典性观点。论文后来在1992、1993、1995、1996、2004、2005、2006年陆续发表，引起了非常大的反响。由北京大学外国语学院外国语言学及应用语言学研究所编辑、高等教育出版社出版的《语言学研究》一连三期都刊发了讨论他上述观点的论战性论文。《外语与外语教学》2004年第4期刊发了他的论文《对索绪尔和乔姆斯基的批判与语言学新定律》，由我主编、四川大学出版社出版的《外国语文论丛》第4辑刊发了他的论文《对索绪尔若干观点的批评》[①]。这些年，国内学术界对这一问题讨论的热情并没有消减，时有研究成果刊发。应我之邀，辜正坤教授撰写了专题论文《语文的必然性综论》，正是：

> 凡答应要做的事情
> 他们都付诸实现；
> 一切就像露珠晶莹，
> 悬挂在草叶尖端。[②]

《语文的必然性综论》是辜正坤教授撰的一篇综述性大作。首先，大作讨论了语文必然性的哲学基础，认为"语言文字的产生与发展既具任意性，也具必然性""从发生学的角度看，大体看来，前期语言文字的生发演变以必然性为主，后期语言文字的生发演变以任意性为主"[③]。接着，大作从语音、语形、语义和语法四个层面探讨了语文必然性的语言学根据，着重阐述了音义同构理论，并对索绪尔的能指与所指关系理论、身体姿势无内在价值理论及一般学者普遍认同的语言约定俗成论进行了批判。最后，大作对索绪

① 详见：辜正坤，《对索绪尔若干观点的批评》，张叉主编，《外国语文论丛》第4辑，成都：四川大学出版社，2010，第3－15页。

② 威廉·巴特勒·叶芝，《对不相识的导师们的谢忱》，《叶芝诗集》（下），傅浩译，石家庄：河北教育出版社，2003，第618页。

③ 辜正坤，《语文的必然性综论》，见本书第3－25页。

尔现象在当代学术界的学术意义进行了重新评估，认为“整个人类世界正在变得越来越符号化，符号学的研究因此变得愈益重要。而索绪尔最重要的贡献正是他关于现代符号学基本原则的探讨。索绪尔的许多观点更适合现代符号学，而不完全适合奠基于传统语言与传统语言研究的语言学，尤其不大适合汉语言文字学”[①]。辜正坤教授的这篇大作既在批评索绪尔语言学观点的基础上全面阐述了语文的必然性观点，又间接对周光亚教授的论文《索绪尔与普通语言学》与赵洪定教授的论文《也谈语言学问题——兼与〈索绪尔与普通语言学〉作者商榷》作了回应。《续景德传灯录・慧海仪禅师》：“万人胆破沙场上，一箭双雕落碧空。”[②]

辜正坤教授的另一力作《对索绪尔若干观点的批评》在拙编《外国语文论丛》第 4 辑发表后，很快在学术界引起了积极的反响。周光亚教授早年远赴澳大利亚麦考瑞大学（Macquarie University），主攻语言学，获硕士学位。学成归来后，他进入四川大学外语系工作，在学术研究领域鱼跃阔海，鹰击长空。他不仅是四川大学外国语学院教授、外国语言学及应用语言学硕士研究生导师，而且是四川师范大学外事学院教授、四川师范大学外国语学院英语语言文学硕士生导师，在普通语言学、语用学及社会语言学研究有很深的造诣，在外语界享有很高的声誉。他虽然退休十多年，已过“从心所欲，不逾矩”[③] 的年纪了，但是仍笔耕不辍，时有佳作。2012 年 12 月 26 日，我出席四川外语界部分老专家的聚会，会上见到了他。他一见到我，便高兴地告诉我说，他长期以来对索绪尔的普通语言学观点兴趣不减，辜正坤教授的《对索绪尔若干观点的批评》是一篇非常好的论文，这篇论文进一步引起了他对索绪尔的普通语言学观点的兴趣，他深入研究后撰写了一篇论文，希望能够以此同辜正坤教授进行一些学术探讨。10 天后，我收到他来函：“附件是我上次提到的文章。很抱歉因为多次修改，拖至今日才发给您。无论此文今后能不能收入文集，我都希望对语言学感兴趣的老师能一阅。目的无非是展开学术讨论，别无其他。”他在这里提到的文章，就是《索绪尔与普通语言学》，是回应辜正坤教授论文《对索绪尔若干观点的批

---

① 辜正坤，《语文的必然性综论》，见本书第 3 - 25 页。

② 转引自：刘叶秋、苑育新、许振生，《成语熟语词典》，北京：商务印书馆，1992，第 10 页。

③ 《论语・为政》：“子曰：‘吾十有五而志于学，三十而立，四十而不惑，五十而知天命，六十而耳顺，七十而从心所欲，不逾矩。’”详见：阮元校刻，《十三经注疏》下册，北京：中华书局，1980，第 2461 页。

评》的论文。我很兴奋，马上给他复函："大作已拜阅。得佳作而读之，不亦乐乎？《外国语文论丛》的编辑、出版，拟暂停一段时间，待将来继续这项工作的时候，一定将大作收入。叩谢了。"罗伯特·弗罗斯特（Robert Frost，1874—1963）《牧场》（"The Pasture"）：

我要出去牵回那头小牛，
它站在母牛身边，那么幼小，
母亲舔它时它也偏偏倒倒。
我不会去太久——你也来吧。①

I'm going out to fetch the little calf
That's standing by the mother. It's so young
It totters when she licks it with her tongue.
I shan't be gone long. — You come too. ②

2017年4月15日，我出席四川外语界部分老专家的聚会，会上又见到了他。他告诉我说，《索绪尔与普通语言学》是其封笔之作。他把封笔之作都送给我，我非常感激。只是这篇大作在我这里珍藏，一藏就是四年，直到现在才得以收入论丛，与诸公同享，我十分抱歉。

周光亚教授的《索绪尔与普通语言学》表现出其敏锐的思维与深刻的见解。自索绪尔的立论之作《普通语言学教程》于1916年问世以来，世界语言学界对其提出的理论一直是毁誉参半，20世纪五六十年代以前主要是批评，而其后经过所谓"重读"，又重新发现索绪尔理论的价值，但是批评之声仍不绝于耳，其中有许多批评意见来自辜正坤教授等中国学者。周光亚教授的《索绪尔与普通语言学》针对辜正坤教授的《对索绪尔若干观点的批评》中对索绪尔的批评，提出了自己的讨论意见。论文对语言符号的性质、语言和言语、历时与共时等索绪尔的基本观点进行了研究，以此明确索绪尔的学说是否称得上现代语言学指导思想的问题，同辜正坤教授进行了有理、有节的商榷，值得我们关注。在论文末尾，就认识普通语言学的问题作

① 弗罗斯特，《牧场》，理查德·普瓦里耶、马克·查理森编，《弗罗斯特集》（上），曹明伦译，沈阳：辽宁教育出版社，2002，第17页。

② Robert Frost, "The Pasture", *The Poetry of Robert Frost*, edited by Edward Connery Lathem, New York: Henry Holt and Company, 1979, p. 1.

者提出了三点主张，那就是，“语言学是现代科学，主要沿共时方向对近现代语言进行研究，兼顾语言的历史状况和发展过程，两者不容混淆，更不应从历史上找例证来‘借古非今’”，“世界语言和文化都是多元性的。各民族的语言和文化既有各自的特点，又有彼此的共性。在研究语言文化时，简单地划分为东方（或中国）和西方（或欧美）是不足以体现世界语言文化的多样性的”，“汉民族作为中国的主要民族和世界民族的重要一员，其语言文化不可能完全独树一帜”①。

周光亚教授的大作《索绪尔与普通语言学》同样在学术界引起了积极的反响。赵洪定教授是四川大学外国语学院教授、硕士研究生导师，四川省翻译文学学会原秘书长，出版学术著作若干部，发表学术论文百万余字，在学术研究领域造诣很高。他虽然今年81岁了，但是宝刀未老，自叙《索绪尔与普通语言学》“引起了我的兴趣。我和该文作者周教授是多年的同事和朋友，退休后居住在不同的城市，无法直接交流读后的一些不同的意见，特撰此文”②。赵洪定教授在这里说到的“特撰此文”之此文，就是《也谈语言学问题——兼与〈索绪尔与普通语言学〉作者商榷》。论文还提出，“索绪尔对现代语言学的贡献主要表现在他确立了语言学作为一门独立的学科所必须的特点”，“他对共时语言学的发展也作出了不可磨灭的成就，对后世的各种学说和流派都直接或间接地产生过影响”③。论文提出，索绪尔的语言学存在两大局限，一是他的语言理论在方法上采取了语言整体第一的原则，强调系统的共质性，视角单一；二是他的局限性具有强烈的时代性，主要是理论目标的局限。论文重点就语言的本质问题、语言音义任意性和必然性问题、索绪尔理论的漏洞和缺陷问题、语言学和语文学概念厘定等四个问题进行了探讨，对辜正坤教授的语言学基本观点进行了阐述，同时与周光亚教授在文中提出的质疑性问题进行了切磋。赵洪定教授的论文重在同周光亚教授进行学术讨论，态度严谨，予人很大的启迪，这一点也值得我们关注。

周光亚教授在大作中写道：“牛顿的力学三大定律、爱因斯坦的广义相对论都受到过挑战，通过实验最后证明他们的理论虽有缺陷，但基本是正确

---

① 周光亚，《索绪尔与普通语言学》，见本书第26－35页。

② 赵洪定，《也谈语言学问题——兼与〈索绪尔与普通语言学〉作者商榷》，见本书第36－43页。

③ 赵洪定，《也谈语言学问题——兼与〈索绪尔与普通语言学〉作者商榷》，见本书第36－43页。

的。他们作为伟大科学家的地位丝毫没有动摇。”① 我完全赞同他的这一见解。同样的道理，辜正坤教授、周光亚教授与赵洪定教授的论文对索绪尔普通语言学观点进行批驳，周光亚教授的论文对辜正坤教授的语言学观点提出商榷意见，赵洪定教授的论文对周光亚教授的语言学观点提出讨论意见，辜正坤教授的论文对索绪尔普通语言学观点作全面研判，同时回应周光亚教授与赵洪定教授，所有这些对话均无损索绪尔的历史价值，无损辜正坤教授、周光亚教授与赵洪定教授三位专家的学术地位。这些对话也是学术争鸣，学术争鸣是好事。人类历史上前无古人、后无来者的思想、文化、学术繁荣出现于轴心时代，这不仅对帮助学界进一步认识索绪尔普通语言学的观点起到了积极的推动作用，而且为学界分享辜正坤教授、周光亚教授与赵洪定教授的学术研究成果提供了宝贵的机会。

德国思想家卡尔·西奥多·雅斯贝尔斯（Karl Theodor Jaspers，1883—1969）在《历史的起源与目标》（*The Origin and Goal of History*）一书中提到的轴心时代（Axial Age）是值得我们研究的。其实，轴心时代人类文化巨大突破的现象往往是伴随着不同文化思想之间的争鸣而出现的。没有邹衍（约前 250—约前 324）、孔丘（前 551—前 479）、李耳（约前 571—前 471）、韩非（约前 280—前 233）、墨翟（约前 480—前 420）、惠施（前 390—前 317）、王诩（生卒年不详）、吕不韦（前 292—前 235）与许行（约前 372—289）等人之著书立说，各抒己见，哪能出现阴阳家、儒家、道家、法家、墨家、名家、纵横家、杂家、农家等中国春秋战国诸子并立、百花齐放的局面？没有苏格拉底（Socrates，前 469—前 399）、柏拉图（Plato，前 427—前 347）、亚里士多德（Aristotle，前 384—前 322）、安提斯泰尼（Antisthenes，前 445—前 365）、芝诺（Zeno，约前 336—约前 264）和伊比鸠鲁（Epicurean，前 341—前 270）等人之演讲、立说，哪能出现苏格拉底学派（Socratism）、柏拉图学派（Platonism）、亚里士多德学派（Aristotlism）、犬儒学派（Cynicism）、斯多葛学派（Stoicism）和伊比鸠鲁学派（Epicureanism）等西方古代学派纷呈、千枝争艳的局面？当今中国学术之一弊，即是守旧有余而争鸣不足。辜正坤教授、周光亚教授与赵洪定教授在本辑《外国语文论丛》之撰文争鸣给当今沉闷的学界带来一阵清风。

---

① 周光亚，《索绪尔与普通语言学》，见本书第 26－35 页。

# 三

本辑论丛中，除了辜正坤教授、周光亚教授与赵洪定教授的争鸣之作外，其他一些学者的研究亦需在此加以推介。

斯文德·埃里克·拉森（Svend Erik Larsen）先生是丹麦欧登塞大学（Odense University）博士，奥胡斯大学（Aarhus University）比较文学系教授，欧洲科学院院士，《世界文学》（*Orbis Litterarum*）主编，出版专著10部、编著10余卷，发表文章、评论300多篇，著述十分丰富。2015年7月，他来四川大学讲学，我参与接待工作，因此结识了他。其间，我陪同他攀登过望江楼、拜谒过薛涛墓，邀请他来狮子山吃过四川菜、喝过五粮液，就比较文学的话题向他作过一次专题访谈[①]。他告诉我说，他喜欢李白，我告诉他说，我也喜欢李白。于是，我们乘着酒兴，一起把李白天南海北地议论了一番。他告诉我说，在欧洲，已经把李白的诗歌改编成了歌剧，他要送我一张这个歌剧的光盘，我对他说，那就谢谢啦。他回丹麦后不久，我就收到了他邮来的光盘。可以说，虽然我跟他结识的时间不长，但是相互之间已经结下深厚的友谊。2017年10月3日12点4分，我给他去信，希望他授权我们将其发表在国际英文学术期刊《比较文学与世界文学》（*Comparative Literature and World Literature*）2016年第2期上的论文《世界文学中的移民与翻译》（"Migration and Translation in a World Literature Perspective"）[②]译作中文收入本辑《外国语文论丛》。当天13点37分，他给我回信，表示乐于授权。

应我之请，四川大学文学与新闻学院2016级比较文学与世界文学专业比较文学方向博士研究生，成都理工大学工程技术学院外语系讲师雷昌秀完成了斯文德·埃里克·拉森撰写的论文《世界文学中的移民与翻译》的翻译工作。论文认为，虽然移民研究和翻译研究本身都不属于文学研究领域，但是近些年以来，它们已经成为对世界文学研究起着重大推动作用的两大主

① 关于这次访谈的内容，详见：Cha Zhang, Svend Erik Larsen, "Comparative Literature: Issues and Prospect—An Interview with Professor Svend Erik Larsen", *Comparative Literature: East and West*, Spring / Summer 2016, Number 1, Volume 24, pp. 141－147.

② Svend Erik Larsen, "Migration and Translation in a World Literature Perspective", *Comparative Literature and World Literature*, Volume 1, Number 2, 2016, pp. 1－13.

题，“世界文学真正成为了一门跨学科的事业”①。鉴于此，论文以犹太裔美国作家亨利·罗斯（Henry Roth）1934年创作的处女作、美国犹太移民小说《就说是睡着了》（*Call It Sleep*）作为基本文本，从“极端的国家”（A Helluva Country）、“移民之地”（A Place of Migration）、“翻译中的迷失”（Lost in Translation）与“政治问题”（The Political）四个角度着手，对移民和翻译中的世界文学观的问题进行了研究，多有创见。

2017年10月3日，我在国际英文学术期刊《比较文学与世界文学》（*Comparative Literature and World Literature*）2017年第1期看到了一篇用法文撰写的论文《从“异国主义”到“世界性”——论法国文学中的“关系”主题》（“De l'Exotisme à la Mondialité Problématique sur la Relation dans la Littérature Française”）。论文署名为“Yaqin Wu”②，初步判断作者是一位姓吴或伍或乌或巫或邬的中国女士。我觉得论文写得好，于是当天用英文给作者写了一封信，希望她授权我请人将论文译作中文收入本辑《外国语文论丛》。7日，她用中文复函，说“这几日都在医院陪床，疲累不堪”，所以未能及时回复，接着说“如果请人翻译，怕不够准确”，所以决定本人亲自动手完成翻译工作，落款为“吴亚琴”。后来，我才知道，吴亚琴女士是与我同城的四川成都人，法国巴黎索邦大学（Paris-Sornne University）③法国文学与比较文学博士，主要研究现当代法国文学与比较文学理论。虽然我同吴亚琴女士从未蒙面，但是我通过往返信函感到，她是个值得信赖的朋友。果真不错，她如期传来了中译论文。

吴亚琴女士的论文《从“异国主义”到“世界性”——论法国文学中的“关系”主题》认为，19世纪以来，法国作家从未停止过对“自我”（le Moi）与“他者”（l'Autre）关系的思索，且被“多样性”（diversité）与“世界性”（mondialité）的观念所吸引。论文通过对保尔·克洛代尔（Paul Claudel）、维克多·谢阁兰（Victor Segalen）的世界观以及异国主义审美观的分析，了解他们思想中对“自我”和“他者”、同质与多样的关系的理解。与此同时，通过对谢阁兰在关系、文化身份及多样性等主题的理解的分析与对世界文学理论家爱德华·格里桑的影响的阐释，了解格里桑建构的关

① 斯文德·埃里克·拉森，《世界文学中的移民与翻译》，雷昌秀译，见本书第68-86页。

② Yaqin Wu, “De l' Exotisme à la Mondialité Problématique sur la Relation dans la Littérature Française”, *Comparative Literature and World Literature*, Volume 2, Number 1, 2017, pp. 51-59.

③ 即巴黎第四大学（Université de Paris IV）。

系诗学、克里奥尔化理论和群岛与根茎的意象体。通过对克洛代尔、谢阁兰与格里桑关于异国主义和世界性的阐释和他们的思想演变的分析，可以窥见法国20世纪重要作家对由“他者”所带来的自我身份的反省与思考以及法国世界文学理论中“关系”主题的理论架构。论文总结道：“文学史上的对于世界的思考和相关理论从20世纪起开始了进一步的发展，关系是世界性理论的关键词，从克洛代尔到谢阁兰到格里桑，探索世界同时伴随着对自我的追寻，法国作家们从未停止过对自我与他者关系、对世界的独一性和多元性关系的思考和询问，这将是一个永恒的主题。”①

詹姆斯·费尼莫尔·库珀（James Fenimore Cooper，1789—1851）是美国第一个“自己的小说家”，“第一个将文学创作当作谋生手段的职业作家；第一个以文学形式描写美国本土主题的作家；第一个将文学视作是对社会文化的批评和改善手段的作家”②。他的《皮袜子故事集》（*Leatherstocking Tales*）系列小说因极富美国民族特色而获得很高赞誉。其中，《拓荒者》（*The Pioneers*）“通过丰富的想象将两种生活方式对立起来，一种是残存的纳蒂·斑波式丛林生活，另一种是泰普尔法官式新兴的、现已占主导地位的定居生活”③，“虽然是将近200年以前写的，但现在读起来仍有一种新鲜感，给人留下深刻的印象”④，具有永恒的魅力。湖南城市学院人文学院讲师，四川大学文学与新闻学院比较文学与世界文学博士研究生杨华对《拓荒者》进行研究，撰写出了论文《“他者文明”的诠释者纳蒂·班波——从文学人类学角度看库珀的〈拓荒者〉》。这篇论文从“‘先进文明’的白人拓荒者的‘野蛮’”“‘原始野蛮’的他者‘文明’”“‘白皮红骨’的理想者”三个方面进行分析，探讨小说背后的文学人类学内涵，发现“白人拓荒者所谓的‘先进文明’与印第安人的‘原始野蛮’形成了鲜明的对比”，“库珀对前者的不满乃至无比的失望，及其对后者看似原始野蛮的简单生活的喜欢与青睐也就跃然纸上了”⑤。

---

① 吴亚琴，《从“异国主义”到“世界性”——论法国文学中的“关系”主题》，见本书第92－104页。

② 刘海平、王守仁主编，张冲著，《新编美国文学史》第一卷，上海：上海外语教育出版社，2000，第233页。

③ 萨克文·伯科维奇主编，《剑桥文学史》第二卷，史志康等译，北京：中央编译出版社，2008，第600页。

④ 钱青主编，《美国文学名著精选》上册，北京：商务印书馆，1994，第20页。

⑤ 杨华，《“他者文明”的诠释者纳蒂·班波——从文学人类学角度看库珀的〈拓荒者〉》，见本书第134－142页。

“最近几十年来，美国文学与文化界开始非常重视文化与文学的多样性，把它视作美国文化的一个强项”①，美国少数族裔的文学与文化研究出现繁荣景象。四川师范大学文学院胡志红教授对美国少数族裔的文学与文化研究饶有兴趣，于2013年成功申报了国家社会科学基金项目“美国少数族裔生态批评理论研究”（项目编号13BWW005），他携研究生黄铄撰成的《美国少数族裔生态批评与生态文化多元性》即是这一项目的阶段性成果。这篇论文主要就美国当今奇卡诺（Chicano）生态文学家莫拉（Pat Mora）作品中的生态文化多元性内涵进行研究，以彰明生态文化互动共生的生态价值，主张“在文化的保护过程中我们必须倾听边缘化和受压制的声音”②，“人类文化的多元性只有依靠被边缘化和受压制的团体实施的文化保护才能得到维护，他们抗争、捍卫、恢复他们的文化遗产以建构未来”③，“维护文化的多元化至关重要，保护文化多元就是保护生态的多样化，就是保护地球，也是保护人类自身”④，“甚至在当今人类的生存受到严重威胁的危机时刻，文化霸权依然肆虐，真正要革除这种霸权心态，并非一朝一夕之事”⑤。美国“垮掉的一代”（The Beat Generation）代表诗人艾伦·金斯伯格（Allen Ginsberg，1926—1997）在《鲁尔区感怀》（“Ruhr-Gebiet”）中写道：

太多的工业
太多的吃食
太多的啤酒
太多的香烟⑥

Too much industry
too much eats
too much beer
too much cigarettes⑦

---

① 常耀信，《精编美国文学教程》（中文版），天津：南开大学出版社，2005，第420页。
② 胡志红、黄铄，《美国少数族裔生态批评与生态文化多元性》，见本书第175－184页。
③ 胡志红、黄铄，《美国少数族裔生态批评与生态文化多元性》，见本书第175－184页。
④ 胡志红、黄铄，《美国少数族裔生态批评与生态文化多元性》，见本书第175－184页。
⑤ 胡志红、黄铄，《美国少数族裔生态批评与生态文化多元性》，见本书第175－184页。
⑥ 艾伦·金斯伯格著，《金斯伯格诗选》，文楚安译，成都：四川文艺出版社，2000，第158页。
⑦ 艾伦·金斯伯格著，《金斯伯格诗选》，文楚安译，成都：四川文艺出版社，2000，第162页。

金斯伯格在这里谈到的是美国工业社会的情况，而这种情况在中国也逐渐显现，我国正在大力进行中国特色社会主义生态文明建设，就是对这种情况的反制。从这个意义上看，胡志红教授、黄铄同学这篇论文也是有积极的现实意义的。

公元前55及翌年，朱利叶斯·凯撒（Julius Caesar，约前100—前44）带领罗马军队两次入侵不列颠，“正是自这两次入侵时起，英格兰开始了文字记载的历史”①。以文字记载作起点计算，英国的历史为2 072年，不可谓长。英国国土由英格兰、苏格兰、威尔士和北爱尔兰四大部分组成，“总面积为242 534平方公里”②，不可谓大。但就是这样不可谓大的英国却是世界上最早进行、最早完成工业革命的国家，给全世界诸多领域带来了革命性的、深刻的影响，是人类史上的一桩大事。工业革命具有丰富的内涵，可资深入研究。四川师范大学历史旅游学院党委书记王晓燕教授的论文《社会性别视角下英国工业革命意义新解》选取英国工业革命进行研究，得出了自己的结论。论文认为，英国工业革命既是一场经济变革，也是一场文化重构和社会性别化，劳动的社会性别分工成为文化重构的中心问题，在这个过程中，女性进一步建构成为边缘化的群体。劳动按性别分工的形式的演变不仅承袭了社会性别化的历史传统，也受到工业化的多样性特征、劳动的重新分工、阶级意识和阶级斗争等因素的进一步影响。可以说，英国工业革命是一个老话题，但是王晓燕教授的论文却从这个老话题中发掘出了新的内涵，“从社会性别的视角认知工业革命的意义有助于我们深化理解妇女的社会地位和贡献，理解工业革命的丰富内涵”③。

在现代翻译学中，文本问题占据举足轻重的地位。俄苏翻译理论家对文本的翻译问题进行深入而细致的研究，取得了令人瞩目的成果，但学界对于这些成果却缺少详尽的综述性的研究。四川师范大学外国语学院罗苹教授的论文《俄苏翻译理论文本问题研究综述》对俄苏翻译理论文本问题的研究状况进行了系统的总结与介绍，弥补了这一缺憾。论文由两大部分构成，一是“文本翻译的传统研究”，二是“文本翻译研究的新视角”。第一部分以

---

① 据史书载：“公元前55年8月末的一个夜晚，1万名装备有优良的罗马兵，在凯撒的率领下，乘坐80艘船只由布伦附近出发，抵达多佛港。”“翌年，凯撒又带领5个军团和一些骑兵，乘800艘船只再度赶来。”详见：阎照祥，《英国史》，北京：人民出版社，2003，第8页。

② 张奎武主编，《英美概况》（修订版）（上），长春：吉林科学技术出版社，1994，第1页。

③ 王晓燕，《社会性别视角下英国工业革命意义新解》，见本书第185－200页。

“语体与体裁的翻译”“意思结构的翻译转换”“篇章连贯性的翻译”和“篇章修辞与翻译”为纲，分别对20世纪50年代以来的俄苏翻译理论文本问题的研究状况进行了论述。第二部分选取21世纪最具代表性的学者伊·谢·阿列克谢耶娃（И. С. Алексеева）进行个案剖析，总结了她的研究成果。“阿列克谢耶娃致力于建立一个新的翻译学分支学科，即文本翻译学（транслатология текста）”[①]，取得了四个成果：（1）她针对文本分类的标准进行了深入挖掘；（2）她针对翻译策略和方法进行了探讨；（3）她对口笔译中的篇章转换问题进行研究并提出了指导性意见；（4）她对作为科学的翻译批评基础的原文文本—译文文本的转换模式进行了研究。

亚伦·李·摩尔（Aaron Lee Moore）是四川大学教育部“长江学者”特聘教授、跨世纪优秀人才、国家级重点学科比较文学与世界文学学科带头人、中国比较文学学会第四任会长曹顺庆教授的得意门生，也是我的同门师兄，从《外国语文论丛》第7辑开始就已是论丛编辑与撰稿人[②]。《文心雕龙》是中国南朝文学理论家刘勰创作的一部理论系统、结构严密、论述细致的文学理论专著，“体大而虑周”[③]，“笼罩群言”[④]，“篇章既富，评骘遂生。东则有刘彦和之《文心》，西则有亚里士多德之《诗学》，解析神质，包举洪纤，开源发流，为世楷式”[⑤]。西方世界对《文心雕龙》的了解开始于19世纪，主要依靠译本，但真正的翻译不过60多年的历史。《文心雕龙》英语全译本，到现在为止出版了三部：Liu Xie，*The Literary Mind and the Carving of Dragons*（translated by Vincent Yu-chung Shih，New York：Columbia University Press，1959）；Liu Xie，*The Book of Literary Design*（translated by Wong Siu-kit，Allan Lo Chung-hang，and Lam Kwong-tai，Hong Kong：Hong Kong University Press，1999）；Liu Xie，*Dragon-Carving and the Literary Mind*（translated by Yang Guobin and Zhou Zhenfu，Beijing：Foreign Language Teaching and Research，2003）。摩尔的家乡弗吉尼亚是英国在北美建立的第一个殖民地，碰巧的是，现在，他用英语为本论丛撰写的论文《刘勰〈文心雕龙〉三个英文译本之比较分析：*Dragon-Carving and the*

---

① 罗苹，《俄苏翻译理论文本问题研究综述》，见本书第233－239页。

② 关于亚伦·李·摩尔的情况，详见：张叉，《〈外国语文论丛〉第7辑〈前言〉》，张叉主编，《外国语文论丛》第7辑，成都：四川大学出版社，2017，第13－14页。

③ 章学诚，《文史通义·诗话》，上海：上海古籍出版社，2015年7月，第188页。

④ 章学诚，《文史通义·诗话》，上海：上海古籍出版社，2015年7月，第188页。

⑤ 鲁迅，《题记一篇》，《鲁迅全集》（第八卷），北京：人民文学出版社，1981，第332页。

*Literary Mind*, *The Book of Literary Design* 和 *The Literary Mind and the Carving of Dragons*"》（"A Comparative Analysis of Three English Translations of Liu Xie's *Wenxin Diaolong: Dragon-Carving and the Literary Mind*, *The Book of Literary Design*, and *The Literary Mind and the Carving of Dragons*"）是学术界第一次对《文心雕龙》的这三个英语全译本所作的比较研究。这篇英语论文长10 000多字，相当于汉语30 000余字的篇幅，是本辑论丛中所刊35 篇论文中篇幅最长的，是很要花费一些心血才能完成的，仅仅从这一点来看，足以令人钦佩了。这篇论文通过对《文心雕龙》详细阅读与敏锐解读，比较研究了三个全译本对《文心雕龙》的书名、篇名的翻译，并就哪个版本最适合于海外龙学界阐明了自己的观点："结合我目前为止在这篇作品中所作的考察来看，确信无疑的、最忠实原文的英语译本是 *Dragon-Carving and the Literary Mind*（2003），这个译本深刻、准确和精致。"（"Based on what I've observed thus far in this work, most definitely faithful to the original, the English translation of *Dragon-Carving and the Literary Mind* (2003) is poignant, accurate, and sophisticated."①）"洋生洋长"的摩尔的这篇洋文论文给土生土长的中国人带来了融入异质文化因素的研究视角与研究结论，我感到非常高兴，故而在此推介。

英国文艺复兴时期的巨匠威廉・莎士比亚（William Shakespeare, 1564—1616）一生创作了 39 部戏剧，154 首十四行诗，"过去 350 年以来，威廉・莎士比亚已经被看作是所有用英语写作的作家中最伟大的"（"For the last three hundred and fifty years, William Shakespeare has been regarded as the greatest of all the writers in the English language"②）。1623 年，第一对开本（the First Folio）、历史上第一部《莎士比亚全集》（*Mr. William Shakespeares Comedies*, *Histories*, *& Tragedies* ③）由莎士比亚的演员同僚约翰・赫明斯（John Heminges）与亨利・康德尔（Henry Condell）结集出版。2007 年，英国皇家莎士比亚剧团（The Royal Shakespeare Company）邀约了当今顶级莎

① Aaron Lee Moore, "A Comparative Analysis of Three English Translations of Liu Xie's *Wenxin Diaolong: Dragon-Carving and the Literary Mind*, *The Book of Literary Design*, and *The Literary Mind and the Carving of Dragons*"，见本书第 251 –284 页。

② Paul McCormick, Winifred Post, Quentin Anderson, G. B. Harrison, J. B. Priestley, A. R. Gurney, Dwight Lindley, Alan Pryce-Jones, Thomas M. Folds, *Adventures in English Literature*, New York: Harcourt, Brace & World, Inc., 1968, p. 100.

③ *Mr. William Shakespeares Comedies*, *Histories*, *& Tragedies*, edited by John Heminges and Henry Condell, London: Edward Blount and William and Isaac Jaggard, 1623.

士比亚专家乔纳森·贝特（Jonathan Bate）与埃里克·拉斯姆森（Eric Rasmussen），对莎士比亚戏剧的第一对开本进行三百多年来的首次全面修订，推出了新版《莎士比亚全集》（*The RSC Shakespeare: The Complete Works*[①]）。2009年1月，外语教学与研究出版社斥巨资设立科研项目（外合字20090055号），以新版《莎士比亚全集》为底本重译莎士比亚全集，"北京大学莎士比亚研究中心主任辜正坤教授任主持，从北京大学、清华大学、武汉大学、四川大学、四川师范大学邀请了6位专家参与翻译，我院张顺赴副教授受到邀请"[②]。四川师范大学外国语学院张顺赴副教授已退休近十年，但是他"宁可做辛勤的蜜蜂，不可做悠闲的知了"[③]，在科研工作方面同在岗的教师并无二致。他积极参与莎士比亚全集重译工作，其所翻译的《亨利四世》上、《亨利四世》下与《亨利五世》三部英汉对照本，已于2015年11月同时在外语教学与研究出版社出版。应我之请，他为本辑论丛撰下莎士比亚戏剧翻译的论文。我通读论文初稿《译莎一得之见》以后，发现是一篇很好的论文，有理据，有分量，但是题目显得太小了，题文不甚相符。我建议他将题目改为《莎士比亚戏剧翻译拾英》或《莎士比亚戏剧翻译撷萃》，但他"不沽名钓誉"[④]，做事低调，只同意修改为《莎士比亚戏剧翻译之浅见》。"一得之见"与"浅见"是一回事，都十分谦虚。亨利·戴维·梭罗（Henry David Thoreau，1817—1862）《自然》（"Nature"）：

> 我只想做一缕柔和的清风，
> 穿梭在河畔的芦苇丛中；
> 告诉我你最僻静的地方，
> 让我的气息在那里飘荡。[⑤]

> Only azephyr that may blow

---

① William Shakespeare, *The RSC Shakespeare: The Complete Works*, edited by Jonathan Bate and Eric Rasmussen, New York: The Random House Publishing Group, 2007.

② 张叉，《〈外国语文论丛〉第5辑〈前言〉》，张叉主编，《外国语文论丛》第5辑，成都：四川大学出版社，2012，第4页。

③ 周静琪、何爱英主编，《汉语谚语词典》，北京：商务印书馆国际有限公司，2006，第111页。

④ 张叉，《〈外国语文论丛〉第4辑〈前言〉》，张叉主编，《外国语文论丛》第4辑，成都：四川大学出版社，2010，第11页。

⑤ 屠岸、章燕选编，《英语诗歌精选读本》，屠岸译，北京：中国国际广播出版社，2007，第185页。

Among the reeds by the river low;
Give me thy most privyplace
Where to run my airy race. ①

张顺赴副教授的《莎士比亚戏剧翻译之浅见》结合翻译莎士比亚三出历史剧《亨利四世》上、《亨利四世》下和《亨利五世》的经验，提出了文学翻译的三步骤："首先，译者必须浸淫于原作之中，反复研读，心领神会，悟其旨趣，神情交融，以营造译文的总体氛围及架构。"② "接着，是对细节的精心调适，有所取舍，以不违原作主旨要义为度，这一功夫建立在对两种语言两种文化的深切理解的基础之上，而非随意取舍，避难就易，所以必须慎之又慎，心存敬畏而为之，以收预期的效果。"③ "最后，是语言表达，译文质量最终之所系。文学翻译作为语言艺术，古人所谓'语不惊人死不休'，必须反复推敲，字斟句酌，深文周纳，在此层次上，文学翻译与创作无异。"④ 这里提出的文学翻译三步骤，可资文学翻译之同行借鉴。

云南省位于中国西南边陲，民族众多，是少数民族聚集区。云南省的迪庆区地处滇、川、藏三省区接合部的青藏高原南延地段，是东部藏区重要的物资集散地和商品转运站，也是东部藏区重要的经济、文化中心，面积2.4万平方公里，辖1市2县，29个乡（镇），188个村（居）民委员会，人口41万人，其中，藏族人口占36.0%，研究这一地区的三语教育情况具有重要意义。云南师范大学副校长原一川、云南师范大学外国语学院讲师夏娜、云南师范大学校长办公室助理研究员夏百川、云南华文学院/云南师范大学国际汉语教育学院教授胡德映、云南师范大学外国语学院教授冯智文、云南师范大学教育科学与管理学院副教授李鹏与昆明理工大学城市学院副教授杨林伟撰写的论文《云南迪庆藏区三语教育语言态度实证研究与启示》是2014年国家社会科学基金项目"云南藏区三语教育语言生态评估与外语政策研究"（批准号14BYY068）的阶段性研究成果。论文采用实证定量问卷调查方法，以云南省迪庆藏区中小学的教师、学生及其家长为研究对象，调查其对现行藏语、汉语和英语三语的教育的语言态度。研究结果表明，"多

① 屠岸、章燕选编，《英语诗歌精选读本》，屠岸译，北京：中国国际广播出版社，2007，第184页。

② 张顺赴，《莎士比亚戏剧翻译之浅见》，见本书第285－295页。

③ 张顺赴，《莎士比亚戏剧翻译之浅见》，见本书第285－295页。

④ 张顺赴，《莎士比亚戏剧翻译之浅见》，见本书第285－295页。

语种的共生共存、和谐发展使得多样的语言、文化得以保存和发展，亦可适应不同的环境。在我国自上而下的政策法规支撑下，迪庆藏区的三语教育生态环境正在日益改善，为语言、文化的多样性处于能动的生态平衡状态而努力做出自己应有的责任担当和积极贡献。”① 华兹华斯《转折》（“The Tables Turned”）：

依山的斜日渐渐西垂，
把傍晚金黄的光焰，
把清心爽目的霞彩柔辉，
洒遍青碧的田园。②

The sun, above the mountain's head,
A freshening lustre mellow
Through all the long green fields has spread,
His first sweet evening yellow. ③

根据夏威夷大学马诺阿分校（University of Hawaii at Manoa）加布里埃莱·卡斯珀（Gabriele Kasper）教授的观点，语用迁移（Pragmatic Transfer）指“学习者已有的语言及文化语用知识对二语语用信息的理解、产出和学习的影响”④。近年来，随着世界经济的不断发展与全球化进程的日益推进，三语现象越来越普遍。和平解放后，西藏地区一直在探索汉藏双语教育模式，现在很多学校都开设了英语课程，三语现象客观存在，藏区三语教育研究具有非常积极的现实意义。我多年的老朋友刘承宇教授是西南大学外国语学院院长、博士研究生导师，也是中国英汉语对比研究会功能语言学专业委员会秘书长、中国多语能力与多语教育研究会会长、西部地区外语教育研究会秘书长，是一位在藏区三语教育研究领域有重要影响的专家。他携重庆南开（融侨）中学英语教师卢文佳与广东省信息安全测评中心大数据中心数

---

① 原一川、夏娜、夏百川、胡德映、冯智文、李鹏、杨林伟，《云南藏区藏族学生三语教育态度研究》，见本书第 319－329 页。

② 华兹华斯，《转折》，华兹华斯著，《华兹华斯诗歌精选》，杨德豫译，太原：北岳文艺出版社，2000，第 214 页。

③ William Wordsworth, “The Tables Turned”, *The Collected Poetry of William Wordsworth*, Ware: Wordsworth Editions Limited, 1994, p. 481.

④ Kasper, G., “Pragmatic Transfer”, *Second Language Research*, 8 (1992), pp. 203－231.

据分析员覃冰玲撰写的论文《三语教育背景下藏族学生英语语用迁移实证研究》以我国藏族学生的英语学习为背景，探讨其第一语言藏语与第二语言汉语水平同第三语言英语语用迁移之间的关系，比较研究不同的背景语言优势对目的语语用迁移的影响。这篇论文是刘承宇教授领衔的英国邦戈大学和中国香港教育学院资助 2010—2015 中国、英国合作研究项目“中国少数民族地区外语教育调查研究”的阶段性研究成果。论文以吉·卡明斯（J. Cummins）门槛假设理论为理论基础，从招呼言语行为入手，通过调查西部地区某高校藏族英语学习者英语学习中的语用迁移情况，着重研究其藏语与汉语水平对英语语用迁移的影响。研究发现有三：一是“藏族学生在英语学习过程中，存在各种语用迁移情况”①，二是“平衡双语组的语用迁移少于非平衡组，平衡双语者的语用能力比非平衡双语者高”②，三是“来自强式语的语用迁移多于来自弱式语语用迁移，由此说明强式语对藏族学生英语学习中语用迁移产生重要影响”③。论文就如何提高藏族学生英语水平及语用能力提出了两个参考意见：“首先，在英语高考中应加强对语用能力的考察力度，引起师生对语用能力的重视，敦促学生在语用能力的提高方面下功夫。”“其次，双语平衡能力的发展对藏族学生的英语学生有很大的促进作用。因此，在西藏地区的小学、中学进行汉藏双语教学，可促进藏族学生的双语能力均衡发展，提高其语言学习中的认知能力。”④“少数民族学生应在充分掌握了二语后才开始学习英语，摒弃学语言‘越早越好’的传统思想观念。”⑤

小学英语教学不是小事，值得我们认真研究。在小学英语教学法中，“英语游戏可以作为一种有效手段帮助教师吸引学生的注意力”⑥，游戏教学值得讨论。四川师范大学附属实验学校英语骨干教师罗婷婷的论文《简论

---

① 刘承宇、卢文佳、覃冰玲，《三语教育背景下藏族学生英语语用迁移实证研究》，见本书第 330 - 350 页。

② 刘承宇、卢文佳、覃冰玲，《三语教育背景下藏族学生英语语用迁移实证研究》，见本书第 330 - 350 页。

③ 刘承宇、卢文佳、覃冰玲，《三语教育背景下藏族学生英语语用迁移实证研究》，见本书第 330 - 350 页。

④ 刘承宇、卢文佳、覃冰玲，《三语教育背景下藏族学生英语语用迁移实证研究》，见本书第 330 - 350 页。

⑤ 刘承宇、卢文佳、覃冰玲，《三语教育背景下藏族学生英语语用迁移实证研究》，见本书第 330 - 350 页。

⑥ 游锦，“English Games in Primary School”，张叉主编，《外国语文论丛》第 5 辑，成都：四川大学出版社，2012，第 304 页。

小学英语游戏教学》以小学英语教学实践为基础，对小学英语教学的问题进行了必要的研究。论文讨论了小学英语游戏教学的必要性，认为它符合新课程标准的要求，符合小学生的心理发展需要，能够实现小学教学实践的目的。论文分析了小学英语游戏教学的作用，认为它可以调节课堂气氛，激发学生的学习兴趣，提高记忆效果，巩固所学知识，还可以改变师生课堂角色，减轻师生教学负担。论文将小学英语游戏教学划分成“Icebreakers and Warm ups”“Active Games”“Quiet / Passive Games”“Outdoor / Breaktime Activities”四大类，提出了“有效率”与“有效果”两条小学英语游戏教学的原则。论文研究的结论是：“通过游戏教学，学生可以学习得更加轻松快乐，教师也能在过程中使其综合能力得到提升，在有限时间内较好地达成教学目标，因此对小学英语游戏教学的运用及探究意义重大。”①

“折中教学法是一种博采众家之长，避免各派之短的多元性、综合性的教学方法。”② 四川师范大学基础教学学院教授吕京、四川师范大学基础教学学院副教授杨敏、绵阳师范学院继续教育学院副教授罗大珍合作完成的论文《英语教学中“折中理念”的应用》对如何在英语教学中应用“折中理念”的问题进行专题研究，选题是具有意义的。论文认为，要在英语教学中应用“折中理念”，可从五个方面入手，一是“端正认识，明确中学英语教学目的”，二是“以人为本，根据学生实际因材施教”，三是“形式多样，激发学生学习英语的兴趣”，四是“主辅结合，灵活运用英语教学方法”，五是“互动交流，积极营造良好课堂氛围”。《英语教学中“折中理念”的应用》是2017年四川省社科规划外语专项项目“基于MOOCs的大学英语课堂教学有效性研究”（编号SC17W028）的阶段性研究成果，其研究所得引人深思。关于“折中理念”，“充分领会这一理念，将会进一步多元化地促进英语教师在‘学中用’、在‘用中学’，进一步促进教学理论与实践相结合，进一步更加有效地推动英语教学的发展”③。

语法是中学英语教学中的重要内容，但要把语法教学搞好却并不容易。乐山师范学院外国语学院教授、四川省高等学校教学名师、乐山师范学院外语教师教育研究中心主任邓道宣，同乐山师范学院外国语学院副教授、乐山

---

① 罗婷婷，《简论小学英语游戏教学》，见本书第353－361页。

② 李宝芳，《折中教学法及其对外语教学的启示》，《河北理工大学学报》（社会科学版）2009年第4期，第185页。

③ 吕京、杨敏、罗大珍，《英语教学中“折中理念”的应用》，见本书第371－379页。

师范学院外语教师教育研究中心副主任江世勇共同撰写的论文《略论中学英语语法教学的原则和方法》就这一课题进行研究，选题是好的。论文认为，中学英语语法教学必须关注语义、结构和语用，做好“形式、意义和用法的统一”[1] 与“词汇、句法和语篇的结合”[2]。关于中学英语语法教学，论文归纳出了“注重教学的对比性”“注重教学的情景性”“注重教学的系统性”与“注重教学的启发性”四条原则，提炼出了“归纳教学”“演绎教学”“三维语法教学”“任务型语法教学”“运用多媒体教语法”与“通过趣味活动教语法”六种模式。

毛泽东在《矛盾论》中写道：“事物发展的根本原因，不是在事物的外部而是在事物的内部，在于事物内部的矛盾性。”[3]“唯物辩证法认为外因是变化的条件，内因是变化的根据，外因通过内因而起作用。”[4] 中学生的英语学习也是如此，英语要学好，教师的教是外因，学生的学是内因，教师的教通过学生的学而起作用，所以教师如何调动学生的学习积极性、推动学习更有效地学习也就显得非常重要了。四川省德阳中学外语教研组长、四川省首批中学教授级正高级教师、四川省中学特级教师、四川省学术和技术带头人、四川省德阳市高中英语中心组组长、四川省德阳市有突出贡献的优秀专家徐纪明的论文《如何调动中学生学好英语》（“How to Motivate Middle School Students to Learn English Well”）研究如何调动中学生的积极性以学好英语的问题，其研究是有实际意义的。论文是 2001—2002 年教育部骨干教师国家级培训课题“How to Motivate Middle School Students to Learn English Well”的阶段性研究成果。论文分析了我国中学英语教学的现状，讨论了调动学生积极性的重要性，分析了学生学习积极性低的原因，介绍了调动学生积极性的机制，提出了五条解决问题的建议：第一，帮助学生确立、达到一定的目标（Helping Each Student Set and Attain Appropriate Goals）。第二，调动学生的学习积极性（Arousing Students' Interests）。第三，让学生具备看待成功的能力（Enabling Students to Perceive Success）。第四，鼓励学生克服挫折（Encouraging Students to Overcome Frustration）。第五，同学生建立良好的

① 邓道宣、江世勇，《略论中学英语语法教学的原则和方法》，见本书第 380 - 391 页。

② 邓道宣、江世勇，《略论中学英语语法教学的原则和方法》，见本书第 380 - 391 页。

③ 毛泽东，《矛盾论》（一九三七年八月），《毛泽东选集》第一卷，北京：人民出版社，1991，第 301 页。

④ 毛泽东，《矛盾论》（一九三七年八月），《毛泽东选集》第一卷，北京：人民出版社，1991，第 302 页。

关系（Establishing Good Relationships with Students）。①

对于英语学习者来说，“听”“说”“读”“写”“译”是其五大基本能力，其中，“听”与“说”密切相关。在口头交流中，无法听懂对方在说什么，岂能顺顺畅畅同别人交流？可以说，如何提高英语听力是一个困扰很多大学生的问题。攀枝花学院外国语学院副教授钟玉国长期致力于大学英语听力教学研究，成功获得2014年度四川省应用外语研究会“规划”项目“大学公共英语听力焦虑调查及对策研究”（编号SW2014－004）课题，其论文《大学英语听力焦虑分析及对策研究》便是本课题的阶段性研究成果。论文分析了焦虑与语言习得的关系，剖析了大学英语听力焦虑的成因，认为“学生在关于听力考试的调查中焦虑值普遍都偏高”“学生在负评价方面焦虑值普遍偏高”“对自己的英语听力能力评估较低的学生更容易出现较高程度的英语交际畏惧”。针对这些问题，论文提出了五条教学应对策略，即“帮助学生树立提高英语听力水平的信心”“建立和谐的师生关系，创造轻松的课堂学习氛围”“加强听力学习方法的指导力度”“加强基本功训练，减少听力理解的障碍”“选择适合学生的听力材料”。②

## 四

35篇论文中，基金项目研究成果有10篇，在论文总篇数中占28.6%，非基金项目研究成果有25篇，在论文总篇数中占71.4%。

基金项目研究成果10篇中，2012年成都航空职业技术学院教育科研项目研究成果1篇，2013年国家社会科学基金项目研究成果1篇，英国邦戈大学和中国香港教育学院资助2010—2015年中国、英国合作研究项目研究成果1篇，四川省翻译协会2014年“翻译文本研究”项目研究成果1篇，2017年四川省社科规划外语专项项目1篇，2001—2002年教育部骨干教师国家级培训课题研究成果1篇，2012年度四川省中小学教学名师专项课题研究成果1篇，2014年国家社会科学基金项目研究成果1篇，四川师范大学第十二批学生科研创新项目研究成果1篇，2014年度四川省应用外语研

① 关于解决学生积极性问题的五条建议，详见：徐纪明，“How to motivate middle school students to learn English well”，见本书第392－408页。

② 关于大学英语听力焦虑的五条教学应对策略，详见：钟玉国，《大学英语听力焦虑分析及对策研究》，见本书第433－439页。

究会“规划”项目研究成果1篇。

49名论文作者、译者中，国内45名，在论文作者、译者总人数中占91.8%。国外4名，在论文作者、译者总人数中占8.2%。

49名论文作者、译者中，大学教师33名，在论文作者、译者总人数中占67.3%。中学教师6名，在论文作者、译者总人数中占12.2%。小学教师2名，在论文作者、译者总人数中占4.1%。硕士研究生5名，在论文作者、译者总人数中占10.2%。本科生1名，在论文作者、译者总人数中占2.1%。研究机构研究人员2名，在论文作者、译者总人数中占4.1%。

49名论文作者、译者中，男士27名，在论文作者、译者总人数中占55.1%。女士22名，在论文作者、译者总人数中占44.9%。

本辑论丛刊发的是国内外尤其是四川、重庆、云南等中国西南地区长期从事科研工作的专家学者的研究成果，此外，还适当选用了几个在校生的练笔作品，这些习作虽然还显得有些青涩，但是也让我们窥见了青年一代之所思、所得，因此同样值得我们关注，“宣父犹能畏后生，丈夫未可轻年少”①。

为本辑论丛撰稿的有教师，也有学生，有年少者，也有年长者，年最少者乃“90后”，二十出头，年最长者是“30后”，已逾八旬，皆热血之贤士。借群贤之力，终成本辑。我无右军之才，但有右军之志，故引右军之言以为心声：

> 夫人之相与，俯仰一世。或取诸怀抱，晤言一室之内；或因寄所托，放浪形骸之外。虽趣舍万殊，静躁不同，当其欣于所遇，暂得于己，快然自足，不知老之将至。及其所之既倦，情随事迁，感慨系之矣。向之所欣，俯仰之间，已为陈迹，犹不能不以之兴怀。况修短随化，终期于尽。古人云：“死生亦大矣。”岂不痛哉！
>
> 每览昔人兴感之由，若合一契，未尝不临文嗟悼，不能喻之于怀。固知一死生为虚诞，齐彭殇为妄作。后之视今，亦犹今之视昔，悲夫！故列叙时人，录其所述。虽世殊事异，所以兴怀，其致一也。后之览者，亦将有感于斯文②。

为本辑论丛撰写论文的作者中，既有高等院校的专家，又有基础教育界

---

① 李白，《上李邕》，王琦注，《李太白全集》上册，北京：中华书局，1977，第512页。

② 王羲之，《兰亭序》，启功主编，《书法概论》，北京：北京师范大学出版社，1986，第136－137页。

的学者，既有海外的名人，又有海内的大家，既有白发苍苍的教师，又有风华正茂的学生，他们从不同视角、不同层次为我们展示了不同的思考、不同的发现，为我们切磋琢磨、共同进步提供了良好的机会。

## 五

约翰·辛普森（John Simpson）《牛津英语谚语词典》（*Oxford Concise Dictionary of Proverbs*）说："车逢路石轻开过。"① （"Drive gently over the stones."②）《外国语文论丛》的编辑也像是石路行车，还是仔细一点的好。因此，我特地邀请到了两位专家任副主编。第一副主编四川省教育厅四川师范大学基础教育课程研究中心外语课程研究中心特聘研究员、南江博骏公学副校长康军德，协助我对论丛中的论文进行审阅、修订与编辑。第二副主编重庆市巴蜀中学校高级教师、重庆市骨干教师杨斌，协助我对论丛中约 8 万字的教学研究方面的论文进行审阅、修订与编辑。

## 六

《外国语文论丛》之编撰若庄稼之耕耘，春种秋收，只要付出了辛劳，或多或少，都是会有所收获的。我 2016 年 3 月上旬开始征集本辑论丛稿件，等到作者基本完成撰稿、我基本完成主编，已是 2017 年的 8 月下旬了。这正是秋收的季节，作者撰稿，必有所收获；我主编，已有所收获；读者批卷，想来亦将有所收获，所以特地选用英国 11 世纪一幅日历中的一张配画（an eleventh-century calendar）《八月：收获》（"August: Harvesting"）作为本辑论丛的封面衬图。

## 七

《外国语文论丛》第 8 辑要面世了，我除了很欣喜，还很感激。

四川大学原副校长石坚教授是四川外语界的大专家，乐于助人，现在又

---

① 张叉译，未公开刊发。

② John Simpson, *Oxford Concise Dictionary of Proverbs* (Third Edition), Oxford: Oxford University Press / Shanghai: Shanghai Foreign Language Education Press, 1998, p. 74.

拨冗为本辑论丛撰写序言，这是对我很大的鼓励，我很感激。

四川师范大学教务处处长毕剑教授是我几十年的老朋友，他对本辑论丛的编辑、出版提出了宝贵的意见和大力的帮助，特此致谢。

刘勰《文心雕龙·序志》："岁月飘忽，性灵不居，腾声飞实，制作而已。"[①] "文果载心，余心有寄。"[②] 有感于斯，我亦作文若是，权以为本辑论丛之序，盖窃念余心或有寄焉。

张　叉

二〇一八年三月六日

于四川师范大学

① 刘勰，《文心雕龙·序志》，郭绍虞、罗根泽主编，范文澜注，《文心雕龙注》（下），北京：人民文学出版社，1958，第725页。

② 刘勰，《文心雕龙·序志》，郭绍虞、罗根泽主编，范文澜注，《文心雕龙注》（下），北京：人民文学出版社，1958，第728页。

# 目　录

## 外国语言学研究



## 比较文学研究



## 外国文学研究

## 外国文化研究



## 翻译理论研究



## 翻译实践研究

## 英、汉、藏三语教学研究



## 小学英语教学研究



## 中学英语教学研究



## 大学英语教学研究

# 外国语言学研究

# 语文的必然性综论

辜正坤

北京大学　外国语学院，北京，100871

**摘　要**：本文首先讨论了语文必然性的哲学基础。接着从语音、语形、语义和语法四个层面探讨了语文必然性的语言学根据。着重阐述了作者16年前提出的音义同构理论（亦谓之音义象构必然相应律）。文章还对索绪尔的能指与所指关系理论、身体姿势无内在价值理论及一般学者普遍认同的语言约定俗成论进行了批判。最后对索绪尔现象在当代学术界的学术意义进行了重新评估。

**关键词**：语文必然性；音义同构论；阴性音；阳性音；能指所指关系；身体姿势内在价值

---

**编者按**：1990年，辜正坤教授在全国第四届国外语言学研讨会上宣讲了《互构语言学与人类文化发展方向》的论文。论文提出语言文字是具有必然性的，批判了西方一些语言学家的观点，其中包括索绪尔的"语言的任意性"和乔姆斯基的"普遍语法"等经典性观点。论文后来在1992、1993、1995、1996、2004、2005、2006年陆续发表，引起了非常大的反响。由北京大学外国语学院外国语言学及应用语言学研究所编辑、高等教育出版社出版的《语言学研究》一连三期都刊发了讨论他上述观点的论战性论文。《外语与外语教学》2004年第4期刊发了他的论文《对索绪尔和乔姆斯基的批判与语言学新定律》，张叉教授主编的《外国语文论丛》第4辑刊发了他的论文《对索绪尔若干观点的批评》。这些年，国内学术界对这一问题讨论的热情并没有消减。辜正坤教授综合性地就这个专题写了这篇论文，对这个问题做了全面的阐述。特将本文刊发于此，以飨读者。

**收稿日期**：2017－02－26

**作者简介**：辜正坤（1951—），男，四川仁寿人，文学博士，北京大学外国语学院教授、博士研究生导师，获国务院颁发有特殊贡献专家称号。曾任北京大学世界文学研究所所长，北京大学文学与翻译学会会长。现任国际中西文化比较协会会长、中国外国文学学会莎士比亚研究会会长。通英语、法语、德语、古希腊语、古拉丁语、日语和世界语等。曾应邀赴德国自由大学、美国瓦西塔大学、澳大利亚悉尼大学、日本东京大学、瑞士日内瓦大学讲学，曾任联合国教科文总部（法国巴黎）翻译。主持编译了皇家版《莎士比亚全集》。发表著、译、编、校著作50余种（部），论文150余篇，出版书画作品若干并有水墨国画9幅获奖，兼任北京艺联诗书画院名誉院长。主要从事中西文化比较、莎士比亚、翻译学、诗歌鉴赏学、互构语言文化学、古希腊、罗马文学史研究。

# 一、导论：语文必然性的哲学基础

## （一）因果关系——必然与偶然

世界上的一切事物都处于一种互相联系、互相制约，或互相构造、渗透、既吸引又排斥的关系中。任何一种现象的产生、发展和消亡都看似偶然但其实背后蕴藏更多的必然性。至少在宏观世界，没有原因的结果是不存在的。绝对的无中生有是不可能的。万物的生发状态作为一个系统都呈现出自我组织、自我协调、自我规范、自我补偿的趋势。偶然性似乎随处可见，然而一旦推究起来，最后都使人不得不相信每一件事物背后的必然性更有说服性。

语言文字的必然性也是如此。

我所谓的语言的必然性指的是：（1）语言作为一种整体系统是特定时空条件下诸种因素和合生成的必然产物；（2）语言的语音、语法、语义的产生是特定条件下的必然产物；（3）语音（符号）与语义之间的关系也具有必然性联系。

我所谓的文字的必然性指的是：（1）文字作为一种整体系统是特定时空条件下诸种因素和合生成的必然产物；（2）文字的书写形式与被书写对象常常有必然性联系。

语言文字的偶然性在于人们认识的局限性。当人们看不到必然性（或者找不到所谓"理据性"）的时候，通常以偶然性（与任意性相通）作为解释。用偶然性来解释事物的生发消灭现象，有时是一种懒惰的推诿行为，这种推诿行为的逻辑是：如果事物本身就是偶然性的产物，那么探究其必然性规律就是多此一举的努力。正确的态度应该是：在没有找到某物某现象产生必然性的合理的逻辑结论或事实依据之前，可以暂且承认该事物产生的偶然性。这种承认是一种权宜，是无可奈何的，它绝非人们的最高追求。人类的一切研究都指向一个重要的目标：从貌似偶然的现象中发现事物背后的必然性规律，以便获得正知正见。在人类研究的一切领域都会发现，许多原来以为只是偶然性的现象，结果都在后来或迟或早地被证明是一种必然现象。

语言文字本身的演变生发过程也是这样一个吸引学者去寻觅其必然性规律的现象。

我历来主张，语言文字的产生与发展既具任意性，也具必然性。虽然这两种相反的性质实际上存在于语言文字生发演变的所有时期，但其各自生发演变的程度是有差别的。从发生学的角度看，大体看来，前期语言文字的生发演变以必然性为主，后期语言文字的生发演变以任意性为主。当然这只是就其总趋势而言，在各个不同的时期，完全有可能存在相反的情形，只是这种情形大多是例外，在总趋势中不会成为根本性的属性。此外，语言学界大多只提“语言的任意性”，不提“语文的任意性”。我的做法是语言、文字二者兼提。因此，在讨论任意性、必然性这类概念时，我所针对的范围比索绪尔等学者通常讨论的范围要广一些；既讨论语言的必然性，也讨论文字的必然性。语言文字在某些场合本来就是难分难解、不便截然分开的。索绪尔硬要把文字分离出来，并抬高语言，贬低文字，这种错误的做法已经受到一些学者（如法国学者德里达）的猛烈批判，不赘。最后，和我以前的用意一样，此文以《再论语文的必然性》为标题，只是想强调一下颇受语言学界忽视的语言文字的必然性，而没有否认语言文字的任意性的意思[1]。

### （二）从常识开始论证

以下的每一个命题，在我看来，都是不证自明的真理。

第一，一切动物都有为了维护种群和个体的生存发展而传递各类信息的功能。其传递的媒介通常是动作、气味和声音。本文研究的重心是语言问题，因此不讨论动物的动作和气味两个方面，而只涉及动物的声音。

第二，一切动物只要能够发出声音，它们发出的声音都不会是无的放矢，即或者是由于生理上的自然反应，或者是由于心理上的自然需要。例如蜜蜂发出“嗡嗡”的声音，或者是由于生理上的自然反应，或者是由于心理上的自然需要。其声音也许简单，也许复杂，但一定是受其生存需要制约的，它们要么是采蜜时的劳动歌声，要么是求偶时的歌声，要么是遇到强敌逃生时的呼声。它们的声音必定表示种种生理或心理反应，或欢乐，或恐惧，或要求，或拒绝。总而言之，我们无法否认，蜜蜂发出的声音一定是有生理或心理原因的，一定是表达了某种信号。“信号”，换一种说法，在这样的场合，也可以叫作“语言”。

第三，由此，我们得出结论：动物的声音其实就是动物的语言，无论这些语言是多么简单或多么复杂。这些观点实际上是当今的中学生也知道的，它们已经成了常识。这类常识告诉我们，动物的声音是一种重要的“语言”。动物学家们的研究结果表明，猪有 23 种声音信号，狐狸有 36 种声音信号，而阿拉伯狒狒发出的声音信号竟然不少于40种。[2]

第四，由于受发音器官的局限，动物能够发出的声音种类是有限的。有限的声音如果遭受滥用，就会影响动物的生存状态，动物的一切行为和功能必须满足其维持生命、生活、繁衍、娱乐的本能需要。多余的、没有意义的行为或功能会被无情地抛弃。由此可以推出的必然性结论是：蜜蜂发出的声音，无论多么简单或复杂，毫无疑问是有意义的。[3]

第五，人类的情况也是一样。由于人类发音器官上的局限性，人类能够发出的声音种类也是有限的。有限的声音如果遭受滥用，就会影响人类的生存状态，人类的一切行为和功能必须满足其维持生命、生活、繁衍、娱乐、发展的本能需要。多余的、没有意义的行为或功能会被无情地抛弃。由此可以推出的必然性结论是：人类发出的声音，无论多么简单或复杂，毫无疑问是有意义的。或者换句话说：人类发出的一切声音都不可能是无意义的、纯粹偶然的、任意的。

第六，那么，让我们来进一步进行更详尽的推论。我们首先要问的问题是：人类为什么要发出声音？回答：是由于人类的本能性需要。什么是人类的主要本能性需要？回答：就像其他的动物一样：（1）食欲本能；（2）性欲本能；（3）防御本能（或权欲本能）。关于这三欲的界定，见我发表在《北京大学研究生学刊》1988年第4期的论文《三欲原动力论与人类文化的发展》。关于这三欲与语言文字起源的关系，见后文及我的相关论著如《互构语言文化学原理》一书。

## 二、语文的必然性

根据互构语言文化学原理，人类语言文字之所以具必然性，是因为它不是凭空产生的，而是诸种因素互根互构互斥互动和合而生的，是存在（主体和客体世界整体）的缩影式抽象化或曰符号化。若干促使语言文字产生的因素一旦具备，语言文字就会应运而生。从广义上来看，现实世界中一切作用于主体的大脑和感官的视象、音象、味象、触象、义象等都会在主体的感知神经系统中留下痕迹，都会在主体的意识和无意识中以某种方式储存起来。这些储存起来的痕迹或信息是语言文字得以产生的基础。作为人类来说，构成他们的语言文字符号的制约因素大体上是一致的，这就是：（1）他们都普遍地生活于同一个地球表面，因而只能以地球表面所能提供的认识条件为基础来构建人类自身的语言、文字；（2）他们都普遍地具有基本相同的感知器官：眼、耳、鼻、舌、身、心（大脑）等；（3）他们感官的感知范围和感知能力也大体具有普遍的一致性。由于这三个原因，尽管人类的语言、文字在微观上存在着不同程度的千差万别，在宏观上却又先天地具有必然的普遍性因素。

语文的必然性，可以粗分为语言的必然性和文字的必然性。细分一下，则可以分为：（1）语音的必然性（包括语音与语义关系的必然性）；（2）语形的必然性；（3）语义的必然性；（4）语法的必然性（即文字的必然性）。下面逐一作简略分述。

### （一）语音的必然性

首先，人类语言具有语音方面的必然性特点。例如都有惊人的相通或相似的元音和辅音系统，甚至连拼合、演变模式也往往是不谋而合的。例如元音的/a/，/i/，/u/，/e/，/o/；辅音的/p/，/t/，/k/，/b/，/d/，/m/，/l/，/g/，/s/等，几乎遍存于一切人类语言。原因很简单，人类发音器官的运动，如牙床的开合、舌位的高低、送气与不送气、口形的大小方圆等，只要按规定到位，就一定会产生按规定需要的语音效果。换句话说，发音器官各部分的排列组合式的配合发音运动，自然而然地会发出以上的音素。所以，正如人类语音必然具有差别性一样，人类语言也必然具有普遍性。产生这种语音相似或相类的原因非常简单：因为人类的发音器官基本相通；生理上的普遍雷同使他们只可能发出其生理器官允许他们发出的语音。解剖学向我们证实，地球上所有人类的发音器官基本上是相同的。所以，先天的生理器官的雷同，注定了他们的语音必然有诸多雷同，这就必然导致人类语音的某种普遍性特点。同理，由于地球人分别生活在地球的某一特定区域，其生存条件的一切不同方面，例如其在具体环境、时间、心理、个体和社会因素方面不可避免的差异，必然导致其对语言发音的需要也发生相应的差别性需要，这就必然使人类语音具有相应的偶然性特点。因此，一些民族语言中有某个音素，另一些民族语言中没有某个音素，这是不奇怪的。因为人类语音既有必然性音素，也有偶然性（任意性）音素。

1．语音与语义之间的关系的偶然性与必然性

（1）音义关系偶然论。

认为语言音义之间不存在必然关系的看法在我国最早可上溯到战国时的

荀子："名无固宜，约之以命。约定俗成，谓之宜，异于约则谓之不宜。"[4]意思是说，事物的名字是人们随意命名的，只要大家认为行就行。显然，按照荀子的观点，音和义之间并无必然的关系。

三国魏时的学者嵇康亦认为："夫言非自然一定之物，五方殊俗，同事异号，举一名以为标识耳。"[5]显然，嵇康亦认为语言不是一种自然产物，事物的名称只不过是人们随意规定的而已，音与义之间当然也就不存在必然联系。

音义之间无必然联系的观点，通常被中国现当代语言学家和文字学家视为当然之理或无须赘述的常识问题："某一语义要求用什么语音形式来负载，一开始就具有偶然性。同一个声音可以表达多种完全无关的意义，而相同或相反的意义完全可以用不同的声音来表达。这是常识问题，用不着多说了。"[6]在西方，音义偶然（任意）论者颇多。例如，西方结构学派的语言理论就认为语言要素的性质与其本身的物质载体的特点无关，而由其他要素的相互关系决定。索绪尔认为，声音本身并不表示某种必然的意义，"重要的不是声音本身，而是使这个词区别于其他一切词的声音上的差别，因为带有意义的正是这些差别"[7]。萨皮尔也是坚决反对音义同构理论的："确切地说，单个语音根本不是语言成分，因为语言是一种达意的功能，而单音本身并没有意义。"[8]然而这方面的典型代表或可推英国语言学家 L. R. 帕默尔，他断言"我们把某种心理内容派给某种声音组合完全是武断的"[9]。他把拟声词（onomatopoeia）看作音义有关的唯一例外，同时援引巴甫洛夫的条件反射理论及其他旁证材料，得出结论："声音符号跟所代表的事物之间的关系是完全任意的，它们中间没有自然的或者必然的关联。"[10]不仅如此，他还反复强调音义不同构这一观点的重要性，认为这一观点是"语言学理论的拱门顶石，我们必须除去人们的怀疑"[11]。"坚持语言符号的任意性质对我们的科学有根本的重要性……"[12]"我们必须坚持说，在大多数的例子里，即使最坚决的浪漫主义者都不能找出语音和词义之间有必然的关联。语言科学一定得建立在这个基础上面——声音和意义关联的任意性。"[13]由此可见，对帕默尔而言，音义同构理论一旦建立起来，将动摇整个中西方语言科学的基础。

（2）音义关系必然论。

我国北宋大学者王安石提出字形、字音都符合天地万物之理："其声之抑扬、开塞、合散、出入，其形之横从、曲直、邪正、上下、内外、左右、皆有义，皆本于自然，非人私智所能为也。”[14]王安石认为字音之“抑扬、开塞、合散、出入……皆本于自然，非人私智所能为也”，这种观点暗寓音义同构、合于自然之道的思想。可惜的是，王安石并未从理论上进一步系统探讨这个问题，也未从实践上真正解决这个难题。

在西方，音义必然论的根牙可上溯到柏拉图（前427—前347）的《克拉底鲁篇》（*Cratylus*）。柏拉图在这篇对话集里“特别提出事物及其名称之间是否是自然的和必然的关系，还是仅仅是约定俗成的结果这个问题。这篇对话使我们第一次看到了名实相应论者和名由人定论者之间的长期的争论，前者认为语言是自然产生的，所以它本质上是有规则合乎逻辑的；后者却否认这种看法，他们指出了语言结构的不规则性”[15]。

值得注意的是，雅各布·格林（Jacob Grimm）和叶斯帕森（Jespersen）也曾指出过音义之间有某种契合。例如叶斯帕森即指出许多意义小、巧、不稳定的英语词汇都含有短元音/i/，如“little，thin，kid，nipper”等。但他们的观点都受到强烈批判，没有被西方语言学界接受。

（3）音义关系必然—偶然兼具论。

我在1990年于北京大学召开的第四次外国语言学研讨会上宣读的论文《互构语言学与人类的命运》[16]中，批判了以荀子、索绪尔等中外学者单纯主张音义关系偶然性（任意性）原则至上的观点，提出了一整套互构语言学原理，系统阐述了人类语言音义关系必然—偶然兼具的观点。与此同时，针对当代中外语言学界语言任意论占主导地位这种格局，我的论文以汉语音义关系为案例，在不否认音义偶然性（任意性）的前提下，侧重论证了音义关系的必然性方面。我把音义关系必然性称之为音义同构现象，在《北京大学学报》1995年第6期发表了论文《人类语言音义同构现象与人类文化模式》。这里一方面为了阐明音义关系必然—偶然兼具论，另一方面限于篇幅，不得不以概括的方式引用我过去的论述。有兴趣者欲知详情，请参阅笔者更为详尽的相关文章或《互构语言文化学原理》一书。

提出音义关系具有必然性，是重要的，但还远远不够，问题的关键是要有具体论据证实这个命题。我从70年代开始研讨这个问题，思考近30年，其间有些观点略有修正。关于音义关系的必然性和偶然性，我最初用“音义同构现象论”和“音义异构现象论”这种术语，经过进一步思索，我想改为更准确的说法，即“音义象构必然相应论”和“音义象构偶然相应论”。前者指的是：音象结构和义象结构具有相应性必然特点，后者指的是：音象结构和义象结构也具有相应性偶然特点。本文侧重讨论前者。音义象构必然相应现象不仅必然地而且客观地、程度不同地存在于人类语言中。例如，以汉语音义关系为解剖对象，我总结出了若干种规律性的东西，其中一个叫作汉语音义阴阳象构相应律。用这个规律，可以发现汉语中有大量字词的音义关系具有必然性联系。

（4）汉语音义阴阳象构相应律。

我所谓的汉语音义象构必然相应律指的是：大量汉语字词的发音与其所代表的含义具有某种心理—生理—物理方式的契合。一般说来，在大量呈阴阳对立意义或级阶意义的汉语字词群组中，凡意义相对昂扬奋发、时空关系及含义指向都呈正向扩张型的字，其读音多响亮、厚壮，双唇发其音时的开口度都相对较大；反之，凡意思相对收缩、压抑，呈负向退降的字，其读音多沉钝、拘谨，发音时双唇开口度都相对较小。前者叫作阳性音（字），后者叫作阴性音（字）。阴阳音、义、字构成阴阳词组、句子乃至进而诱发促成整个阴阳文化。音义同构现象论试图揭开语言的起源并为训诂学中最精妙的声训方法（因声求义方法）提供了科学的可以把握的理论依据。汉语音义阴阳象构相应律是汉语音义象构必然相应现象中最中心最有代表性的音义关系现象。现举例如下：下面列出了成对字组，每组中居前的是阳性字，居后的是阴性字。

刚—柔　高—低　阳—阴　有—无　欢—悲　公—私　天—地　山—谷
东—西　海—河　河—溪　粗—细　动—静　乾—坤　官—民　白—黑
男—女　暖—冷　重—轻　善—恶　安—危　贤—愚　外—内　皇—臣
宽—狭　攻—退　前—后　左—右　大—小　笑—哭　来—去　爱—恨
说—听　走—止　双—单　甲—乙　生—死　显—隐　彰—蔽　棒—棍
放—收　强—弱　忙—闲　得—失　涨—消　香—臭　甜—苦　热—冷
正—斜　真—伪　勇—怯　宏—微

十分明显，只要朗诵上面的成对字，人人都可以发现，阳性字的发音都比阴性字响亮，发音器官的共鸣腔此时也相应比阴性字的发音大。特别值得注意的是，上面这些字都是最常见的字，因此，不论在口语中还是在书面中，它们的使用率都是很高的。尤其是“前、后、左、右、大、小、来、去”之类的字与其他字词组合的频率更是高得惊人。不用说，由它们修饰的字词也往往具有了相应的或连带的音义象构必然相应关系。它们实际上可以随意地将另一个阳性或阴性字、词转化成阴性或阳性字、词。例如“天、地”这一对字，天为阳，地为阴，但如果我们强行地在“天”之前加形容词“小”，在地之前加形容词“大”，于是就有了“大地、小天”一组词。尽管天比地高、大，但由于前缀了“大”和“小”字样，结果当我们念这一组词的时候，就会在我们心理上产生“大地”比“小天”大的感觉，这就是阴阳性修饰词造成的音义契合效果。其他类似的字还有很多，不赘。

音义象构必然相应规律反映在颜色上：鲜亮者多发阳性音，深暗者多发阴性音。如：

阳性：黄红白蓝　阴性：黑灰紫绿

音义象构必然相应规律反映在空间上：客观世界事物的大小诱发人体发音器官（例如口形）在发音时的对应性大小；换言之，客观世界的物理性与人体的生理性乃至心理性具有某种契合。这在表达空间现象的时候，尤其饶有趣味。

远—近　宽—狭　高—低　宏—微　海—河　河—溪　外—内

音义象构必然相应律不仅表现在元音方面，也常常表现在辅音方面。例如：

点—线—面　那边—这里

点、线、面三字韵母均为/ian/，区别在于辅音各用了/d/，/x/，/m/。发“点”字音，须用舌尖抵上腭，一点而出“点”音，舌尖与上腭的接触面很小，确实只有一点，所以这个“点”音非常形象地表达了“点”义，使人想到一点状物或某物尖端上的一点或某尖端物与某平面相触或相触之一点。同类引申义亦多以此音表达，如“滴”“顶”“颠”“镝”“帝”“钉”“耵”“吊”“叼”“钓”“蒂”“抵”“砥”等。“线”字亦然。发“线”音时，辅音/x/促使双唇和牙床上合而在上下齿间呈线形感，故“线”音一出，确有流线型感觉。同类音义象构必然相应的字如“纤”“弦”“腺”

“限”“隙”“细”“析”“系”“溪”“蜥”“泻”“绁”等。“面”字同理。发“面”音时，须先闭合双唇，舌面与硬腭接触面很宽，所以发此音时，使人有一种明显的平面、铺盖、宽广感。同类音义象构必然相应字如“门”“蒙”“幂”“弥漫”“漠”“幕”“淼”“蒙蔽”等。“彼—此”（用辅音表达，爆破音/b/比舌擦音/ts/开口度大）；“线—绳—索”，“线”字虽有/an/音，但由于介音/i/在前，故阴性特点较“绳”“索”为强，因此，后者代表的物理对象显然比前者代表的物理对象大些。又，“针—棍—棒”，小大之序对应其于元音开口度的小大之序：/ən/、/un/、/ʌŋ/。

音义象构必然相应规律反映在人际关系上：

尊—卑　皇（上）—臣（下）　父—子　母—子　兄—弟　哥—弟　姐—妹　姐—弟　夫—妻　岳父—女婿　岳母—女婿　公公—儿媳　婆婆—儿媳　友—敌

音义象声全同构现象指的是象声词。此类词模仿客观世界的种种声音。在汉语中，象声词往往可达到惟妙惟肖的效果，是汉语音义象构必然相应现象的最佳范例：“叮叮”“咚咚”“哗哗”“隆隆”“咯咯”“轰轰”“哈哈”“扑扑”“嘎嘎”“汪汪”“嗡嗡”“咕咕”“铛铛”“噔噔噔”“啪啪啪”“呼哧呼哧”“嘭嘭嘭”……象声词虽然基本上音义全同构，它们在人类一切语言中的普遍存在证明音义象构必然相应现象在一定范围内无可辩驳的客观性。即使语言中除它们之外最初真的不存在另外的音义象构必然相应现象，它们也会或迟或早诱导人类在语言中模拟构造出音义象构必然相应现象。所以，人类语言中的音义象构必然相应现象不仅是客观存在的，而且必然要存在。索绪尔等学者试图贬低象声词、感叹词对于语言起源的初始作用，是错误的。关于这一点，我在《互构语言文化学原理》一书的“象声词、感叹词之类的词当然证明所指与能指之间存在着自然联系”一节中对此做了解释，这里因为与论题关系十分密切，只好再概要征引一下：

索绪尔担心人们用象声词、感叹词之类的词来证明所指与能指之间存在着自然联系，便试图先堵住这个缺口，断言它们 1）“从来都不是语言系统的有机成分”；2）“它们的数量有限”；3）“它们实际上也显示出任意性”。[17]

然而，我们只要合乎逻辑地思考，或者说合乎理性地思考，便能发现索绪尔的这三个断言是软弱无力的。首先，从语言发生学的角度看，一切语言都不可能在一夜之间便产生出整个完整的系统。最合理的推断是：它们只可能是顺应人类自身的发展着的生理和心理需求而逐步产生并逐步完善的。它们的原始音素应该首先是简单的，然后由简到繁，逐步组合生成语言系统。那么，在人类语言发生的初始阶段，语言中的什么成分最容易产生呢？这不难回答。语言既然是顺应人类自身的发展着的生理和心理需求而逐步产生并逐步完善的，那么，什么生理、心理需求最强烈，什么相应的语言成分便最容易产生。何种生理、心理需求最强烈呢？根据我提出的人类先天三欲原动力系统论，我可以断言这就是与人的食欲、性欲和权欲紧密相关的生理、心理需求。仅以食欲方面的生理、心理需求而言，生存的必要性使得食欲需求成为最紧迫的需求。人类的这种需求在婴儿身上有特别突出的反映，可以再现人类语言发生初始阶段时的情景。众所周知，婴儿为了满足食欲而获得食物的方法便是本能地哭叫。这种哭叫就是最简单然而最强有力的感叹词形式。它引起成人注意，从而获得食物。随之而类聚产生的/ɑː/或者/mɑː/，/bɑː/，/ɑmɑː/，/ɑbɑː/之类，都具有强烈的感叹意义，且可能与满足食欲相关。[18]此外，婴儿还能够通过模仿的方式发出象声效果的语音。没有这个基本的模仿能力，人类几乎无法学会任何语言，更不用说创建任何语言了。因此，人类最初的语言形式正是从本能的感叹式音响和象声音响开始的！这样一来，感叹词和象声词之类从一开始就是人类语言初始结构的有机成分，并且是最核心的成分，而并非是像索绪尔断言的它们“从来都不是语言系统的有机成分”。索绪尔又一次混淆了语言在不同发展阶段的不同结构形式。当原初简单语言不断复杂化、系统化时，就像它们的必然性渐渐让位于其任意性一样，它们的作为语言有机成分的地位逐渐被后来越来越复杂的语言表达形式取代。所以，正确的说法应该是：象声词、感叹词一开始的时候就是语言系统的有机成分，后来随着语言的演化过程而渐渐被其他更准确精密的语言成分所排斥到边缘地位。

其次，说它们“数量有限”，只是就现当代语言现状而言是事实。但是在远古原始语言发生的时期，它们与其他语言成分的比例应该是很大的。就正如婴儿最初主要不断用简单的/ɑ/，/ɑː/，/mɑː/，/yayɑː/之类的发音来表达其情绪或要求一样。因此，在早期其数量并非有限，而是相对说来，数量颇多，后来，当语言的其他成分滋生并不断增多时，才变得“数量有限”

的。因此在这一点上，我认为索绪尔的断言也是不妥的。

最后，说象声词、感叹词“实际上也显示出任意性”，当然也不是完全没有道理，但我们首先要知道，象声词、感叹词尽管数量不多，但是其主要特点是必然性，这是许多语言学家承认的。[19]

总起来说，我发现这么一条规律性的东西，那就是：在汉字中，/i/，/e/，/ei/，/u/，/ou/，之类开口度小的发音多与阴性字搭配；开口度大的发音如/a/　/ang/　/an/　/o/　/ong/之类则多与阳性字搭配。同时要注意，所谓语音（主要是元音）的阴阳特性是相对的。/i/对/e/时，/i/为阴，/e/为阳；/e/对/o/时，则/e/为阴，/o/为阳。余以此类推。当然，例外的情形永远是存在的，何况还有大量汉字属于中性字，它们的发音就不宜用上述原则来规范，而服从另一种规律，此处不赘言。如此看来，至少有相当数量的一批汉字的发音与其字义之间存在着阴阳契合关系，我把这称之为汉字的音义象构必然相应现象。根据此种现象，我们可以断言，第一，先民在创造最初的言语和文字时，很可能程度不同地有意使语音和字音与含义挂钩。例如，含义强烈、正向的言语、文字搭配开口度大的洪亮的发音，含义柔弱、负向的言语、文字搭配开口度小的相对沉钝的发音。第二，在历代产生的文字改革过程中以及汉民族运用语言文字的自然过程中，人们有意无意地趋向使汉语言文字音义象构必然相应。特别要提到的是，汉语言文字发音的阴阳性质不是绝对不变的。不同的时代、不同的地域、不同的群体、不同的个人与社会需求势不可免地使语音发生流变。因此上古时期的一些阴阳音由于后期的语言—文化互构过程而发生不同程度的向自己的对立面转化的活动，甚至完全演变为自己的对立面，这都是不足为奇的。因为从总体上看来，汉语言文字发音的阴阳性质和音义象构必然相应性质是客观存在并对文化的发展起着举足轻重的作用的。

（5）印欧语音义象构必然相应现象举隅（略）。

此处因篇幅所限，无法再多做征引。请参看拙作《互构语言文化学原理》（北京：清华大学出版社，2004）第三章第五节。

（6）音义象构必然相应现象为什么必然发生。

音义象构必然相应现象之所以必然发生，是由于人类在表达自己的情绪或作价值判断的时候，其心理活动必然产生相应的生理反应。心理上的昂扬情绪必借生理上发音器官的开放状态表现出来；同理，心理上的受阻情绪亦必借生理上发音器官的促迫状态表现出来。即所谓情动于中必形于外，或者用音义象构必然相应的观点来说，谓之情动于中必声于外。人类要表达强烈的情绪，必然自发寻求相应适当的发声方式。比如要表现强烈的阳性情绪（昂扬情绪），必然要自发地寻求一种最经济最快捷最适当的发泄方式，在这种情况下，/a/音最理想：尽情地张口就喊，费力小而口形最大，气流受阻最小，而声音最洪亮。同理，如要表达一种强烈的阴性情绪（压抑情绪），必然寻求某种与之相应的压抑的发声效果，在这种情况下，/i/音最理想：双唇紧蹙，用力向两边分开，舌位、牙床及声带都处于很不自然的紧张状态。促迫、压抑，既不经济，也不快捷，即心理上的受阻情绪转化为生理上发音器官的促迫状态。总而言之，人类之所以发出声音，必定是由于某种心理—生理需要，广而言之，是为了某种生活需要或社会需要。这种需要的必然性里暗喻着音义契合的必然性：大的、强烈的事物必然引起相应大的、强烈的心理—生理反应，从而引起发音器官的相应活动。人类的语言文字因此不仅象形，而且象音：例如事物的大不仅以发音效果的大来表现，也常以发音器官（例如口形）的大来比拟。以“大”比“细”，“大”产生宏大的感觉，“细”产生细小的感觉；心理上大，生理上也大：张开的牙床必然大于闭合的牙床（例略）。客观世界事物的大小诱发人体发音器官（如口形）在发音时的对应性大小；大的、强烈的事物必然引起相应大的、强烈的心理—生理反应，从而引起发音器官的相应活动。换言之，客观世界的物理性与人体的生理性乃至心理性上有某种契合，这种契合反映在人的语言上，表现为语音和语义的某种契合。因此，很多汉字的字义与其字音之间存在一种必然性。[20]

语言的任意性很容易被人注意到，所以普通人多半会认为语言文字是任意的。而其必然性却很不容易被注意到。在异源异谱的语系之间，语言显得是任意的。从每种语言的自身的发生学的意义来看，语言的必然性是很强的。英国人、法国人、中国人、玛雅人，可能会以完全不同的发音去表达某物，但是当我们从语言发生学的角度去关注具体的英语、法语、汉语或玛雅语自身时，就会发现它们自身是一个从头到尾都环环相扣、盘根错节、互相制约的自成一体的必然性体系。就中国的方言来说，各地发音颇为不同，所以同一物有若干种发声。这当然会让一般人推想这些发音都是各地的人随心所欲地创制出来的。但是，如果我们深入研究每一种方言的发音，都会发现它们的任意性其实并不大。许多发音完全受制于其源语发音，方言只不过是一种共同语的讹变形式而已，其变化无论多么大，都有源语本身的音响形式的母体痕迹。方言本身的讹变过程，也往往受制于其生理、心理、自然条件及社会文化传统的诸多条件。某个音在北方方言里如何念，在南方方言里如何念，并非是操某种方言的人最初随心所欲地规定或约定的，而多半是某种源语的被迫讹变。由于是被迫讹变的，因此，各方言的语音语调相互之间往往有一种奇特的对应关系（例略）。

### （二）语形的必然性

所谓语形，我指的是语言的书写形式，即文字形式。如果说在语言音义关系上，有的学者对其必然性还有疑问的话，那么在语形（或文字形式）上的必然性则疑问就少得多了。迄今为止，绝大多数语文学家相信，人类的文字都是从图画文字演变而来的。图画文字来源于客观世界，是客观世界的模拟和具象化，所以文字就其根源来说，其实就是客观世界的模仿和抽象化。从这种意义上来说，文字就是世界。世界就是文字。人类所拥抱的既然是同一个世界，那么就必然会有同一种文字：图画文字。至今尚没有发现一个民族的纯粹的未受外来影响的原创性文字最初不是图画文字。诚然，近两三千年来，人类各民族的文字外形有了很大的差别，例如汉字与印欧语拼音文字的差别，但从另一个角度看，它们间的必然普遍相似性仍然是巨大的，这就是：（1）它们都必然借助于线条的组合而表达意义（物质性的光线、色彩、重量、大小、凹凸等，也可以成为文字符号，但都未成为人类文字的基本表达手段）；（2）由于其线条性，又必然使得现在各民族文字的存在方式几乎毫无例外地依附于平面即将文字书写于一平面上。书的产生与盛行正是依靠了文字的这一普遍的存在方式。此外，顺便要提到的是，从文字存在的时间来看，图画文字的存在期也远远长于拼音文字的存在期，所以文字的必然普遍相似和相同特点的发展期程度不同地贯穿了文字产生和发展的整个时期。后来，文字的必然普遍性特点发生了转化。例如其必然普遍性图画特点转化为必然普遍性线性符号特点，由模拟而产生的必然普遍繁杂特点转化为必然普遍的简易特点。总之，文字特点的必然普遍性与其差异性既对立又统一地取辩证形式存在于文字的发展过程中。

文字形式的必然普遍性特点最容易使我们从逻辑上推论，既然人类的文字形式具有必然普遍性，人类的语音形式及音义联系方式也理所当然地具有必然性。然而，这样的逻辑结论不太容易在西方语文学家中占上风，其中的一个关键原因是，语文学家们难以摆脱他们自己的母语和母语相关语文系统的束缚。近代印欧语系的文字很少像汉字这样还残留着浓厚的象形特点，而是绝大多数都是典型的拼音文字，因此，他们最容易受到拼音文字形式的诱导暗示，往往会不知不觉地走到过分夸大文字的符号化倾向和任意性倾向，而同一种逻辑思维模式，又会诱导暗示他们夸大音义之间的偶然性（或任意性）联系。而耳濡目染汉字的中国学者刚好有着相反的文字熏陶暗示系统，习惯于文字形式与其含义之间的必然性联系，并由此推论音义之间的必然性联系也是势所必然的。关于这一点，我们在第三小节“索绪尔观点的误区”中还会加以使用、论证。

### （三）语义的必然性

人类语言语义特点的某种程度的必然一致性也是显而易见的。太阳、月亮、星星、高山、流水、风暴雷霆，这些自然现象对于任何一个民族来说，意义虽有微观差异，但其宏观意义是相同的，谁也不会把月亮看成是星星，或把高山看作流水。比如说，在表达石块这一概念的时候，不论是写成汉字的“石头”，古希腊语的“λιθοζ”，德语的“Stein”，英语的“stone”，或法语的“pierre”，它们都指称一个相同的对象，都必然具有相同的核心意义。当然，对同一对象，各语言还会有别的引申意义、隐喻意义等，但那并非该对象的核心意义或本义，不在此例。总之，各语言中用来指称事物的词汇，虽然在语义上具有微观差别性，同时也必然具有宏观的一致性，这种语义上的宏观必然一致性，就是我所谓的语义的某种程度的必然普遍性。

### （四）语法的必然性

人类语言具有语法特点上的必然性。和语音、文字、语义诸方面一样，语法特点有微观差别性的一面，也有宏观普遍性的一面。我们这里不谈微观差别性，只谈宏观普遍性。

人类语言在语法方面的宏观必然普遍性有许多方面。试举数例。第一，人类所有的语言都必然有动词、名词、代词、数词、形容词、介词等区别；第二，人类所有的语言在句法结构方面都必然有主谓宾的区别；第三，人类所有的语言都必然呈语素、单词、词组、短语、句子等模式；第四，人类所有的语言中都必然有单数、复数的区别（汉语的单字不像印欧语系语言中单词那样一定有单复数形式，但是汉字可用“们”“者”“类”“等”“若干”“些许”“某”之类的用语来表示单数或复数，这是显而易见的）；第五，都必然有限定和被限定的区别；第六，都必然有所属格的形式；第七，都必然有否定句；第八，都必然有疑问句……总之，整个语言都可以靠音位、词、意义等各层各单位的聚合关系和组合关系产生出无穷的语言系列，而且人类一旦抓住语言系列中的任何语言聚合和组合规律，就可破解、认识并掌握该语言。以上种种语言必然性特点的存在决定于这样一个简单事实：因为现实世界、现实生活中就具备着相应的必须用语言来表现的千千万万种对象。人类有动作，必然会有相应的动词；人类有喜怒哀乐的各种情绪，当然就有相应表达它们的语义和语法关系的语言形式。根据互构语言文化学原理，语法关系的必然性是世界事物自身关系的必然反映。

在各种语言中，动词、代词、数词、形容词、介词的必然存在，是因为现象世界确实存在物物之间的位移现象（动词），存在物物相较的多少量度（数量词），存在人对他人或他物的某些特征的描述、评价现象（形容词），存在着主体与主体或主体与他物、或他物与他物之间的过渡性关系（介词）。所以，在人的语言中，这些东西绝对会以不同的程度和方式出现，并且必然会在所有的语言中普遍出现，这是显而易见的。世界就是这个样子，表达这个世界的语言必然和它取得某种形式的一致。为什么在句法结构上都有主谓宾的区别？这是因为对于人来说，普遍存在着这三大关系：人—人、人—存在、存在—存在。与这三大关系相对应，必然有主语（主位）、宾语、谓语的区别。主语和宾语可以发生转换，因为主体与客体也可以在地位上依据一定的条件发生转换。语言中之所以存在否定句，是因为人的现实世界中确实存在着否定现象。同理，语言中之所以存在所属格形式和疑问句形式，也是因为人类世界中确确实实存在一物属于他物的现象，存在人类一时或永远不能肯定的问题。对于人类来说，凡存在的一切现象、一切关系，都可以以某种语言符号来加以指称、模拟或规定。因此，语言中的千千万万种成分，必然是现实世界中千千万万种现象或关系的选择性浓缩模拟符号而已。另一方面，按照互构语言学理论，人类的集体无意识无非是无穷语言符号的集合，因而现实世界的千千万万种现象也可以看作是语言要素的延伸与具象化。

总而言之，语文的必然性是存在本身种种必然特点的必然反映。不仅人类语言的语义形式、文字形式、语法形式具有无可辩驳的必然性，人类语言的语音形式（包括音义关系）也具有显而易见的必然性。要明白这个道理是不困难的。简而言之，这是因为人类语言本身就是人类和存在之间的互动、互补、互构而产生和发展起来的，因此具有鲜明的同构（也有异构）特点，同构性导致语言的必然普遍性，异构性导致语言的必然差别性。但是，在阐述人类语文必然性的同时，我当然不会否认人类语文也同时不同程度地存在着偶然性这一事实。由于许多语言学家已经全面阐述过语言的偶然性问题，本文就不再重复了。

## 三、关于索绪尔语言任意性的批判

我对索绪尔先生的语言符号任意性的批判开始于1990年于北京大学召开的第四次外国语言学研讨会上。文章则相继发表于1993年、1994年、1995年、2003年的《北京大学学报》《学术月刊》《语言学研究》等刊物和2002年中央电视台百家讲坛《中西语言文字与文化的走向》讲座及清华大学出版社出版的《互构语言文化学原理》一书中。这里就索绪尔先生的另外几个提法和论证进行商榷。

### （一）关于能指和所指之间的联系是任意的例证指疑

索绪尔在《普通语言学教程》专门讨论符号任意性的第一编第一章第二节，以“姊妹”“牛”等概念在不同语言中的不同表达方式为例，说明“能指和所指之间的联系是任意的”。索绪尔的这个观点被许多学者频频引证，其实，索绪尔的这一观点的错误是一目了然的。

首先，以“姊妹”“牛”等概念在不同语言中有不同表达方式来证明音义之间具有任意性在逻辑上是不成立的。因为这只能证明能指与所指之间的联系可以有多种形式，却不能证明它们之间的联系一定是“任意的”。索绪尔在这里违反了起码的逻辑同一律，用“任意性”等同（取代）形式的多样性。要明白这种逻辑谬误是很容易的。我们只消以象形文字与其代表的含义之间的联系为例类推，即可看出索绪尔这个观点的错误。例如，古埃及文中的“鸟”字为“ ”“ ”“ ”，甲骨文中的“鸟”为“ ”“ ”，玛雅文中的“鸟”字为“ ”，都是典型的象形文字，都像某种鸟儿的形状。虽然三种形状的象形文字的形式并不一样，我们却绝不能由此断言：文字形式与其含义之间的联系是“任意的”。恰恰相反，我们发现，世界上的一切象形文字的形式与其代表的含义都具有必然联系，尽管它们的联系形式是多种多样的。如果因为字形与含义之间的联系形式具有多样性，就将这种多样性不知不觉地偷换为“任意性”，这是非常荒唐的。索绪尔关于语音符号与其含义之间的关系（即能指与所指关系）的推论是同一种逻辑，即用形式的多样性来等同任意性。这种论证的荒唐性居然骗过了东方西方如此多的语言学者，这真是让人感到十分遗憾。其实，语音和语义之间固然可以有任意性，却也可以在其他一些场合具有必然联系。这样的例证在印欧语系语言中不是太多，在汉语中却比比皆是。对此，我在《人类语言音义同构现象与人类文化模式》一文中进行了详细论证，提出了“汉语音义阴阳同构现象”“音义级阶同构现象”“汉语音义色度同构现象”“汉语音义空间同构现象”“汉语音义人际关系同构现象”“汉语音义象声同构现象”等多种规律及其存在的根本原因。[21]

### （二）身体姿势也有内在价值

若干学者还喜欢引用索绪尔的下述观点作为论证语言符号任意性的有力证据：“社会上所用的每一种表达方式，从原则上讲，都是以集体习惯为基础的。也就是说，是约定俗成的。比如，礼貌程式虽然常常带有某种自然性，却是作为规则固定下来的。中国人见皇帝时要三跪九叩，是因为这是规定，并不是因为这种姿势的内在价值。”[22]其实索绪尔的这个观点也是非常武断的说法，经不起推敲。按照这种观点，姿势没有“内在价值”，采用任何姿势都可以表达某种固定的含义，只要约定俗成就行。实际上，这只是对于某些姿势而言是正确的，在大多数的场合，姿势其实有高度象征性和明显的内在价值。如果什么姿势都是偶然的、约定俗成的，试问，世界上从古至今有哪一个专制的国王不是居高临下显示自己的尊严而是匍匐在大臣脚下表现自己的权威的?

我认为，礼貌程式有作为规则而固定下来的，因此具备某种任意性。但是有更多的礼貌程式却是各个民族的文化传统的必然产物，其姿势除了有符号化的倾向外，也往往具有内在价值。索绪尔否认中国人的三跪九叩礼貌程式具有内在价值，我却认为这种姿势恰恰具有内在价值。三跪九叩的内在价值就在于它是位卑者对位高者的瞻仰行为，是一种屈尊俯就。俯也是自觉卑下的意思。在有关下级对上级的礼仪关系问题上，文化传统通常不可能规定出让位卑者站在一个高的地方从上而下地俯瞰处于下边的尊者的礼拜行为规范。一般说来，尊者所处的位置即便在物理上也往往要高于卑者，比如长辈、上司、客人等要坐上位，或者连坐的地方也要人为地垫高，造成台上与台下的感觉。在礼仪上必须鲜明地显示出这种区别。跪和叩这两个姿势都必须让位卑者的人体尽量贴近地面，以显示出位高者的尊荣。三和九，则意味着必须重复该姿势，以便进一步强化这种卑高差别，或者说进一步强化高者的尊严感。这就是这种姿势蕴含的内在价值。假如这种姿势只是一种纯粹的规定、一种简单的符号，没有内在价值，那么嘉庆年间英使拒不对中国皇帝行三跪九叩的大礼，就完全没有道理了。英使完全可以按所谓礼貌姿势是任意规定的说法把三跪九叩看成是一种位卑者对位尊者的必要的礼仪形式，按入乡随俗的原则，他应该欣然行此礼。可他为什么软掩硬抗，只答应有条件地行屈膝礼，而坚决不愿意行三跪九叩之礼呢？这个谜底恰好在于：英使本能地看出了三跪九叩姿势的自我贬低效应这种价值。这种姿势将会消解掉外来使节昂首挺胸、盛气凌人的姿态，因为行三跪九叩之礼让他必须使自己的身体的物理位置发生明显的自我贬抑，必须屈膝俯就另一个高高在上的权力代表者。所以礼貌程式并非总是没有内在价值的。

如果礼貌姿势有可能具有内在价值，那么其产生就可能具有价值依赖，具有相应的自然性或物理性联系特点，因而就很难说其产生的重点总是建立在符号任意性之上了。

顺便说说，跪叩之礼，本来在许多国家和民族中都有，而其烦琐性可能要以中国的三跪九叩为最。溯其原因，我想这可能是中国传统的家族结构中祭祖尊祖仪式的必然产物。人们心理上对父母、祖辈由衷的尊崇感必须找到一种姿态上与之相呼应的自谦自卑自我约束的表达。三跪九叩姿势就是表达这种心理的一种极端的形式（此外还有诸多其他形式，不赘述）。如果礼貌姿势主要地只是一种规定下来的任意的礼仪符号，没有自身内在价值，那么中国人是否可以规定由皇帝来对臣子三跪九叩以便显示出他是最高的主宰呢？显然这是不可能的。几乎所有的民族在拜见君王时，尽管姿势各异，却都有一个体现其姿势内在价值的倾向，即收敛性的自我示弱或自我压抑或自我谦卑。

其实，不止礼仪符号是如此，许多别的看起来完全符号化了的东西，最初往往都有某种内在价值。例如货币如今成了纯粹的价值符号，但是最初发挥货币功能的贝壳、金、银之类本身就是有内在价值的。索绪尔式的学者看到高度符号化了的现代语言，就容易习惯性地推论远古语言文字的能指和所指之间的关系也是纯粹的任意性规定，这是应该引以为戒的。

### （三）约定俗成论者的倒果为因错误

我在1998年发表的《外来术语翻译与中国学术问题》一文中曾质疑过“约定俗成”这个术语本身。我说过：一种语音符号是谁和谁约定的？在最初根本就没有语言（当然也没有文字）的时候，人们用什么办法去“约定”？如何“约”？如何“定”？有人常常托约定俗成的说法来为某些错误的术语译名辩护，其实译名常常并非约定俗成，而倒是独断独行的居多。试想一个译者翻译一本书，书中出现成百上千的新名词，他和谁去相约而定？往往是由他个人随心所欲地选择而定，他的中外文水平和翻译水平有多高，读者便只能被动地接受多高水平的译名，根本不可能和他有约在先，或相约于后。[23]同一个道理也可用来说明语言的产生情形。换句话说，“约”这种行为至少要发生在两个以上的行为者之间，两人如果事先没有共同语言，又如何“约”？因此，“约”的说法本身就暗示，约这种行为产生之前就有了某种形式的语言了。因此，我断言，语言的约定俗成现象是存在的，但那是后来的事情，是语言本身初具规模之后才可能的。所以，语言约定俗成论者无疑犯了倒果为因的错误，即语言的约定俗成现象是初始语言产生发展到一定程度的结果，而不是初始语言产生的原因！

## 四、今日索绪尔意义重估[24]

索绪尔作为一位非常富有开创性的语言学家，对于西方人来说，当然是“一代枭雄”。学者们历数他的有关语言的历时性与共时性、语言与言语的差别，以及所指与能指之间的任意性等论述时，也必须看到他的局限性。历时性与共时性概念在其他学科内，例如在历史学研究内，对历史学家们来说，其实是千百年来的常识，类似于通史和断代史研究理路概念。索绪尔不过在语言学研究领域对他所处时代的历史比较语言学研究主潮进行了反传统尝试，把人们的注意重心从历史比较语言学转移到对静态语言学尤其是当代语言状态的研究上来，这有积极的一面，但是未必像若干学者吹嘘的那样惊天动地。语言与言语的差别（确切点说，是共性语言与个性语言的区别。至于共性与个性的关系问题则是哲学界人的老生常谈）在索绪尔之前的学者也不是没有注意到，只不过没有加以强调而已，并不足以作为索绪尔独特的贡献。而过分强调所指与能指之间关系的任意性并将之抬高成“整个语言学”的“第一原则”乃至“头等重要的原则”则不幸进入索绪尔语言学理论的误区。索绪尔先生过分夸大偶然性（任意性），漠视甚至根本否认必然性，不明白语文的必然性和任意性都是客观存在；更不明白语文的必然性和任意性在不同的时空条件下处于一种共轭反向、互根互构互斥互补的辩证关系。同时，索绪尔先生还十分偏颇地故意抬高语言的地位，贬低文字的作用。本来他提出的“理据性”概念，有点必然性的意味，但他恰恰是在这儿卡住，不但没有从这里走入必然性观念，还全力防止必然性这个概念进入音义关系的范畴。索绪尔先生把音义关系方面凡是说不出道理的东西，都划为任意性的范畴，这是一种逃避。因为任何现象究竟是必然的，还是偶然的，需要进行非常艰苦的研究和考察活动，需要一定的时空条件。过去看来是偶然的现象，今天有可能被证明其必然性；现在看起来是偶然的现象，不能说将来也一定是偶然现象。把解释不清楚的东西统统看成是任意的，这种简单机械的处理办法是不科学的。当代法国著名学者德里达认为“其论文的全部基础、第6章（‘文字对言语的再现’）的意图丝毫没有科学性”[25]，无疑批判过火了，但是盲目相信索绪尔的所有理论肯定是不明智的。

那么索绪尔的真正的重大贡献是什么呢？正如我在以前的文章中所说的，整个人类世界正在变得越来越符号化，符号学的研究因此变得愈益重要。而索绪尔的最重要的贡献正是他对现代符号学基本原则的探讨。索绪尔的许多观点更适合现代符号学，而不完全适合奠基于传统语言与传统语言研究的语言学，尤其不大适合汉语言文字学。尽管符号学被认为包涵了普通意义上的语言学，但是语言学是人类独特的历史久远、文献积累尤其丰富的遗产，具有许多独有的特征，尤其是必然性特征，因此不能完全用符号学原理来囊括。确切点说，索绪尔对于现代符号学的最重要的贡献，就是他的关于所指与能指具有绝对的任意性的观点。这一观点是他在普通语言学上的误区，但也是他在现代符号学理论上所做的奠基性贡献。在普通语言学理论中有些不得其所的观点，在现代符号学理论中却适得其所。人文社会科学和自然科学中，都有若干歪打正着或正打歪着的学术成果，这是一种非常有趣的学术景观，令人回味无穷。

**注释：**

[1] 这样的话我已经在《语言的必然性》一文中说过了。详见：辜正坤，《语言的必然性》，北京大学外国语学院语言学研究所编，《语言学研究》第三辑，北京：高等

教育出版社，2004。

［2］当然，动物的声音更是一种重要的“语言”。根据动物学家研究，猪有 23 种声音信号，狐狸有 36 种声音信号，而阿拉伯狒狒发出的声音信号竟然不少于 40 种。在模拟声音能力方面，一种叫库科尼亚的鹦鹉会“说”上百个单词和几十句话。详见：李小合《动物的语言》，《中学生阅读》（初中版）2003 年第 Z1 期。

［3］关于蜜蜂的声音，有一则报道值得引证：传统的说法认为蜜蜂的声音是翅膀振动造成的。最近，湖北省监利县一个叫聂利的 12 岁的小学生发现，蜜蜂有发音器官。嗡嗡声来自“发音器官”，而不是翅膀振动。她的办法是把蜜蜂的翅膀粘在木板上或者剪去蜜蜂的双翅时，仍能听到蜜蜂的叫声。小聂利反复实验 42 次，认定蜜蜂不振动翅膀也能发声。为了探个究竟，她用放大镜仔细观察了一个多月，终于在蜜蜂的双翅根部发现两粒比油菜籽还小的黑点，蜜蜂叫时，黑点上下鼓动。如用大头针刺破小黑点，蜜蜂就不能发声了。接着，她又找来一些蜜蜂，不损伤双翅，只刺破小黑点，放蜜蜂在蚊帐里飞来飞去，再也没有了声音。于是，小聂利将这一发现写成论文，在第 18 届全国青少年科技创新大赛上荣获优秀科技项目银奖和高士其科普专项奖（据《楚天都市报》消息）。

［4］《荀子・正名篇》，《诸子集成》第二册，北京：中华书局，1954，第 279 页。

［5］嵇康，《嵇中散集・声无哀乐论》，戴明扬《嵇康集校注》，北京：人民文学出版社，1962。

［6］许威仪，《训诂学导论》，上海：上海教育出版社，1987，第 73 页。

［7］德・索绪尔，《普通语言学教程》，北京：商务印书馆，1980，第 164 页。

［8］萨皮尔，《语言论》，北京：商务印书馆，1985，第 21 页。

［9］L. R. 帕默尔，《语言学概论》，北京：商务印书馆，1984，第 7 页。

［10］L. R. 帕默尔，《语言学概论》，北京：商务印书馆，1984，第 8 页。

［11］L. R. 帕默尔，《语言学概论》，北京：商务印书馆，1984，第 8 页。

［12］L. R. 帕默尔，《语言学概论》，北京：商务印书馆，1984，第 6 页。

［13］L. R. 帕默尔，《语言学概论》，北京：商务印书馆，1984，第 10 页。

［14］王安石，《字说自序》，文载《文献通考》卷一百九十《经籍》十七。

［15］布龙菲尔德，《语言论》，袁家骅、赵世开、甘世福译，北京：商务印书馆，1997，第 2 页。

［16］文章后来陆续发表在《北京大学学报》（社会科学版）、《北京大学学报》（英语语言文学专刊）、《汉语知识》、《学术月刊》、《外语学习与研究》、《语言学研究》等刊物上。

［17］索绪尔，《普通语言学教程》，高名凯译，北京：商务印书馆，1999。

［18］关于此点，详见：辜正坤，《人类语言音义同构现象与人类文化模式》，《北京大学学报》1995 年第 6 期。

[19] 辜正坤，《互构语言文化学原理》，北京：清华大学出版社，2004，第 149－151 页。

[20] 此节概述自：辜正坤，《人类语言音义同构现象与人类文化模式》，《北京大学学报》1995 年第 6 期。又见：辜正坤，《互构语言文化学原理》，北京：清华大学出版社，2004，第三章第六节。

[21] 辜正坤，《人类语言音义同构现象与人类文化模式》，《北京大学学报》（哲学社会科学版）1995 年第 6 期，第 76 页；辜正坤，《互构语言文化学原理》，北京：清华大学出版社，2004，第 73－116 页。

[22] Saussure, Ferdinand De., *Cours De Linguistique Générale*, édition critique par T. de Mauro, Paris: Payot & Rivages, 1916/1972, pp. 100－101.

[23] 辜正坤，《外来术语翻译与中国学术问题》，《北京大学学报》（哲学社会科学版）1998 年第 3 期，第 52 页。

[24] 本节原是辜正坤《语言的必然性》（详见：北京大学外国语学院语言学研究所编，《语言学研究》第三辑，北京：高等教育出版社，2004）一文中的内容，当时因为原稿太长，被作者删掉，现作为本文的一部分刊出。

[25] 德里达，《论文字学》，汪堂家译，上海：上海译文出版社，2005，第 63 页。

# 索绪尔与普通语言学

周光亚

四川大学　外国语学院，四川成都　610064

**摘　要**：自瑞士语言学家费迪南·德·索绪尔的立论之作《普通语言学教程》于1916年问世以来，世界语言学界对其提出的理论一直是毁誉参半。20世纪五六十年代以前主要是批评，而其后经过所谓“重读”，又重新发现索绪尔理论的价值，甚至将索绪尔推崇为“现代语言学之父”。即使如此，批评之声仍不绝于耳，其中有许多批评意见来自中国学者。针对这些批评，本文就语言符号的性质、语言和言语、历时与共时等索绪尔的基本观点进行了研究，提出了讨论意见，以此明确索绪尔的学说是否称得上现代语言学指导思想的问题。

**关键词**：普通语言学；任意性与象似性；避讳与社会习俗；语文学与语言学

## 一、索绪尔的理论和方法原则上适用于一切自然语言

顾名思义，普通语言学是研究人类所有自然语言存在和发展规律、探索人类语言共同特点的学科。也只有在这种意义上，语言学才有资格列入现代科学的行列。因为要成为一门科学，首要条件是具备“普遍适用性”，如物理学、化学等公认的自然科学，它们的定理、公式能用来分析任何一种自然现象，而不是只适用于其中一些。瑞士语言学家费迪南·德·索绪尔之所以被许多语言学家看成是普通语言学或现代语言学的奠基人，就是因为他提出

**收稿日期**：2016－03－06

**作者简介**：周光亚（1941—），男，湖南长沙人，澳大利亚麦考瑞大学语言学硕士，四川大学外国语学院教授、外国语言学及应用语言学硕士研究生导师，四川师范大学外事学院教授，四川师范大学外国语学院英语语言文学硕士生导师，主要从事普通语言学、语用学及社会语言学研究。

的理论和方法适用于人类现在使用的所有自然语言。

索绪尔的普通语言学理论从问世起就一直受到批评。这是难免的，原因是语言是人类社会中涉及面最广、最复杂又最微妙的现象，而且语言学还没有成为一门真正意义上的实验科学；人类还没有发明能测试语言在人的大脑中的形成过程、窥视人的思想的仪器。自然科学的研究成果可以通过实验来证明和优化，如牛顿的力学三大定律、爱因斯坦的广义相对论都受到过挑战，通过实验最后证明他们的理论虽有缺陷，但基本是正确的。他们作为伟大科学家的地位丝毫没有动摇。语言学则不然，其理论和研究成果还只能通过观察表面现象得出，其中不乏推测和假说。难怪社会上有不少人不承认有语言学这门学科，或者把语言学当成学语言。

北京大学辜正坤教授在四川师范大学张叉教授主编的《外国语文论丛》第4辑上刊发的《对索绪尔若干观点的批评》一文中认为，“索绪尔所谓的”普通语言学（Linguistique Générale）只是在欧美及其他印欧语系覆盖的范围内可以称得上“普通”，因此，他的这本著作如果定名为“印欧语系普通语言学教程”或“西方普通语言学教程”可能更为适当。[1]

如果语言学只以某种语言或某些语言为研究对象，那就只能是具体语言学（language-specific linguistics），如英语语言学、汉语语言学、斯拉夫语言学，而不是普通语言学。再者，印欧语系覆盖的范围也不只是欧美或西方；该语系的印度和伊朗两大语族分布在东方的亚洲，而欧美也不只有印欧语系的语言：在欧洲，芬兰语、匈牙利语和爱沙尼亚语及俄罗斯伏尔加河沿岸的一些少数民族语言属于乌拉尔语系芬兰—乌戈尔语族；在美洲，为数众多的印第安各族语言和因纽特语/爱斯基摩语等都不是印欧语。

《辞海》对普通语言学的定义是：“语言学的理论部门。是在研究具体语言的基础上建立起来的。主要内容有语言的本质、起源和发展，研究语言的专门方法，语言学的分科，语言学在科学体系中的地位等。”[2]这条定义明确指出，普通语言学是一门理论学科，是关于语言的理论知识，而不是关于语言的实际知识。可是，理论来源于实践。语言学理论也是在分析、研究具体语言的基础上概括、总结出来的。世界上的语言多达数千种，还有数不清的方言和土话。每种语言或方言在语音、词汇和语法等层面上都有自己的特点或个性。如果语言研究只注重甚至夸大具体语言的个性，而忽视作为人类语言的共性，就永远不可能建立宏观的语言学理论。一个语言学家不论有多高的语言天赋，都不可能通晓世界上所有的语言；作为个人，他所接触的语言数量毕竟是有限的。索绪尔也不例外，所以他在《普通语言学教程》中选用的例证绝大多数都取自他所熟悉的英、德、法、拉丁、希腊等欧洲语言。但是，索绪尔的难能可贵之处是他从这些具体语言材料中抽象出人类语言的普遍规律和公理，从而勾画出普通语言学的蓝图。

索绪尔首先提出语言的本质是“符号系统”（system of signs）。尽管对语言符号的任意性（arbitrariness）特点争议颇多，但语言的符号性和系统性已经被世界语言学界普遍认可。索绪尔做的三大区分：语言（langue）与言语（parole）、共时语言学（synchronic linguistics）与历时语言学（diachronic linguistics）、连锁关系（syntagmatic relation）与选择关系（paradigmatic relation）不仅为现代语言学规范了总方向，也为后来各种语言学流派设计语言研究方法提供了依据。虽然这三对概念的内涵尚待进一步探索、加深和丰富，沿其中某个方向分析具体语言现象时也要结合该语言的特点灵活处理，但索绪尔的理论框架已被无数事实证明是适用于人类一切自然语言的，自然也适用于包括汉语在内的汉藏语系语言。不能适用的恐怕只有所谓的“动物语言”、以世界语（Esperanto）为代表的人造语言和计算机语言。《对索绪尔若干观点的批评》在反驳索绪尔的某些观点时不是也沿着历时和共时（以历时为主）的路子寻找反证吗?

所以，北京外国语大学刘润清教授说：“索绪尔最杰出的贡献是他提出的关于普通语言学的理论，纵观20世纪的各种语言学流派便可知道，没有一派不从索绪尔的思想中受到启发，吸取营养。布拉格学派、哥本哈根学派、美国的结构主义语法、英国的系统语法，甚至乔姆斯基的转换生成语法，无不与索绪尔的《普通语言学教程》有这样或那样的联系。”[3] 自索绪尔之后至今，还没有形成任何可以完全取代索绪尔理论的普通语言学理论，从这个意义上说索绪尔是普通语言学或现代语言学的奠基人并不过分。

## 二、任意性是现代语言符号的主要特征

索绪尔认为语言符号的第一原则是任意性，就是说一个语言符号的声音形象，即符号施指/能指（signifier）与概念，即符号受指/所指（signified）之间的结合关系是任意的。索绪尔这一定义主要是针对现代语言说的，是对近代或现代语言系统进行静态的共时研究后得出的结论。《普通语言学教程》开创的现代语言学的首要任务是对现代语言进行共时描写，因为共时

性研究不仅可以利用现场收集到的第一手直观材料（语音），而且研究的成果也具有现实性和实用价值。因此，索绪尔在1878年以后就基本放弃了历史语言学的研究。《对索绪尔若干观点的批评》一文提出“任意与必然交互对立互补”的观点，就是说，“语言的必然性和任意性发展总趋势是互为进退、互成反比关系的”[4]。这种说法是从语言进化的角度，沿动态的历时方向进行研究得出的看法，与索绪尔的观点并不冲突，至少在如何看待现代语言符号上两者都强调任意性，“越往当代和未来方向看，语言的必然性就越弱，任意性就越强”；“研究现当代语言，要特别注意语言的任意性，兼顾其必然性”[5]。不过，把这种关系称之为“必然性”规定意义太强，而且《普通语言学教程》也没有使用“necessity”作为“arbitrariness”的反面，不如采用认知语言学常用的“iconicity”（象似性）来得恰当。所谓“象似性”，就是“看上去（或听起来）相像”，而并非“完全相同”。如此定义的象似性并不完全是任意性的对立面，而是与任意性此消彼长的，就是说象似性强，任意性就弱，任意性强，象似性就弱，差别仅在于在不同情况中两者所占的比例的大小。符号学将符号分为三大类：图像符（icon）、标记符（index）、代码符（symbol）。[6]图像符的象似性最强，任意性最弱，标记符次之，而代码符的任意性最强，象似性最弱。当然，每种符号的这两种性质都可以看成是此增彼减的连续体。如肖像属于图像符，油画就比漫画更像真人，象似程度更高，而漫画的任意程度则高于油画。如果用上述尺度来衡量语言符号，就不难发现任意性普遍存在于当代语言的单个符号（如单词）中，而符号组合（语言结构，如句子）则体现了较强的象似性。再从汉字的演变来看：甲骨文中每个字是一幅简化了的图画，可以说是图像符。汉字发展到小篆，原来的图形演变成了笔画组成的形体，但象似性居多。直到战国时代出现的隶书，则已经不受原来图形的限制，任意性增强，逐渐演化成标记符。

语言是随着人类社会的产生而产生，随着社会、文化和历史的进程而进化的。在原始社会，人类的生产活动非常单纯，人际关系也不复杂。那时处于萌芽阶段的语言也就十分简单，词汇量很小，且多为单音节或双音节词。这类语言符号接近图像符和标记符，象似性很强，类似于现代语言的拟声词和感叹词。的确，在探讨人类语言的起源时，曾先后出现过认为人类语言起源于对动物叫声的模仿的“摹声说”（the bow-wow theory），起源于发自本能的呼喊的“感叹说”（the pooh-pooh theory）和起源于劳动号子的“劳动喊声说”（the “yo-he-ho” theory）。接着，随着人类社会的发展，社会生活越来越复杂化和多样化。语言不仅要服务于生产活动，还要满足上层建筑的需要。像原来那样单靠模仿几种声音就远远不够了。新增加的大量语言成分越来越抽象，象似性越来越弱，任意性越来越强，一直发展到近现代基本是任意性的代码性语言符号。

索绪尔说拟声词和感叹词“从来都不是语言系统的有机成分”，其中“从来”二字有些过头，因为在语言发生的最初阶段它们确实有过生命力。但在现代语言里这两类词均属“封闭类”，就是说它们已不具备衍生能力；它们的数量基本不会增加（但有减少的可能）。上文中提到的“pooh”是英语的感叹词，相当于汉语表示讥笑、蔑视等情绪的“呸！”。如果将它重叠，变成“pooh-pooh”就成了动词，意思是“轻蔑”。这个词有理据，象似性较明显，但词性已改变。至于索绪尔指出这两类词“数量有限”和“实际上也显示出任意性”，《对索绪尔若干观点的批评》一文也承认，“就现当代语言现状而言是事实”，“也不是完全没有道理”[6]，在此无须赘言。

《对索绪尔若干观点的批评》一文的第八节通过追溯英语“sister”和法语“sœur”在词源上的关系来反驳索绪尔的断言：“能指跟所指之间事实上没有任何自然联系，没有什么理性基础。”[7]这实际上是误会了索绪尔的原意。请看索绪尔著作的英文版原文：

> The idea of “sister” is not linked by any inner relationship to the succession of sounds s-*ö*-*r* which serves as its signifier in French...[8]

很明显，索绪尔这里说的是，“为什么法语用 s-ö-r 这三个音的排列指‘姐妹’的意思是没有任何内在联系的”，而不是讨论英语“sister”和法语“sœur”之间的同源性。不错，英语和法语都属于印欧语系，但即使我们能追溯它们在古印欧语中的渊源，这个源语言符号在发音上和“姐妹”的意思之间的联系仍然是任意的。何况并非所有的印欧语系语言表示“姐妹”的词都是/s/音开头和/er/音结尾的，如西班牙语的“hermana”、葡萄牙语的“irmã”、希腊语的“adelfi”都不符合这条规律。

由此可见，索绪尔关于语言符号任意性的三个断言在针对现代语言时是有凭有据的，至少不是“软弱无力的”。

## 三、避讳也是一种社会习俗

《普通语言学教程》在论述符号的任意性时有这样一段话："符号的任意性并不意味着能指的选择完全是说话人个人的事。一旦语言社团确定了一个符号，任何个人都没有能力改变它。"[9]《对索绪尔若干观点的批评》一方面承认"索绪尔的这种断言在通常的情况下是有道理的"，另一方面又试图在中国历史上寻找反例来否认索绪尔的"'任何个人'都没有能力改变它"[10]的论断。其中"最有力"的例子就是中国奴隶社会和封建社会普遍存在的避讳现象。

语言符号是一种社会符号（sociosemiotic）。如果说符号本身就蕴含任意性的话，那么符号的社会性就体现在它的社会规约性（social conventionality）上。所谓"规约"，指的是言语社团成员之间就某个符号指称某一事物达成的默契。规约性和任意性是相辅相成的，是"一个硬币的两面"：没有任意性，语言就没有创造力；没有规约性，语言就无法用于交际。

避讳，指凡是君王或长辈的名讳均须回避。事实上，直接用姓名称呼领袖人物或长辈不只在中国，在世界许多国家都被视为禁忌（taboo），是大不敬的行为。禁忌本身就是一种社会习俗。在中国，不仅汉族有避讳的习俗，藏族、布依族、鄂伦春族等少数民族都有类似避讳的禁忌，但汉文化中的避讳习俗历史最悠久，涉及范围最广，要求也最严格。史学界关于避讳起源的时间有秦朝、春秋、西周和夏商等多种说法，带倾向性的看法是避讳起源于西周，依据是《左传·桓公六年》中的记载："周人以讳事神，名，终将讳之。"[11]关于避讳的起因，也有"宗教制度和国家权力的产物""中华民族尊祖敬宗的传统心态的产物""宗教迷信的产物"等多种学说。虽然各说不一，但有一点是共同的，就是最早的避讳绝不是某朝某代任何个人（包括皇帝）因为"看不惯"某个语言符号就随便提出来的，而是进入阶级社会后社会成员交往时为了体现礼貌而逐渐形成的一种习俗。在中华民族的文化传统中，"孝"的道德观念源远流长。"三纲（君为臣纲，父为子纲，夫为妻纲）五常（仁，义，礼，智，性）"的儒家思想强化了封建等级制度，细化了伦理道德，使其演变成规范每个人言行的准则。皇帝虽然拥有至高无上的权力，下圣旨时也不能随心所欲，同样要符合这些准则和本朝的习惯，因为避讳并不是皇帝的个人行为，而是皇帝代表国家权力，顺应文化传统和社会心理为全社会确立的一种语言习惯。唐太宗说："法者非朕一人之法，乃天下之法。"避讳既然是"法"，就必须为天下人认可方可施行。

《对索绪尔若干观点的批评》一文以"元朝的皇帝不大讲究避讳"[12]的事例来证明个人可以改变社会语言习惯是不妥的。首先，元朝皇帝是蒙古族，他们的名字是蒙语的汉字音译，不具有汉字的词义，自然不能按汉族的习惯避讳。例如，元太祖成吉思汗名"铁木真"，当时元朝皇帝也没有禁止人们说"铁"或"木"；同样，清朝皇帝是满族，姓"爱新觉罗"，也没有听说有人因为说或写了"爱"字就招致杀身大祸。其次，不用汉族的语言习惯来分析少数民族语言，不等于说元朝和清朝就没有避讳制度。在蒙语中，"成吉思"是"天"的意思，寓意"至高无上"，"汗"源于突厥语，是"君王"之意。从元至今，提到元朝的开国皇帝时都用"成吉思汗"这个封号，他的名字"铁木真"反而很少用了。这本身就是避讳造成的结果。清朝入关时，皇太极把国号"后金"改为"清"，就是避免引起汉族对金人后裔的反感。至于后来清朝的文字狱，更把避讳的习俗推到入刑的高度。著名的"清风不识字，何必乱翻书"的故事不就是当时因违反避讳而触犯刑律的例子吗？现代社会中已经不存在避讳的规矩了。尽管我们今天仍用封号或年号来称呼历史上著名的皇帝，如秦始皇、汉武帝、唐太宗、宋太祖、嘉庆、乾隆等，那也只是习惯而已，并不是因为惧怕皇权而不得已为之。但礼貌却是普遍存在的。礼貌是人类文明社会的标志，也是规范社会成员之间和谐关系的准绳，这在东方和西方社会中都是一致的。无论是在西方国家或中国，当面直呼某人的姓名都会产生陌生感，都是不太礼貌的行为，对地位、年龄、辈分高于自己的人更是如此。即使到了现代，不论东方人或西方人在面见国家元首或高级官员时都不直呼其姓名，而称呼"陛下""总统先生""阁下"等，在中国，则习惯用姓（偶尔也用名，以示亲切）加职务名称或"同志"称呼。这些都是表示尊敬或礼貌，与避讳无关。

"家讳"则略有不同。在中国，儿女直呼父母的姓名是对父母亲不恭敬的行为，而在西方，父母亲听见儿女叫他们的名字时不但不生气，反而倍感亲切。总之，避讳也好，礼貌也好，都是社会习俗，不是任何个人可以凭自己的好恶随意改变的。

## 四、语文学、文字学是现代语言学的部门或分支

先来看《辞海》给语文学下的定义："……偏重从文献角度研究语言文字的学科的总称。包括文字学、音韵学、训诂学、校勘学等。广义的语文学也包括语言学。现在往往将语文学包括在语言学内。"[13]

从这条定义来看，语文学可以分为狭义的和广义的两种。狭义的语文学是专门研究汉语语言文字的，属于具体语言学的范围；广义的语文学（philology）则是从古希腊至18世纪欧洲语言研究的总称。这两种语文学虽然研究的语言不同，研究方法也有很大的差别，但是也有一个共同点，那就是都偏重书面语的研究，忽视口语。中国历史上的语文学偏重文言；欧洲的语文学研究承袭古希腊的传统，认为书面文献和文学作品的语言是"最标准、最纯正"的，而日常交际用的语言是"粗鲁、低俗"的，不值得研究。中世纪时期，教会为了传教的需要，奉拉丁语为欧洲唯一的标准语，其他的语言都成了难登大雅之堂的"地方语"（vernacular）。语言研究自然要以拉丁语文本为素材。于是，在长达千余年的历史时期中，"语法"指的就是拉丁语语法，即使后来出现了其他语言的语法，也都无一例外地以拉丁语语法为蓝本，按拉丁语语法规则规定自身的语法规则。这就是带强烈规定性的传统语法的由来。换言之，传统语法是早期语文学的研究成果；语文学在当时就是指语言学。难怪现在的许多辞书都注明"语文学"是"语言学"的旧称。

现代语言学是描写性的，而不是规定性的。描写语言学是对语言某一阶段的状况，尤其是语言的现状作共时性描写，而不管它们的历史演变。这样一来，人们在口头交际时说的语言，即索绪尔的"言语"（parole），就成了活生生的第一手素材。描写口语时离不开语音系统的分析。语音是语言的物质外壳，也是接触言语时最先感知的成分。因此，研究的对象首先是语音，接着才是语法和词汇。至于书面语和文字的研究，那是文体学、修辞学和文字学等部门的任务。第二次世界大战以后，特别是20世纪70年代以后，随着跨民族、跨文化交际的日益频繁和交际法教学的普及，语言学研究的重心从文字转向语音语调，从文学语言转向口语的倾向也越来越明显。《对索绪尔若干观点的批评》一文说"语言学研究一定要牢牢地联系文字学研究"[14]虽有道理，但普通语言学着眼于研究世界所有的语言，而现今仍没有文字或正在制定文字的语言的数量远远大于已有文字的语言。如果要去研究没有文字的语

言，又怎样联系文字学呢？至于说到“更多地使用‘语文学’来代替‘语言学’”，这是受了复古主义的影响。从《辞海》的定义可以看出，“语文学”是语言学的一个部门，又如何能代替整个“语言学”呢？

再看《辞海》关于“文字学”的释义：“语言学的一个部门。以文字为研究对象，研究文字的起源、发展、性质、体系、文字的形，音，义的关系，正字法以及个别文字演变的情况。……汉字历史悠久，结构复杂，因此文字学在我国特别发达。”[15]

《对索绪尔若干观点的批评》一文说“在中国产生了发达的文字学”是实情，但同时说“而在西方产生了发达的语言学”[16]就不对了，因为文字学是语言学的一个分支，而不是与语言学并列的另一个学科。其实，中国传统的文字学也并不是单纯研究汉字的形体，也要研究字义和字的读音：训诂学研究汉字的形、音、义的关系，等韵学分析汉语发音原理和发音方法。因此，说“在中国产生了以汉文字研究为核心的汉语语言学”似乎更恰当。

作为现代语言学的一个分支的文字学已经不只是研究汉族的文字了，而是要研究世界上出现过的所有文字，包括已经不再通行的古文字和正在通行的现代文字。根据王力先生的说法，中国古代的语音学著作，如元代周德清的《中原音韵》、清初樊腾凤的《五方元音》等，都“只是为了识字的目的，不是为了语言学的目的。因此真正描写语言学的产生，是在普通语言学传入中国以后”[15]。事实正是如此。中国现代的语言学家赵元任、罗常培、吕叔湘等采用普通语言学的描写方法对汉语的方言进行了普遍调查研究，取得了丰硕的学术成果，并将这种方法延伸到少数民族语言研究中。这一事实充分说明：索绪尔的普通语言学理论和方法不仅适用于研究西方语言，也适用于研究包括汉语在内的东方语言。

在认识普通语言学时，我们应当注意以下三点。

第一，语言学是现代科学，主要沿共时方向对近现代语言进行研究，兼顾语言的历史状况和发展过程，两者不容混淆，更不应从历史上找例证来“借古非今”。

第二，世界语言和文化都是多元性的。各民族的语言和文化既有各自的特点，又有彼此的共性。在研究语言文化时，简单地划分为东方（或中国）和西方（或欧美）是不足以体现世界语言文化的多样性的。

第三，汉民族作为中国的主要民族和世界民族的重要一员，其语言文化不可能完全独树一帜。在构思普通语言学时，我们不仅要看到汉语言文字的特殊性，更重要的是要探索汉语与汉藏语系诸语言及世界其他语系语言之间存在的共同规律，而不是一味强调甚至夸大其间的差别。只有这样，我们中国语言学者才有可能创建一种比索绪尔理论更完善的普通语言学理论。

**注释：**

[1] 辜正坤，《对索绪尔若干观点的批评》，张叉主编，《外国语文论丛》第4辑，成都：四川大学出版社，2010，第6页。

[2]《辞海：语言文字分册》，上海：上海辞书出版社，1978，第1页。

[3] 刘润清，《西方语言学流派》，北京：外语教学与研究出版社，2002，第82页。

[4] 辜正坤，《对索绪尔若干观点的批评》，张叉主编，《外国语文论丛》第4辑，成都：四川大学出版社，2010，第6页。

[5] 辜正坤，《对索绪尔若干观点的批评》，张叉主编，《外国语文论丛》第4辑，成都：四川大学出版社，2010，第6页。

[6] 辜正坤，《对索绪尔若干观点的批评》，张叉主编，《外国语文论丛》第4辑，成都：四川大学出版社，2010，第10页。

[7] 辜正坤，《对索绪尔若干观点的批评》，张叉主编，《外国语文论丛》第4辑，成都：四川大学出版社，2010，第12页。

[8] Ferdinand de Saussure, *Course in General Linguistics*, Edited by Charles Balley and Albert Sechehaye, Translated, with an introduction and notes by Wade Baskin, New York: McGraw-Hill Book Company, 1966. pp. 67 - 68.

[9] 转引自：《辞海：语言文字分册》，上海：上海辞书出版社，1978，第1页。

[10] 辜正坤，《对索绪尔若干观点的批评》，张叉主编，《外国语文论丛》第4辑，成都：四川大学出版社，2010，第7页。

[11] 阮元校刻，《十三经注疏》下册，北京：中华书局，1980，第1751页。

[12] 辜正坤，《对索绪尔若干观点的批评》，张叉主编，《外国语文论丛》第4辑，成都：四川大学出版社，2010，第8页。

[13]《辞海：语言文字分册》，上海：上海辞书出版社，1978，第1页。

[14] 辜正坤，《对索绪尔若干观点的批评》，张叉主编，《外国语文论丛》第4辑，成都：四川大学出版社，2010，第6页。

[15]《辞海：语言文字分册》，上海：上海辞书出版社，1978，第26页。

[16] 辜正坤，《对索绪尔若干观点的批评》，张叉主编，《外国语文论丛》第4辑，成都：四川大学出版社，2010，第5页。

[17] 王力，《汉语描写语言学的兴起及其发展》，王振坤等编，《语言学资料选编》上册，北京：中央广播电视大学出版社，1983，第69页。

# 也谈语言学问题

## ——兼与《索绪尔与普通语言学》作者商榷

赵洪定

四川大学　外国语学院，四川成都　610065

**摘　要：** 本文就语言的本质问题、语言音义任意性和必然性问题、索绪尔理论的漏洞和缺陷问题以及语言学和语文学概念厘定等四个问题进行了探讨，对辜正坤教授的观点进行了阐述，同时对相关的质疑问题进行了辩驳。

**关键词：** 语言本质；音义关系；索绪尔；语文学

我在四川大学外文系（外国语学院的前身）教授了数十年英语，对语言学问题一直很关心，但是很少发表这方面的文章。最近偶然有机会读到一篇文章《索绪尔与普通语言学》[1]，作者也是四川大学外国语学院教授，这引起了我的兴趣。我和该文作者周教授是多年的同事和朋友，退休后居住在不同的城市，无法直接交流读后的一些不同的意见，特撰此文，与周教授商榷。

该话题涉及索绪尔的语言学，所以我有必要先谈谈我对索绪尔的基本看法。我认为索绪尔对现代语言学的贡献，主要表现在他确立了语言学作为一门独立的学科所必须具备的特点。他认为语言学的唯一的真正的对象就是语言和为语言而研究的语言。这一论断确定了语言学研究的对象和相应的研究方法，明确了语言学成为一门学科所需的特点。此外，我认为他对共时语言

---

**收稿日期：** 2017－02－27

**作者简介：** 赵洪定（1936—），男，重庆人，四川大学外国语学院教授、硕士研究生导师，四川省翻译文学学会原秘书长，出版《元曲英译》与《英语短语双解多功能手册》等著作若干部，发表学术论文百万余字，作品入选《世界诗歌鉴赏词典》《英美文学鉴赏词典》等著作。《元曲英译》获四川省作家协会和四川省翻译文学学会首届四川省翻译作品一等奖，《英语短语双解多功能手册》获 1996 年四川省社会科学优秀作品二等奖，主要从事翻译研究。

学的发展也做出了不可磨灭的贡献，其理论也对后世的各种学说和流派都直接或间接地产生过影响。

但是，索绪尔的语言学存在着两大局限：其一，视角单一。他的语言理论在方法上采取了语言整体第一的原则，强调系统的共质性，在深刻地揭示语言作为社会交际工具的符号机构的性质的同时，自然会放弃其他研究视角，如对语言中的个别要素事实的关注。他只是片面地、孤立地探讨语言学上的“能指”和“所指”关系，没有从更广泛的层面探讨这种关系。实际上，我认为他的理论固然有其独特价值，但同时对普通语言学、普通文字学，特别是对汉字、汉语研究和汉语文教学科学的建立与发展形成了某种障碍和危害。其二，索绪尔理论的局限性在于其具有强烈的时代性，这一局限主要是理论目标的局限。就语言而研究语言，索绪尔理论放弃了对语言存在本质的追寻，只停留于对语言状态的把握，尤其是放弃了对深层原因的解释。

## 一、语言的本质问题

周教授在他的文章中说：“索绪尔首先提出语言本质是‘符号系统’(system of signs)。”[2]索绪尔把语言看作一种符号系统，这一点是正确的，无可非议。但语言这种系统是用符号构成的，应该是2500年前人人都知道的常识。何来索绪尔“首先”一说？例如佛学密宗的法曼荼罗[3]指的就是语言是一种具有内在联系的符号系统。而在中国，2 300年前的荀子就知道这个道理了。因此不能说这是索绪尔首先归纳出的公理。实际上，连普通人都可以凭常识知道语言是一种声音符号，这还需要谁来归纳呢？所以周教授所说索绪尔“首先提出”说是站不住脚的。

公元前3 世纪的荀子曾说：“名无固宜，约之以命，约定俗成，谓之宜，异于约则谓之不宜。名无固实，约之以命实，约定俗成，谓之实名。”[4]荀子的“名无固实”就是说名称和客观事物之间的关系，在一开始时，是没有本质必然联系的。同一客观事物，不同的语言可以用不同的词语来表达。这一点和索绪尔关于能指和所指之间关系的任意性的论说很相近。荀子认为名称只不过是人类社会为了表达客观事物而认定的各种符号，即“约之以命”。但是，这个假定并不是个人意志的假定，而是人类社会的“约定俗成”。客观事物一旦经人类社会“约定俗成”定下名称以后，就具有客观内容和社会含义，而不再是什么假定的符号了，这就是语言的本质。

荀子生于百家争鸣的战国时代，在公元前3世纪他就提出了诸如语言的社会约定性、强制性等精辟的语言理论，这是令我们这些后辈极为敬佩而又深感自豪的。不过由于受时代和阶级的局限，他的语言观具有一定的历史和阶级局限性。他注意到了语言在共时平面的偶然性、任意性，却忽视了在历史平面，语言发展和词语组合、派生的理据性等。

## 二、任意性和必然性问题

周教授文中引用了索绪尔关于“现代语音符号的主要特征是任意性”的原则，得出了“象似性强，任意性就弱，图象符号的象似性最强，任意性最弱，标记符号次之，而代码符的任意性最强，象似性最弱”[5]的结论。但这结论其实是中国学者辜正坤教授提出过的观点。辜教授曾说：“越往当代和未来方向看，语言的必然性就越弱，任意性就越强；整个人类世界正在变得越来越符号化。”[6]辜教授说，必然性“是可以划分为不同程度的必然的。索绪尔的‘任意性’实际上就意味着存在着‘必然性’这一概念。可惜，索绪尔只用‘任意性’这一概念而避免使用‘必然性’这一概念，这就表明索绪尔的理论概念系统存在着逻辑不严密的漏洞”。象似性“概念可以作为一种补充说明概念。这一点北大辜正坤教授早就提出过”五象概念：音象，味象，视象，义象……概念[7]与任意性对应，必然性概念在理论上更合逻辑。必然性还可以从程度上加以划分，即在绝对必然性和相对必然性之间，还有许多层次不同的必然性。越往当代和未来方向看，语言的必然性就越弱，任意性就越强。另外，也要注意区分整体必然性（类比性）与分散的个体必然。辜教授说，一个国家、一个民族的语言，文字就其整体性来说，往往是必然性大于偶然性；就其单个的语言文字要素来说，往往是偶然性大于必然性。就像一群鱼往某一个方向游动时，许多个体鱼的运动都显得是任意性的，但是，当整群鱼游动时，你便发现其运动是有规律的了。例如一定是向某个最终的地方（产卵地或食物所在地）运动的。鸟群飞翔、云团流动、风向飘动等都是这样。语言、文字亦复如此。单个地、孤立地看，好像都是任意的，但是当放到语言文字整体中去看的时候，就会发现它们是紧密连在一起的整体因素群，是服从某种必然规律的。索绪尔见树不见林，中国学者容易见林不见树。从大范围看是必然的，从小范围看则往往呈任意性。

## 三、索绪尔理论的漏洞和缺陷问题

周教授引用了索绪尔的论断“符号的任意性并不意味着能指的选择，完全是说话人个人的事，一旦语言社团确定了一个符号，任何个人都没有能力改变”，并举出了“最有力的例子”，就是“中国奴隶社会和封建社会普遍存在的避讳现象”。[8]索绪尔这儿的错误太明显了：他说话太绝对。学者们反对的正是他的这种绝对性说法。在通常情况下，语言符号不会被每个个人随意改变。这一常识性的东西需要索绪尔来发现并提醒人们吗？他不提醒倒也作罢，他一提醒，却刚好提醒错了。原因是他想把这种常识性绝对化。索绪尔主要是不明白，天下有许多东西都是相对的，并非绝对的。如果他的论断加上了“相对的”或“在一般情况下是这样的”这种限定性叙述语，人们自然无从置喙。问题恰好就出在这儿。索绪尔好像恰恰缺乏这种能力。他不知道：一个社团确立的语言符号通常难以被某个个人改变，但是，在特殊的情况下，有的个人就是可以根据自己的好恶改变某个语言符号。这样的例子俯拾即是。

索绪尔主要是不懂辩证法。正如辜教授指出的，当索绪尔提出“任意性”这个概念时就应该顺理成章地同时提出“必然性”这个概念。结果，索绪尔却只提出了“社会规约性”（social conventionality）这一概念，其困境就在于：他所处的时代，确实无法找到必然性。于是他就武断地判断在语言符号与含义之间只有任意性，没有必然性，从而构成他在理论上的漏洞或缺陷。

在谈到“避讳”，指凡是君王或长辈的名讳均需要回避一节时，周教授说：“避讳并不是皇帝的个人行为，而是皇帝代表国家权力，顺应文化传统和社会心理为全社会确立的一种语言习惯。”周教授的文章还引用了唐太宗的话，“法者非朕一人之法，乃天下之法”，从而得出结论，“避讳既然是法，就必须为天下人认可方可施行”[9]。周教授的这个举证是有缺陷的，缺乏说服力。为什么？因为这个举证存在相反的现象。当需要证明传统中国皇帝专制时，有的学者便引用“朕即国家”来体现皇帝随便干什么都可以；而当需要让中国皇帝完全是一个随顺国法、不违民心的皇帝时，就引用某个皇帝说过的冠冕堂皇的套语来证明皇帝从善如流。这几乎成了一些学者的通病。而事实是什么呢？事实是：皇帝是个有生命的个体，有七情六欲，既有私心，又有公心。皇帝可以顺遂大家的意愿或国法行事，皇帝也有可能独断专行，在他的权力范围内改变他想改变的任何现象。这一点，无须举例证明，史书上记载的例子多的是，稍微想想就知道这个道理。不要说皇帝，就是今天一个报刊的主编个人，如果他特别厌恶某个术语或提法，他只要皱皱眉，就会有人立刻来满足他的要求的。因此，索绪尔认为“任何个人都没有能力改变”语言符号的说法不严谨，且有明显漏洞。

## 四、语言学和语文学问题

在“语文学，文字学是现代语言学的部门或分支”一节中，周教授引用了《辞海》给语文学下的定义：“偏重从文献角度研究语言文字的学科的总称。包括文字学，音韵学，训诂学，校勘学等。广义的语文学也包括语言学。现在往往将语文学包括在语言学内。”

其实，语文学、文字学不应该被错误地划分为现代语言学的部门或分支。因为《辞海》明明说：“广义的语文学也包括语言学”。这才是一个正面的完整界定，即广义语文学包括：（1）文字学；（2）语言学。这一界定得到大多数学者的赞同。但《辞海》的此条撰写者同时还发现另外一种相反的界定，即“现在往往将语文学包括在语言学内”。“往往”即指流行的作法。流行并不一定是正确的。《辞海》对这种流行的作法只做了客观描述，并且放在词条最后，虽然并未明确肯定说哪种界定更正确，但从词条义项的排列顺序上，仍然看得出词条撰写者是偏向于认为“广义的语文学也包括语言学”的。

我个人认为，将语文学包括在语言学之内，至少在用语上是明显自相矛盾的做法。语言是声音符号，文字是书写符号。二者虽然相互紧密联系，但并非同一种东西，而是各有其独特的不可替代的形态。因此汉语的“语文学”这个用语包括“语”（可视为“语言”的缩用），“文”（可视为“文字”的缩用），二者兼顾，因此用它来作为这么重大的学科用语，才显得比较客观、全面，且符合语义表述本身的要求。如果只用“语言学”这个术语来囊括“文字学”和“语文学”的含义，则明显地在语言表述上不严谨。从事语言学研究的人犯这种错误，是令人感到遗憾的。将语文学和文字学划分为语言学的分支，表明现代不少语言学者缺乏学术的严谨性。究其原因，可能是因为这些研究者语言驾驭能力欠缺，表述带有随意性。索绪尔本人也有这个毛病。不幸的是，这些错误的用法，有时反倒由于某种偶然原因得以盛行，未及更正，结果谬种流传，害人不浅。于是，学术研究上的正名行为总是不断产生，甚至引发上千年的争论。名不正，则言不顺。就拿这个地方来说，明明标榜是“语言学”，却偏要把“文字学”囊括进去，自然会产生不顺的陈述。其实，只要使用更完善的广义“语文学”概念，两相兼顾，自然顺理成章地解决了这一矛盾，也就没有再争论的必要了。

其实，中国语言学界所以会有这种用属概念语言学来涵盖种概念语文学的错误作法，与索绪尔历来主张把文字分离出来，抬高语言、贬低文字的做法是一脉相承的。索绪尔的这种错误做法已经受到一些国外学者（例如法国学者德里达）的猛烈批判。德里达认为索绪尔的这种做法“歪曲了思、说、写的关系，特别是歪曲了说和写的关系”[10]。

综上所述，周教授认为“文字学是语言学的一个分支，而不是与语言学并列的另一学科……在中国产生了以汉文字研究为核心的语言学似乎更恰当”[11]的说法是明显错误的。从他的错误结论里，我们可以得出另外一个结论：现代语言学概念体系存在着亟待纠正的混乱状况。我们用汉语来陈述观点的时候必须遵从汉语本身的表意规范。比如用“语言学”来囊括“文字学”本身就是一种不严谨的做法，原因就在于这个表达没有遵守汉语本身的表意规范。为什么这样说呢？因为“语言”两个字本身没有包含“文字”这个概念，所以“语言学”也就无法表达“文字学”这一概念。过去一些早期的学者，一时疏漏，无法面面俱到。但到了今天，学术研究理应越来越严谨，对术语的要求也就越来越严格、精确。对过去的一些错误的用语，容易引起误导的用语，语言学者要进行斟酌、厘定、修改、扬弃，不能再以讹传讹，导致更多的学术错误。这也是我们这一代的现代学者面临的光荣而伟大的历史使命和任务。所以，就这里的具体的纠正办法而言，我完全同意辜正坤教授的方案，即使用“语文学”这个术语来代替误用了的“语言学”概念。“语文学”才是真正符合学术严谨性要求的概念，顾名思义，“语文学”包括语言学和文字学。

周教授的文章还说：“作为现代语言学的一个部门的文字学已经不只研究汉族的文字了而是要研究世界上出现过的所有文字，包括已经不再通行的古文字和正在通行的现代文字。中国古代的语言著作，如元代周德清的《中原音韵》、清初樊腾风的《五方元音》等，都只是为了识字的目的，不是为了‘语言学’的目的。因此真正描写语言学的产生，是在普通语言学传入中国以后。中国现代的语言学家赵元任、罗常培、吕叔湘等采用普通语言学的描写方法对汉语的方言进行了普遍调查研究，取得了丰硕的成果。……这一事实充分说明：索绪尔的普通语言学理论和方法，不仅适用于研究西方语言，也适用于包括汉语在内的东方语言。"[12]

周教授的文章这里又产生了几个逻辑问题。"语言学"是种概念，"描写语言学"是属概念。二者的内涵不等同，所以不能相互代用。这是犯了违背逻辑同一律的错误。其次，赵元任、罗常培、吕叔湘等采用的描写方法主要直接来自美国学者布龙非尔德等创立的描写语言学的方法，不必硬扯上索绪尔。第三，描写语言学（Descriptive Linguistics）这个汉语用语也不严谨。"descriptive"一词，有两个关键的含义：（1）分类的；（2）叙述的，描述的。所以，综合起来看，我们最好将"Descriptive Linguistics"译作"分类描述性语言学"。为了简便，可以省掉"分类"二字，谓之"描述性语言学"。"描述"比"描写"更准确、地道，更符合汉语本身的表意规范。

综上所述，在语言的本质问题、语言音义任意性和必然性问题、索绪尔理论的漏洞和缺陷问题以及语言学和语文学概念归类这四个问题上，辜教授的观点都是正确的，而周教授的质疑是明显站不住脚的。但周教授能够提出问题、深化我们对这几个的讨论与理解，这也是很好的学术风气，算是有点"奇文共欣赏，疑义相与析"[13]的趣味吧。

**注释：**

[1] 详见：周光亚，《索绪尔与普通语言学》，参见本书第26－35页。

[2] 周光亚，《索绪尔与普通语言学》，参见本书第26－35页。

[3] 冯达庵，《佛法要论》，北京：宗教文化出版社，2006，第146页。

[4]《荀子·正名篇》，《诸子集成》第二册，北京：中华书局，1954，第279页。

[5] 周光亚，《索绪尔与普通语言学》，参见本书第26－35页。

[6] 辜正坤，《对索绪尔若干观点的批评》，张叉主编，《外国语文论丛》第4辑，成都：四川大学出版社，2010，第5页。

[7] 详见：辜正坤，《互构语言文化学原理》，北京：清华大学出版社，2004。

[8] 周光亚，《索绪尔与普通语言学》，参见本书第26－35页。

[9] 周光亚，《索绪尔与普通语言学》，参见本书第26－35页。

[10] 德里达，《论文字学》，汪堂家译，上海：上海译文出版社，2005，第63页。

[11] 周光亚,《索绪尔与普通语言学》,参见本书第 26 - 35 页。

[12] 周光亚,《索绪尔与普通语言学》,参见本书第 26 - 35 页。

[13] 陶渊明,《移居》第一首,逯钦立校注《陶渊明集》,北京:中华书局,1979,第 56 页。

# 比较文学研究

# 春的悦豫和秋的阴沉

## ——试用佛莱“基型论”观点析杜甫《客至》与《登高》

黄维樑

香港中文大学　中文系，中国香港　999077

**摘　要**：当代文学理论家诺尔弗普·佛莱认为古今的文学作品，自有其内部规律，有其公式，有其“基型”。佛莱发现的基型体系，数目不少，其最著名者莫如“晨昏春秋人生文学的类比”，以及“喜剧和悲剧的境界对比”等。本文试用佛莱的基型理论，分析杜甫的《客至》和《登高》二诗，指出前者有春天悦豫的喜剧气氛，后者有秋天阴沉的悲剧情调；换言之，佛莱的理论具有相当的普遍性，可以用来研究中国文学。此外，本文举出中国传统文学批评理论中可以和“基型论”印证的一些说法，比较观照，以备将来学者进一步探讨中外文学理论的汇通之道。

**关键词**：诺尔弗普·佛莱；基型理论；杜甫；《客至》；《登高》

## 一、引言

杜甫在著名的《戏为六绝句》中说“不薄今人爱古人”，又说“转益多

---

**收稿日期**：2017 - 09 - 29

**作者简介**：黄维樑（1947—），男，中国香港人，美国俄亥俄州立大学（Ohio State University）博士，曾任香港中文大学中文系教授、美国马卡莱斯特学院（Macalester College）客席讲座教授，台湾高雄中山大学客座教授，台湾佛光大学教授，澳门大学客座教授，香港比较文学学会秘书，香港作家协会主席，香港市政局图书馆文学顾问，现为四川大学客席讲座教授，香港作家联会副监事长，中国文心雕龙学会、《华文文学》与《外国语文论丛》等多个学术文化机构顾问，著有《中国诗学纵横论》《香港文学初探》《中国现代文学导读》《中西新旧的交汇》《从文心雕龙到人间词话》《壮丽：余光中论》《黄维樑散文选》《迎接华年》等著作20部左右，同他人合编《中国比较文学学科理论的悬拓——台港学者论文选》《爱读式文心雕龙精选读本》等著作若干部，作品入选各地选集，编入大学与中学语文教材，获“梁实秋文学奖翻译奖”与“首届国际潮人文学奖散文奖”等奖项，现主要从事比较文论和汉语新文学研究。

师是汝师”。这种开放、谦逊、博取的态度，诗人应该效法；批评家以至任何知识文化之士，也应该效法。中国传统的文学批评，有悠久的历史，有丰富而宝贵的理论和实践。到了20世纪，中外文化交流、中国的文学批评受到外来的影响，增加、融汇了外来的成分。所谓“中学为体，西学为用”，就中国现代的文学批评而言，可做这样的解释：中国现代的批评家，在以中国文学为主体从事批评工作时，不妨适量地采用西方的批评学说。本论文试用佛莱“基型论”（Archetypal Criticism）的观点，分析杜甫的《客至》和《登高》两首诗，正是采取了这样的一种“中学为体，西学为用”的方法。除了《客至》和《登高》之外，本文还会略举其他古典诗文，以为说明中国文学批评理论中，可以和“基型论”比较印证的一些说法，也会予以引述，以备将来学者进一步探讨中外文学理论的汇通之道。[1]

## 二、佛莱及其“基型论”

首先略为介绍佛莱及其“基型论”。

20世纪的西方学术界，极为重视方法学，各门学问的研究理论，大多百花齐放、百家争鸣。单就文学批评这门学问而言，本世纪中，诸如心理分析学、马克思主义说、新批评说、基型论、结构主义说、现象学说、读者反应说、解构说等，争妍斗丽，令人目不暇接[2]。加上较为传统的哲理性道德性批评、审美的印象的批评、历史性传记性批评、考据式训诂式批评，就更加五花八门、炫人眼目了。佛莱的基型论，自从20世纪50年代奠立以来，影响深远，无疑是现代批评的一个重镇。

诺尔弗格普·佛莱（Northrop Frye，1912—1991）是加拿大人，毕业于多伦多大学，深造于牛津大学，后返回母校多伦多大学任教。1957年出版的《批评的剖析》（*Anatomy of Criticism*）一书，奠立了基型论，也奠定了他的批评家地位。他历任哈佛、普林斯顿、哥伦比亚、伯克利、康乃尔、牛津诸大学客座教授，并于世界各地讲学，被授予三十多个荣誉学位。佛莱著述丰富，除一般性的通论如《批评的剖析》、《文雅的想象》（*The Educated Imagination*，1963）之外，还有对莎士比亚、布莱克、弥尔顿、艾略特等英国作家的专论。他曾经主持电台的节目，以推广文学教育为己任。其《伟大的法典：圣经与文学》（*The Great Code: The Bible and Literature*，1981）规模宏大，可能是《批评的剖析》之后最具雄心之作。

文学批评包含文学作品价值高低的判断。佛莱不重视价值判断，因此，严格地说，他是文学分析家、研究者，而不是批评家。可是，广义的文学批评，是包括不带评价和带评价的两种研究在内的，就此而言，佛莱当然是个批评家。他为什么不重视价值判断呢？在《批评的剖析》的《争论性的导言》（“Polemical Introduction”），以及1951年发表的《文学的基型》（“The Archetypes of Literature”）一文之中，他解释如下：

> 我们要认识清楚没有意义的批评，且摒而弃之。对文学的娓娓清谈，却不能有助于建立一个知识体系的，就是我所谓的没有意义的批评。偶然的价值判断，不属于批评，只属于品味变迁史（history of taste）的资料。这类价值判断充其量也不过是社会和心理上迫不得已的反映而已。有的价值建基于文学经验；有的价值则是情绪性的，或者是从宗教或政治偏见演变而来的。所有涉及情绪性或宗教、政治性偏见的价值的判断，可说是“偶然”的。情绪性判断通常基于不存在的类别或者对比，例如说：“莎士比亚研究生活，弥尔顿则研究书本。”要不然，情绪性判断就是基于对作家人格的感性反应。闲聊式的文谈，一下子褒这一个诗人，一下子贬那一个诗人，升升跌跌，像股票市场的起落；这类文谈，是假批评而已。那位财力雄厚的投资者艾略特先生，从前在市场抛售弥尔顿，现在却再买他的股票。邓恩大概已攀至最高峰，快要走下坡了。丁尼生可能微有上扬，但雪莱的股票仍然看跌。这些东西不可能是任何系统研究的一部分，因为系统研究必须有进展；时升时降、忽上忽下、喜恶无常这类玩意，只是有闲人士的聊天罢了。[3]

佛莱这番话，风趣幽默，却非游戏之笔，而是确有所指的。在佛莱及其基型论崛起之前，新批评说（The New Criticism）的势力在英美的批评界，正如日中天。新批评说的先驱人物之一艾略特，认为批评家的职责在于更正一般读者品鉴文学的口味（所谓 the correction of taste），他非常推崇玄学诗人（the metaphysical poets），尤喜邓恩（John Donne）。艾略特欣赏哪位作家，他就把这位作家的作品在书架上搬上一两格；不欣赏的，就向下移。这样搬上移下，论者夸张地说，艾略特改写了半部英国文学史。诸如艾略特这样以更正口味、改写文学史为职责的批评家，自然还有很多。价值判断的标准，往往变动不居，确为事实。上面的引文中，佛莱提到了莎士比亚。莎翁的地位，也不是在生前死后就重如泰山起来。莎翁这块英国文学的瑰宝，一直到了19世纪才备受赏识，当时距他去世已近二百年。艾略特贬抑过弥尔顿，弥尔顿也低估过莎翁，说他的悲剧不能和希腊悲剧相比。然而，今天我们谈西方悲剧，古希腊之外，谁能不对莎翁的四大悲剧焚香顶礼？

在中国，陶公的情形和莎翁相近。六朝人少谈陶渊明的文学成就，钟嵘比较重视他，说他是“隐逸诗人之宗”。而陶公的声名，也“隐逸”了数百年，直到唐、宋才响亮起来。钟嵘列陶潜为中品诗人，且位居陆机、潘岳等之下。但在苏东坡及后世的众多读者眼中，陶公显然是上品的大诗人。杜甫在文学史上的地位，也不是一蹴而就的。在生时，子美不但生活颠沛，诗名也困厄。他并非完全寂寂无闻，然而，当时的多本诗选，都没有收入他的作品。比起王维和李白，杜甫落寞多了。老杜临死前一年在《南征》中写“百年歌自苦，未见有知音”的时候，那些读者、批评家的价值判断标准究竟是怎样的呢？刘勰和钟嵘，都因他们当代的评论准的无依而叹息。佛莱认为既然品味和标准变化无常，那么，研究文学干脆不谈评价算了。

在佛莱之前，早就有人对文学只研究而不评价。不过，他们大多把文学当作历史、传记、社会等资料来看待。佛莱和他们不同。他认为文学作品有其本身自足的世界，这个世界有其公式与规律。自古至今，作家常会不自觉地运用一些基本的、原始的意象或象征，而其象征意义普遍地存在世界各种不同的文化之中，这些意象或象征就是“基型”（archetype）。文学研究者（批评家）通过分析与归纳，建立“概念性架构”，形成一个文学的知识系统。换句话说，佛莱认为批评家要从事的，是去发掘“千篇”作品中的“一律”；就像科学家通过实验和推论，去发现自然界的公式和规律。佛莱受现代心理学、人类学和神话学的影响，将其融会贯通，乃建立其文学批评的“基型论”。佛莱发现的基型体系数目不少。下面我介绍他最著名的两个。第一个可叫作“晨昏春秋人生文学的类比”，第二个可叫作“喜剧和悲剧的境界对比”（这些名目是我加上去的）。

所谓“晨昏春秋人生文学的类比”，意指一天的四个时分、一年的四个季节和人生的四个时期相当，也和四种主要文学类型（genre）相当。以下是佛莱在《文学的基型》一文中的说法：

一、黎明，春天，诞生时期。英雄诞生的神话，复兴、复活、创造的神话，击败黑暗势力、冬天、死亡的神话（因为四个时期是一周期）。附属角色：英雄的父亲和母亲。传奇（romance）、大部分的祭酒神诗歌、狂想诗文的基型。

二、日午，夏天，结婚或胜利时期。封神、神圣婚姻、进入天国的神话。附属角色：英雄的女伴与新娘。喜剧、田园诗、牧歌的基型。

三、日落，秋天，死亡时期。衰落、垂死的神、暴毙与牺牲、英雄疏离的神话。附属角色：叛逆者与女妖。悲剧和挽歌的基型。

四、黑暗，冬天，解体时期。这些势力得逞的神话；洪水、混沌重临、英雄失败、诸神式微的神话。附属角色：鬼怪与巫婆。讽刺诗文（如颇普 Alexander Pope《愚人传》［“The Dunciad”］的结束部分）的基型。[4]

在佛莱的《批评的剖析》一书里面，他对上述类比略做修改：喜剧相当于春天，传奇相当于夏天[5]。下面讨论时，我将采用他的修正说法。所谓“喜剧和悲剧的境界对比”，意指喜剧中出现的自然景象和人间事物，以及悲剧中出现的自然景象和人间事物，两者极不相同，构成对比。以下是佛莱在《文学的基型》一文中的说法：

一、在喜剧境界之中，人的世界是社团，或者是代表了读者意愿实现的英雄。座谈、团聚、秩序、友谊、爱情的意象之基型。

在悲剧境界之中，人的世界是暴政或无政府状态，是个别或孤独的人，遗弃了跟随者的领袖，传奇中欺负弱小的巨人，被离弃或被背叛的英雄。婚姻或类似的成就属于喜剧境界；妓女、巫婆以及荣格（C. G. Jung）所谓“恐怖之母”的种种，则属于悲剧境界。所有神圣的、英雄的、天使的或者其他超人的社团的情形，都依照上述人类的式样。

二、在喜剧境界中，动物世界是一群家畜，如羊或羊群，或者是驯良的飞鸟，如鸽子。田园牧歌意象的基型。

在悲剧境界中，动物世界是野兽、食肉鸟、野狼、兀鹰、蛇、龙（西方的龙，不是中国神话传说中祥瑞的龙）之类。

三、在喜剧境界中，植物世界是花园、小丛林或公园、生命树、玫瑰或莲花。阿凯狄亚（Arcadian）意象的基型。阿凯狄亚意象有如马维尔（Marvell）青绿世界或者莎士比亚树林喜剧中那些。

在悲剧境界中，则为邪恶的森林，像弥尔顿《克默斯》中，和但丁《地狱》篇开头那些；或者是荒野，是死亡树。

四、在喜剧境界中，矿物世界是城市、建筑物或庙宇，或者是石头——熠熠生辉的宝石。其实所有喜剧境界中的东西，特别是树，都可以被看作是发光或者火热的。几何意象的基型：“星光灿灿的圆顶”，即属于此。

在悲剧境界中，矿物世界是沙漠、岩石与废墟，或者是十字形的邪恶的几何意象。

五、在喜剧境界中，不定形《流体》世界是河流，这向来是四重的

(traditionally fourfold)，影响了有“四体液”的文艺复兴的人体意象。

在悲剧境界中，通常则为海洋，而解体神话故事往往是洪水神话。海洋与野兽的意象相结合，我们就有海兽水怪之类的动物。[6]

以上两个理论体系，将是我分析杜甫的《客至》和《登高》的根据。佛莱在他的《批评的剖析》一书中，对上面两个体系，有不少的补充增益；在下面分析的时候，我也会斟酌运用这些资料。下面根据两个体系而作的分析，只限于春和秋，也就是喜剧和悲剧两个重点，其他的未及兼顾。

## 三、《客至》的喜剧气氛

唐玄宗天宝年间，杜甫（712—770）在长安屡试不第，后来向玄宗献《三大礼赋》，皇帝大感惊奇，表示欣赏，命他待制集贤院。[7]天宝十四年（755），杜甫44岁，才被任命为河西尉。不久安史之乱（755—763）爆发，长安陷落。杜甫于肃宗至德元年（756）只身奔赴灵武（在今宁夏回族自治区），途中被贼俘虏，逃回长安。翌年夏天潜逃至凤翔（在长安西），谒见肃宗。肃宗见他忠心耿耿，给他一个从六品的左拾遗之职。任此官时，杜甫因为营救当时的宰相房琯，获罪于肃宗，在乾元元年（758）被贬为华州（离长安不远）司功，从劝谏皇帝的中央近臣，变为管理地方文教祭祀的小官。华州那里夏日酷热，又有蝎子，又有苍蝇。环境既恶劣，仕途又无望，乃于翌年（759）弃官往秦州（今甘肃天水）。殊不知秦州生活艰难，于是又前去同谷（今甘肃成县），奈何生活困厄无望如故。《发同谷》一诗这样说：“贤有不黔突，圣有不暖席。……奈何迫物累，一岁四行役。”迫不得已，只好向蜀地谋出路了。《木皮岭》一诗这样记叙：“季冬携童稚，辛苦赴蜀门。”正是该年冬天的事。

蜀道之难，难于上青天。杜甫的同代诗人李白，早已慨乎言之。历尽艰辛，经过大概一个月的跋涉，杜甫终于抵达成都。诗人初到成都，先寄居在浣花溪畔的一个古寺里，靠朋友的接济过日子。安顿之后，子美在多位朋友的金钱和物质资助下，开始筹建草堂。经过几个月的悉心经营，草堂大约在上元元年（760）初夏落成了。他的《客至》一诗，写的是草堂建成后一个春天的生活片段：

舍南舍北皆春水，但见群鸥日日来。花径不曾缘客扫，蓬门今始为君开。
盘飧市远无兼味，樽酒家贫只旧醅。肯与邻翁相对饮，隔篱呼取尽余杯。

这个春天大概是上元二年（761）的春天。杜甫从759年年底至765年夏天，除去中间外游的日子，前后有接近四年的光阴定居于成都，这是诗人一生中生活较佳的日子。自从进入中年之后，到他逝世为止，这近四年相信是他生活最安定、心境最闲适的最好时光了。今人曾枣庄对这个时期的杜甫有下面的描写：

经过五年战乱，千里奔波的杜甫，现在在这块气候宜人、草木丰茂、百花鲜艳、百鸟争鸣的安静、恬适、富饶的平原上有了一席安身之地，其心境当然非常悠闲自在。在短时间内，他的诗风似乎为之一变，变得轻松明快，大有“使老人复少”之势，一扫前两年的惊惶凄苦，表现出一种悠闲自得、闲散疏放的情趣[8]。

《客至》附有诗人自己的注释，注云：“喜崔明府相过。”其中的“喜”字真是可圈可点。此诗所写，天时地利人和三者兼之。虽然不是一出戏曲（drama）式的喜剧，但喜剧情调可触可感。诗中的意象，正是佛莱所说的喜剧的基型意象。

佛莱把喜剧比诸春天，《客至》首句即点明是春天。一年之中充满生气与活力的季节来了，草堂的前前后后，溪水绮绕，春意荡漾。中年以后的杜甫，生活颠沛，营养不良，身体一直羸弱。然而，自从定居成都，草堂建成之后，他得到休养生息的机会，精神重新振作，诚然大有“使老人复少”之势。这正是佛莱说的英雄复兴的时期。在“季冬携童稚，辛苦赴蜀门”的途中，杜甫有这样的经历：

天寒荒野外，日暮中流半。（《白沙渡》）
土门山行窄，微径缘秋毫。（《飞仙阁》）
高壁抵嵚崟，洪涛越凌乱。（《白沙渡》）
霜浓木石滑，风急手脚寒。（《水会渡》）
再闻虎豹鬬，屡局风水昏。（《木皮岭》）

经艰难的蜀道来到富饶的蜀地，如今，溪水绕舍，春暖花开，有客来访，有酒盈樽；就好像以色列人在旷野流浪之后，进入了流奶与蜜的迦南美地；又像英雄苦战沙场，击败了危险、黑暗与死亡，凯旋之后，过着舒适的日子。

佛莱认为，在喜剧境界中，人的世界是社团；团叙、秩序、友谊是基型的意象。在《客至》里面，我们看到杜甫与崔明府的叙谈、饮宴，这正是团叙与友谊的表现；连鸥群也天天都来，和谐的气氛十分明显。花径应该为朋友来访而打扫（可惜大概来不及了："不曾缘客扫"）；蓬门为朋友来访而打开；家贫没有新酿，只得旧醅，请朋友不要见怪[9]；如果朋友不反对，就请邻人一起来喝酒，以增加热闹欢愉的气氛。凡此种种，都使我们看到宾主彬彬有礼的文明秩序。

佛莱认为在喜剧境界中，动物世界可以是驯良的飞鸟，如鸽子。《客至》写的是鸥，是可亲的水鸟。古人有好鸥者，日与鸥鸟游，鸥鸟至者以百数，事见《列子》。杜甫的《长吟》云："江渚翻鸥戏，官桥带柳阴。"《江村》云："自去自来堂上燕，相亲相近水中鸥。"后世朱熹和辛弃疾等有"鸥盟"之说，正因为它是可以"相亲相近"的鸟。黄庭坚《登快阁》则有"万里归船弄长笛，此心吾与白鸥盟"的句子。

佛莱认为在喜剧境界中，植物世界是花园之类。相对于战乱的长安和艰险的征途而言，位于锦城成都的草堂及其周遭——

> 风含翠篠娟娟净，雨裛红蕖冉冉香。（《狂夫》）
> 杨柳枝枝弱，枇杷对对香。（《田舍》）

根据冯至的统计，杜甫在成都这几年所写的诗中，出现的花木品种繁多，计有丁香、丽春、栀子、枇杷、杨柳、荷花、桃、李、桑、竹等[10]，这个桃红柳绿的世界，正是人间乐园、世外桃源的基型。《客至》只用了"花径"一词，但我们已可由此而联想到那一片烂漫的锦城春色了。

佛莱认为在喜剧境界中，矿物世界是城市或建筑之类，而非沙漠、废墟等。我们知道，在喜剧境界里，人是团叙的、欢愉的。团叙的地方，若非花木清华的园林，就是可庇众人的广厦，或者是温暖舒适的屋舍。杜甫和他的客人相叙之地，正是有花木园林的屋舍草堂，也就是《客至》一诗中说的"舍"。

佛莱认为在喜剧境界中，不定型世界是河流。读《客至》，我们知道"舍南舍北皆春水"的水，应该是百花潭水、浣花溪水或锦江，或数者皆是，因为杜甫曾这样描写草堂的所在地：

> 浣花溪水水西头。(《卜居》)
> 万里桥西一草堂，百花潭水即沧浪。(《狂夫》)
> 万里桥南宅，百花潭北庄。(《怀锦水居止》)
> 客里何迁次，江边正寂寥。(《王十五司马弟出郭相访兼遗营茅屋赀》)
> 河阳县里虽无数，濯锦江边未满园。[11] (《萧八明府实处觅桃栽》)
> (传说蜀人织锦濯其中则锦色鲜艳，濯于他水，则锦色暗淡。故名锦江。)

显然，这是有生命力、予人亲和活泼之感的江水溪水，而非怒涛汹涌、妖怪出没、吞人摧舟的汪洋大海。

佛莱在《批评的剖析》一书中详论喜剧的基型时，有下面的补充增益。他说："在'喜剧'结束时，通常有宴会或者喜庆仪式的场面；如果不在结束时出现，就在结束后马上出现。"他又说："喜剧的'特色'，是在剧终时容纳很多人，能容纳多少就容纳多少。""喜剧通常以快乐结局。"[12] 回顾《客至》，我们发觉佛莱所说的特色，这首诗也都具备。此诗的后半部，写的正是欢宴的情形。草堂离开市区远，主人客气地说，菜肴不够丰富；又谦称家贫，没有新酒奉客，只有旧醅。酒微菜薄，但宾主之间气氛的欢愉融洽，我们可以想象得到。末二句说主人拟请邻翁共聚，先征求客人的同意。主人这个建议，客人自然不会拒绝。然则，到了这出"喜剧"的最后，场面是愈来愈热闹，人物是愈来愈多了，正符合了佛莱喜剧基型的说法。

## 四、《登高》的悲剧情调

杜甫住在成都草堂时，生活安定，往来的朋友颇多，当时的蜀州刺史高适、剑南节度使严武都和杜甫有过从，且时有诗酬赠。严武对杜甫尤其关怀，二人间诗笺往来甚多。宝应元年（762）四月，肃宗去世，代宗即位，召严武入朝。两个朋友情谊甚笃，杜甫亲自送严武到了绵州（今四川绵阳）。七月，成都少尹徐知道叛变，成都乱作一团，诗人不能回去了，只得到梓州（今四川三台）依靠朋友。此后又辗转迁徙于汉州（今四川广汉）、阆州（今四川阆中）等地，历时一年多。广德元年（763）安史之乱结束，吐蕃入侵，唐皇室并没有喘息的机会。在阆州的时候，杜甫听到严武再度出镇剑南的消息，诗人知道自己回到长安也没有什么可以发展的，于是决定重返成都，至少在那里有故人照料。广德二年（764）三月，子美返回成都，重临草堂，把园舍修葺整顿了一番。是年秋天，严武向代宗奏请杜甫为节度参谋、检校工部员外郎。可是诗人不习惯幕府的生活，只做了几个月就向严武请辞，获准。代宗永泰元年（765）四月，严武于任内在成都病死。这年的春夏之交，杜甫举家东下，经嘉州（今四川乐山）、戎州（今宣宝）、渝州（今重庆）、忠州（今忠县）、云安（今云阳），于翌年（大历元年，766）的春末，抵夔州（今奉节）。在夔州居留了一年多，于大历三年（768）正月中离开四川。之后大约三年间，他先后到过荆州（今湖北）、岳州（今湖南岳阳）、衡州（今湖南衡阳）、潭州（今湖南长沙）；大历五年（770）冬在湘江舟中去世，时年59岁。

在杜甫流传下来的一千四百多首诗中，有四百多首是在夔州写的，几乎占了全集数目的三分之一。《登高》一篇，因为有“猿啸哀”之句，加上其他的内部资料，可以肯定是杜甫流寓夔州时的作品。先引此诗如下：

> 风急天高猿啸哀，渚清沙白鸟飞回。无边落木萧萧下，不尽长江滚滚来。
> 万里悲秋常作客，百年多病独登台。艰难苦恨繁霜鬓，潦倒新停浊酒杯。

《登高》这个题目本身，已可引起读者惊心动魄的联想。《续齐谐记》说：

> 汝南桓景随费长房游学累年，长房谓曰：“九月九日汝家中当有灾，宜急去，令家人各作绛囊盛茱萸以系臂，登高饮菊花酒，此祸可除。”景如言，举家登高。夕还，见鸡犬牛羊一时暴死。

死亡的阴影，笼罩着登高这个行动。陈子昂《登幽州台歌》中“独怆然而涕下”的悲情，更仿佛回响于悠悠的天地之间。杜甫特地在诗的首句提到“猿啸哀”，其典出自《水经·江水注》：

> 自三峡七百里中，两岸连山，略无阙处，重岩迭嶂，隐天蔽日。每至晴初霜旦，林寒涧肃，常有高猿长啸，属引凄异，空谷传响，哀转不绝。故渔者歌曰：“巴东三峡巫峡长，猿鸣三声泪沾裳。”

题目的写意，首句的直述，加上第五句“悲秋”和第七句“苦恨”的一语道破，《登高》一诗的悲剧性情调，是不能再明显不过的了。现在用分析《客至》的同样方法，运用佛莱的基型论，来说明这种情调。

佛莱把悲剧比诸秋天，《登高》的第五句“万里悲秋”几个字，清楚地道出了它的季节。佛莱又把悲剧比作日落。杜甫此诗，没有指明什么时分，但至少诗中既无旭日，也无丽日、烈日之类的描写。在风急天高、落木萧萧、长江滚滚等意象的衬托之下，即使有什么阳光，也被掩盖掉了。读者面对这些意象，加上受了“悲秋”“多病”等情结性字眼的影响，无疑会联想到老杜《秋兴》中“夔府孤城落日斜”那样的日暮时分。宋代范仲淹的《岳阳楼记》一文，“虎啸猿啼”的上一句是“薄暮冥冥”。读《登高》而推想其时间背景为一日之暮，是很自然的事。总之，《登高》的景象一片阴沉，和《秋兴》的“江间波浪兼天涌，塞上风云接地阴”庶几近之。

佛莱又认为悲剧写英雄的疏离及衰残。《登高》中，杜甫自谓“独登台”“多病”“繁霜鬓”，正是疏离与衰残的写照。《客至》一诗写有客来访，充满欢愉友好的气氛。《登高》说“常作客”，乃谓诗人有家归不得，正是《咏怀古迹》组诗中所写的“支离”与“漂泊”。上面我提到杜甫自从安史之乱以来，四处流离，到过的地方不计其数，只有成都的草堂是较为理想的居所。766—768 年在夔州的一年多日子，仍然免不了东迁西徙，这期间住过的地方至少有客堂、西阁、赤甲、瀼西等处。杜甫入蜀以来，大部分的日子都依靠朋友或达官贵人的支持过活，有时简直是寄人篱下；其心境之哀伤悲凉，我们不难想象。在夔州这一年多，他主要投靠夔州都督柏茂琳；但是柏茂琳与诗人的相处并不融洽，远远比不上严武与他之间的那份情谊。

《登高》的写作，距离诗人去世不过三四年，他百病缠身，有糖尿病——“栖泊云安县，消中内相毒”（《客堂》）；有肺病——“衰年肺病惟高枕”（《返照》）；有风湿病——“卧愁病脚废，徐步视小园”（《客居》）。他曾经整个秋天卧病在床，瘦削不堪——“儿扶犹杖策，卧病一秋强。白发少新洗，寒衣宽总长。”（《别常征君》）杜甫在世时，诗名是有的，但远远不如王维、李白响亮。当时的多本诗选，如殷璠的《河岳英灵集》，连杜甫的一首诗也不选，李白的则选了十三首，王维更有十五首。[13]杜甫临死前一年在《南征》一诗中哀痛地说：“百年歌自苦，未见有知音。”我们现在读着杜甫在四川所写的大量佳作杰作，想象他呕心沥血的苦吟情景，再想象那种“未见有知音”的凄凉况味，真想为这位伟大的诗史诗圣同声一哭！夔州时期的杜甫，其悲苦，其潦倒，其“英雄”末路、日薄西山的情形，正吻合了佛莱所说的悲剧基型。

以下再就佛莱的“喜剧与悲剧的境界对比”中悲剧境界一项，加以引证说明。佛莱指出，在悲剧境界中，人的世界是暴政或无政府状态，是孤独的人。《登高》写的是孤独的诗人，上面已说得很透彻了。至于《登高》所没有写，而杜甫亲身经验的，确为一个接近无政府状态的政局、混乱的时局。《秋兴》婉转地说：“王侯第宅皆新主，文武衣冠异昔时。”这是杜甫温柔敦厚的表现，其实他深为当时纲纪废弛而痛心疾首。他也为“直北关山金鼓震”，外患入侵，而忧心忡忡。至于眼见吏治败坏（《昼梦》一诗说“安得务农息战斗，普天无吏横索钱”），诗人感到愤慨，是不必赘言的。以“致君尧舜上，再使风俗淳”为抱负的杜甫，在他夜宿夔州江边阁之际，“不眠忧战伐，无力正乾坤”，这些诗句正道出诗人的衰老软弱，也道出唐室的衰败式微。诗人与国家，都处于日暮途穷的境地。

佛莱说，在悲剧境界中，动物世界是野狼、兀鹰、蛇之类凶猛的野兽。《登高》没有出现这些野兽，然而，比起《客至》中可亲可盟的鸥鸟，哀啸的猿，无疑是不祥的，属于悲剧境界的。正宗悲剧境界的基型动物，倒在他这个时期的其他诗中出现。例如《宿江边阁》中的“豺狼得食喧”、《昼梦》中的“故乡门巷荆棘底，中原君臣豺虎边”、《秋日荆南述怀三十韵》中的“蛟螭深作横，豺虎乱雄猜”。

根据佛莱的基型论，在悲剧境界中，植物世界是邪恶的森林，或者是荒野，是死亡树。《登高》虽然没有这些，但“无边落木萧萧下”一句，已够荒凉了，衰亡的气息够浓厚了。这一句显然从宋玉《九辩》的“悲哉秋之为气也，萧瑟兮草木摇落而变衰”演化而来。

悲剧境界中的矿物世界，佛莱认为是沙漠、岩石与废墟。《登高》缺少这类意象，不过，与此接近的意象则有，就是“渚清沙白”。已是深秋了，江边和江中的沙洲，从春夏时的红花绿树（杜甫有“山青花欲燃”的佳句，写春天所见），到现在的苍白一片，也算是一种“废墟”、一种“沙漠”了。

至于悲剧境界中，不定型世界的海洋、洪水、海兽等基型，《登高》一诗也没有。然而，“不尽长江滚滚来”一句，气势汹汹，仿佛具有极大的杀伤力，要把英雄解体、消灭。而事实上，杜甫以后的诗歌作者，如苏轼，如《三国演义》卷首词的作者杨慎，都把滚滚的流水和毁灭的力量相提并论：

“大江东去，浪淘尽千古风流人物”“滚滚长江东逝水，浪花淘尽英雄”。由此看来，《登高》的“不尽长江滚滚来”一句，仍然是隐含基型论的悲剧境界的。

在《批评的剖析》中，佛莱详论悲剧基型的时候，特别强调悲剧英雄的孤独和受苦。[14]这一点，我们在《登高》一诗里面，看得非常清楚。如果我们把它和《客至》的喜剧性气氛对比，则其孤独和受苦就更显而易见。《客至》结束时，人物增多了，而《登高》始终只写“独登台”的一人。《客至》写饮宴的场面，而《登高》告诉我们，诗人多病潦倒，连酒也要戒掉。杜甫之嗜酒，并不逊于李白；现在连这一点乐趣，也被夺去了。

《客至》和《登高》两首诗的写作时间，前后相距五六年，二诗正反映了杜甫在四川两个不同时期的生活和心境：在成都的愉悦轻快，在川东的悲苦阴沉。宋人严羽在《沧浪诗话》中以“飘逸”和“沉郁”分别概括了李白和杜甫的诗风。当然，李白诗也有沉郁的一面，正如杜甫诗也有飘逸的一面。不过，从杜甫大量感时忧国、怀人伤己的作品看来，沉郁确是他诗风的基调。而杜甫在夔州时期及其前后所写的诗篇，要算是沉郁中之沉郁了。这些作品，如《秋兴》：

> 玉露凋伤枫树林，巫山巫峡气萧森。江间波浪兼天涌，塞上风云接地阴。
> 丛菊两开他日泪，孤舟一系故园心。寒衣处处催刀尺，白帝城高急暮砧。
> 夔府孤城落日斜，……
> 鱼龙寂寞秋江冷，……
> 波漂菰米沈云黑，露冷莲房坠粉红。

《阁夜》：

> 卧龙跃马终黄土，人事音书漫寂寥。

《咏怀古迹》：

> 支离东北风尘际，漂泊西南天地间。
> 江山故宅空文藻，云雨荒台岂梦思？
> 一去紫台连朔漠，独留青冢向黄昏。
> 翠华想象空山里，玉殿虚无野寺中。

运移汉祚终难复，志决身歼军务劳。

以上诗句，都充满了基型论的悲剧性情调。

## 五、“基型论”与中国文学研究

佛莱的基型论，可用于对《客至》之喜和《登高》之悲的分析，也可用于对其他中国文学作品的分析，这里只略举若干古典诗文，以为证明。先举王羲之的《兰亭集序》的开头部分：

永和九年，岁在癸丑，暮春之初，会于会稽山阴之兰亭，修禊事也。群贤毕至，少长咸集。此地有崇山峻岭，茂林修竹。又有清流激湍，映带左右，引以为流觞曲水，列坐其次。虽无丝竹管弦之盛，一觞一咏，亦足以畅叙幽情。是日也，天朗气清，惠风和畅；仰观宇宙之大，俯察品类之盛，所以游目骋怀，足以极视听之娱，信可乐也。

这里面，季节，人的世界，植物、矿物等世界，那种团聚欢愉的气氛，无不与佛莱的喜剧基型吻合。李白的《春夜宴桃李园序》和《兰亭集序》相似，只不过李白的文章写的是晚上，这点与基型论的说法有出入。不过，晚上“秉烛”，且有月亮照明，悲剧性的阴沉气氛，已不复存在了。

柳永的《雨霖铃》，也冥冥中符合了悲剧基型的精神：

寒蝉凄切，对长亭晚，骤雨初歇。都门帐饮无绪，留恋处，兰舟催发。执手相看泪眼，竟无语凝噎。念去去千里烟波，暮霭沉沉楚天阔。多情自古伤离别，更那堪，冷落清秋节！今宵酒醒何处？杨柳岸，晓风残月。此去经年，应是良辰好景虚设。便纵有千种风情，更与何人说？

季节、时分、不定型世界等，都与佛莱的说法若合符节。由“帐饮无绪”到别后的孤独冷清，正一步一步迈向悲剧性的境界。欧阳修的《秋声赋》则简直是佛莱基型论的脚注，或者“先声”。此赋说秋之色惨淡，其气凛冽，其意萧条，其声凄切；“其所以摧败零落者，乃其一气之余烈，……常以肃杀为心。”李清照的《声声慢》，也充满了悲剧基型的意象，只不过作者身处的不是荒野（而是黄花遍地的荒凉园子），也没有大海与野兽那些恐怖的东西而已。

范仲淹的《岳阳楼记》则一文包括悲与喜两种基型，因为作者要表现的正是这强烈的对比：

> 若夫霪雨霏霏，连月不开，阴风怒号，浊浪排空；日星隐曜，山岳潜形；商旅不行，樯倾楫摧；薄暮冥冥，虎啸猿啼。登斯楼也，则有去国怀乡，忧谗畏讥，满目萧然，感极而悲者矣。
>
> 至若春和景明，波澜不惊，上下天光，一碧万顷；沙鸥翔集，锦鳞游泳；岸芷汀兰，郁郁青青。而或长烟一空，皓月千里；浮光跃金，静影沉璧；渔歌互答，此乐何极！登斯楼也，则有心旷神怡，宠辱皆忘，把酒临风，其喜洋洋者矣。

上面的引文，是说明佛莱基型论的极佳范例。第一段，几乎百分之一百符合悲剧的基型模式。令人略感“遗憾”的，只是没有清楚点明秋天这个季节，植物的意象也付诸阙如而已。第二段也几乎百分之一百符合喜剧的基型模式，稍有出入的，是这一段的后半部，乃以夜间为背景，而非基型论所要求的黎明或丽日。不过，这里写的是“皓月千里”“浮光跃金”，可说是夜中之日，和李白《春夜宴桃李园序》的情景相似，绝无黑暗悲凉的气氛。佛莱如果懂中文，或者如果对中国文学的外文译本多所涉猎，一定会援引杜甫的《客至》与《登高》，以及范仲淹的《岳阳楼记》等作品，作为支持他的理论的绝佳例证。唯其佛莱不谙中文，对中国文学外文翻译的涉猎不广，而其基型论可以演绎至对中国文学的分析，我们对其理论的普适性，不能不另眼相看。上文详述了基型论如何运用于杜甫的两首名诗，又略述了这个理论对中国若干其他古典诗文的应用价值。佛莱的说法，也适用于分析中国现代文学。[15]不过，这已逸出本文的论题了，有待于将来撰专文予以说明。

佛莱的基型论渊源于神话学、人类学和心理学。它的涵摄面极广，企图解释从古代的神话传说至20世纪的文学作品。从古今千万篇作品归纳出简单的一些公式、规律——就是他所说的基型，已经是很不容易的事；把这些公式、规律演绎于古今的千万篇其他作品，且要放诸四海而皆准，更戛戛乎其难哉。既然如此，佛莱的基型论，用于实际分析时，就不一定能处处赅备、面面俱圆了，偏差、漏洞甚至解释时的牵强附会，有时是在所难免的。佛莱对自己的理论，当然很有信心，不过他也知道完美的难求，因此乃有

“换置”（displacement）之说，使理论应用起来时，比较灵活。

换置就是调换、改置之意，佛莱以实例来解释他的换置说。譬如在某个神话（myth）中，主角是太阳神或是树神，是基型人物。这个太阳神或树神的基型人物，出现在传奇（romance）或其他文类（genre）时，势不能再有神话人物——具有超自然力量的人物——的身份了，他只得换置为一与太阳有关或与树有关的人物。[16]我认为佛莱这个换置说很重要，它使基型论用起来较有弹性。不过，换置一词，管见以为或可另铸。读了佛莱解释换置说的一些文句以后，我更认为非另铸不可。他说：“写实性小说（realistic fiction）里面如果出现神话性结构（mythical structure），则要使读者信服这种神话性，在技术上是有困难的。为了解决这些难题而产生的设计（devices）可概称为换置。”[17]这样说来，写实性小说的作者，似乎既是小说家，也是深谙基型论的文学理论家；他写作小说时，以基型论为指导性原则，一遇到与基型论的原则（从神话演变成的基型）有矛盾、龃龉时，就设计出种种方法，以期把矛盾化而解之。这样的说法，自然有问题。基型论或其前身［费瑞萨（Frazer）、弗洛伊德、荣格、柏黛金（Maud Bodkin）等人的学说］出现之后，20 世纪的写实性小说作者，当然可能有人受其影响，把理论用在创作上面，经营一番，设计一番，以体现基型论的精神，以求作品具有普遍的象征意义。可是，在基型论或其前身面世之前，写实性小说作者，何来如此这般的指导性原则？何必要如此这般地“设计”？这些作者写出来的东西，如果与基型论的原则吻合的话，乃是冥冥之间的暗合，而非有意的迎合。佛莱如果改用“相当”（英文可作 equivalence）一词，则无意的暗合与有意的迎合都说得通，问题就解决了。例如，说传奇中的与太阳有关的人物，相当于神话中的太阳神；就等于说，现代国家的总统，相当于古代王朝的皇帝。这样就圆融无碍了，虽然与太阳有关的人物，和太阳神不同，总统也和皇帝不同。上面我们提到李白《春夜宴桃李园序》与范仲淹《岳阳楼记》的时候，指出在真实的时间上，两者都写晚上，而非符合喜剧基型的黎明或丽日。不过，在那两篇作品中，都有明月来相照，可说“相当”于黎明或丽日，因而具有喜剧基型的色彩。

然而，即使有了“换置”或“相当”的富弹性的说法，我们依旧不可能把基型论套在古今中外的任何作品上，而百分之一百的灵验。文学反映人生、时代、社会。由于性情气质、文化时尚的差别，文学的内容必然是多样而复杂的。佛莱的基型论归纳出古今作品的公式、规律，描摹出这些作品的共相；至于某些不能纳入公式的殊相的存在，是必然的。尽管如此，佛莱基型论的宏大概括能力，已是当代的文学理论研究者所有目共睹的了。这篇论文只介绍了佛莱几个重要的基型体系，并未能遍及其理论的全部。如果说他的理论全体是庞大的故宫建筑群，则本文所引导读者参观的，不过是太和殿和乾清宫而已，虽然此二宫殿为故宫的首要建筑，殆无疑问。此外，本文介绍的，只是其体系的骨干，佛莱著述中征引之繁富，学问之渊博，真令人叹为观止。而这些，本文也无从引证。

就像故宫的体势一样，佛莱是个雄心万丈、气象恢宏的批评家。他的规模，可与“体大虑周”的刘勰相比；虽然二者的论点，格于时代、文化等因素，有所差异。在他们颇多的相同点中，有一点是必须拿出来讨论的。《文心雕龙·物色》篇说：

> 春秋代序，阴阳惨舒；物色之动，心亦摇焉。盖阳气萌而玄驹步，阴律凝而丹鸟羞；微虫犹或入感，四时之动物深矣。若夫珪璋挺其惠心，英华秀其清气；物色相召，人谁获安？是以献岁发春，悦豫之情畅；滔滔孟夏，郁陶之心凝。天高气清，阴沉之志远；霰雪无垠，矜肃之虑深。岁有其物，物有其容；情以物迁，辞以情发。

刘勰的物色动心说，也是钟嵘《诗品·序》开宗明义所说的：“气之动物，物之感人，故摇荡性情，形诸舞咏。”中国传统的文学理论，向来强调情景交融的重要。[18]情景交融说的要义，就是自然景物和人类情思的融洽浑化。而这些正巧是佛莱基型论的根本。人对四季气候景物的递展，会产生感应，其惨舒悲喜的大概模式，不因人种、文化而有异。这些对大自然的感应，形诸舞咏，形诸文学作品，表现了大自然的旋律，就成为荣格所说的基型，或者说集体潜意识（collective unconsciousness）。佛莱的基型论就是在这个基础上建立起来的。

刘勰看到了人对四时物色的感应，把这些感应归纳成一体系。（《文心雕龙》的六观说、八体说都是体系，始于《毛诗序》的赋比兴说也是一种体系，近人吴经熊的“唐诗四季”说亦然。[19]以简驭繁地寻出公式、建立体系，是人类一项重要智能活动。）他认为春天时“悦豫之情畅”，夏天时“郁陶之心凝”，秋天时“阴沉之志远”，冬天时“矜肃之虑深”。他这个说法，和佛莱的“晨昏春秋人生文学的类比”体系，颇为接近。

《文心雕龙》中“悦豫之情畅”与“阴沉之志远”正可用来形容《客至》和《登高》的喜剧和悲剧基型。由此可见基型论的普遍性意义，也可见确有心同理同、中外如一这回事。中外诗学以至文化的汇通，确有稳固的基础。

杜甫的《客至》和《登高》二诗，千年来脍炙人口，后者的艺术地位，经过罗大经和胡应麟的极力推崇后，尤其高耸[20]。佛莱虽然认为文学作品有优劣良莠之别，但是他乃以不涉评价、只重分析而成就他的批评家事业。笔者评论文学，向来都涉及评价，且认为文学史对作者和作品的评价纵使时有游移，比较周延和客观的标准仍然是有的；因此对佛莱的基型论，常有美中不足之叹。然而，佛莱的理论，确能使我们登高望远，眼界大开。中国现代的文学批评，自有不凡的成就，但纵能继承刘勰、横能与佛莱比肩的伟大批评家，却尚在期待之中。佛莱的《批评的剖析》一书，已有多种文字的译本，而中译独缺。熟知其批评理论与成就的中国文学研究者，数目也不多。[21]使我们登高望远的外国大师，我们理应以“不亦乐乎”的心情，迎此客至。佛莱的理论，不一定都能应用于中国文学研究。可是，“转益多师是‘我’师”，“不薄‘外’人爱‘国’人”；杜甫的诗心既具普遍性，他也必然赞成斟酌采用这种具有普遍性的外国理论。

## 补 记

本文原为1985年在一文学研讨会上宣读的论文。文中所说佛莱*Anatomy of Criticism*一书，后来已有中文译本，中译书名为《批评的剖析》，译者为陈慧、袁宪军、吴伟仁，于1998年11月由天津百花文艺出版社出版。在研讨会上，龚鹏程教授出示他几年前由故乡出版社印行的《春夏秋冬》一书，此书研究中国诗文中四季的描写，曾提到基型论，也引过刘勰《文心雕龙·物色》篇的一段话。龚教授虽然没有举出杜甫的《客至》和《登高》以作为春与秋的比况，但我认为此书与我这篇文章所讨论的问题，很有关联，使我对它有相见恨晚之感。另一位与会者陈鹏翔教授，则为我寄来三篇英文写的论文，主题是中国文学中的秋天：（1）“Ch'iu and the Tradition of Literary Melancholy,” in *Asian Culture Quarterly* 8：3（Autumn，1980）；（2）“The Tradition and Variation of Autumnal Lamentation,” in *Tamkang Review* 11：2（Winter，1980）；（3）“Aspects of Autumn in Classical Chinese Poetry,” in

*Chinese Culture* 22：3（September，1981）。陈教授指出："悲哉秋之为气也"是秋天一个很重要的意义；中国文人对秋天的触景伤情，笔下与秋有关的词汇之多，外国文学家是不能相比的。陈氏的这些论文，无疑提供了更多的例子，使我们深切地了解到中国文学中秋天的基型意义。佛莱的理论，一直受到国内不少学者的青睐，例如叶舒宪。1994 年北京举办了一个佛莱研究的会议，1999 年 7 月 15 – 17 日内蒙古师范大学举办了一个国际学术研讨会。Jean O'Grady 和 Wang Ning 合编的 *Northrop Frye: Eastern and Western Perspectives*（Toronto，Buffalo，London：University of Toronto Press，2003）的论文分为三辑，第三辑题为"Frye and China"，收四篇论文。贺丽有论文题为《诺思洛普·弗莱国内外研究综述》，发表于《湖南科技大学学报（社会科学版）》2009 年第三期。国内学者多用佛莱理论来研究小说，少用于诗歌，即使用于诗歌，据笔者所知，也没有用于分析杜甫的《客至》和《登高》的。作者 2017 年 10 月补记。

**注释：**

[1] 时贤在这方面已做了不少基础性的工作，特别值得提及的著述有 James J. Y. Liu（刘若愚）的 *Chinese Theories of Literature*（The University of Chicago Press，1975），此书有杜国清的中译，中译本题为《中国文学理论》（台北：联经出版事业公司出版，1981）；有钱钟书的《管锥编》四册（北京：中华书局，1979）；叶维廉在这方面也发表了不少论文，此外，他为台北东大图书公司主编的《比较文学丛书》第一批共八册，于 1982 年开始出版，正朝着汇通的方向。

[2] 讨论最近三数十年西方批评理论的书，谨举隅如下：Frank Lentricchla，*After the New Criticism*（The University of Chicago Press，1980）；郑树森，《文学理论与比较文学》，（台北：时报出版公司，1982）；周英雄，《结构主义与中国文学》（台北：东大图书公司，1983）。

[3] 佛莱此文收于其 *The Fables of Identity: Studies in Poetic Mythology*（N. Y.，Harcourt Brace Jovanovich，Inc.，1963）中，我依据的则为 W. J. Bate，*Criticism: Texts*（N. Y.，HBJ，Inc.，1970）所收录的。这里所引见 Bate 一书，p. 602。

[4] W. J. Bate，*Criticism: the Major Texts*，N. Y.，HBJ，Inc.，1970，p. 606.

[5] Northrop Frye，*Anatomy of Criticism: Four Essays*，Princeton University Press，1957，pp. 163 – 185.

[6] W. J. Bate，*Criticism: the Major Texts*，N. Y.，HBJ，Inc.，1970，p. 608.

[7] 关于杜甫的生平，除了《新唐书》《旧唐书》，可参考：萧涤非，《杜甫研究》上

卷，济南：山东人民出版社，1956；冯至，《杜甫传》（2 版），北京：人民文学出版社，1980；李辰冬，《杜甫作品系年》，台北：东大图书公司，1977；曾枣庄，《杜甫在四川》，成都：四川人民出版社，1983；等等。本文涉及的《客至》和《登高》都写于四川，因此借助于曾著者尤多。

［8］曾枣庄，《杜甫在四川》，成都：四川人民出版社，1983，第 30 页。方瑜的《浣花溪畔草堂间——论杜甫草堂时期的诗》一文，也很值得参考。方氏说杜甫在这期间“写了很多明朗温馨的作品”，这正是多位学者——包括曾枣庄——的一项结论。

［9］古人喜新酒。可参考清代赵翼《瓯北诗话》所述。

［10］冯至，《杜甫传》（2 版），北京：人民文学出版社，1980，第 86 页。

［11］仇兆鳌，《杜诗详注》，北京：中华当局，1979，第五册（末册）附录，左岘，《杜工部草堂记》一文。

［12］Northrop Frye，*Anatomy of Criticism: Four Essays*，Princeton University Press，1957，pp. 163，165，167.

［13］曾枣庄，《杜甫在四川》，成都：四川人民出版社，1983，附录之二《百年歌自苦，未见有知音——论唐人对杜诗的态度》。

［14］Northrop Frye，*Anatomy of Criticism: Four Essays*，Princeton University Press，1957，p. 208

［15］随便举几个例子：郑愁予的诗《雨说》、余光中的诗《苦热》、叶绍钧的小说《秋》、鲁迅的小说《在酒楼上》都具有戏剧、传奇、悲剧、讽刺诗文，也就是春、夏、秋、冬，的基型特色。其他可举的例子数不胜数。

［16］Northrop Frye，*Anatomy of Criticism: Four Essays*，Princeton University Press，1957，pp. 136 - 137.

［17］Northrop Frye，*Anatomy of Criticism: Four Essays*，Princeton University Press，1957，p. 136

［18］参阅：黄维樑，《中国诗学纵横论》，台北，洪范书店，1977。

［19］吴经熊著、徐诚斌译的《唐诗四季》（台北：洪范书店，1980）中，以春夏秋冬来象征唐诗演进的四个阶段。他说：“夏，充满了天地正气，与英雄圣贤大无畏的精神，其间也不无清风解愠、时雨滋润的调剂。”他以杜甫为夏季的代表。对于秋季，吴氏这样说：“一是无限的感伤，一是成熟的智慧。”其实，照吴氏对秋季象征意义的解释，把杜甫归为秋季，会更恰当。杜甫大量写作律诗，诗艺又高，律诗在他手上成熟，这也可说是一种“成熟的智慧”。又，余光中的《龚自珍与雪莱》长文，发现定盦在《尊隐》一文中，把一日分为蚤时、午时、昏时，来象征朝代的盛衰，可说在雪莱之外，也与佛莱的心灵遥相感应。请参看《联合文学》月刊 1985 年 2 月号第 155 页，余氏论文片段。

［20］黄永武、沈谦等对《登高》的艺术性有详尽精当的析论。请参阅黄永武、张高评

合著《唐诗三百首鉴赏》（台北：尚友出版社，1983）中黄氏对此诗的评析；以及沈谦发表在《中外文学》1983 年 6 月号的《析论杜甫七律压卷作〈登高〉》一文。

[21] “Archetype”一词，中译有“基型”“原型”“原始基型”等。佛莱的著作，译成中文的包括高锦雪译的《文学的原型》即“The Archetypes of Literature”一文，此译文刊于《中外文学》1977 年 2 月号；此外我也译过佛著《伟大的法典：圣经与文学》（纽约，1981）一文的一个小片段，译文及我对佛著的简介，刊于香港《文艺》季刊 1984 年 9 月号。颜元叔和李达三（John Deeney）对佛莱的基型论曾有介绍，见颜著《原始类型及神话的文学批评》（收在颜著《何谓文学》中，此书在 1976 年由此台北学生书局出版），以及李达三著《比较文学研究的新方向》（台北：联经出版社，1983 年修订版）。缪文杰（Ronald Miao）在《清华学报》新二卷十期有英文论文，从佛说看唐诗，此文有冯明惠的中译，题为《试用原始类型的文学批评方法论唐代边塞诗》，刊于《中外文学》1975 年 8 月号。Curtis Adkins 的博士论文则用佛说论唐人小说，见“The Supernatural in T'ang Chuan-chi Tales: An Archetypal View”（PhD Dissertation, The Ohio State University, 1976）。茅国权（Nathan Mao）在他英译的钱钟书小说《围城》（*Fortress Besieged*）译者导言中，用佛说析论钱氏小说的四季基型；茅译于 1979 年由印第安纳大学出版社出版。张淑香在《李义山诗析论》（台北：艺文印书馆，1974）中，曾用佛莱的“追寻”（quest）基型说析义山的诗。蔡源煌也曾用佛说，见其《从显型到原始基型——论罗门的诗》，刊于《中外文学》1977 年 2 月号。以上仅就我所知见，举例采佛说的论著。至于我本人应用佛莱学说而撰写的论文，主要有《中国最早的短篇小说》，刊于《明报月刊》1975 年 1 月号，又刊于《幼狮月刊》同年 8 月号；“The River at Dusk Is Saddening Me; Cheng Ch'ou-yu and Tzu Poetry,” *Renditions*, 1979；《佛莱与文学批评》，刊于《第七届青年文学奖文集》（香港：1981）；《秋天的悲剧情调》刊于香港《百姓》半月刊 1984 年 11 月 16 日。佛莱著作的中文翻译，尚有《伟大的法典——圣经与文学》和《现代百年》二书，详见“补记”提到的 *Northrop Frye: Eastern and Western Perspectives*。

# 世界文学中的移民与翻译

斯文德·埃里克·拉森（撰）[1,2]

雷昌秀[3]（译）

1. 奥尔胡斯大学　比较文学系，奥尔胡斯　DK 8000

2. 四川大学　文学与新闻学院，四川成都　610065

3. 四川大学　文学与新闻学院，四川成都　610065

**摘　要：**近年来，两大主题对世界文学研究起着重大推动作用：一是移民，二是翻译。作为学科，移民研究和翻译研究本身都不属于文学研究领域。多年来，移民研究一直属于社会和文化研究领域，在今天的地缘政治背景下变得日益迫切。然而随着各种反映移民经历的作品迅速增加，移民研究也不可避免地进入到文学研究的领域。同样地，翻译研究这门学科，多年来也一直隶属于语言学之下，直到20世纪70年代新的思潮出现，从理论的角度去涵盖各种形式的翻译和更广阔的文化话语，包括文学。90年代这些思潮被人们普遍接受。本文将以亨利·罗斯的美国犹太移民小说《就说是睡着了》（1934）作为基本文本，分析移民和翻译中的世界文学观。

**关键词：**移民；翻译；世界文学；比较文学；亨利·罗斯；钦努阿·阿契贝

---

**编者按：**本文据以下文献译出：Svend Erik Larsen，“Migration and Translation in a World Literature Perspective”，*Comparative Literature and World Literature*，Volume 1，Number 2，2016，pp. 1－13. 经作者2017年10月3日授权，特将此文翻译、刊发于此，以飨学界。

**收稿日期：**2017－12－01

**作者简介：**斯文德·埃里克·拉森（Svend Erik Larsen，1946—），男，丹麦科尔丁（Kolding，Denmark）人，丹麦欧登塞大学（Odense University）博士，奥胡斯大学（Aarhus University）比较文学系教授，四川大学长江学者客座教授，伦敦大学学院荣誉教授，欧洲科学院副主席，《世界文学》（*Orbis Litterarum*）主编。有比较文学、符号学和文化史专著10部，编辑作品10余卷，在国际性期刊和选集中发表文章和评论300多篇，主要从事文学史、文学与伦理、情感、城市文化、比较文学、文学与记忆研究。

**译者简介：**雷昌秀（1975—），女，四川成都人，四川大学文学与新闻学院2016级比较文学与世界文学专业比较文学方向博士研究生，成都理工大学工程技术学院外语系讲师，主要从事比较文学与世界文学研究。

近年来，两大主题对世界文学研究起着重大推动作用：一是移民，二是翻译。作为学科，移民研究和翻译研究本身都不属于文学研究领域。多年来，移民研究一直属于社会和文化研究领域，在今天的地缘政治背景下变得日益迫切。然而随着各种反映移民经历的作品迅速增加，移民研究也不可避免地进入到文学研究领域。同样地，翻译研究这门学科，多年来也一直隶属于语言学之下，直到20世纪70年代新的思潮出现，从理论的角度去涵盖各种形式的翻译和更广阔的文化话语，包括文学。[1]20世纪90年代这些思潮被人们普遍接受。当然，从事翻译的人一直在跟文学打交道，只是没把它当成研究领域而已。

近来这些发展使得移民研究和翻译研究瓜熟蒂落，成为文学学者们世界文学视野下的研究对象。[2]实际上，移民和翻译均涉及权力关系、权力场所和权力意义生产，因此他们将政治意识引入文学研究，并辅以必要的理论和背景知识。然而，19世纪左右，即文学研究以学术研究身份出现在欧洲以来，它就主要聚焦于自身。这种内在关注有两个方向。一是面向文学的美学特性。18世纪中叶以来，特别是受埃弗拉姆·莱辛（Ephraim Lessing）和亚历山大·鲍姆嘉登（Alexander Baumgarten）的美学思想影响，文学被挑选出来成为准自主性研究对象。一句话，文艺复兴和启蒙运动所具备的典型的广阔文化视野变得越来越缺乏远见。二是文学研究倾向于关注文学的民族特性。这些特性，加上近乎法西斯式的民族主义到自卑的少数族群意识[3]，被视为构成文学（和其他艺术形式）的内在本质。

在这种影响下，作家和评论家对跨民族语言和领土边界的欧洲共同文学史的关注逐渐消退。与此同时，比较视野，虽然具备开放或再次开放广阔文化、语言天地的潜能，却屈居次要，仅作既定基本民族定义下的作家、作品和文学比较考虑之用。因此，随着19世纪20年代约翰·沃尔夫冈·冯·歌德（Johan Wolfgang Von Goethe）的批判理念和诗学实践对人们的普遍启迪，新兴的世界文学爱好呈现出理想主义特点。这种理想主义以跨历史的、普世的文学内在价值为基础。

如今，相反，复兴世界文学就是要摆脱这种向内看的理想主义世界文学观，尤其是要摆脱狂热的国别文学修养和一系列的意识形态。当然，今天的世界文学研究也在运用各种各样自文学研究诞生以来逐渐形成的批评方法。但更为重要的是，文学研究的再定位意味着对其他各洲、其他语言、其他地方文化结构类型、其他文类和其他主题的敏锐接受。这里的“其他”（other）总是指欧洲文化及其支撑民族思想的物理和族群边界以外的东西。然而，考虑到百年来欧洲在全球的影响，这种所谓的欧洲地方化（provincializing of Europe）[5]总是以对话方式展开，显示出欧洲文化在学术和文化界无法否认的影响力。由于移民和翻译明确揭示了权力关系，作为学科的文学研究也就直接卷入权力关系之中。

因此，这种方法也要求为文学研究提供新的理论和阐释依据，抑或至少一种来自不同视角的独特灵感。既然世界文学研究的目的是将已知文本阅读纳入新的语境，整合那些被传统忽视或产生于当代的新文本，扩大整个语境和意识范围，那么这种灵感就得来自已有范式以外，尤其要考虑到互文性问题。同时，无论过去还是现在，这种目标都要求灵感进行180度转弯，送其回去，加以改变，从而对原有领域产生新的启迪。当翻译面临来自语言学以外的文化转向时，语言学家也必须转变观念。同样，当移民研究从经济和地缘政治领域走出来，拥抱宗教、伦理、语言、叙事和想象等时，移民研究也如社会研究所期待的那样，获得了新的特点。换而言之，正如文学不仅仅是跟情节、人物和修辞手法有关一样，移民和翻译关心的也不仅仅是地缘政治和有效沟通的问题。从这个意义上讲，世界文学真正成了一门跨学科的事业。

## 一、极端的国家[6]

到目前为止，政治问题只在文章的开头提到，直到文章结尾处才会再次提及。此间我会关注一部略被忽视、以移民和翻译为脉络的美国佳作，并以此来表达我对政治的相关看法。这部小说是亨利·罗斯（Henry Roth）的处女作，写于1934年，题目叫《就说是睡着了》（*Call It Sleep*）。这是一部能同时引起读者和作家轰动的作品：小说取材于罗斯自己的经历。是年28岁的他，耗尽了所有的想象力，以至于很长一段时间无法再创作，直到1995年，生命即将终结时，不过再难达到相同高度。

故事发生在第一次世界大战前的美国，移民潮时期，大量移民通过纽约港和埃利斯岛涌入美国。年轻的犹太人谢尔斯（Schearl）一家1907年定居纽约。他们最初住在布鲁克林的布鲁斯维尔（Brownsville），后来又搬到曼哈顿的下东城（Lower East Side）。第一个地方是纽约主要的犹太人社区，谢尔斯一家到的时候，大约有5万犹太人。第二个地方离纽约这个国际大都市的动荡更近，仍是犹太人社区，只是跟其他移民群体接触更密。

阿尔伯特（Albert）第一次离开奥地利加利西亚（Austrian Galicia）的农村地区，穿越大西洋，来到这里。后来他又迎来了自己的妻子瑾雅（Genya）和他们的孩子戴维（David）。加利西亚位于今天的西乌克兰，靠近波兰的利沃夫，又称为利沃夫或伦贝格（Lviv/Łwow/Lemberg）的小镇附近，是奥匈双元帝国的一部分。几个世纪以来，包括20世纪，持续不断的欧洲冲突改变着这片地区的边界和人民。用玛丽·路易斯·普拉特（Mary Louise Pratt）的贴切术语来说，这是一个德语/奥地利语、乌克兰语、波兰语、匈牙利语、俄语和意第绪等语言和文化杂糅的第三空间（a contact zone）[7]。来到纽约意味着放弃一种正在消失的多元封建地方文化，而接受另一种新兴的现代的多元城市文化。小说的主人公是年幼的戴维，和父母生活在一起。父亲阿尔伯特尖酸刻薄，脾气暴躁，经常打人，换过几次工作，最后当了送奶工。母亲瑾雅温柔、和蔼，对他充满无限关爱。瑾雅的妹妹贝萨（Bertha）也来到这里，与其他多数来自附近的犹太人及流浪孩子一起进入戴维的世界。戴维三岁左右来到纽约，小说结束时八岁。

在众多的迁徙民族中，犹太人的身份近乎神话，与犹太人的流散息息相关。同样地，纽约也是移民向往的神秘之地。随着以色列的建立，犹太后种族屠杀史又为这段神话增添了新的内容。几百年来，不同于其他大战后建立的国家，以色列的建立被视为一种宗教预言的实现，而不仅仅是一种地缘政治重建组织的翻版。

纽约，作为美国熔炉的象征，也代表着一种神话，只是这种神话是世俗性的，通常被解释为美国梦想乐园——瑾雅离开渡船，紧张而又满怀希望地说的“金色家园”[8]——的入口。在这里，人人都可以靠他，更确切地说，靠她自己的力量和主动进取来发财致富。只是最初，这种美国观受到了17世纪贵格和清教移民的影响，带上了宗教色彩。后来，这种宗教内核消失了，如今，只能在用于公开表达美国是神选之地的宗教激进主义中找到回音。犹太人和纽约都被赋予了一种世界超越性——这是制造神话和梦想的材料。

历史现实是否会以报复姿态回到以色列和美国，来挑战他们原本超验式的自我诠释，这一点还有待观察。不过有一点很清楚，那就是以色列建国以后，犹太民族作为移民典型来衡量其他流散民族命运的这种神话身份一直饱受争议。在《全球流散族群》（*Global Diasporas*，1997）一书中，罗宾·科恩（Robin Cohen）揭示了为什么犹太流散族群及其多元发展，只是人类从古至今的历史长河中各色流散族群中的一个，而非全面的超历史典型，一种马克斯·韦伯意义上的所谓理想型（Idealtypus）外加神话扭曲。[9]离散族群不需要典型来理解，而应理解成具有可比性的不同历史进程的交叉点。[10]

在《解放记忆：大屠杀与世界性记忆的形成》（"Memory Unbound. The Holocaust and the Formation of Cosmopolitan Memory"，2002）[11]这篇全球化记忆文章中，丹尼尔·利维（Daniel Levy）和内坦·施茨内德（Natan Sznaider）指出，大屠杀记忆已经全球化，从而进入到一个去本土化的神话领域。在这种情况下，作为极端暴行的原型，同其他种族灭绝恐怖事件相比，就显得非常重要。在这种状况下，犹太人面临失去受迫害历史感的危险，而其他的种族大屠杀受害者，经过种族灭绝典型对他们痛苦的过滤，也可能很难理解特定历史条件下他们的苦难。换句话说，不应该以跨历史的纵向方式来安排离散族群及其纪念活动，而应该把它们作为不同事件，横向地、一视同仁地向当事人呈现，从各自的历史条件下对他们加以理解和缅怀。

类似的神话逻辑质疑同样适用于纽约这个典型的移民胜地。与埃利斯岛（Ellis Island）隔岸相望的自由女神迎接着新来的移民。在这种背景下，纽约成了移民史上的一个概念，而不仅仅是一个地方。当1907年谢尔斯一家及20世纪30年代罗斯来到纽约时，这些移民来到的是一个跟旧大陆或亚洲不一样的国家。早在1893年芝加哥世界博览会期间，弗雷德里克·杰克逊·特纳（Frederick Jackson Turner）就在他备受争议的关于边疆结束的演讲中提出民族集体认同的观念。[12]但是那时，这个观念还没有深入居民心中，更没有深入到这群移民心中。他们不是冲着一个边疆已经结束的国家而来，而是冲着一个充满无限可能，有着无尽开放空间的土地而来。

几百年来，传统意义上的国家或地方社区一直是民族、文化和语言的家园，对于居民和游客而言，这一切都可以在自然风景和城市景观中直接看见和听到。但是无论是1907年，还是今天，在这样的地方，万物都有它的位置和含义，因此很难容下移民，2015年至2016年持续上演的欧洲难民危机就是充分例证。不过谢尔斯一家的处境又有所不同。虽然他们离开的地区，从古至今，统治者和政治疆域变化，移民和政治变革就随之而来，但是1907年前后，该地轮廓和传统仍然清晰。对人民而言，这是一块有着地方守护神（*genius loci*）的土地，尽管它跟多数封建和现代民族国家一样，具有多元文化，只不过这种多元性在19世纪的民族意识形态中或多或少地受到了暴力压制。

在小说第一章中，当谢尔斯一家团聚后，这种归属感蒸发了，不仅仅是因为他们是移民，还因为这个地方也不同。他们很快发现，朦胧的美国梦在纽约犹太社区的现实日常生活中毫无根据可言，在别的地方可能也找不到。我们并没有听到太多关于“其他地方”的话。然而，他们珍惜来自加利西亚的记忆，把它作为“真正”地方含义的参照。瑾雅还买了一幅不明乡村风景画来保持记忆的鲜活。这里没有要激起任何美国民族观念或美国现实与他们必须要适应的东西间的对抗，更没有要与美国梦一较高下。我们所处的不是西奥多·德莱塞或斯各特·菲茨杰拉德笔下的世界，需要去结交权贵向上爬，而是生活在一个缺乏安全感的社会。谢尔斯一家肯定不算有钱，但也不穷。他们永远不会出现在雅各布·里斯（Jacob Riis）那令人震惊的摄影报告《另一半人是怎样生活的：纽约廉价公寓调查报告》（*How the Other Half Lives: Studies among the Tenements of New York*，1891）[13]之中。他们的主要任务是适应艰难的都市现实，在这里生存才是首要，而非社会晋升，支撑他们的只有犹太人的信仰和传统。有时候，他们会遭遇周边其他移民群体的习惯和信仰，不过倒不会有什么顽固美国人要求他们接受新的民族身份。本地和外地的对立并不适用，有的只是陌生类型的不同。

这个地方是我们和别人的家园，有着相同的历史、身份和语言，需要去了解和适应，这样的观念是不存在的。对多数人而言，这只是一个生活的地方，而家在别处，这里的共同联系只有他们自身。与地方相连的认同感荡然无存，剩下的只有幻觉。在这里，家是已知的公寓、街道、为数不多的人，或者街坊邻里以及他们蹩脚的语言，通常是各种蹩脚的英语。在外面，这个闹哄哄的城市充满混乱、惊喜和突如其来的危险。一个极端的（helluva）国家，让人害怕，也给人希望。

罗斯的小说正是建立在这两种神话现象之上：典型的迁徙民族和典型的移民城市。不过小说中所有神话实体、移民浪潮或移民地区，只要跟犹太人和纽约比起来不够典型或重要的，其结构都被打破了。故事的中心是犹太社区，因为它的主要人物来自这里。与其他移民社区相比，它永远算不上分外抢眼，只是碰巧是他们的社区而已。谢尔斯一家或其他所有人的身份都跟纽约或美国这个特别历史地区和国家无关，相关联的只是社会实体和人际社会关系，而这种关系可以在任何纽约以外的城市找到。自由漂浮的加利西亚带着他们一步步离开老家。多数人的共同语言是意第绪语。这是一种方言，而非国语；是一种中东欧混合语（*lingua franca*），融合了德语、希伯来语/阿拉姆语、波兰语和其他斯拉夫语言，还夹杂了一些罗曼语和匈牙利语，以及改编后的希伯来字母，包括元音，虽然通常是用罗马字母写的。这是一种移民的旅行用语。

罗斯对新近的全球化移民观点进行了预测，认为人们不是从一个家园搬到他人的家园，然后再努力地从别人的家园回到老家来定义自己的身份，或是在别人的家园成为当地人眼里的成功人士而获得新的身份。在他的笔下，身份的基本前提就是移民本身。这里不需要哪个社群来为他人充当榜样。无论他们是要安定下来，还是继续游走，他们的相同之处就是这个前提。到罗斯长大搬到美国的时候，谢尔斯一家所在的奥地利加利西亚已经解体，即便他们一家想在20世纪30年代回到那里，也无处可去。第二次世界大战以后，汉娜·阿伦特（Hannah Arendt）的《极权主义的起源》（*Elemente und Ursprünge totaler Herrschaft* 1950）[14]直指许多难民。他们失去家园，不断搬迁，却无家可归。他们的家园不一定是实实在在地被毁了，而是像巴勒斯坦人或库尔德人那样，失去了主权政治地位。罗斯的直觉与阿伦特的哲学反思不谋而合，并最终裂变成今天的社会现实。

## 二、移民之地

然而，罗斯的小说并非写在第二次世界大战后的全球化世界。在罗斯笔下，纽约这个地方，虽然邻里间仍然泾渭分明，但同时也是一个全球化的微观世界。这个总体效果与罗斯使用的叙事手法及人物视角有关。传统的全知全能的叙述者，加上对历史生活无所不知的超人视角，将我们与《序言》，即瑾雅和戴维来到纽约这个部分（“The Prologue, the arrival of Genya and David in New York”）联系起来，只是叙述者对人物内心知之不多。“这是1907年的5月，这一年大量移民注定会被带到美国的海岸”[15]，或者，“事实上他们的行为并不是太典型”[16]，这里的“他们”指的是瑾雅和戴维。叙述者知道这些事儿，却不了解这两个初来乍到者：

> 他们以这种奇怪的方式默默地站了几分钟，然后那个女人，*仿佛受到行动的驱*

> *使*，试着微笑了一下，然后怯生生地摸着丈夫的手臂说道：“这就是金色家园。”她说的是意第绪语[17]。（斜体是笔者所加）

而到了内部动机和想法时，就连叙述者也不得不依靠推测：“仿佛”。这是本书其余部分叙事策略的关键。小说的主人公是戴维。他带着这种视角，用他那敏锐、胆怯而又专注的双眼来看待这个难以捉摸的新世界，对于正在发生什么，常常没有任何头绪。如果说戴维是在猜测世界的运转，那么叙述者做的也和戴维一样。他在平衡戴维的意识边界及其周围世界时，常常随意使用间接引语。随着戴维的经历和反思能力的增长，小说中的内心独白也在增加。小说中还有大量直接引语，以及时不时对外部世界的客观描述。戴维只有三到八岁大，但他小小的世界却包含着整个宇宙意义；他的不安代表着整个人类生活的不安。

这种扩大个人有限视角的策略被用于两个分离的世界：室外的城市世界和室内的戴维的公寓世界。外面是陌生动荡的城市，沿着逐渐熟悉的街道，人们时不时觉得有点熟悉，但是一旦拐错了弯，就会迷失方向。当他们从布朗斯维尔搬到下东城时，戴维意识到终究对布鲁克林有点熟悉了。室内，戴维感受到来自母亲的亲切和安全，犹太传统把它变成了安全的避风港湾，只有父亲的恐怖行为才会把这种安全打破。在这里，来自加利西亚的记忆不时地与他们紧张的城市生活形成对比，并唤起隐藏在过去，可能迫使他们离开老家的创伤。一气之下，阿尔伯特把父亲独自留下，与愤怒的公牛待在一起，结果造成父亲的死亡。瑾雅与当地一位匈牙利血统的基督教风琴手，一个异教徒（*a goy*）有染，结果她怀上了戴维。戴维的父母并不爱彼此，却相互需要以离开那个耻辱和羞愧之地。这样，城市、家庭和记忆中的老家，三个空间全部渗透着一种脆弱的平衡感，熟悉而又不安，不过大多数时候倾向于不安。剧中人物悬浮在空空荡荡的空间里，害怕、孤独，只能依靠自己有限的力量。戴维的爱、焦虑和希望被凝聚在棱镜中，折射出其他所有人生活中相同的感受和失落。

戴维前后思想和反应的细小变化反映出一个三岁到八岁大的孩子默默成长的过程，从对新住所一无所知，到对新的生活状况渐渐熟悉，再到陷入没有答案的新问题之中。从头到尾，个人对环境的脆弱把握得到了总的反映。

小说第一段开始时，戴维只有三岁。他口渴了，不过整个段落写的却是他的整个人生和全部世界：

> 站在厨房的水槽前面，看着远处闪闪发光的、亮晶晶的黄铜水龙头，每个水龙头下都挂着水珠，慢慢地变大、落下，戴维再次意识到，创造这个世界的时候没有考虑到他的因素。他渴了，但是洗碗池的水盆却放在和他身体差不多高的支架上，要是不伸长手臂，向上跳的话，他永远也够不着那远远的水龙头。水是从哪儿来的呢？藏在弯弯的铜管里是如此的隐秘。它在下水道里汩汩地流着，又是要到哪儿去呢？屋子墙后藏着的世界该多么神奇呀！但是他渴了。[18]

小说临近结尾时，相同的情境、个人生活和对整个世界的看法交织在孩子心中。他不理解周围的世界，但所有的经历却使他思绪万千，各种不安和记忆交织在一起，使他心乱如麻。事情是这样的：他崇拜的天主教大朋友利奥承诺要给他一串念珠。利奥生活自由，资源丰富，拥有滑冰鞋和风筝，在自家的厨房里想吃什么吃什么。但他要戴维悄悄帮忙找机会去占戴维的继表姐以斯贴的便宜（to grope David's step-cousin，Esther）。戴维并不完全明白这种早期性行为是什么，但是却清楚地意识到这个承诺和念珠会带来麻烦。

这天早上麻烦就要来了。瑾雅正在清洗窗户，戴维正想着他和利奥的外出以及窗台上的妈妈，并隐隐约约想起，街上一些坏孩子从屋顶偷看过瑾雅在厨房洗澡，一丝不挂：

> 早上很晚了。
>
> 他的目光紧张地从模糊的窗户转到时钟，然后又回到窗户。[……]
>
> ——希望她进来！她那样坐着让人害怕。也是四楼——，下来了！下来了！要是她——！哦！别！就是那个窗口。可以从这儿看到屋顶。是的，他们就在那儿——狗娘养的！——他们就是在那儿看的。
>
> 他愤怒地把目光转向另一个窗户。窗户是开着的，面向街道。雨后，屋顶上方的天空，洁净无云，静静地嘲笑着他。街上，离窗户太远看不清，早晨的来临也带来了那股骚动，各种声响和噪音像决堤般漫进窗台。空气异常凉爽。街道对面，一扇窗户开着，收拢的窗帘之间，一个女人正在用方形的黑梳子给一个小女孩梳头。[19]

和开头的段落一样，这也是一个具体场景，中间充满了强烈的感官感受。在这里，焦点不是简单的水龙头，而是复杂交织的一系列观察到的东西；有些，如窗户，由眼前事物调动，其他的，如时钟，被他和利奥即将开始的秘密远足激发，还有其他的，如对女孩和“方形黑梳子”的精确记录，这些都标志着他的思绪很容易被他的双重担心分散：一方面害怕跟利奥出去，另一方面又担心自己的妈妈。再一次，下面嘈杂的城市和上面的天空将这种情形延伸到整个世界。

当叙述者潜入戴维摇摆不定的大脑时，大量的间接引语加上内心独白，显示出他满脑子想的都是外面的复杂世界。他没想过念珠会是一种反犹太标志——他才八岁——他认为珠子会给他带来想要的运气：

> 珠子给你带来运气，他说。不要害怕什么。哎，要是我有的话！——不过不想要，就是这样。不想去。还有他给我的时候，我做的梦那个有趣的梦。什么梦？已经忘了。顺着梯子我们上了屋顶。他爬上太阳——0123。圆圆的球体。圆圆的耀眼的球体。——看，我说哪儿来着？圆圆的球体，他们用一颗鹅卵石把它打下来，放进桶里。然后我吃了它。比松糕好吃。比我吃过的东西都好吃。很想知道它是用什么做的——什么也不是。笨蛋！梦。只是在做梦——[20]

这里，他害怕真的与利奥出去，不过这种担心与得到念珠后引发的梦相比，就算不了什么了：不去担心，吃太阳，吸收阳光和整个宇宙。但是之后，像开头口渴一样，他又回到了眼前的感官世界，想到了松糕。他的妈妈，现在清洗完窗户回来，觉察到他的紧张，却不知道孩子内心的动荡。世界在变大，他的恐惧和孤独也在加剧。熟悉的公寓空间被外部空间、城市和变幻莫测的大世界侵蚀。

经过大声的、激烈的家庭争吵，他的父亲发现了念珠，戴维逃到了街上，一个看起来比家更安全的地方。世界完全颠倒了：

> 黄昏。商店的灯光和街灯聚集在一起——断言为时过早。偶然的、已经停止的骚乱和远处的咆哮。人行道上，男男女女大踏步走着，姿式太自信了。水沟里，孩子们纵来跳去，喊叫着，却不愿让出黑暗的地盘。世界在朦胧的光线下变暗，漂浮着，分成了面，没有厚度。有一会儿，各种声音、物体，尖叫疯狂地击打着，怒火在压抑狭小的厨房里劈开脑中的乐队，逃向黑暗的东边，山那边低沉的西天，浓浓的暮色把屋顶的天空染上了颜色。有一会儿，七月傍晚难得的清凉，像权杖轻轻一挥，将所有痛苦消解在风中。突然石篱笆间出现缝隙，突然连城市的躁动也安静下来。有时，连恐惧也无可奈何，有时，可以注视朦胧杂乱的赤褐色天空，召唤夜幕的降临。一会儿，只有那么一会儿，接着他呜咽着、跑着。
>
> ——不行！噢！不行！没法跑！没法！好痛！好痛！噢！妈妈！腿！妈妈！[21]

有一会儿，他置身于一个平静安宁的梦幻空间里，失去了与客观现实的联系，这种经历他跟父亲一起去城里送牛奶时也有过："他觉得大脑好像已经放松了对现实的控制。"[22]这种情况没持续多久，双腿的疼痛又把他唤回到现实。寂静的梦幻空间没有大小，包围着整个宇宙，在一道电光中消失了。[23]现实的世界没有归宿，迁徙成为人生前提。

## 三、翻译中的迷失

那人们至少可以谈论它吧？是的，但是只能通过一种共同的语言，去跨越不同民族和文化在移民城市空间的汇聚或碰撞。这种语言的差异是个关键问题，对叙述者而言也是如此，他必须把戴维的内心世界翻译成一种我们能够理解的语言，同时又要揭示戴维日益复杂的生活和思想。戴维的思想大多是用意第绪语来表达的，这是他的家人和周围许多人的第一语言。人物间的实际对话也是这样，如果不用意第绪语，蹩脚的英语是无法表达戴维脑子里在想什么的，而只能表达实际的东西。人物不仅迷失在空间里，也迷失在翻译中。这样一来，翻译从两个层面成为小说的核心动力。小说中，相互交流、相互理解岌岌可危，多数人生活在一个异化、短暂、孤独的世界里，只能偶尔感受到稍纵即逝的关爱与和谐。这是人物层面。还有叙述者层面。叙述者必须把人物的语言和思想转化成可读的英语，同时保留人物在语言和认知上的混乱，如果算不上绝望的话。这部小说是对移民世界里翻译的必要性、有限性和可能性的一个巨大实践。[24]

这种异化和困惑感也传递给了读者。有些地方，我们会碰到未经过滤的用罗马字母翻译的希伯来语、意大利语、匈牙利语或意第绪语句子，而不总是由叙述者译成英文。当戴维注意到他无法理解姨妈贝萨的咕噜时，我们知道她和瑾雅也讲波兰语，只是这些波兰语有时并没有翻译成英文，而是简单地省掉了。如果直接引语用的是英语，那么这种英语就更加拗口，很多段落多数读者要是不重读的话，是很难破译的。当戴维觉得世界无法进入、难以理解时，我们也同样感到不知所措。

让我们随机挑出一段，看看叙述者是如何展示人物间的对话的，这样的例子在大约450页的小说中随处可见。戴维正在跟利奥交谈。利奥比戴维大，来自天主教波兰家庭，而戴维是犹太男孩，说的是意第绪语。他们必须在不同的文化和不同的蹩脚英语间架起沟通桥梁。不过，掺杂各种语言背景的孩童街语把他俩统一了起来。叙述者必须把这些，连同戴维的精神状态一起翻译给读者。戴维的姨妈贝萨开了一家糖果店，他俩正在谈论她：

> “她真的有一间很大的糖果店（a reggiler big canny staw）吗?”利奥一直跪在冰箱前面，给面包抹黄油。现在他把几样东西从一个大盘子里推到一个小盘子上，然后起身说道：还有冰淇淋店（ice cream poller）?
>
> “我姨妈？不。她只有一间——”［戴维］突然不说话了，张大嘴巴看着利奥放在桌上的东西。一个盘子里放着一堆黄油面包，而其他盘子里放着一堆奇怪的粉红色生物，全是腿呀、爪子、身体——“那是什么?”
>
> “这些?”利奥暗笑他的惊讶。“你难道不知道这是什么？他们是螃蟹。”“螃——？哦，螃蟹！它们是绿的呀，五旬节那晚——（Second Evenyeh—）[25]我在一个盒子里见过——”
>
> “是的，但是煮了之后它们总会变红。它们真的很好吃！要不要吃点?”
>
> “不!”他开始反胃。
>
> “你难道没吃过?”
>
> “是的，犹太人不能吃。”
>
> “老天！犹太人什么都不能吃。”他拿起其中一块怪物。“幸亏我不是犹太人。”[26]

这是一段非常棒的语音书写，是小说中较容易的例子之一。动词的单复数使用问题，某些元音及英语的［ð］和［θ］问题非常明显，一些偏离标准英语的现象在很多地方口语中也不算少。他们还只是孩子，所以谈论的只是具体的事情，如饮食习惯，而非大的宗教细节。

首先，戴维被吓倒了，然后用他的犹太人身份作为挡箭牌。螃蟹是不洁的食物，但是他看到的时候，不知道它们是螃蟹。虽然叙述者穿插了标准英语段落，但他的立场不是中立的。从始至终，他是在用戴维的眼睛来看事物。当戴维不确定螃蟹是什么东西时，他的描写毛骨悚然，用的是观察者的词语“东西”（objects）。当整个消化恐惧进入他弱小的心灵，辅以不明原因的禁食知识，他用的是类属词语“怪物”（monstrous）。

如果说移民主题提出这样一个问题：在一个极不稳定的移民世界里，家的感觉意味着什么，或者仅仅是安全的感觉意味着什么，那么翻译提出了另外一个安全问题。这是信任与不信任的话题。语言、认知和诚实的问题被浓缩到翻译问题里。我们可以相信我们能够理解听到的东西吗？人们说的是真的吗？人们真能表达他们实际上想说的吗？——很明显，戴维不太清楚螃蟹是什么，只能提到他无法解释的犹太习惯来掩藏他对食物的直接恐惧。他崇拜利奥，却不信任他，理由很充分：利奥想利用他接近他的继表姐。当利奥使用“螃蟹”这个词时，戴维重复了一遍，稍微有点打结，发音跟利奥的不同（“cre-，crebs”），表明这个词对他来说很陌生。后面提到“念珠”也是这样。戴维理解不了利奥的生活及其生活中的词汇和事物，反之亦然。

尽管译者非常细心地用语音符号去再现言语，我们可以信任他吗？小说开头，他用简单的英语，以一个三岁小孩说话的方式来描述戴维的意第绪语：“妈妈，我要喝的。”[27]同样地，后来戴维在城里迷路，一个女人跟他讲话时也是这样：

> “孩子”。这些话是用意第绪语讲的。[……]“你是犹太人吗？”刹那间，戴维心想，要是他不是犹太人，又怎么听得懂。“是的。”[28]

他们说的都是意第绪语，而不是街头英语。街头英语中的“是的”（yes）本应该写成“耶”（yeah）。在文中，贝莎姨妈的英语词汇好像很丰富，有很多骂人和诅咒的话，但她实际上讲的是意第绪语，而非英语。叙述者把孩子们的蹩脚英语用语音符号再现出来，同样地，他也把贝萨强有力的发泄用清晰的、符合语法的，但却非日常惯用的英语翻译出来，反映出她的意第绪语说话方式：“他是个老怪物，那个男爵，希望他烂掉！他两眼浑浊，嘴巴啧啧响，就好像在嚼口香糖一样。他的背就像他的灵魂一样弯曲。”[29]不过，有时候，贝萨姨妈说话带有意第绪语口音。戴维到糖果店去看她：

> “嗨，我给你菠萝和杏仁口味的糖。我说的英语好些了吧？”（“Hea，I giff you an pinapple vit’emmend. Do I speak English better?”）——“是的。”他把糖果装进口袋——“再来点苏打水？”（“End a liddle suddeh vuddeh?”）——“不，我不想要。”他用意第绪语答道。出于某种原因，他发现自己更喜欢姨妈说母语而不是英语。[30]

难怪当戴维习惯了各种移民英语后，会觉得她在街上大声讲意第绪语很尴尬。尤其是当她送他去大都会艺术博物馆，这个小男孩要她静下来，然后用儿童的语言和拗口的英语给她翻译时，就觉得更尴尬了。[31]

戴维敏锐地意识到，语言会带来怀疑和猜忌，需要翻译，但是翻译又只会加剧怀疑和不适。因此，当确定了翻译主题进行翻译时，叙述者要做的就是去揭示那些失去家园的人之间，持续的信任问题是如何同语言和翻译的局限联系在一起的。这种问题也跟纽约城市的动荡有关。戴维的父亲阿尔伯特是个极端的例子。无论是意第绪语还是英语，他一门不同的语言都没掌握。当他感到无能为力时，他语言的缺陷就化为暴力或令人害怕的沉默。

说到语言、认知和诚实问题，有一种情况尤其特别，叙述者运用所有叙述手段来揭示翻译是如何同时改变信任与不信任的边界的。现在戴维五岁了，正坐在离瑾雅和贝萨不远的厨房地上。当谈起加利西亚痛苦的回忆时，姐妹二人都忘了戴维的存在。这些回忆也跟戴维有关，不过他只能凭直觉模糊地感知谈话的内容，两个女人夹杂的波兰语和意第绪语更增加了这种不解。他不知道实际上那是波兰语。叙述者告诉我们，这不过是一种奇怪的语言。戴维仍然是叙述者的眼睛和耳朵。由于叙述者也以直接引语的方式向我们提供谈话的片段，所以谈话的内容，虽然戴维不太理解，成年读者却很容易抓住，它是关于瑾雅的恋情和戴维的亲生父亲的。

戴维只知道她们隐藏了有些跟他还有他心爱母亲有关的事儿，这件事伴随着他，化为一种怀疑，一种甚至对她，这个世界上最具安全感的人的怀疑。不过没有人在骗他，他也没有在骗人。她们只是在谈论他不应该知道的事情，可是他刚好在那个时间出现在不该出现的地方，而他又没有勇气让她们知道他的存在。所以尽管两姐妹在分享过去不为人知的细节时彼此信任——“难道你不相信我?”贝萨惊叫道[32]，整个场景还是给人一种不信任感。

这是一串很长的谈话，贯穿整个第二册的第九章。不过几个选出的细节就能说明这点。戴维听着并看着妈妈：

> “只有三个人知道，”她费力地说道。“妈妈、爸爸，当然还有我自己，还有——还有另外一个人——部分知道。我不应该让——”
>
> “哦，不！不！不！相信我，瑾雅。”
>
> 戴维扭动着、颤抖着，充满了期待和恐惧。[……] 她的头斜着点了点似乎是在示意妹妹加入她的另一个谈话领域 [波兰语]。因为当她再次说话的时候，她的话里加了那个奇怪的，让人恼火的，戴维永远都无法理解的语言。[……] 她的急切诱惑着他，使他更加尖着耳朵去听。没有用。他用力打量母亲。红晕已经升到她的脖子。现在她两眼发直，充满忧郁，说得很快。现在她两眼眯缝，宽宽的眉头紧

锁着。痛苦。是什么在伤害着她？[33]

不时地，两人的对话再次回到意第绪语。戴维抓住了一些词汇，但是有些新词他不知道，因此两姐妹在说什么，他仍然一头雾水：

——但是——听！那是个意第绪词汇！整个短语！“以前那个风琴手，死后”……另一个！“一个人在店里”……一个字！“帅”……像人行道上闪耀的云母，另一个短语！“一盒火柴”……他稳稳地转过身来看着她。[……] 什么是“风琴手”（orghaneest）？他受过教育，这很清楚。还有什么，他是做什么的？如果他听下去的话，他可能会找到答案。[34]

他必须把语言和概念翻译结合起来，这超出了他的能力。“orghaneest”这个翻译即是模仿他对这个词语的陌生，也是模仿两个女人的口音。此外，就像他的母亲那样“找不到词汇”[35]，并问道，“我该怎么说”[36]，戴维也开始把处在理解边缘的经验翻译成语言。

谈话即将结束时，他的困惑几乎到了难以忍受的程度，烦人地转用波兰语只会加剧他的不安：

和之前一样突然，意义将视线定格在另外一个成语上，将戴维困在一个充满声响却空空如也的海滩上。四处的词汇和短语，像远处的帆船一样闪闪发光，吸引着他，却永远不靠近。[……] 他精疲力竭地瘫卧在那儿，好像不理顺这种混乱，他的脑袋就会分家一样。他听到的每一个短语，每一声惊叫，每一个词汇都使得他内心更加紧张。无知几乎让人难以忍受。他觉得没有哪件他知道的事儿比弄清这件更重要。[37]

戴维的整个世界都建立在他翻译词汇、理解意思、弄懂它们对自己生活的深远影响的能力之上。他强烈地感到迷失在翻译之中，别人找不到他，他也无路可逃。

## 四、政治问题

我承诺过最后会回到政治问题上来。我们知道，政治（politics）涉及国家、社区、机构或公司的管理及其基本原则和权力关系。“政治的”

(political）是一个形容词，具体说明管理和权力类型的不同方面，如政治方案、政治决策、政党、政治话语、政治宣传、政治权力、政治阴谋等。当然，具有明显政治特征的文学，即涉及某些意识形态斗争，或者以解决诸如移民、金融或地缘政治等政治性问题为主题，从而对情节、人物等起到决定性意义的文学，也是政治性的。不过，还有无数的书籍，要么没有任何这样的政治特征，要么涉及政治问题，也只是作为叙事、虚构语言或使用其他美学方式的背景，而不决定文本的基本结构。罗斯的小说明显属于这一类。

因此，“政治的”这个术语可能关联性更强些。政治（politics）和政治问题（the political）都与城市（*polis*），即城邦有关。如果说政治跟管理有关，那么政治问题就涉及个人或集体层面上的更大社会组织中一切定义人类共同生活的东西。“一切”的范围包括从语言、感知协调、心理学、认知、交流、修辞、伦理、想象到这些因素对人类共同生活的影响程度。

与大多数作家不同，钦努阿·阿契贝（Chinua Achebe）把政治问题引到文学舞台上，他这样说道：

> 事情真的很简单。无论是口传文学，还是书面文学，都给我们提供了另外一种处理现实的方法，使我们能够在安全、可控的虚构世界里去面对相同的诚信威胁，这些威胁在现实生活中可能会对心灵造成打击；同时通过它给予的自我发现来提供一种应对这些威胁的真正武器，无论这些威胁是存在于有问题的、松散的自我身上，还是存在于我们周围的世界里。[37]

罗斯的这类小说可以说就是这样一种方法。通过强调地方意识和语言在狭义政治领域以外的重要性，罗斯将政治的东西具体化为人生经历，用社会文化背景来决定人类的身份，通过移民、翻译主题来探究地方和语言的影响及局限。文学中政治的运用是建立在参照的基础之上的，而政治问题的展开是与揭示文学政治特性的语境化有关的。

虽然地缘政治和资本塑造了人们的生活，但是要找出小说中提到二者的地方多少有点跑题。当务之急是向文学研究发起挑战，让其在新的文学语境中以更加微妙的方式进行，通过文学策略将其与政治问题联系起来。在高度全球化的文化背景下，这个问题极为迫切。对我们而言，认识到政治只是大的政治风景中孤立景点的一部分非常重要。我们需要用更加详细的地图来穿越整个文学园地，将我们的目光聚焦在新的社会文化风景上，拥抱比政治空间更广阔、更复杂的文化天地。

**注释：**

[1] André Lefevere and Susan Bassnett, eds., *Constructing Cultures, Essays on Literary Translation*, Clevedon: Multilingual Matters, 1998.

[2] Just a few recent examples from a growing bulk of literature: Rebecca Walkowitz, "The Location of Literature: The Transnational Book and the Migrant Writer", *Contemporary Literature* 47.6 (2006): pp. 527 – 45; Emily Apter, *The Translation Zone: A New Comparative Literature*, Princeton: Princeton UP, 2006; Mads Rosendahl Thomsen, *Mapping World Literature: International Canonization and Transnational Literatures*, London: Bloomsbury, 2008; Alexander Beecroft, *An Ecology of World Literature*, London: Verso, 2015; Rebecca Walkowitz, *Born Translated*, New York: Columbia UP, 2015.

[3] Françoise Lionnet and Shu-mei Shih, eds., *Minor Transnationalism*, Durham: Duke UP, 2005.

[4] Svend Erik Larsen, "From Comparatism to Comparativity, Comparative Reasoning Reconsidered", *Interfaces, A Journal of Medieval European Literatures*1.1 (2015), pp. 318 – 147. http://riviste,unimi. it/inter – faces/index, Accessed Jan. 13, 2016.

[5] Dipesh Chakrabarty, *Provincializing Europe*, Princeton: Princeton UP, 2007.

[6] Cf. Svend Erik Larsen, ed., *A Helluva Country. American Studies as a Cross-Cultural Experience*, Odense: Odense UP, 1991.

[7] Mary Louise Pratt, *Imperial Eyes*, London: Routledge 1992, pp. 6 – 7. 译者按：原文中的夹注为“Pratt 6f”，“6f”之含义不明。原文列出的参考文献中，没有与夹注“Pratt 6f”对应的条目。经向作者咨询，“6f”中的“f”意为“following”，“6f”的含义为“第 6 – 7 页”。经作者同意，译文中改为“pp. 6 – 7”。译文第［25］条注释中的页码，也照此改为“pp. 319 – 320”。译文中以注释的方式补出了原文中缺失的这条参考文献。

[8] Henry Roth, *Call It Sleep*, With introductions by Alfred Kazin and Hana Wirth-Nesher, New York: Noonday Press, 1991/1934, p. 11.

[9] Robin Cohen, *Global Diasporas*, Seattle: U of Washington P, 1997.

[10] Kim Knott and Seán MacLoughlin, eds., *Diasporas. Concepts, Intersections, Identities*, London: Zed Books, 2010.

[11] Daniel Levy and Natan Sznaider, "Memory Unbound. The Holocaust and the Formation of Cosmopolitan Memory", *European Journal of Social Theory* 5.1 (2002): pp. 87 – 106.

[12] Frederick Jackson Turner, "The Significance of the Frontier in American History",

http://xroads. virginia. edu/~ HYPER/TURNER/home. html, 1996/1893. Accessed Jan. 13, 2016.

[13] Jacob Riis, *How the Other Half Lives, Studies among the Tenements of New York*, Eastford: Martino Publishing, 2015/1891. 译者按：经向作者核实，原文中的"*How the Other Half Lives, Studies of the Tenements of New York*"有误，当为"*How the Other Half Lives, Studies among the Tenements of New York*"，因此，本文正文一律据"*How the Other Half Lives, Studies among the Tenements of New York*"译出，注释一律改为"*How the Other Half Lives, Studies among the Tenements of New York*"。

[14] Hannah Arendt, *Elemente und Ursprünge totaler Herrschaft*, Frankfurt a. M.: Ullstein, 1975/1950.

[15] Henry Roth, *Call It Sleep*, With introductions by Alfred Kazin and Hana Wirth-Nesher, New York: Noonday Press, 1991/1934, p. 9.

[16] Henry Roth, *Call It Sleep*, With introductions by Alfred Kazin and Hana Wirth-Nesher, New York: Noonday Press, 1991/1934, p. 11.

[17] Henry Roth, *Call It Sleep*, With introductions by Alfred Kazin and Hana Wirth-Nesher, New York: Noonday Press, 1991/1934, p. 11.

[18] Henry Roth, *Call It Sleep*, With introductions by Alfred Kazin and Hana Wirth-Nesher, New York: Noonday Press, 1991/1934, p. 17.

[19] Henry Roth, *Call It Sleep*, With introductions by Alfred Kazin and Hana Wirth-Nesher, New York: Noonday Press, 1991/1934, p. 329.

[20] Henry Roth, *Call It Sleep*, With introductions by Alfred Kazin and Hana Wirth-Nesher, New York: Noonday Press, 1991/1934, p. 330.

[21] Henry Roth, *Call It Sleep*, With introductions by Alfred Kazin and Hana Wirth-Nesher, New York: Noonday Press, 1991/1934, p. 403.

[22] Henry Roth, *Call It Sleep*, With introductions by Alfred Kazin and Hana Wirth-Nesher, New York: Noonday Press, 1991/1934, p. 274.

[23] At the end David makes an experiment with tram rails, creating a flashing light by creating a short-circuit with a piece of metal as he has seen other street boys do. He hopes to see the light of God as he has heard from the book of Isaiah in the school of the local Jewish rabbi. God touches the lips of Isaiah with burning coal, his sins are forgiven and he sees the light of God. David has an obsession with light as a vision of safety, purity, freedom, security beyond his day-to-day world, but also an experience he can have in this world. In this final section we are also beyond the daily mind of David who is knocked unconscious and believed to be dead. Here, the narrator can no longer just represent the inner and outer events in broken English, free direct discourse or inner

monologue, but inserts passages of poetry as well. The whole novel moves to another discursive level.

[24] Hana Wirth-Nesher, "Afterword", in Henry Roth, *Call It Sleep*, With introductions by Alfred Kazin and Hana Wirth-Nesher, New York: Noonday Press, 1991/1934.

[25] 译者按：关于"Second Evenyeh"的含义，译者去信向作者咨询，作者回复如下："It is an expression in Judaism: A holiday begins the day before at sunset, and the Second Evening is the evening of the holiday itself, beginning at sunset."这里，作者只说它是一个节日，但是没有讲是什么节日。译者查阅相关资料后认为，它应为五旬节，故姑且将"on Second Evenyeh"作"五旬节那晚"。

[26] Henry Roth, *Call It Sleep*, With introductions by Alfred Kazin and Hana Wirth-Nesher, New York: Noonday Press, 1991/1934, pp. 319-320.

[27] Henry Roth, *Call It Sleep*, With introductions by Alfred Kazin and Hana Wirth-Nesher, New York: Noonday Press, 1991/1934, p. 17.

[28] Henry Roth, *Call It Sleep*, With introductions by Alfred Kazin and Hana Wirth-Nesher, New York: Noonday Press, 1991/1934, p. 237.

[29] Henry Roth, *Call It Sleep*, With introductions by Alfred Kazin and Hana Wirth-Nesher, New York: Noonday Press, 1991/1934, p. 147.

[30] Henry Roth, *Call It Sleep*, With introductions by Alfred Kazin and Hana Wirth-Nesher, New York: Noonday Press, 1991/1934, p. 309.

[31] Henry Roth, *Call It Sleep*, With introductions by Alfred Kazin and Hana Wirth-Nesher, New York: Noonday Press, 1991/1934, pp. 147-151.

[32] Henry Roth, *Call It Sleep*, With introductions by Alfred Kazin and Hana Wirth-Nesher, New York: Noonday Press, 1991/1934, p. 192.

[33] Henry Roth, *Call It Sleep*, With introductions by Alfred Kazin and Hana Wirth-Nesher, New York: Noonday Press, 1991/1934, p. 195.

[34] Henry Roth, *Call It Sleep*, With introductions by Alfred Kazin and Hana Wirth-Nesher, New York: Noonday Press, 1991/1934, p. 196.

[35] Henry Roth, *Call It Sleep*, With introductions by Alfred Kazin and Hana Wirth-Nesher, New York: Noonday Press, 1991/1934, p. 198.

[36] Henry Roth, *Call It Sleep*, With introductions by Alfred Kazin and Hana Wirth-Nesher, New York: Noonday Press, 1991/1934, p. 200.

[37] Henry Roth, *Call It Sleep*, With introductions by Alfred Kazin and Hana Wirth-Nesher, New York: Noonday Press, 1991/1934, p. 197.

[38] Chinua Achebe, *Hopes and Impediments*, New York: Achor Books, 1990, p. 170.

# 比较文学语境下的世界文学
## ——苏芭·查克拉沃蒂·达斯古普塔教授访谈录

张　叉[1]　苏芭·查克拉沃蒂·达斯古普塔[2]

1. 四川师范大学　外国语学院，四川成都　610101

2. 贾达普尔大学　比较文学系，西孟加拉加尔各答　700

**摘　要**：本文是四川师范大学教授张叉对印度贾达普尔大学教授苏芭·查克拉沃蒂·达斯古普塔所做的比较文学语境下世界文学的专题访谈录。访谈中，达斯古普塔教授以歌德的“世界文学”与马克思、恩格斯的“世界的文学”为切入点，分析了世界文学具有的吸引力与面临的挑战，梳理了泰戈尔的“世界文学”与“比较文学”两大术语，

---

**编者按**：张叉教授对苏芭·查克拉沃蒂·达斯古普塔（Subha Chakraborty Dasgupta）教授所作的专题访谈文章《比较文学的东方视野——苏芭·查克拉沃蒂·达斯古普塔教授访谈录》（“Perspectives from the East in Comparative Literature: An Interview with Professor Subha Chakraborty Dasgupta”）由“印度的比较文学”（“Comparative Literature in India”）、“印度比较文学语境下的中国研究”（“Chinese Studies in the Context of Indian Comparative Literature”）、“比较文学研究的中印合作”（“Sino－Indian Cooperation in Comparative Literature Studies”）、“比较文学语境下的世界文学”（“World Literature in the Contest of Comparative Literature”）、“比较文学面临的挑战”（“Challenges of Comparative Literature”）、“印度比较文学的应对策略”（“Coping Strategies of Indian Comparative Literature”）、“比较文学的中国学派”（“Chinese School of Comparative Literature”）与“构建和谐世界的比较文学”（“Comparative Literature to Build a Harmonious World”）八个部分组成，这里刊发的是第四部分。

**收稿日期**：2018－03－05

**基金项目**：2016年四川省社科规划基地四川省比较文学研究基地项目“比较文学中外名人访谈录”（项目编号SC16E036）阶段性研究成果。

**作者简介**：张叉（1965—），男，四川盐亭人，四川师范大学外国语学院英语语言文学教授，四川省比较文学研究基地兼职研究员，四川大学文学与新闻学院比较文学与世界文学博士研究生，国际学术期刊《美中外语》（*US-China Foreign Language*）与《中美英语教学》（*Sino-US English Teaching*）审稿专家，国内学术集刊《外国语文论丛》主编，四川师范大学外国语文研究所第二任所长，主要从事英美文学和比较文学研究。

苏芭·查克拉沃蒂·达斯古普塔（Subha Chakraborty Dasgupta，1953—），女，西孟加拉邦加尔各答，德里大学（University of Delhi）现代印度语言与文学研究系访问教授，贾达夫普尔大学（Jadavpur University）比较文学系原教授、特别援助项目协调员，东京外国语大学（Tokyo University of Foreign Studies）访问教授，《贾达普尔比较文学学报》（*Jadavpur Journal of Comparative Literature*）前编辑，印度比较文学学会前秘书长，主要从事比较文学、翻译与口头文学研究。

剖析了比较文学与世界文学的关系，指出了世界文学欧洲中心主义的问题及其出路，探讨了中国学者提出的跨文明变异研究对世界文学的意义，展望了世界文学的发展前景。

**关键词：**比较文学；世界文学；约翰·沃尔夫冈·歌德；罗宾德拉纳特·泰戈尔；前景

**张叉：**1827年，约翰·沃尔夫冈·歌德（Johann Wolfgang Goethe，1749—1832）在一份著名的声明中提出了"世界文学"（Weltliteratur）的概念。21年后，卡尔·马克思（Karl Marx，1818—1883）和弗里德里希·恩格斯（Friedrich Engels，1820—1895）在《共产党宣言》（*Communist Manifesto*）中断言："民族的片面性和局限性日益成为不可能，于是由许多民族的和地方的文学形成了一种世界的文学。"[1]您对他们的论断有何评论？

**苏芭·查克拉沃蒂·达斯古普塔：**它是历史上某一确切时刻的重要论述，它在歌德对世界文学的论述之后很快出现，这也是重要的。然而，世界文学的确切性质及其同地方文学的关系，则需要详细地弄清楚。例如，民族文学、地方文学和同地方文学相联系的人的身份将会怎样，这些都是需要解答的问题。

**张叉：**19世纪末叶，世界文学作为一种新概念引起世界的关注。20世纪下半叶，世界文学在试图摆脱欧洲中心主义的时候再次引起世界的关注。在过去几十年中，随着多元文化的转向和全球化的出现，世界文学成为热门话题。仅在中国，截至2016年10月18日，在读秀数据库中共有3 959本以"世界文学"为书名关键词的中文书籍，中国知网上共有73 341篇以"世界文学"为关键词的论文。20世纪80年代以来，这类论文的数量逐年增加，到了21世纪，每年都有数千篇讨论世界文学的论文发表。[2]世界文学也面临着挑战。首先，"世界文学"本身的定义是不明确的，它有三个常见的定义[3]。其次，约翰·皮泽（John Pizer，1850—1897）认为，歌德的世界文学"是以德意志民族为中心的世界文学"[4]。在其比较文学中，哈奇森·麦考利·波斯奈特（Hutcheson Macaulay Posnett，c. 1855 — 1927）从英国的角度讨论了世界文学。[5]世界文学诞生100多年以来，一直是同欧洲中心主义联系在一起的。这引起了世界学者的担忧，其中包括法国的勒内·艾田蒲（René Etiemble，1909—2002）和中国的曹顺庆。艾田蒲于1974年对世界文学表示焦虑，曹顺庆于2017年也对世界文学表示担忧。为什么世界文学如此有吸引力？您对世界文学面临着挑战这一现象有何看法？

**苏芭·查克拉沃蒂·达斯古普塔：**您这两个问题，我放到一起来回答。在不同的区域、不同的时代，世界文学可能因不同的原因而具有重要意义。从某种程度上讲，全球化的趋势和互联网日益增长的空间使这一概念变得有吸引力。它也已经从大卫·达姆罗什（David Damrosch）和其他学者所付出的努力中获得了推动力，他们把这一概念作为一种教学实践，在世界各地开办暑期学校。作为实践，它正在努力摆脱欧洲中心的范式。但是正如您所说，虽然有大量学者正致力于推动这一概念，但是也有少数人对这一概念提出质疑。他们质疑说，谁的世界，为什么现在这样紧迫？一个人必须非常仔细地思考问题，确实需要更多地同“遥远”地区的学者进行对话，以便在把它明确放入我们的教学结构中之前，向佛朗哥·莫雷蒂（Franco Moretti，1950—）借用术语。

**张叉：**关于世界文学，罗宾德拉纳特·泰戈尔（Rabindranath Tagore，1861—1941）使用了“维萨瓦提亚”（“Visvasahitya”）这个词，并“表示这个词通常被称为‘比较文学’。他的‘维萨瓦提亚’的想法很复杂，它给人一种感觉，一群艺术家像工人一样在共同建造一座楼房，这座楼房就是世界文学”[6]。他的意思是说世界文学包括比较文学，换句话说，比较文学是世界文学的体现吗？

**苏芭·查克拉沃蒂·达斯古普塔：**是的，由于他认为这些术语是同义词，所以他对于比较文学的基本思想是把它作为一种世界文学来看待。但是这种世界文学的思想也是他的独特之处，它以所有文学家的工作为基础，这些文学家在写作中努力尝试分享喜悦，尝试开始同其他人建立关系。因此，世界文学的核心也是一种关于不同人之间的关系的感觉。此外，它与当地的和开放的、不断增长的进程也有非常密切的联系。

**张叉：**在印度，世界文学的观念在临近19世纪末之际取得了进展。您如何看待比较文学与世界文学的关系？

**苏芭·查克拉沃蒂·达斯古普塔：**比较文学中包含着一种世界文学的研究方法。这种方法在其基础上也有自己的文学或有我们最了解的文学，我们从这些文学中走出来转向其他文化的文本，考察相互关系、亲密度和差异，这些都能够增加我们对文学理解的层次。我们也可以从泰戈尔意义上的关系开始，转向跨文学关系的历史，逐渐考察越来越宽广的跨文化互动领域，或者通过历史同几个跨文化关系集群进行合作，探索文学的动态与文化的进程。正如一些比较文学学者所建议的那样，按照加亚特里·查克拉瓦蒂·斯皮瓦克（Gayatri Chakravarty Spivak，1942—）的想法，这个世界是业已提供给我们了的、让我们去培养的一个场所，我们也可以接受她这个观念，并把注意力集中在可能使我们更加接近任务的文本上。

**张叉**：四川大学“长江特聘教授”、中国比较文学学会第四任会长曹顺庆认为，世界文学现在陷入了欧洲中心主义的困境。对于世界文学的欧洲中心主义，他认为跨文明变异研究是一条可能的出路。跨文明变异理论是基于异质文明之间的同一性，从同一性（或同质性、同种性）开始，以变异性（异质性和文明的互补性）结束。您对此有何评论？

**苏芭·查克拉沃蒂·达斯古普塔**：曹顺庆教授在从事跨文明变异学理论的研究中描述了通过关注这个问题而可能取得的成果。虽然变异同差异有关，但是变异并不是差异，变异反对不断达成或揭示相似点的倾向，而变异也假设存在着一个全球的最小值。因为差异没有得以消除，所以这为对话创造了空间，而在交谈似乎不可能时所出现的差异的极端情况也得以避免了。在变异教学法中也存在着深刻而复杂的层面，因此它努力应对各种异质文明之间的新视野、扩展、接触和碰撞。同跨文明变异学理论相关的教学法的基本目的是重构文学话语系统并把握变异的规律与机制。最终，它希望利用丰富而多样的资源进行理解，同样，也利用与文明目标相关的、更新的愿景和进步。现在还有一个任务，即从不同的空间以对话的方式完整地制定出比较文学变异学理论的教学法。

**张叉**：就总体文学而言，世界的学者有不同的观点。法国学者保罗·凡·梵第根（Paul van Tieghem，1871—1948）认为，民族文学、比较文学和总体文学是平行的关系，它们既密切联系又相互补充。美国学者雷纳·韦勒克（René Wellek，1903—1995）与奥斯丁·沃伦（Austin Warren，1899—1986）认为，将“比较文学”与“总体文学”区分开来的做法既站不住脚，也难以实现。另一位美国学者埃里希·马里亚·雷马克（Erich Maria Remarque，1898—1970）主张避免使用“总体文学”这一概念，而是要在不同场合以“比较文学”“世界文学”“翻译文学”“文学理论”等概念来替代。中国学者曹顺庆认为：“如果说民族文学是比较文学基础的话，那么，总体文学则是比较文学的目标。”[7]您如何理解总体文学？

**苏芭·查克拉沃蒂·达斯古普塔**：曹顺庆说民族文学是比较文学的基础，我认为是对的。总体文学是一个单独存在的术语，从广义的角度来看，比较文学研究也属于总体文学的范畴。

**张叉**：您认为世界文学的前景如何？

**苏芭·查克拉沃蒂·达斯古普塔**：我认为，世界文学的前景是把不同文化的文本推向前沿，开拓文学研究的领域，促进审美规范的多元理解，寻求文学之间的联系，构建历史和文学史的新视野，而所有这一切都还需要认真思考。关于谁的世界需要不断阐述的问题与即便那样语言又怎样的问题——世界文学总会把英语放在首位吗？

**注释**：

[1] 马克思和恩格斯，《共产党宣言》，《马克思恩格斯选集》第一卷，北京：人民出版社，1972，第255页。

[2] 曹顺庆、齐思原，《争议中的“世界文学”——对“世界文学”概念的反思》，《文艺争鸣》2017年第6期，第147页。

[3] 曹顺庆、齐思原，《争议中的“世界文学”——对“世界文学”概念的反思》，《文艺争鸣》2017年第6期，第147—154页。

[4] 曹顺庆、张越，《世界文学的困境与前景——跨文明研究视域与世界文学研究》，《求是学刊》2017年第4期，第136页。

[5] 雷纳·艾田伯，《是否应该修正世界文学的概念》（1974），转引自：曹顺庆、张越，《世界文学的困境与前景——跨文明研究视域与世界文学研究》，《求是学刊》2017年第4期，第136页。

[6] Subha Chakraborty Dasgupta, “Comparative Literature in India: An Overview of its History”, Comparative Literature and World Literature, Volume 1 Number 1 Spring 2016, p. 11.

[7] 曹顺庆等，《比较文学论》，成都：四川教育出版社，2002，第434页。

# 从"异国主义"到"世界性"
## ——论法国文学中的"关系"主题

吴亚琴

法国巴黎索邦大学 法国文学与比较文学院，法国巴黎 75005

**摘 要**：自19世纪以来，法国作家便从未停止过对"自我"与"他者"关系的思索，并被多样性和世界性的观念深深吸引。本文通过对法国现代作家保尔·克洛代尔、维克多·谢阁兰的世界观以及异国主义审美观的分析，了解他们思想中对"自我"和"他者"、同质与多样的关系的理解。同时通过分析谢阁兰在关系、文化身份及多样性等主题的理解和阐释对世界文学理论家爱德华·格里桑的影响，了解后者所建构的关系诗学、克里奥尔化理论和群岛与根茎的意象体。通过三位作家对异国主义和世界性的阐释和他们的思想演变，看到法国20世纪重要作家对由"他者"所带来的自我身份的反省与思考，以及法国世界文学理论中"关系"主题的理论架构。

**关键词**：关系；异国主义；世界性；多样化

西方文学史中，若谈到人们有了想要走出去探索的意识在文学中最早的体现，当属游记了。旅游文学已有较长的一段历史了，最早也是最出名的游记便是马可·波罗（Marco Polo）于1299年在监狱内写就的《马可·波罗游记》（*Le devisement du monde*），这本游记直接或间接开辟了中西方交流和

---

**编者按**：本文由作者本人据以下文献译出：Yaqin Wu，"De l'Exotisme à la Mondialité Problématique sur la Relation dans la Littérature Française"，*Comparative Literature and World Literature*，Volume 2，Number 1，2017，pp. 51－59. 经作者2017年10月7日授权，特将此文刊发于此，以飨学界。

**收稿日期**：2017－12－01

**作者简介**：吴亚琴（1982—），女，四川成都人，法国巴黎索邦大学（Paris-Sorbonne University）法国文学与比较文学院法国文学与文明博士，主要研究现当代法国文学与比较文学理论。

接触的新时代，拓展了欧洲人的地理和心灵视野，具有启蒙的作用。

19 世纪以来，法国文学中的“世界性”有了初步的体现，其主要特点大多局限在从单一到多元、从中心到边缘以及从自身到他者这样的角度中，如弗朗索瓦-勒内·德·夏多布里昂（François-René de Chateaubriand）、维克多·雨果（Victor Hugo）以及 19 世纪末 20 世纪初的保尔·克洛代尔（Paul Claudel）、维克多·谢阁兰（Victor Segalen）、安德烈·马尔罗（André Malraux）、亨利·米肖（Henri Michaux）等。同一时期，伴随着西方国家的殖民主义扩张，法国的作家文人们亦相继远赴远东，探索与西方文明完全不同的神秘东方，尤其被中国这片神秘大陆吸引，此类文学作品均带有浓烈的异域色彩。在“世界性”（mondialité）与“全球化”（globalisation/mondialisation）等现代术语登上文学舞台之前，“异国情调”（exotisme）在相当一段时间内，诠释着西方作家在异质文化碰撞中对自我与他者的关系的思考。而对于西方而言，东方一直是“异域”（exotique）与“别处”（ailleurs）的代名词，正如同爱德华·萨义德（Edward Saïd）在他著名的《东方学》（*L'Orientalisme: L'Orient créé par l'Occident*）中写道的：

> 东方几乎是被欧洲人凭空创造出来的地方，自古以来就代表着罗曼司、异国情调、美丽的风景、难忘的回忆、非凡的经历［……］，此外，东方也有助于欧洲（或西方）将自己界定为与东方相对照的形象、观念、人性和经验。［……］东方学作为一种话语方式在文化甚至意识形态的层面对此组成部分进行表述和表达，其在学术机制、词汇、想象、正统信念甚至殖民体制和殖民风格等方面都有着深厚的基础。[1]

法国 20 世纪初的作家中，尤为显著的当属皮埃尔·绿蒂（Pierre Loti）、克洛代尔以及谢阁兰、圣·琼佩斯（Saint John-Perse）等。起始于 18 世纪，发展于 19 世纪末的“异国情调”一直延续至今，这些在法国殖民时代远游东方的作家们对自我与他者、多样性和世界性等概念的想法为今后的异域文学与世界文学的发展提供了雏形和模板。

亨利·布里耶（Henry Bouillier）在谢阁兰《异国情调论》（*l'Essai sur l'Exotisme*）一书的序言中特意指出了法国 20 世纪初，以绿蒂、克洛代尔和谢阁兰为代表的三种不同的异国审美观。布里耶认为绿蒂的“异国情调”并未深入异域国度的精神领域和灵魂深处，只是“披着异域外皮的欧洲情结”

在作祟[2]。如果说绿蒂的异国情调只是流于表面不成体系的话，那么绿蒂之后的克洛代尔和谢阁兰的异国情调论则更为微妙细致，十分具有代表性。布里耶谈到以克洛代尔为代表的第二种异国情调论（第一种是绿蒂为代表）时，用到了一个形容词：令人生畏。何故生畏？布里耶写道："［克洛代尔］把所有能够承受同化，也就是说所有并非从根本上看来是异国的和原始的，归并在自己的精神结构中。"[3]在布里耶看来，这样的异国情调论相较于绿蒂和谢阁兰更容易招致损害，因为它"试图歪曲他者的本质与价值"[4]。换句话说，克洛代尔将个人思想烙印在异国事物上，并将其扭曲变形，消除"异质"（Exote），同化"异质"，构建自己的精神世界。

克洛代尔与谢阁兰在面对异国情调时表现出来的态度、世界观以及美学观都是截然不同的。在对待异国事物的态度上，克洛代尔始终是主体"我"来操控情感，"我"无时无刻不出现在克洛代尔的作品中，特别是在他的代表作《认识东方》（*Connaissance de l'Est*）这部记录东方文化风情的诗歌散文集中。克洛代尔不仅通篇使用第一人称"我"，用一只看不见的手将读者携入他穿越中国与日本的漫步旅途中，而且大部分场景与画面就如同他自己内心情感戏的外现和投射。《认识东方》采用这样的叙事方法只有一个目的，那就是通过虚拟的"我"和异域世界的描写建立一种由至高无上造物主力量控制的精神空间，完成心灵的净化与升华，揭示世界神秘存在的和谐。这就是"同质"内涵精髓所在。

这样状态的"我"是无处不在的，仿佛内心之光，神秘莫测，变化不定，在中国的土地上四处倾洒。《认识东方》的一首田园诗《十一月》（*Novembre*）的"我"，时而追随太阳之光，时而渗入琼浆美酿之中："我呢，身子就更轻了，我的脚在地面上站立不稳，当阳光悄悄隐没的时候，我亦随之而去。沿着一些村落的阴暗的路，穿过松树和坟茔，走在茫茫的田野上，我就是这落日。……令人向往的酒酏啊！经过那条神秘的路径，又在何处我才能溶入你的涓涓细流呢?"[5]中国山村美景则成为作者表达精神追求的画布背景。

在克洛代尔眼中，世界是抽象的，是一个需要解译的符号系统，大自然从来不是孤立存在的，它是神灵造物主的代表。而克洛代尔自己也仿佛神灵的观察者一般，居高临下地审视大地的沟壑丛生、河流的曲折蜿蜒、山川的巍峨雄伟："我在风中那棵老树的最高枝丫上重新看见了我自己，一个在苹果树林里晃荡的孩子。我在它的枝柯上观察这个世界舞台，宛如神仙；我陷入深深的思虑之中，探讨地球的表面和内部结构，斜面和平面布局；我像乌鸦似的凝神远望在我栖息处下面展开的原野，这条路连续两次出现在那边山脊上，随后又消失在森林中间，这一切都尽收眼底。”[6]值得注意的是，《海上随想》（*Pensée en mer*）是一首最为直接地表达诗人情感的诗歌，可通篇并未出现主语“我”，而是以第三人称“他”来叙述相逢之后离别的痛苦心情。然而即便没有主语“我”的存在，这种寄存在“他”身上“我”的情感依然强大。

在所有寄托在“我”身上的思想中有一个很关键的观念，那就是作者在介入“他者”时的自身抵抗情绪，它促使并且引导“我”在自己的而非“他者”的价值体系中表达观点。通过主语“我”的连续出现，克洛代尔实现了他强大的意愿，那就是使所有组成异域情调的因素走入诗人自己的行列，向创造它的造物者上帝致敬。正如他在《散步者》（*Promeneur*）中宣称的：“我是大自然的观察者，呈现在我面前的种种事物的检验者，这山山水水，一草一木就是我真福的本质。”[7]我们在这里仿佛看到了夏多布里昂的影子，克洛代尔拖着自己所爱和所见的世界随他旅行，所以即便身在异乡，实则从未脱离自我的中心。

不难看出，克洛代尔所持的诗学观以及文学作品中的“世界性”与他的宗教信仰密不可分。在他看来，世界分为可见与不可见事物两个部分，他在《宗教与诗歌》（*Religion et poésie*）中阐释道：“不可见事物以理性和信仰之光教化人心，可见事物则以想象和感官之光感化我们，……世间万物构成神灵宇宙，相互之间存在着千丝万缕或清晰或神秘莫测的关系。……你永远都无法明白一件事物，如果你不明白它被召唤而做的事情，如果你不明白它在这些可见与不可见事物中所处的位置，如果你没有包罗万象的观念，如果你没有天主教的普世眼光。”[8]克洛代尔虽然承认 19 世纪的法国诗歌是真正的诗歌，但却指出它过快的没落是因为其中神灵和宗教信仰的缺失，也就是诗歌精髓的缺乏。宗教不仅带给了世人快乐，而且带来了意义。如果诗人要理解一件事物的意义，就必须拥有宇宙普世的意识，也就是天主教意识。世界和一切造物如同上帝之书，而诗人则是解译之人。

克洛代尔的“同质”美学观始终让他徘徊在中国之外。从其多重身份来看，他不仅仅是诗人、作家、天主教徒，而且也是法国近现代著名的外交官，是殖民者利益的代表。1895 年至 1905 年，作为外交官来到中国的克洛代尔，面对千疮百孔饱受殖民苦难的土地与人民，却一直保有一个旁观者的心态，一个真正游离在中国现实之外的陌生人。这种意愿在他的诗歌《走向山野》（*Vers la montagne*）中尤为明显，他描述了福州乡野里的凄凉景象，死人的脸孔，没有眼珠的小孩，将街道比作坟场路径，城镇比作墓地，战争和贫穷带来的惨况触目惊心。然而对这一切惨况，克洛代尔自有一套说辞和解释："穷人和富人，孩童和老人，正直的人和有罪的人，法官和囚犯，人也跟动物一样，他们全体都像兄弟，正在啜饮神浆。"[9]众生平等沐浴在神的光照之下，克洛代尔将这些因为殖民和战争所带来的对他人的伤害的阴影抛诸脑后。他将所见的一切创造物溶入超越性的神灵甘酿之中，以显示世界的统一性，并将其带入造物者这个唯一力量，永恒和谐中心的怀抱之中借以超脱万物。

在自我与他者的关系中，无疑这个主体"我"是至高无上的，克洛代尔用自己独特的方式将异国文化、自然风物纳入自己的精神体系。他几乎对所有的东方艺术着迷，书法、绘画、诗歌、戏剧，然而中国的异域情调在他笔下并非真正的"异"，而是已经被自己专横而武断地一一同质化了。故而克洛代尔文学中的"世界性"具有相当的局限性，作家仿佛也在进行着一个"全球化"的仪式，只是这里的世界已非俗世而是宗教精神领域中的世界，而在这个世界中所有的"他者"身上均投射着深深的"我"的烙印，甚至"他者"被"我"的印记所代替掩盖，这就是为什么布里耶评价其异国情调论"令人生畏"，而谢阁兰更直言批评和讥讽克洛代尔对中国的理解认识十分肤浅表面。

再看继克洛代尔之后来到中国的谢阁兰。他所强调的并不是笔者眼所观心所感，也并非单纯地表达异国事物对眼睛和心灵的冲击，而是异国论应该揭示的是异国文化因素（风土人情、艺术习俗）的独特展现方式和如何想它们所想，思考它们所透露出来的信息。与克洛代尔投射于"他者"上的"我"相反，谢阁兰努力消除"我"的痕迹。他极少使用第一人称单数，同时竭力构建"我"与"他者"、"同质"与"多样"之间最适当和最平衡的关系结构。不同于克洛代尔的同质世界观，他的美学理论是建立在"异质"和"多样化"观念上的。

在谢阁兰的《异国情调论》中，诗人提道："（对待异国事物的）态度不能由'我'来感觉，而相反的，……是由'你'来操控。"[10]"他者"不再是克洛代尔笔下的投射主体"我"的情感载体，而是由客体对象"你"（面对"他者"时）来主宰。1904年至1918年间他零散的笔记记录在他死后三十年，由皮埃尔·让·茹夫（Pierre Jean Jouve）整理成篇，法国水星出版社于1955年出版，这就是《异国情调论》。这也是谢阁兰构思良久的一篇评论随笔，他在其中充分阐述了自己与克洛代尔、绿蒂肤浅的异国论截然不同的美学理论。

他做的第一件事就是清除“异国情调”这个词所表现出来的通俗概念，诸如椰子树、槟榔树、酷热难耐的天、棕榈树、骆驼、黑皮肤、金黄的太阳、异国香料、迷人小岛、土著风俗等。那么在谢阁兰看来，何谓真正的“异国情调”呢？简单来说，就是“异质”所带来的强烈感觉。起初，这种美妙芬芳的异国情调的感觉包含由不适应的陌生环境所引起的强烈感官冲击效果，不同于“以往所见”的感觉。然而这样的惊喜感在我们渐渐熟悉了周遭环境之后便很快消逝了。真正的“异国情调”在于对“他者”的深入理解和尊重，对异质的敏锐挖掘，对自身认知以外事物的感知领悟，而非对“他者”的同化。好的行路者，如同谢阁兰，追求的正是这个普世中现实而诗意的“多样性”。

根据“异国情调”法语一词的词源，谢阁兰分析道，既然前缀“exo”意指“外部的”，那么异国情调就应该包括“所有不属于我们熟知精神体系”的整体。依照“多样化”一词的广义解释，谢阁兰试图考虑异国情调所提供的各种可能性。不仅仅是空间地理的多样化，也包含往昔今夕的多变，异国情调甚至存在于两性间不可缩减的距离之中。这也是为什么谢阁兰一再强调感知他者的能力，正是这种对他者的觉悟始终伴随着诗人对“自我”的追寻过程中。

谢阁兰的愿望是实现一种普世的多样性异国情调，他不希望自己的异国情调论沦为“低等的天主教教义体现，就像克洛代尔‘伟大’的理念一样，海洋，水和圣灵”[11]。《异国情调论》的写作表明谢阁兰已经充分意识到了文学领域中的异国情调所构建的诸多未知可能性。他的整个文学生涯都是围绕着“他者”、“异质”和“多样性”展开的。他者已不再是克洛代尔笔下的带有浓烈“自我”情绪的别处的事物。

他者与自我、真实与想象之间的冲突争论在谢阁兰一生中从未中断过。在谢阁兰的思想中矛盾的两面体之间的对抗是永恒的话题，取消任意一方只会破坏整体的和谐美，如同中国的阴阳平衡调和思想。真实与想象的对抗犹如中国的“龙虎之争”，胜负输赢皆是谜，而正如钱林森指出：“谜底的解答，必然涉及美学的探究。……异国情调总是包含两种对立，对比成分，一方的完美性是通过另一方实现的。……没有差别，没有距离的世界就没有美，也就不会有任何欢乐和美的享受，更无幸福可言，这是谢阁兰所绝对不能接受的，这不符合他的差异美学，不符合其审美多元化的原则。"[12]而这种类型的异国主义还体现了"他者"的永不可理解性，也正因此，"他者"在谢阁兰的思想中，始终显得十分遥远，诗人对它的感知有限，而这有限感知反馈给诗人的将是另一种未知与不可理解，即便我们能够感觉。当我们越可能去感觉世界的多样性时，我们的人格将越加丰富。对自我的追寻则伴随着对差异的自觉接受，同时也揭示了我们所难以掌控的未知。

谢阁兰的整个文学生涯都是围绕着对"他者""异质"和"多样性"展开的，而这些概念在很大程度上影响了此后研究文学世界性的法国作家学者们，对多样化的感知成了认知世界的审美原则之一。正如爱德华·格里桑（Édouard Glissant）谈及谢阁兰的关系诗学时所指出的，这其中展现了一种由自我向他者、由中心向边缘的运动。看世界，随后形成对世界的看法，正是世界的多样性让诗人感受到审美趣味。对于自然、社会等外部世界，它们之所以存在，也正是因为我们感知到了这种不同与差异。我们深入到自然界、外部世界，随后再抽离其中，方能形成自我。这不仅是夏多布里昂、雨果或者绿蒂文学作品中流于表面的肤浅的"世界性"，是从谢阁兰开始对文学多样性的研究以及与欧洲中心论的决裂给文学领域带来了尚待开垦的处女地，也是后期文学"世界性"在20世纪初的显现，从而刺激了以出生在法属海外殖民地马提尼克的文学家、理论家、思想家格里桑为首的20世纪中后期后殖民主义思潮下法语圈的文学家对文学"世界性"的探索。

正如我们之前所分析的，克洛代尔和谢阁兰之间存在一种既承继又冲突的关系，克洛代尔的思想、作品和对东方的描写激起了年轻的谢阁兰对东方世界、对中国的向往。而同时，谢阁兰希望能有一个完全与别人不同的异国情调理论，不是寻求异域风情，或者像绿蒂那样的"伪情调"（Pseudo-Exotes）[13]，也不是像克洛代尔那种浸润着浓厚的宗教气息和精神祝圣式的同质美学观。虽然克洛代尔和谢阁兰两人都是从中心走向边缘的典型远游式作家，格里桑也注意到了这两者观念的区别，而格里桑显然更多地承继了谢阁兰的"异质"和多样性美学思想，并从中提炼出了建构他的文学"世界性"理论的基础：

谢阁兰思想的基本点在于与他者的相遇更加强化了他的诗学想象与理论。

> [……] 我注意到的是谢阁兰并不是仅仅强调对他者的重新认知是一种精神义务，而应该是一种重组式美学，真正的关系诗学的基石，一种去感受“别处”带来的冲击的力量，以此来为诗人命名。所有“异”的可计量的总数，多样性是一种普世能量的发动机。[14]

格里桑认为异质美学形成了一种真实的关系诗学，多样性占据诗学理论的中心位置，谢阁兰也正是第一批“关系”诗人之一。在格里桑看来，自我与他者的关系进程正是中心与外围的一种空间运动，这样的运动轨迹将世界各个地区连接成处于外围与边缘的整体，与中心相对。第一种轨迹便是从中心向外围的离心运动，马尔罗、米肖、克洛代尔、谢阁兰均为此例；第二种便是从外围向中心的向心运动，这些作家大都出生或生活在别处，梦想寻求他们诗学想象的源头，无论是否有意而为之，都是以相反的轨迹寻求自身，例如于勒·苏佩维埃尔（Jules Supervielle）[15]、圣琼·佩斯以及乔治·施阿德（Georges Schehadé）[16]。

基于此，格里桑建构了他自己的关系诗学体系，对“多样化”的理解和阐释更加完善成了体系：即世界性的克里奥尔化，是“多个文化之间产生联系，或者不同文化要素之间发生关系，在世界的某一处，文化在各种冲撞、冲突、合并中变化着，从而产生出新的数据，新的特征”[17]。

这样的现象源自加勒比海，无边、壮阔的海洋培育了这片多彩多姿的土地，承载着文化的多重性。正是这样的文化杂交创造了格里桑式的“世界性”新模式。什么是世界性？在格里桑看来，这是正在实现中的克里奥尔化的过程，因为它能够连接那些远隔千山万水的文化，如同群岛般共存，也正是这样一个关系过程产生了文化间的多样性，这便是我们之前提到的无法预见的附加值，这便是世界性，也有了格里桑思想的中心意象——加勒比海上的群岛。

格里桑可以说是意象使用大家，众多的形象化的隐喻支持着他的“世界性”理论。对于熟悉格里桑作品的读者们来说，对多样性、关系、杂交、克里奥尔化这样的词语并不陌生，而在这些词语中，“群岛”尤为特别。阿里奥沙·瓦尔德·拉索维斯基（Aliocha Wald Lasowski）称他为“群岛思想家”[18]。因为这不仅是格里桑整体世界理论思想的核心，也是格里桑本人犹如群岛式的作品写作的体现。集合了诗歌、小说、散文、零零散散的各类辩论文段，再加上他著名的“整体世界”理论（Tout-monde），仿佛所有的写作形式都汇聚其中：散文及文论著作《意识的太阳》（*Soleil de la conscience*）[19]、《关系诗学》（*Poétique de la relation*）[20]、《整体世界论》（*Traité du Tout-Monde*）[21]、《世界新区域》（*Une nouvelle région du monde*）[22]、《关系哲学》（*Philosophie de la relation*）[23]，诗歌作品《黑盐》（*Le Sel noir*）[24]、《梦幻国度，现实国度》（*Pays rêvé, pays réel*）[25]，小说《雷萨尔德河》（*La Lézarde*）[26]、《整体世界》（Tout Monde）[27]等。格里桑所有的作品都互有关系，它们之间仿佛有着延伸关系，每部作品就如同一座小岛，拥有独特的设想和与别人不同的写作方式，却与其他作品互相辉映，互有提及。格里桑的小说作品，每部各有风格，却在人物设定上互有关系，或祖辈，或子孙，或人物角色从一部作品延伸至另一部作品，人物的故事在不同的小说中有着另一番结局，甚至可能截然相反。小说人物也褪去浪漫传奇光芒，多带有流浪与逃亡色彩。"群岛"的意象是最能够完美阐释"相似"这一概念的，每一段"小岛文篇"都与其姊妹篇章相邻相近，却又充满个性。

同时，"群岛"也是格里桑"整体世界"理论的基本结构因素，在其散文论著《整体世界论》中，群岛一词频繁出现，借助丰富的派生词，从简单的意象变得更加概念化，以形容词出现："群岛式思想其实更符合我们的世界模态"[28]；"所有的群岛式思想都代表着震颤的，不再自以为是，开放与分享的思想"[29]；以动词出现："地中海海域再度群岛化，再次回到往昔的模样"[30]；"我主张今天的整个世界都应该群岛化与克里奥尔化"[31]。在格里桑看来，我们该有的世界模态是多样化的世界性，是世界化范围的多样性体现，是与如同群岛散布的状态相一致的，是更广阔范围内的多样性，是边缘的汇聚、区域的结合。"群岛"概念本身也可以说是矛盾的集合体：个体与多重、部分与全部。

格里桑在文化、体系、语言和身份的多重关系中看到了克里奥尔化的存在，这里也引出了格里桑理论的另一个重要概念："多重根茎"（Rhizome）。其意象的使用则源自法国后现代主义哲学家吉尔·德勒兹（Gilles Deleuze）与菲利克斯·加塔利（Félix Guattari）[32]，从中衍生出"多重根茎身份"（identité rhizome），格里桑借此来对抗"独根身份"（identité à racine unique），抨击文化自上而下的固化传承模式。在《多样化诗学概述》（*Introduction à une Poétique du Divers*）中[33]，格里桑写道：

当我谈及“身份”这个问题时，我参照了德勒兹和加塔利对于独根与多重根茎两个概念的区分。德勒兹和加塔利在《千高原》（*Mille Plateaux*）中的一章（起初是作为单独一册来发表的，书名便是《根茎》[*Rhizomes*]）中特别强调了两者之间的区别。他们树立这两个意象用于解释思想运作：独根是扼杀周边多余根茎，而多重根茎则是延展以连接其他根茎。我将这一意象用于“身份”概念，也用于我自己的“文化分类”概念，将其分为单传式文化与复合式文化。[34]

从多重根茎身份和独根身份以及引申出的单传式文化与复合式文化出发，我们可以建立以下表格以做概念上的归纳：

| | 独根身份 | 多重根茎身份 |
|---|---|---|
| 代表意象 | 唯一的树根 | 繁多的根茎 |
| 来源 | 可追溯性 | 不可追溯或复杂混合的关系 |
| 运动状态 | 停滞 | 持续不断的相遇 |
| 愿望 | 征服的意愿 | 融合的意愿 |
| 文化类别 | 单传式文化 | 复合式文化 |

在《关系诗学》（*Poétique de la Relation*）一书中，格里桑这样总结：

独根身份：——在创世之初的神话与观念中建立；——严格流传下来的血统背后隐藏的对暴力的圣化；——对于合法存在的意图，使得某个群体对某一片土地宣示着他的主权；——通过对其他领土的占领和征服来自我防护……

关系身份：——文化之间的有意识有冲突的联系中建立，与创世并无关联；——并无血统的暴力强制，而来自相互关系的纠缠；——并不寻求合法性来维护自身的权利，但强调的是在更广阔领域里的循环流通；——并不宣示领土主权也不索取，而是创造分享与给予的乐土……[35]

独根身份，也就是单传式文化，在这样的文化背景中，很早就实现了一种杂交与融合，其核心原则在于“根源”和“血统”关系，目的在于将这片土地中的一些文化因素正统化，形成一片文化领地。自此出现了最原始的虚构传说，幻想为这片土地中的所有事物刻上某文化的印记，那么这里就不会有异文化交替出现的可能，只有民族主义、坚定的信条以及帝国强加的“和平安宁”，“他者”被奴役、被控制，只能屈服。从想象事物的角度来看，这种大陆式思想正巧符合使用单一语言的人的信念，对应了他们眼中的不真实的所谓现实，正如早期的夏多布里昂、雨果的步伐与方向。而这样的单传式社会与文化恰恰适合在殖民地土地上生根发芽，被这样的“关系”所桎梏，所束缚，慢慢失去自己的文化价值与身份，也是这些被殖民国家所面临的残酷现实。

而多重根茎身份所暗示的复合式文化，代表的就是多根源、多链条，其中的克里奥尔化（杂合）是现在进行时而非过去时，一条条根茎正在交错纵横着，共同支撑着树木，供应着养分，正是从多重缠绕的根茎文化出发，格里桑建立了“混沌－世界”（Chaos-Monde）的概念，即多种文化建立联系并产生新数据，仿佛多个节点链接产生区块链一般。格里桑的“混沌－世界”概念再次明确了在多民族多文化之间的冲突、碰撞、错综复杂中形成的这样一个运动中的克里奥尔化世界，既有序又混乱。我们可以说格里桑在整个世界的多文化中看到了共同的运动轨迹，殊途而同归。而在这样漫长的运动过程中，又会产生许多不定与未知关系，从而产生新的数据、新的因子。

在这个独根与多重根茎的意象中，我们仿佛可以看到克洛代尔和谢阁兰异国情调论的影子。克洛代尔对世界的观念建立在一种简单象征主义的基础上，过多地关注超自然的力量。对克洛代尔来说，异国身份的组成因子只是为了让他达到精神超验。正是他的欧洲与天主教“独根身份”让他把中国的现实空间转换为自我空间，从而再升华为神圣空间。这就是他独一无二的“根”，为征服而非理解。

布里耶明确表示谢阁兰是希望用想象的视角替代克洛代尔的神圣象征视角来看待异域事物。[36]与克洛代尔不同的是，谢阁兰拒绝从宗教的视角去解析世界，也并不承认世界的美有多少造物主的印记烙印其中。世界很美，并不是因为它是造物主的杰作，而是自然法则，是人类世界和自然界的多变与多样性决定的。与克洛代尔的宗教美学观相反，谢阁兰强调的是一种纯粹的、内在的美学，一种感觉美学。世俗的非神圣化的感知与感觉是他用来表达多样性的方式。正是从谢阁兰的“多样化”理念得到启发，格里桑构建了他的复合式文化与世界克里奥尔化观念体系。他用根茎的意象来展示他的世界群岛化观念，用“世界性”对抗经济全球化，用“关系”与“多样性”来对抗独根身份和由此引发的冲突。

文学史上对于世界的思考和相关理论从20世纪起有了进一步的发展，关系是世界性理论的关键词，从克洛代尔到谢阁兰再到格里桑，探索世界的同时伴随着对自我的追寻，法国作家们从未停止过对自我与他者关系、对世界的独一性和多元性关系的思考和询问，这将是一个永恒的主题。

**注释：**

[1] 爱德华·萨义德，《东方学》，王宇根译，北京：生活·读书·新知三联书店，1999，第1-2页。

[2] Henry Bouillier, "Introduction de l'Essai sur l'Exotisme", *Œuvres complètes de Victor Segalen*, Vol 1, Paris: Editions Robert Laffont, 1995, p. 737.

[3] Henry Bouillier, "Introduction de l'Essai sur l'Exotisme", *Œuvres complètes de Victor Segalen*, Vol 1, Paris: Editions Robert Laffont, 1995, p. 738.

[4] Henry Bouillier, "Introduction de l'Essai sur l'Exotisme", *Œuvres complètes de Victor Segalen*, Vol 1, Paris: Editions Robert Laffont, 1995, p. 738.

[5] 保尔·克洛代尔，《认识东方》，徐知免译，上海：上海人民出版社，2007，第65页。

[6] 保尔·克洛代尔，《认识东方》，徐知免译，上海：上海人民出版社，2007，第89页。

[7] 保尔·克洛代尔，《认识东方》，徐知免译，上海：上海人民出版社，2007，第121页。

[8] Paul Claudel, *Religion et poésie*, in *Œuvres en prose*, la《Bibliothèque de la Pléiade》publiée aux Ed. Gallimard, Paris: édition Gallimard, 1965, pp. 58-59.

[9] 保尔·克洛代尔，《认识东方》，徐知免译，上海：上海人民出版社，2007，第58页。

[10] Victor Segalen, *Essai sur l'Exotisme*, *une esthétique du divers*, in *Œuvres complètes de Victor Segalen*, Vol 1, Paris: Edition Robert Laffont, 1995, p. 79.

[11] Victor Segalen, *Essai sur l'Exotisme*, in *Œuvres complètes*, tome 1, Paris: Robert Laffont, 1995, p. 774.

[12] 钱林森，《光自东方来——法国作家与中国文化》，银川：宁夏人民出版社，2004，第310—311页。

[13] Victor Segalen, *Essai sur l'Exotisme*, in *Œuvres complètes*, tome 1, Paris: Robert Laffont, 1995, p. 755.

[14] Glissant, Edouard, *Poétique de la Relation*, Paris: Gallimard, 1990, p. 42.

[15] 于勒·苏佩维埃尔，1884年生于乌拉圭的法国当代诗人、小说家和戏剧家。

[16] 乔治·施阿德，1905年生于埃及的亚历山大港的黎巴嫩法语写作诗人与作家，1989年去世并葬于巴黎。

[17] Edouard Glissant, *Traité du Tout-Monde*, Paris: Gallimard, 1997, p. 37.

[18] Wald Lasowski, Aliocha, *Edouard Glissant, Penseur des archipels*, Paris: Pocket, 2015

[19] Edouard Glissant, *Soleil de la conscience*, nouvelle édition, Paris: Gallimard, 1956

[20] Edouard Glissant, *Poétique de la relation*, Paris: Gallimard, 1990

[21] Edouard Glissant, *Traité du Tout-Monde*, Paris: Gallimard, 1997

[22] Edouard Glissant, *Une nouvelle région du monde*, Paris: Gallimard, 2006

[23] Edouard Glissant, *Philosophie de la relation*, Paris: Gallimard, 2009

[24] Edouard Glissant, *Le Sel Noir*, Paris: Seuil, 1960

[25] Edouard Glissant, *Pays rêvé, pays réel*, Paris: Seuil, 1985

[26] Edouard Glissant, *La Lézarde*, nouvelle édition, Paris: Gallimard, 1997

[27] Edouard Glissant, *Tout Monde*, Paris: Gallimard, 1995

[28] Edouard Glissant, *Traité du Tout-Monde*, Paris: Gallimard, 1997, p. 31.

[29] Edouard Glissant, *Traité du Tout-Monde*, Paris: Gallimard, 1997, p. 231.

[30] Edouard Glissant, *Traité du Tout-Monde*, Paris: Gallimard, 1997, p. 181.

[31] Edouard Glissant, *Traité du Tout-Monde*, Paris: Gallimard, 1997, p. 194.

[32] 德勒兹和加塔利在合作撰写的《千高原》(*Mille Plateaux*)中写道：与树木和根不同，根茎将某一点连接至另一点，每根根茎都不必与其他根茎相同，它们玩转不同的符号体系，甚至非符号状态。根茎也不会方让自己与“独一”连接。(参见：http://www.edouardglissant.fr/rhizome.html)

[33] Edouard Glissant, *Introduction à une poétique du divers*, Paris: Gallimard, 1996.

[34] 原文参见：Glissant http://www.edouardglissant.fr/rhizome.html

[35] Edouard Glissant, *Poétique de la relation*, Paris: Gallimard, 1990, pp. 157-158.

[36] Henry Bouillier, *Introduction de l' Essai sur l' Exotisme*, in *Œuvres complètes de Victor Segalen*, Vol 1, Paris: Editions Robert Laffont, 1995, p. 204.

# 外国文学研究

# 威廉·华兹华斯《序曲》中的“风”意象研究

张　叉[1, 2]

1. 四川师范大学　外国语学院，四川成都　610101

2. 四川大学　文学与新闻学院，四川成都　610065

**摘　要：** 威廉·华兹华斯的长篇诗歌《序曲》中的“风”意象具有非常丰富的内涵，值得研究。《序曲》中的“风”意象可分为四类：给予创作灵感的风，祈求神灵指迷的风，给人以教诲、医治人精神的疾病的风，具有破坏力的风。本文从《圣经》着手，兼及希腊罗马神话，结合华兹华斯所处的时代社会与个人生活经历，对《序曲》中的“风”意象进行了研究。

**关键词：**《圣经》；希腊罗马神话；华兹华斯；《序曲》；“风”

同古今中外其他所有伟大的诗人一样，威廉·华兹华斯（William Wordsworth，1770—1850）[1]善于在其诗歌中营造意象，意象在他的诗歌中得到了广泛的运用。同欧美其他所有浪漫主义时期的诗人一样，华兹华斯在其诗歌中对自然意象情有独钟，自然意象在他的诗歌中占据了重要的地位。在华兹华斯长诗《序曲或一位诗人心灵的成长》（“The Prelude，or，Growth of a Poet's Mind”，略称“The Prelude”，《序曲》，以下用略称）的所有自然意象中，“风”十分引人注目，值得深入研究。赵光旭把华兹华斯眼中的自然分成了有形与无形两类，“无形的自然，华兹华斯把她看做精神的象征。

---

**收稿日期：** 2016－12－16

**作者简介：** 张叉（1965—），男，四川盐亭人，四川师范大学外国语学院英语语言文学教授，四川省比较文学研究基地兼职研究员，四川大学文学与新闻学院比较文学与世界文学博士研究生，国际学术期刊《美中外语》（*US-China Foreign Language*）与《中美英语教学》（*Sino-US English Teaching*）审稿专家，国内学术集刊《外国语文论丛》主编，四川师范大学外国语文研究所第二任所长，主要从事英美文学和比较文学研究。

在客观的物质存在背后，华兹华斯感到了某种精神的存在”[2]。华兹华斯本人也有论述，《旅途中重游瓦伊河两岸，作于廷腾寺上游数里处》（“Lines Composed A Few Miles above Tintern Abbey，on Revisiting the Banks of the Wye during A Tour”）：

While with an eye made quiet by the power
Of harmony，and the deep power of joy，
We see into the life of things. [3]

……万象的和谐与愉悦
以其深厚的力量，赋予我们
安详静穆的眼光，凭此，才得以
洞察物象的生命。[4]

《序曲》第七卷（“The Prelude”，Book Seventh）：

IT is not wholly so to him who looks
In steadiness，who hath among least things
An under-sense of greatest；sees the parts
As parts，but with a feeling of the whole. [5]

……一个人若善于凝神注视，
若能在零杂琐细中意识到无上的
宏伟，或视局部为局部，但同时感觉到
整体的存在，……[6]

同华兹华斯诗歌中其他自然意象相似的是，《序曲》中的“风”也具有无形的一面，既有对《圣经》文化、希腊罗马神话的继承，又有时代社会、生活经历的拓展，其内涵较为丰富。从内涵来看，《序曲》中“风”的意象可分为四类：给予创作灵感的风，祈求神灵指迷的风，给人以教诲、医治人精神的疾病的风，具有破坏力的风。本文拟从《圣经》着手，兼及希腊罗马神话，结合华兹华斯所处的时代社会与个人生活经历，对《序曲》中“风”的意象进行粗略的研究。

## 一、给予创作灵感的风

拉丁语中的“spiritus”意指“气息、风和灵魂”，拉丁语中的“anima”、希腊语中的“pneuma”、希伯来语中的“ruach”、梵语中的“atman”和阿拉伯语、日语以及其他语言中相应的有关词语也是如此。在神话和宗教中，论及宇宙和人的创造之时，风和呼吸都是基本要素。美国托马斯·勒纳逊公司（Thomas Nelson Inc.）1977 年版《圣经》（*The Holy Bible*）（以下简称勒纳逊版）中《旧约全书·创世记》（“Genesis”，*The Books of the Old Testament*）：

> In the beginning God created the Heaven and the Earth. And the Earth was without form, and void; and darkness was upon the face of the deep. And the Spirit of God moved upon the face of the waters.[7]

> 起初，上帝创造了天和地。地是没有形状且空虚的；黑暗位于渊面之上。上帝的灵运行在水面之上。[8]

中国基督教协会（China Christian Council）新标准修订版、新标准和合本《圣经·旧约全书·创世记》（*The Holy Bible*）（以下简称协会版）中（“Genesis”，*The Books of the Old Testament*）：

> In the beginning when God created the Heavens and the Earth, the Earth was a formless void and darkness covered the face of the deep, while a wind from God swept over the face of the waters.[9]

> 起初，上帝创造了天和地，地是没有形状而且空虚的，黑暗掩盖于渊面之上，上帝的风运行在水面之上。

在这两处创世记载中，第一个用了“上帝的灵”（“the Spirit of God”，“Spirit”亦可译作“精神”），第二个用了“上帝的风”（“a wind from God”，“wind”亦可译作“呼吸”）。“水面之上”（“the face of the waters”）实际就是海面之上。可见，在创世之初，上帝的灵魂、上帝的精神、上帝的风或上帝的呼吸是运行于大海之表面的。勒纳逊版《旧约全书·创世记》："And the LORD God formed man of the dust of the ground, and breathed into his nostrils the breath of life; and man became a living soul."[10]（"上帝用地上的泥土造男人，朝他鼻孔中吹进生气，男人就成了活生生的人。"）协会版《旧约全书·创世记》："— then the LORD God formed man from the dust of the ground, and breathed into his nostrils the breath of life; and the man became a living being."[11]（"然后上帝就用泥土造人，朝他鼻孔中吹进生气，他就成了活生生的人。"）在上引两处造人记载中，均用了"生气"（"the breath of life"），"生"即"生命"（"life"），"气"即"呼吸"（"breath"）。《旧约全书·约伯记》（"Job", *The Books of the Old Testament*）："Remember that my life is a breath; my eye will never again see good."[12]（"要记住，我的生命是一口气；我的眼睛将永不重见福乐。"）"The spirit of God has made me, and the breath of the Almighty gives me life."[13]（"上帝的灵已创造了我，全能者的气赋予我生命。"）"But truly it is the spirit in a mortal, the breath of the Almighty, that makes for understanding."[14]（"但的确它是人里的灵，全能者的气，这气使人通情达理。"）可见，"生命"与"气"或"呼吸"是联系在一起的，"气"（breath）与"灵"（spirit）也是密切相关的。在《圣经》有关圣父的注释中，有一种公认的说法，运动着的空气、上帝的气息、圣灵、人类生命和精神的重生，以及《旧约全书》和《新约全书》中预言家的灵感之间是相互联系的，这种联系如不是字面上的，至少在象征层面上是能够成立的。

"风"与"吹气"之间另一层关系可以从"吹气"一词看出，因为"吹气"曾有一层含义是"把风吹入、呼进"，故当一人承受到神圣"所赐的灵感"时，从字面上讲，他是承受到一个神或缪斯的气息和风。按照古典信仰，这种超自然之气息曾使宗教传使和预言诗人受启悟而发幻想之言。勒纳逊版《新约全书·使徒行传》（"The Acts", *The Books of the New Testament*）：

> And suddenly there came a sound from Heaven as of a rushing mighty wind, and it filled all the house where they were sitting. And there appeared onto them cloven tongues like as of fire, and it sat upon each of them. And they were all filled with the Holy Ghost, and began to speak with other tongues, as the Spirit gave them utterance.[15]

忽然，从天上有响声下来，好像一阵强劲的风吹过，这风充满了他们落座的屋子。又有裂开的舌头如火焰显现出来，落在各人的头上。他们都充满了圣灵，按着圣灵赋予的说话方式说起别样语言的话来。

协会版《新约全书·使徒行传》：

And suddenly from Heaven there came a sound like the rush of a violent wind, and it filled the entire house where they were sitting. Divided tongues, as of fire, appeared among them, and a tongue rested on each of them. All of them were filled with the Holy Spirit and began to speak in other tongues, as the Spirit gave them ability.[16]

忽然，从天上有像一阵强劲的风的响声传来，它充满了他们落座的整个屋子。裂开的舌头仿佛火焰，显现于他们当中，落在各人的身上。他们所有的人都充满了圣灵，按着圣灵赋予的能力说起别样语言的话来。

这些门徒正聚集在一起，突然刮起“一阵强劲的风”（“a rushing mighty wind”/“the rush of a violent wind”），这风带来“圣灵”（“the Holy Ghost”/“the Holy Spirit”），这圣灵赋予了他们“说话方式”（“utterance”）/“能力”（“ability”），这“说话方式”/“能力”就是灵感。拉尔夫·瓦尔多·爱默生（Ralph Waldo Emerson，1803—1882）《随笔：第一集·论超灵》（“The Over-Soul”，*Essays: First Series*）：

我的话说出来简短而冷淡，只有它本身才能激发它愿意激发的人，看啊！他们的言词一定会像刮起的风一样悦耳动听，响彻千家万户。然而如果我们不可以用神圣的言词，我甚至想以渎神的言词指出这尊神的天堂，报告我从“最高法则”超绝的单纯和力量中搜集到了些什么暗示。[17]

在斯多葛派观念中的万灵之物“灵魂”（拉丁语“pneuma”）、“神灵”（拉丁语“spiritus Sacer”）、“清风”（拉丁语“anima Mundi”）在字面上是一种气息、神气，它们充溢着整个物质世界，也构成每个人的心灵。艾布拉姆斯认为，在浪漫主义中，自然之魂、宇宙之灵常常保持原始之空气特质，这种特质同人的灵魂以及近似字面意义上的灵感力量是同义所指。珀西·比希·雪莱（Percy Bysshe Shelley，1792—1822）的《西风颂》（“Ode to the West Wind”）即是一例。杜维平详细解读该诗后认为，说它是写法国革命的固然很有道理，“然而该诗文本也承载着另一层含义：雪莱随着年龄的增长才思枯竭，他渴求西风使他灵感再生”[18]。该诗的前三个诗节分别写到了西风对陆地、海洋和天空的威力，西风已被神化，让人想到它就是上帝。第四个诗节的开始用到了虚拟语气，流露了诗人希望受到西风影响的强烈愿望。最后一个诗节表明了诗人愿与西风合二为一以获得神力。在这一诗节，诗人用了很多同灵感和再生相关的词，就连“The trumpet of a prophet! O Wind，/ If Winter comes，can Spring be far behind?”[19]（“让预言的号角奏鸣！哦，风啊，/ 如果冬天来了，春天还会远吗?”[20]）两句常被传诵当作革命胜利预言的话也同灵感相关：“诗人其实也在呼唤自己灵感的春天，他希望灵感也有季节循环。春天（spring）一词也可以指灵感的源泉。”[21]在雪莱的其他诗歌和散文中，风也一再成为灵感的触发因素和象征。同雪莱一样，塞缪尔·泰勒·柯尔律治（Samuel Taylor Coleridge，1772—1834）也认为风可给他创作的灵感，这从《风瑟》（“The Eolian Harp”）中可以看出来。他认为，只要天籁有声，风瑟便可奏响，无须强劲的西风而只要温柔的微风就足够触动灵感了。在微风的吹拂之下，诗人的大脑进入寂静的状态，便可创作出诗歌来，故微风同西风一样富有智性，既是每个人的灵魂，又是所有人的上帝：

And what if all of animated nature
Be but organic Harps diversely framed,
That tremble into thought, as o'er them sweeps
Plastic and vast, one intellectual breeze,
At once the Soul of each, and God of all?[22]

又何妨把生意盎然的自然界万类
都看作种种有生命的风瑟，颤动着
吐露心思，得力于飒然而来的
心智之风——慈和而广远，既是
各自的灵魂，又是共同的上帝?[23]

迈尔·霍华德·艾布拉姆斯（Meyer Howard Abrams，1912—，或译

“迈尔·霍华德·阿布拉姆斯”）认为，在华兹华斯这里，自然之风一经诗歌之处理，就成了别冬返春时生机盎然、万物复苏以及诗歌灵感复萌之触发因素和外在对应之物。多萝西·华兹华斯（Dorothy Wordsworth，1771—1855）在谈到风对她兄长的影响时写道：“冬天的风最使他赏心悦目。——在我看来，他的心灵在这个季节格外充实。”[24]华兹华斯《序曲》第一卷（“The Prelude”，Book First）：

OH THERE is blessing in this gentle breeze,
A visitant that while it fans my cheek
Doth seem half-conscious of the joy it brings
From the breeze fields, and from yon azure sky.[25]

啊，这轻轻的微风中含着祝福——
下凡的仙客，当他吹拂着我的
脸颊，似有意无意地从绿色的田野，
从远方碧蓝的天宇送来欢乐。[26]

据上下文判断，“轻轻的微风”这一意象象征着创作的灵感。丁宏为解释道：“‘轻风’是浪漫主义诗歌中常用的名词，既指很平常的自然现象，又具有丰富的精神含义，在此主要象征内在创造力的产生或复苏。”[27]“第七卷第二行称本卷第1~45行为‘欢快的引言’。此引言作用之一是说轻风赋予了灵感。传统的史诗开头时，诗人往往祈求缪斯给予帮助，此处轻风似取代了缪斯的地位。”[28]《序曲》第一卷：

... while the sweet breath of Heaven
Was blowing on my body, felt within
A correspondent breeze, that gently moved
With quickening virtue, but is now become
A tempest, a redundant energy.
Vexing its own creation. Thanks to both,
And their congenial powers, that, while they join
In breaking up a long-continued frost,
Bring with them vernal promises, the hope

Of active days urged on by flying hours, —
Days of sweet leisure, taxed with patient thought
Abstruse, nor wanting punctual service high,
Matins and vespers of harmonious verse! [29]

……当天上芳风不断吹拂着
我的躯体，我隐隐觉得胸中
吹起呼应的和风，最初它轻轻地
移游，来激发生命，现在已成
风暴，一股强劲的能量，让激生的
造物像波涛一样汹涌。感谢它们：
风与风的相通，当它们一起
暖化持久的冰寒，它们带来了
春天的希望，那时每天每日
将充满活力，激励我的是那飞逝的
时光；那时如意的悠闲中要交纳
深奥的思想，也不忘按时晨祈
晚祷，但吟诵的却是悦耳的诗章！[30]

这里出现了“芳风”“和风”，它们来自天上，亦是灵感之象征。丁宏为分析道：“天上的风也指天赐的灵感，它引起内在的呼应，即想象或心智的能力，于是形成巨大的创造能量。”[31]华兹华斯在《序曲》第一卷中认为，风雨是大自然的“Agents”[32]（“代言人”[33]）。《序曲》第五卷（“The Prelude”, Book Fifth）：

... Visionary power
Attends the motions of the viewless winds,
Embodied in the mystery of words:
There, darkness makes abode, and all the host
Of shadowy things work endless changes, —there,
As in a mansion like their proper home, ... [34]

……想象的功能随时伺候着
那无声无影的疾风，是神秘的文字

体现这风的灵魂；文字中栖居着
黑夜，一群仙魂鬼影都在
暗中导演着无穷的蜕变，
就像身居自己的家中。[35]

从“想象”“文字”“灵魂”等词来看，这里的“疾风”已远非自然意义上的风，而是同文学创作相关的一种意象，它指的是来自上天之灵感。《序曲》第十四卷（“The Prelude”，Book Fourteenth）：

... under whose indulgent skies,
Upon smooth Quantock's airy ridges we roved
Unchecked, or loitered' mid her sylvan combs,
Thou in bewitching words, with happy heart,
Didst chaunt the vision of that Ancient Man,
The bright-eyed Mariner and rueful woes
Didst utter of the Lady Christabel;
And I, associate with such labour, steeped
In soft forgetfulness the livelong hours, ...[36]

……当时天气
宜人，我们自由地漫步，有时
登上昆托克的峰峦，在习习轻风中
走过平滑的山脊，有时走入
山谷，在茂树浓荫中闲游。你怀着
高昂的兴致，以迷人的语言吟诵着
那苍苍老人的所见——那目光逼人的
老水手；也以悲叹的语调讲述着
克里斯特贝尔女士的故事。[37]

这里，“习习轻风”同诗歌“吟诵”是联系在一起的，“轻风”的意象象征着创作灵感。可以说，在华兹华斯的诗歌中，风能给予人以创作灵感，“风”是灵感的象征。

## 二、祈求神灵指迷的风

艾布拉姆斯在《意象与文学时尚》一文中谈到浪漫主义诗人代表作中的风时写道：

> 风乍起，通常与冬去春来的季节变换相联系，与一个复杂的心理过程相呼应：茕茕不群之后的交流融洽，心灰意懒之后的生活刷新、感情复萌，想象力枯瘠之后的创造力迸发。[38]

据塞缪尔·泰勒·柯尔律治（Samuel Taylor Coleridge，1772—1834）在《献给华兹华斯》（"To William Wordsworth"）中追忆，1807年，柯尔律治正处于精神低迷期，华兹华斯把自己完成的代表作读给他听，作品中抒写的是华兹华斯胸中的春风萌动。柯尔律治在聆听之际，突然感到华兹华斯那庄严的声调犹如一股劲风使他震撼，这股劲风就如同《抑郁颂》（"Dejection: An Ode"）中的那股自然之风一样。后期的华兹华斯同约翰·弥尔顿（John Milton，1608—1674）很相近，常常借激发诗性、催动生机的微风来祈求神灵之指迷。华兹华斯的想象力曾一度枯竭，但靠着那些永不磨灭的记忆，他的想象力又重新得到滋养，并且不知不觉地丰腴充实起来。那些永不磨灭的记忆便是他所谓"时间长河中的两个定点"[39]，一个同一个女人相关，"她的衣服被劲风掀起，冉冉飘曳"[40]，另一个是"劲风和雪雨"[41]，它们使"那堵旧墙头唱出凄凉萧瑟之歌"[42]。《序曲》第七卷（"The Prelude", Book Seventh）：

> The last night's genial feeling overflowed
> Upon this morning, and my favourate grove,
> Tossing in sunshine its dark boughs aloft,
> as if to make the strong wind visible,
> Wakes in me agitations like its own,
> spirit friendly to the Poet's task,
> Which we will now resume with lively hope,[43]

昨夜温润的情感漫及今晨，

阳光下，那片我钟爱的树林在空中
抛着黑沉沉的枝叶，似乎要为
疾风造型——是它呼唤我胸中
这林涛般的情感，一种有助于诗人
创作的精神，让我重新开始
工作——满怀乐观的憧憬。[44]

上引诗行中的意象“疾风”指的亦非自然景物之风，而是象征着来自上天之神灵指迷。可以说，风同上帝之间有密切的关系，风在华兹华斯的诗歌中有祈求神灵指迷的象征意义。

## 三、给人以教诲、医治人精神疾病的风

华兹华斯认为，勒内·笛卡儿（René Descartes，1596—1650）的二元论和机械论造成了人和自然之间的隔阂。风是运动中的气流，它将人和自然连接了起来。自然界的风不仅是人类呼吸的类比象征，而且当它被人吸入体内后亦同化成呼吸了。轻风柔气一直弥漫渗透到了人类心灵的深处。这样，风把人类的灵魂和自然的精神融合到了一起。在华兹华斯看来，风能给人以教诲，医治人精神的疾病。《序曲》第十二卷（“The Prelude”，Book Twelfth）：

Ye motions of delight, that haunt the sides
Of the green hills; ye breezes and aloft airs,
Whose subtle intercourse with breathing flowers,
Feelingly watched, might teach Man's haughty race
How without injury to take, to give
Without offence;...[45]

你们，欢乐的气流，青青坡上的
常客；你们，柔和的轻风，与芬芳的
百花默契地交流，若观者有情，
你们能教导傲慢的人类如何
给予而不冒犯，索取而不

伤害；……[46]

可以说，在华兹华斯的诗歌中，风能使人类摆脱傲慢与麻木，洗涤灵魂，提升精神境界，“风”的意象有给人类以教诲的意蕴。

## 四、具有破坏力的风

在西方文化中，风也是具有破坏性、毁灭性的，勒纳逊版《旧约全书·列王纪上》（“1 Kings”，*The Books of the Old Testament*）：

And, behold, the LORD passed by, and a great and strong wind rent the mountains, and brake in pieces the rocks before the LORD; but the LORD was not in the wind; and after the wind an earthquake; but the LORD was not in the earthquake. And after the earthquake a fire; but the LORD was not in the fire; and after the fire a still small voice .[47]

看啊，耶和华经过了，有一阵巨大而强劲的风裂开群山，在耶和华面前劈碎岩石；但耶和华不在其中；大风之后有地震；但耶和华不在其中。地震之后有火焰；但耶和华不在其中；火焰之后有微小的声音。

协会版《旧约全书·列王纪上》（“1 Kings”，*The Books of the Old Testament*）：

Now there was a great wind, so strong that it was splitting mountains and breaking rocks in pieces before the L ORD , but the L ORD was not in the wind; and after the wind an earthquake, but the L ORD was not in the earthquake; and after the earthquake a fire, but the LORD was not in the fire; and after the fire a sound of sheer silence .[48]

那时有一阵大风出现，它来势强劲，乃至在耶和华面前裂开群山，劈碎岩石，但耶和华不在其中；大风之后有地震，但耶和华不在其中；地震之后有火焰，但耶和华不在其中；火焰之后有微小的声音。

勒纳逊版《旧约全书·约伯记》：“He shall not depart out of darkness;

the flame shall dry up his branches, and by the breath of his mouth shall he go away."[49] ("他将脱不了黑暗；火焰将要把他的枝子烧干，借助于口中的呼吸他将要离开。") 协会版《旧约全书·约伯记》："they will not escape from darkness; / the flame will dry up their shoots, / and their blossom will be swept away by the wind."[50] ("他们将逃不出黑暗；/火焰将要把他们的苗子烧干，/他们的花朵将要被风刮走。") 勒纳逊版《旧约全书·约伯记》："Even as I have seen, they that plow iniquity, and sow wickedness, reap the same. / By the blast of God they perish, and by the breath of his nostrils are they consumed."[51] ("甚至据我所见，那些耕邪恶、种恶毒的人都同样收割。/上帝一生气，他们便灭亡，上帝的鼻翼一出气，他们便毁灭。") 协会版《旧约全书·约伯记》："As I have seen, those who plow iniquity and sow trouble reap the same. / By the breath of God they perish, and by the blast of his anger they are consumed."[52] ("据我所见，那些耕邪恶、种动乱的人都同样收割。/上帝一出气，他们便灭亡，上帝一发怒，他们便毁灭。") 勒纳逊版《旧约全书·约伯记》：

> And, behold, there came a great wind from the wilderness, and smote the four corners of the house, and it fell upon the young men, and they are dead; and I only am escaped alone to tell thee.[53]
>
> 看吧，突然有狂风从旷野刮来，猛打房屋的四角，房屋倒塌在年轻小伙们身上，他们就都死了；惟有我一人逃脱，来报信给你。

协会版《旧约全书·约伯记》：

> Your sons and daughters were eating and drinking wine in their eldest brother's house, and suddenly a great wind came across the desert, struck the four corners of the house, and it fell on the young people, and they are dead; I alone have escaped to tell you.[54]
>
> 你的儿女正在他们长兄的家里吃饭喝酒，突然有狂风从荒地刮来，击打房屋的四角，房屋倒塌在年轻人身上，他们就都死了；惟有我一人逃脱，来报信给你。

勒纳逊版《新约全书·使徒行传》("The Acts", *The Books of the New*

Testament)："And we being exceedingly tossed with a tempest, the next day they lightened the ship; And the third day we cast out with our own hands the tackling of the ship."[55]（"我们受到风波的剧烈摇荡，第二天他们减轻了船上的载荷；到第三天，我们亲手把船上的装备抛弃了。"）协会版《新约全书·使徒行传》："We were being pounded by the storm so violently that next day they began to throw the cargo overboard, and on the third day with their own hands they threw the ship's tackle overboard."[56]（"我们受到风暴重击，第二天他们开始把货物抛到船外，到第三天，他们又亲手把船上的装备抛弃了。"）在希腊罗马神话中，风神也具有破坏性，是祈求赎罪的象征。艾布拉姆斯认为，浪漫主义的风是一种典型的无拘无束的狂风，即使在它温柔徐和时，也蕴含着破坏性暴力的威胁。

《序曲》第十一卷（"The Prelude", Book Elevenfth)：

> ... for this was more than all—
> Not caring if the wind did not now and then
> Blow keen upon an eminence that gave
> Prospect so large into futurity;[57]

> ……我干脆
> 不在意现实中一阵阵疾风吹撼着
> 我所在的高峰，毕竟它让我以那么
> 宽广的视野看到未来。[58]

此处之"疾风"指的是法国革命中出现的暴力、血腥等令人失望的势力，它给华兹华斯带来了极大的心理冲击。

《序曲》第十卷（"The Prelude", Book Tenth)：

> In France, the men, who, for their desperate ends,
> Had plucked up mercy by the roots, were glad
> Of this new enemy. Tyrants, strong before
> In wicked pleas, were strong as demons now;
> and thus, on every side beset with foes,
> The goaded land waxed mad. The crimes of few

Spread into madness of the many; blasts
From hell came sanctified like airs from heaven.[59]

在法国，人们欢迎这新的敌手，
他们为了孤注一掷，已经
根除了心中的仁慈。先前善于
诡辩的暴君，如今都强大如魔鬼。
就这样，四面的敌军使他们群情
激昂，整个国家都变得疯狂。
少数人的罪过扩散成多数人的狂热，
来自地狱的风暴变得神圣，
好像是天堂的和风。[60]

1793年，第一次反法联盟形成，法国又有了新的敌人。罗伯斯庇尔以对外需要为借口在法国采取了许多极端的做法，挑动了全国的疯狂。“风暴”这一意象是对这一疯狂的形象写照。苏文菁点评说：“由于华兹华斯对法国大革命将给人类的新生抱有很大的希望，因而他的失望与幻灭也是与之成正比的。”[61]这一点评是站得住脚的。《序曲》中的“风暴”意象曲折地反映了华兹华斯对法国大革命的失望与幻灭。

华兹华斯诗歌中的风是很特别的。他认为，人的眼睛是人的感官中最武断的。风无踪无影，看不见但听得到。换言之，风是种无形的力量，只有发挥威力人们才能对它进行认识。

在西方文化中，具有破坏力的风同时也蕴涵着新生。在基督教文化中，风和气息具有起死回生之力量，勒纳逊版《旧约全书·以西结书》（“Ezekiel”，*The Books of the Old Testament*）：

Then said he onto me, Prophesy onto the wind, prophesy, son of man, and say to the wind, thus saith the Lord God, Come from the four winds, O breath, and breathe upon these slain, that they may live. So I prophesied as he commanded me, and the breath came into them, and they lived, and stood up upon their feet, an exceeding great army.[62]

然后，他对我说，人子啊，发预言，向风发预言：上帝耶和华说：气息啊，要从四风而来，吹在这些被杀的人身上，让他们能够复活。我遵循他的指令发预言，气息进入这些骸骨，他们复活了，并且自己用脚站了起来，极大的一支军队。

协会版《旧约全书·以西结书》：

Then he said to me, "Prophesy to the breath, prophesy, mortal, and say to the breath: Thus says the Lord God: Come from the four winds, O breath, and breathe upon these slain, that they may live." I prophesied as he commanded me, and the breath came into them, and they lived, and stood on their feet, a vast multitude.[63]

然后，他对我说："人啊，发预言，向气息发预言：主耶和华说：气息啊，要从四风而来，吹在这些被杀的人身上，让他们能够复活。"我遵循他的指令发预言，气息进入这些骸骨，他们复活了，并且自己用脚站了起来，极大的一群人。

这里描述的是上帝在枯骨谷（The Valley of Dry Bones）让死者起死回生的事。"气息"（breath）来自"四风"（the four winds），它使遍及平原的枯干的骸骨"复活"（lived），可见在基督教文化中风和气息具有起死回生之力量。

勒纳逊版《新约全书·约翰福音》（"St. John", *The Books of the Old Testament*）："The wind bloweth where it listeth, and thou hearest the sound thereof, but canst not tell whence it cometh and whither it goeth: So is every one that is born of the Spirit."[64]（"风顺着它的意吹拂，你可以听见它的声音，但是不能辨别它从而何而来，或到何处去：所以从圣灵中诞生的每一个人均是如此。"）协会版《新约全书·约翰福音》："The wind blows where it chooses, and you hear the sound of it, but you do not know where it comes from or where it goes. So it is with everyone who is born of the Spirit."[65]（"风朝着它选择的地方吹拂，你听见它的声音，但是你不知道它从而何而来，或到何处去。所以从圣灵中诞生的每一个人皆是如此。"）

在希腊罗马神话中，风神尤其是西风神不仅具有破坏性，而且也具有一种复活孕新的力量。因此，在上引华兹华斯《序曲》第十一卷、第十卷诗行中，"疾风""风暴"的意象亦有法国革命将带来新生的含义。

在浪漫主义诗歌中，"风"的意象经常出现，它常常不仅仅是自然景物之一部分，还是诗人表达内心情感跌宕起伏之载体，是一个具有丰富内涵的意象："在中世纪天上的神是万物的主宰，到了文艺复兴时期是地上的人主宰万物，而浪漫主义诗人则让介于天和地之间的风统领万物。”[66]由于风在19世纪初的几十年里的浪漫主义诗歌作品中持续不断地得到了史无前例的运用，由于浪漫主义诗歌中风的运用在神话、宗教和宗教诗中都有大量先例可据，浪漫主义诗人从神话、原始观念中掘取文学素材，并把古代祈祷模式作世俗化的改变，这一事实本身是非浪漫主义诗人所莫属的，因此风“完全可以看成是浪漫主义特有的意象或典型形象”[67]。华兹华斯是浸润在西方文化中的，西方宗教、神话等元素浸透了他的骨髓，这自然在他的诗歌《序曲》中留下痕迹，这一点从“风”意象中可以得以印证。华兹华斯生活在英国社会由农业文明进入到工业文明的转型时期，对中世纪农业文明时期的乡村生活怀有浓郁的依恋之情，而对19世纪工业文明时期的都市生活则持怀疑态度。法国大革命爆发以后，他热情讴歌，大声疾呼，并且亲身奔赴法国参加斗争，但法国大革命中暴露出来的血腥与残暴很快让他失望，他情绪受到极大打击，心灵受到极大伤害。从法国返回英国后，他离开都市来到乡村，隐居于湖畔，潜心反思，从而创作出了《序曲》。他具有同其他浪漫主义诗人相同的宗教、社会、历史、文化等背景，但同时又具有独特的人生信仰、生活经历等。特别需要注意的是，在19世纪欧美浪漫主义诗人中，他是唯一一个亲自参加了法国大革命的。所以《序曲》中的“风”意象既沿用了《圣经》中的“风”意象，又注入了时代社会的元素，不仅具有其他浪漫主义诗人所创作诗歌中的“风”的一些共性，而且在一定程度上打上了自己的烙印，从而让这一意象格外引人注目。深入理解《序曲》中“风”的意象，有助于深入理解《序曲》这首诗与歌华兹华斯这位伟大的诗人。

**注释：**

[1] 关于“Wordsworth”，已出现了若干种汉译，目前见到的还有：华兹华斯、华滋华斯、华滋渥斯、华兹渥斯、渥兹渥斯、渥志华、华次活斯、华次活、华次华士、华茨活斯、华茨华斯、阜兹活斯、华滋华绥、涯茨沃兹、沃德沃斯、沃兹沃斯、华资渥斯、瓦池渥司、华治华司、威志威斯、胡慈华士、奂兹奂斯、华德司华斯、涡慈涡斯、华资活次，凡二十有五种。

[2] 赵光旭，《华兹华斯“化身”诗学研究》，上海：上海大学出版社，2010，第25页。

[3] *The Collected Poetry of William Wordsworth*，Ware：Wordsworth Editions Limited，1994，p. 206.

[4] 华兹华斯，《华兹华斯诗歌精选》，杨德豫译，太原：北岳文艺出版社，2000，第

126 页。

[5] *The Collected Poetry of William Wordsworth*, Ware: Wordsworth Editions Limited, 1994, p. 698.

[6] 威廉·华兹华斯,《序曲》, 丁宏为译, 北京: 中国对外翻译出版公司, 1999, 第194 页。

[7] *The Holy Bible*, Thomas Nelson Inc. ,1977, p. 1.

[8] 本文所引用的《圣经》汉语文本, 均由张叉翻译, 未公开刊发。

[9] *Holy Bible*, China Christian Council, p. 1.

[10] *The Holy Bible*, Thomas Nelson Inc. ,1977, p. 1.

[11] *Holy Bible*, China Christian Council, p. 3.

[12] *Holy Bible*, China Christian Council, p. 766.

[13] *Holy Bible*, China Christian Council, p. 799.

[14] "Job", *The Books of the Old Testament*, *Holy Bible*, China Christian Council, p. 798.

[15] *The Holy Bible*, Thomas Nelson Inc. ,1977, p. 79.

[16] *Holy Bible*, China Christian Council, p. 192.

[17] 吉欧·波尔泰编,《爱默生集》(上), 赵一凡、蒲隆、任晓晋、冯建文译, 北京: 生活·读书·新知三联书店, 1993, 第425-426 页。

[18] 杜维平,《以诗论诗——英国经典浪漫主义诗歌解读》,《外国文学》2003 年第4 期, 第43 页。

[19] Percy Bysshe Shelley, "Ode to the West Wind", *The Norton Anthology of English Literature*, M. H. Abrams, general editor, Sixth Edition, Volume 2, New York: W. W. Norton & Company, 1993, p. 678.

[20] 雪莱,《西风颂》(1819 年秋),《雪莱抒情诗全集》, 江枫译, 长沙: 湖南文艺出版社, 1996, 第189 页。

[21] 杜维平,《以诗论诗——英国经典浪漫主义诗歌解读》,《外国文学》2003 年第4 期, 第44 页。

[22] Samuel Taylor Coleridge, "The Eolian Harp", *The Norton Anthology of English Literature*, M. H. Abrams, general editor, Sixth Edition, Volume 2, New York: W. W. Norton & Company, 1993, p. 327.

[23] 柯尔律治,《风瑟》(1795 年8 月20 日), 华兹华斯、柯尔律治著,《华兹华斯、柯尔律治诗选》, 杨德豫译, 北京: 人民文学出版社, 2001, 第282 页。

[24] 转引自: 阿布拉姆斯,《意象与文学时尚》, 汪耀进编,《意象批评》, 成都: 四川文艺出版社, 1989, 第199 页。

[25] *The Collected Poetry of William Wordsworth*, Ware: Wordsworth Editions Limited, 1994, p. 632.

[26] 威廉·华兹华斯，《序曲》，丁宏为译，北京：中国对外翻译出版公司，1999，第1页。

[27] 第一卷注1，威廉·华兹华斯，《序曲》，丁宏为译，北京：中国对外翻译出版公司，1999，第26页。

[28] 第一卷注6，威廉·华兹华斯，《序曲》，丁宏为译，北京：中国对外翻译出版公司，1999，第26页。

[29] *The Collected Poetry of William Wordsworth*，Ware：Wordsworth Editions Limited，1994，p.632.

[30] 威廉·华兹华斯，《序曲》，丁宏为译，北京：中国对外翻译出版公司，1999，第2页。

[31] 第一卷注5，威廉·华兹华斯，《序曲》，丁宏为译，北京：中国对外翻译出版公司，1999，第26页。

[32] *The Collected Poetry of William Wordsworth*，Ware：Wordsworth Editions Limited，1994，p.634.

[33] 威廉·华兹华斯，《序曲》，丁宏为译，北京：中国对外翻译出版公司，1999，第6页。

[34] *The Collected Poetry of William Wordsworth*，Ware：Wordsworth Editions Limited，1994，p.674.

[35] 威廉·华兹华斯，《序曲》，丁宏为译，北京：中国对外翻译出版公司，1999，第123页。

[36] *The Collected Poetry of William Wordsworth*，Ware：Wordsworth Editions Limited，1994，pp.751－752.

[37] 威廉·华兹华斯，《序曲》，丁宏为译，北京：中国对外翻译出版公司，1999，第359—360页。

[38] 汪耀进编，《意象批评》，成都：四川文艺出版社，1989，第195页。

[39] 转引自：阿布拉姆斯，《意象与文学时尚》，汪耀进编，《意象批评》，成都：四川文艺出版社，1989，第203页。

[40] 转引自：阿布拉姆斯，《意象与文学时尚》，汪耀进编，《意象批评》，成都：四川文艺出版社，1989，第203－204页。

[41] 转引自：阿布拉姆斯，《意象与文学时尚》，汪耀进编，《意象批评》，成都：四川文艺出版社，1989，第204页。

[42] 转引自：阿布拉姆斯，《意象与文学时尚》，汪耀进编，《意象批评》，成都：四川文艺出版社，1989，第204页。

[43] *The Collected Poetry of William Wordsworth*，Ware：Wordsworth Editions Limited，1994，p.687.

[44] 威廉・华兹华斯,《序曲》, 丁宏为译, 北京: 中国对外翻译出版公司, 1999, 第 168 - 169 页。

[45] *The Collected Poetry of William Wordsworth*, Ware: Wordsworth Editions Limited, 1994, p. 734.

[46] 威廉・华兹华斯,《序曲》, 丁宏为译, 北京: 中国对外翻译出版公司, 1999, 第 311 页。

[47] *The Holy Bible*, Thomas Nelson Inc. ,1977, p. 234.

[48] *The Holy Bible*, China Christian Council, p. 547.

[49] *The Holy Bible*, Thomas Nelson Inc. ,1977, p. 329.

[50] *The Holy Bible*, China Christian Council, p. 777.

[51] *The Holy Bible*, Thomas Nelson Inc. ,1977, p. 325.

[52] *The Holy Bible*, China Christian Council, p. 762.

[53] *The Holy Bible*, Thomas Nelson Inc. ,1977, p. 324.

[54] *The Holy Bible*, China Christian Council, p. 759.

[55] *The Holy Bible*, Thomas Nelson Inc. ,1977, p. 99.

[56] *The Holy Bible*, China Christian Council, p. 242.

[57] *The Collected Poetry of William Wordsworth*, Ware: Wordsworth Editions Limited, 1994, p. 729.

[58] 威廉・华兹华斯,《序曲》, 丁宏为译, 北京: 中国对外翻译出版公司, 1999, 第 295 页。

[59] 苏文菁,《华兹华斯诗学》, 北京: 社会科学文献出版社, 2000, 第 31 页。

[60] *The Collected Poetry of William Wordsworth*, Ware: Wordsworth Editions Limited, 1994, p. 723.

[61] 威廉・华兹华斯,《序曲》, 丁宏为译, 北京: 中国对外翻译出版公司, 1999, 第 272 页。

[62] *The Holy Bible*, Thomas Nelson Inc. ,1977, p. 505.

[63] *Holy Bible*, China Christian Council, p. 1322.

[64] *The Holy Bible*, Thomas Nelson Inc. ,1977, p. 62.

[65] *The Holy Bible*, China Christian Council, p. 153.

[66] 杜维平,《以诗论诗——英国经典浪漫主义诗歌解读》,《外国文学》2003 年第 4 期, 第 43 - 44 页。

[67] 阿布拉姆斯,《意象与文学时尚》, 汪耀进编,《意象批评》, 成都: 四川文艺出版社, 1989, 第 220 页。

# A Critical Review on Cecily E. Hill's "Three Meals: Eating Culture in Toni Morrison's *Tar Baby*"

刘芹利

四川师范大学　外国语学院，四川成都　610101

**Abstract**: Cecily E. Hill has discussed in her paper "Three Meals: Eating Culture in Toni Morrison's *Tar Baby*" how food and eating reveal the deep relationship among different characters in *Tar Baby*. She compares and contrasts in three meals the relationship between the white island owner and his wife, their servants with Son, and the servants with their white employers at Chevaliers to explore the significance of eating in Morrison's novel. The analysis and argument of Hill is convincing and illuminating concerning her special insight into the domesticity of the characters of different race and gender. Thus, this article is significant in the field of food study in American literature.

**Key words**: Cecily E. Hill; Toni Morrison's *Tar Baby*; food and eating

Fred L. Gardaphe and Wenying Xu have stated in an introduction to MELUS papers, "Food tropes, metaphors, and images serve as figures of speech which depict celebrations of families and communities, portray identity crises, create usable histories to establish ancestral connections, subvert ideology and practices of assimilation, and critique global capitalism."[1] Toni Morrison's novel *Tar Baby*, to some degree, is a powerful illustration of this point. In this novel, food

**收稿日期**：2017 - 04 - 03

**作者简介**：刘芹利（1979—），女，四川宜宾人，英语语言文学硕士，四川师范大学外国语学院副教授，英语学科教学硕士研究生导师，主要从事英语语言文学研究。

and eating are important clues, "voicing the ineffable and witnessing people's suffering... as well as struggles..."[2]. Cecily E. Hill has also discussed in her paper "Three Meals: Eating Culture in Toni Morrison's *Tar Baby*" how food and eating reveal the deep relationship among different characters in *Tar Baby*[3].

Written by African American Toni Morrison, *Tar Baby* was published in 1981 and mainly tells a love story between Son, a handsome black sailor from America, and Jadine, a beautiful fashion model whose aunt and uncle work in the house of a wealthy and privileged white American, Valerian Street, who owns Isle des Chevaliers, a fictional island in the Caribbean. The novel, according to Cecily E. Hill, is full of "food imagery—the action begins with Son's lack of food after he lands on the island and culminates in Christmas dinner when the white landowners eat with their servants".[4] Thus, there exists a serious need for Hill to further study the food imagery in *Tar Baby*. In her article, she compares and contrasts in three meals the relationship between the white island owner and his wife, their servants with Son, and the servants with their white employers at Chevaliers to explore the significance of eating in Morrison's novel. Indeed the analysis and argument of Hill is convincing and illuminating concerning her special insight into the domesticity of the characters of different race and gender.

Hill begins her paper with a relatively detailed introduction to the meanings of food and eating (literature review), both with a broad overview and detailing specific aspects such as culture, politics, gender, and literature. She explains that the American media has made clear "for the average American that food is a practical means through which we may interpret our world, and that it is loaded with meaning".[5] She also mentions food may have economic implications as well as political power implications in people's relationships. Moreover, the relationship between women and food reveals women's desire, power, or position in the patriarchal society. She further reviews three recent studies on literature and food to illustrate the multiplicity of cultural meaning that makes up foodways in literature, so as to highlight the significance of the studies on food and eating in literature. She points out the limitation as well as the significance of her study because of the unique features of food narratives before fully exploring the patterns of the three meals in *Tar Baby*. She analyzes various and implied meanings of food and eating in the novel according to the literal appearance of three meals: the breakfast in the house of the Streets, Son's meal with the Caribbean Islanders, and the Christmas dinner of the Streets and their servants. In each of the meals, her dissection of the symbolic meaning of food and eating provides unique and deep insights into understanding the characters and the broader meanings of Morrison's novel.

Given the abundant and various symbolic meanings of the food in three major meals, as well as the multiple meanings of interpreting even one food, it's hard for Hill to cover all the implied meanings of the food and eating among the different characters, complex relationships. Some parts of Hill's argument seem somehow overlapping, especially when she tries to compare and expound the symbolic meaning of food in terms of class, gender, race, and politics in the three different meals because those symbolic meanings are indeed overlapping and intertwined in the different meals.

However, the whole article is structurally unified and intact in its clear and consistent argument, and it offers effective evidence in supporting the arguments. First of all, Hill's analysis and argument provide special insight into the domesticity of the characters of different races and genders, and it is in this respect convincing and inspiring. She has referred to not only the works of food memoirists, bloggers, investigative journalists, chefs, and film makers in order to show the common awareness of food as a practical means for people to interpret the world, but also to the writings of Carole M. Counihan,[6] Harriet Freidmann,[7] Susan Bordo,[8] Diane McGee,[9] Fred L Gardaphe,[10] Brad Kessler,[11] etc. She provided research in a systematic and overall context. Based on this research, her study from the perspective of food and eating in Morrison's novel reveals a narrative that focuses on domination as its central issue, especially in this ethnical author's writing. She writes, "the sheer quantity of Morrison's inclusion of food and foodways in her text has been previously noted and examined".[12] She reviews a small number of recent studies on the food description in Morrison's *Tar Baby*, including Andrew Warnes's *Hunger Overcome?: Food and Resistance in Twentieth-Century African-American Literature*[13] and Allison Carruth's "The Chocolate Eater': Food Traffic and

Environmental Justice in Toni Morrison's *Tar Baby*"[14]. After a quick comparison with these two studies about food imagery in *Tar Baby*, it's not hard to conclude that Hill emphasizes the various symbolic meanings of the three meals, mainly involving the Streets and their black servants together with a black sailor, Warnes mainly focuses on hunger embodied in the food and eating imagery in *Tar Baby*[15], while Carruth mainly analyzes hunger, consumption, and food traffic from the perspective of the environmental justice movement as well as postcolonial ecocriticism[16]. Thus, Hill's study presents readers with a special perspective in reading the novel, especially the first half of the story, which concentrates more on the complicated and subtle relationship between the white husband and wife, the white employer and black employee, and the black servants and the black guest than on the love story between Son and Jadine.

In the body of the analysis, Hill argues the various meanings of food in three main meals with effective evidences and logical analyses. Food, in Hill's eyes, functions as not only a "sign" but also a "social code." When she follows the trail of food, she gets a real picture among whites and blacks, which is far more complex than what Warnes claimed in his book (a white versus black dichotomy).[17]

In the first meal, the white island owner Velerian Street and his wife Margaret are talking about something while eating. Hill tries to draw readers' attention to that in the novel, remarking that Morrison spent a lot of words in describing the food, the white people's reflections on the food, and eating in that breakfast. Hill interprets the multiple meanings of pineapple in terms of different people. For example, she mentions that fresh pineapple seems offensive to Margaret because of the unhappy relationship between her and the white master. Moreover, the wife prefers canned or imported pineapple, and her husband prefers the fresh ones on his purchased island. The white island owner and his wife's preference for food, even though with some differences, in Hill's idea, "serves to illustrate the complex colonial relationship between the Streets and the Caribbean Islanders, and approaches the larger topic of worldwide imperialism."[18] Besides pineapple, they also talk about the food choices in the coming Christmas dinner. Through Hill's detailed analysis of the food choices, the power relationship between the white master and the black servants is clearly demonstrated: economic superiority and inferiority, cultural domination, and subordination.

In *Tar Baby*, Hill not only reveals the dichotomy between the white and the black and between the man and the woman from the perspective of food and eating, but also goes further to explore the relationships among the group of blacks. In the second meal she writes, "... Son's meal with the Caribbean Islanders illustrates his subscription to the masculine ideologies Valerian [the white master], too, upholds."[19] Then, she illustrates this point by citing some food descriptions in the novel about how the Caribbean Islanders, including the men and women, buy and get brown sugar, goat meat, and black coffee to prepare a meal for Son. Then, Hill points out that sugar, meat, and black coffee are luxuries the local servants served Son, which indicates that Son holds cultural power over them. That is, "Son's identity is defined by these luxuries he consumes."[20] He is willing to consume the food at the expense of others, which shows his superiority over other servants here. Hill also mentions the women's situation when it comes to the food preparation and consumption. Hill's analysis of food draws a line between and the local servants, between male and female. At nearly the end of the second meal in her article, she concludes that "oppressed himself by white American culture, Son, is nonetheless complicit in the oppression of other people either men or women."[21] Through Hill's detailed dissection of food imagery in Son's meal with the local servants, something hidden underneath has been revealed, making the reader reevaluate Morrison's novel.

Lastly, the Christmas dinner, which can be regarded as the climax among the three meals—the important clues in the first part of the novel, evidently reveals the complicated relationship of being served and serving among the various characters including white master, his wife, the black guest, the other black servants, together with Jadine. As for this, Hill sums up, "The Christmas dinner... offers an illusion of equality"[22] after she dissects their social intercourses in the Christmas dinner. Furthermore, the absence of Gideon in the Christmas dinner, according to Hill, reflects the inferior position of the black servant as well as "the lack of democracy".[23] However the total neglect of the female servant, who is also absent in this dinner, expresses that a black woman is of a more inferior position compared with a black man. So in this sense, Hill gives a more sophisticated and comprehensive analysis of the relationship among the people of different class, race, gender, and social background.

Hill's detailed dissection from the perspective of food and eating in three meals uncovers the complicated relationship among different people on that island: the superiority of the white master over his wife, servants, Son, and Jadine; the subordination relationship between Valerine and Margaret; Margaret's superiority over the servants; Son's superiority over the black servants; the black men's superiority over the black women. Throughout the whole academic article, the writing style is smooth, the structure is unified and intact, the argument is convincing, and the conclusions are justified. Given that it is carried out from a particular perspective with a comprehensive literature review and clear and convincing arguments, Hill's study is valuable and illuminating in the field of food studies, together with ethnical studies.

**Notes**:

[1] Gardaphe, Fred L., Xu, Wenying, "Introduction: Food in Multi-ethnic Literature", *MELUS*, 2007, Vol. 32, No. 4, p. 5.

[2] 刘芹利, "On Food and Eating in Three Chinese American Women Writers' Novels", 张叉主编《外国语文论丛》第4辑，成都：四川大学出版社，2010，第250页。

[3] Hill, Cecily E., "Three Meals: Eating Culture in Toni Morrison's *Tar Baby*", *Midwest Quarterly*, Spring, 2012, Vol. 53 (3), pp. 283 - 298.

[4] Hill, Cecily E., "Three Meals: Eating Culture in Toni Morrison's *Tar Baby*", *Midwest Quarterly*, Spring, 2012, Vol. 53 (3), p. 287.

[5] Hill, Cecily E., "Three Meals: Eating Culture in Toni Morrison's *Tar Baby*", *Midwest Quarterly*, Spring, 2012, Vol. 53 (3), pp. 283 - 284.

[6] Counihan, Carole M., "Bread as World: Food Habits and Social Relations in Modernizing Sardinia", *Anthropological Quarterly*, 1984, 57: 2, pp. 47 - 59.

Counihan, Carole M., "Female Identity, Food, and Power in Modern Florence", *Anthropological Quarterly*, 1988, 61: 2. pp. 51 - 62.

Counihan, Carole M., "Food Rules in the United States: Individualism, Control, and Hierarchy", *Anthropological Quarterly*, 1992, 65: 2, pp. 55 - 66.

[7] Freidmann, Harriet, "International Political Economy of Food: A Global Crisis", New Left Review, No. 197, Jan. /Feb. 1993, pp. 29 – 57.

[8] Bordo, Susan, "Hunger as Ideology", *Eating Culture*, Ed., Ron Scapp and Brian Seitz, Albany: State University of New York Press, 1998, pp. 11 – 35.

[9] McGee, Diane, *Writing the Meal: Dinner in Fiction of Early Twentieth Century Women Writers*, Toronto: University Toronto Press, 2001, pp. 1 – 221.

[10] Gardaphe, Fred L and Xu, Wenying, "Introduction: Food in Multi-ethnic Literature", *MELUS*, 2007, Vol. 32, No. 4, p. 5.

[11] Kessler, Brad, "One Reader's Digest: Toward A Gastronomic Theory of Literature", *The Kenyon Review*, 2005, 27: 2, pp. 148 – 65.

[12] Hill, Cecily E., "Three Meals: Eating Culture in Toni Morrison's *Tar Baby*", *Midwest Quarterly*, Spring, 2012, Vol. 53 (3), p. 287.

[13] Warnes, Andrew, *Hunger Overcome: Food and Resistance in Twentieth Century African-American Literature*, Athens: University of Georgia Press, 2004, pp. 125 – 164.

[14] Carruth, Allison, "The Chocolate Eater: Food Traffic and Environmental Justice in Toni Morrison's *Tar Baby*", *Modern Fiction Studies*, 2009, 55: 3, pp. 596 – 619.

[15] Warnes, Andrew, *Hunger Overcome: Food and Resistance in Twentieth Century African-American Literature*, Athens: University of Georgia Press, 2004, p. 5.

[16] Carruth, Allison, "The Chocolate Eater: Food Traffic and Environmental Justice in Toni Morrison's *Tar Baby*", *Modern Fiction Studies*, 2009, 55: 3, p. 597.

[17] Warnes, Andrew, *Hunger Overcome: Food and Resistance in Twentieth Century African-American Literature*, Athens: University of Georgia Press, 2004, p. 5.

[18] Hill, Cecily E., "Three Meals: Eating Culture in Toni Morrison's *Tar Baby*", *Midwest Quarterly*, Spring, 2012, Vol. 53 (3), p. 287.

[19] Hill, Cecily E., "Three Meals: Eating Culture in Toni Morrison's *Tar Baby*", *Midwest Quarterly*, Spring, 2012, Vol. 53 (3), p. 291.

[20] Hill, Cecily E., "Three Meals: Eating Culture in Toni Morrison's *Tar Baby*", *Midwest Quarterly*, Spring, 2012, Vol. 53 (3), p. 292.

[21] Hill, Cecily E., "Three Meals: Eating Culture in Toni Morrison's *Tar Baby*", *Midwest Quarterly*, Spring, 2012, Vol. 53 (3), p. 293.

[22] Hill, Cecily E., "Three Meals: Eating Culture in Toni Morrison's *Tar Baby*", *Midwest Quarterly*, Spring, 2012, Vol. 53 (3), p. 295.

[23] Hill, Cecily E., "Three Meals: Eating Culture in Toni Morrison's *Tar Baby*", *Midwest Quarterly*, Spring, 2012, Vol. 53 (3), p. 295.

# “他者文明”的诠释者纳蒂·班波
## ——从文学人类学角度看库珀的《拓荒者》

杨　华[1,2]

1. 湖南城市学院　人文学院，湖南益阳　413000

2. 四川大学　文学与新闻学院，四川成都　610065

**摘　要：** 库珀在其小说《拓荒者》中展示了白人拓荒者“先进文明”的社会生活方式与印第安人等原住民“原始野蛮”的简单生活方式之冲突，并成功地创造了“皮袜子”纳蒂·班波这一“白皮红骨”的理想化白人英雄，从而既充分表达了对自身白人主流文化中野蛮行径的不满和失望，也表达了其亲自然的简单生活理想。借助他者文明，库珀赋予纳蒂·班波的正是他本人所企盼的那种既热爱自由、坚持正义、勤劳勇敢，又能与大自然和谐相处的处于主流文化地位的白人群体所应具有的高尚品质。

**关键词：**《拓荒者》；纳蒂·班波；他者文明；亲自然

## 引　言

美国西进运动可以说是美国历史上人类征服自然的一曲浪漫传奇，其对美国版图的最终成形及美利坚民族性格的塑造都起着重要的作用，因而在美国历史上也有着十分重大的意义，后来深受其影响并以其为题材的美国诗人作家也不计其数。出生于美国新泽西州的詹姆斯·费尼莫尔·库珀（James

**收稿日期：** 2016－12－01

**作者简介：** 杨华（1975—），男，湖南邵阳人，四川大学文学与新闻学院2014级比较文学与世界文学专业比较文学方向博士研究生，湖南城市学院人文学院讲师，主要从事英美文学、文化及比较文学研究。

Fenimore Cooper，1789—1851）就是其中最有代表性的一位。作为第一个蜚声世界的美国作家及美国文学真正的先驱者和奠基人之一，库珀以美国西部拓荒史为题材，主要描写以绰号名为“皮袜子”的猎人纳蒂·班波（Natty Bumppo）为主要人物的美国西部边疆五部曲——《皮袜子故事集》，这正是对美国西进运动中的拓荒史一种特别的诠释。

作为美国文学本土化的开创鼻祖，库珀反映美国西部边疆生活的《皮袜子故事集》（*Leather-stocking Tales*）主要包括《拓荒者》（*The Pioneers*，1823）、《最后的莫希干人》（*The Last of the Mohicans*，1826）、《草原》（*The Prairie*，1827）、《探路者》（*The Pathfinder*，1840）和《弑鹿者》（*The Deerslayer*，1841）五部长篇小说，主要叙述了美国西部原始森林中的猎人“皮袜子”纳蒂·班波从青壮年到老年的整个传奇人生，描绘了前后约六十年间，从美国北方的五大湖区和东部的纽约州直到西部草原的西进拓荒过程中所发生的惊心动魄的斗争和社会深刻的历史性变化，再现了美国社会早期的拓荒史，绘成了美国社会早期发展的巨幅历史画卷。正是这五部曲奠定了库珀在美国文学史乃至世界文学史上的重要地位，对美国后来的西部小说产生了巨大的影响，至今仍拥有不少的读者，也不乏源源不断的研究者从历史文化、后殖民及生态意识等不同的角度对其展开全方位多层次的分析与阐述。本文拟从文学人类学的角度切入，分析探讨作者库珀在他描写美国西部边疆风土人情的五部曲——《皮袜子故事集》之一的《拓荒者》中成功塑造的主要人物纳蒂·班波的生动形象背后所倾注的历史文化意蕴。

库珀在其《拓荒者》中讲述了美国独立战争结束后不久的美国西部边疆的一个小城镇的生活，主要描写了主人公“皮袜子”纳蒂· 班波及原住民印第安人简单自由的狩猎生活方式和淳朴、正直的道德原则同拓荒者们新建立起来的资产阶级文明社会之间的矛盾和冲突。正是在那广袤无垠、资源丰富的西部草原，库珀看到了无限光明的开拓未来，更看到了拓荒者们所谓的“先进文明”的社会生活方式与印第安人等原住民“原始野蛮”的简单生活方式冲突之所在。通过对白人拓荒者所谓的“先进文明”的社会生活方式与印第安人等原住民“原始野蛮”的简单生活方式冲突之展示，成功地塑造了“皮袜子”纳蒂·班波这一“白皮红骨”的主人公理想化的英雄形象。本文主要将从白人拓荒者“先进文明”的社会生活方式与印第安人等土著居民“原始野蛮”的简单生活对比及“白皮红骨”的理想主人公“皮袜子”纳蒂·班波的英雄形象三个方面进行分析，探讨其背后的文学人类学内涵。

## 一、“先进文明”的白人拓荒者的“野蛮”

随着18世纪美利坚合众国的诞生，18世纪末到19世纪上半期，美国社会以前所未有的速度快速发展，其国土面积迅速扩张，从最初仅有的小面积的东部13个州不断向西延伸，很快延伸扩张成为横跨整个北美大陆的世界大国，而太平洋沿岸的大片有待开发的西部疆土不仅仅为美国人提供了优美旖旎的自然风光，更给美国带来了无限丰富的自然资源，也给那些迫不及待想发家致富的白人拓荒者提供了大量攫取财富的机会。在美国白人拓荒者的眼中，大自然是人类需要征服的敌人，在他们看来，大自然拥有取之不尽、用之不竭的资源。因此，大批的白人拓荒者怀着自己贪婪的财富梦，络绎不绝地涌入了美国西部。白人拓荒者的到来确实给西部带来了“先进”的人类社会文明，但他们更多的是对西部土地资源、矿产资源、森林资源乃至鸟类、鱼类等生物资源的大肆开采和掠夺，也是对西部美好的自然风光的任意践踏和破坏。

作为美国白人拓荒者的杰出代表，智慧且富有的坦普尔法官以及他那接受过最先进教育的女儿伊利莎白即是美国白人先进文明的象征。坦普尔法官幽默风趣又有学识，“特别是那双又大又蓝而又表情丰富的眼睛，充分表明他是一个非常睿智的家伙”[1]。他的女儿，作为在白人先进文明中成长起来的年轻一代，温柔、安静，有教养。他们是虔诚的基督教徒，且仔细诵读《圣经》，每日祈祷，按时去做礼拜，他们以自己的宗教信仰为傲。作为白人拓荒者，他们走在时代的前沿，他们衣着华丽，有着最先进的交通工具，住在整个区域内最豪华的住宅里，他们那宫殿似的豪宅往往光设计就花了几年的时间，一般都是由巨石与高级木料建成，豪宅四周往往由从欧洲运回的白杨树装扮。在一定程度上，豪宅也是白人先进文明的象征。

然而，以比利、理查德等为代表的许多“文明”的拓荒者们在对待大自然及大自然中的所有物时，却露出了他们野蛮凶残的真面貌。例如，当认为森林是敌人的比利·科比砍伐树木时，他绝不会“手软”。在比利的眼里，森林就是魔鬼，森林中的树木只不过是会阻碍他进步的障碍。在他看来，只有当这些“绊脚石”被搬走了，他才可以种植农作物，过上更好的生活。被他砍伐的树木成千上万，难怪当地人都叫他“疯狂的樵夫”。不仅如此，为了得到槭树汁液，他毫不留情地在树上凿了很多洞，而这几乎摧毁了这些树。连睿智的坦普尔法官都无法容忍比利这样的行为，开始咒骂比利。因为坦普尔法官较早地认识到了自然资源正在迅速地逐日递减，他认为人类应该尽力为他们的后代节约资源，而不是浪费有限的自然资源。

又如，每年春天来临的时候，会有无数候鸟飞越拓荒者的居住地。每当此时，这些白人拓荒者们便会毫无节制地杀死那些无辜的生命，绝不手软，仅因为他们认为鸟类会损害农作物，并以此为借口，组织大规模的捕猎活动。比如，他们每年都会举行一次鸽子射击比赛，为了赢得比赛他们都迫不及待地使用威力强大的武器，场面异常惨烈：“轻武器的声音愈发剧烈，平原上箭弹齐发，无数飞禽夺路逃命，犹如乌云铺天盖地，一缕缕青烟从山上的矮树丛中升起，无数惊弓之鸟在逃命中丧生。”[2] 当无数的鸽子随着枪炮声应声坠地时，这些如屠夫般残忍的拓荒者们会变得异常兴奋和激动，而且比赛活动的组织者理查德和比利等人认为，他们不仅赶走了“魔鬼”，还为当地人带来了足够的食物和羽毛。但是实际情形却是大部分参赛者只带走了少量的鸽子作为食物，却任凭成千上万的鸽子或立刻掉落在地上一动不动，或在地上痛苦地挣扎直至最后可怜地死去。不管怎样，这些鸽子的最终命运都是相同的，那就是在地里慢慢地变质腐烂，最后消失。这种野蛮和浪费的行径也引起了较有远见的坦普尔法官的关注。当人们为他们的胜利欢呼时，坦普尔法官再也忍受不了了，他叹息道：“这根本不是胜利。我看到的只是无数生命恐惧和无奈的眼神。看看吧，被你们射杀在地的鸟儿将近有一半还活着。”[3]

同样野蛮的浪费行为也在欧茨沟湖（Otsego Lake）上演。当地白人拓荒者喜欢用大渔网捕鱼，这样他们一次能捕捉到最多的鱼，以此带来最大的刺激。白人渔民们通常一次可以捕获成千上万的鱼儿。然而，只有少数的鱼会被吃掉，其中大部分仍留在地上，任凭它们腐烂。

作者库珀对这些白人拓荒者的行为是失望的，也是愤怒的，除了通过借助像坦普尔法官这样有“远见”的白人拓荒者来表达自己的担忧和不满外，作者更是借助对冲突中的另一方即印第安原住民的他者“文明”的成功塑造来加以表述。

## 二、“原始野蛮”的他者“文明”

在小说《拓荒者》中，与“先进文明”的白人拓荒者“野蛮行径“形成鲜明对照的是“原始野蛮”的印第安原住民的“文明行为”。首先，我们来看看小说《拓荒者》的第 23 章开头，我们就可以真切地感受到库珀笔下季节变化的美丽图景：

> 季节的变化如此之快，再也不像从前那样缓慢拖沓。白天温度宜人，即使到了夜晚，人们也不会感觉到霜冻的寒冷。湖边萦绕着夜鹰婉转的歌声，池塘和草坪慷慨地把这天籁之音传向远方。白杨的叶子在林间微微舞动，植物的新绿和松树、铁杉的常青色融成一体，远山也不再灰暗，就连迟发的橡树花蕾也在翘首期盼夏天的约会，快乐的蓝色知更鸟和勤劳的鹪鹩如约前来，伴着歌声，翩翩起舞。翱翔的鱼鹰早已盘旋在欧茨沟湖边，贪婪地巡视着他的猎物。[4]

在这里，库珀描述了一个还没有被工业文明损毁的大自然的生态和谐场景，具有一种悠然自得的生态和谐美，她为生活在这里的印第安人提供了一种充满诗情画意的生存环境，她是如此的纯净而又清新，为他们提供了丰富的食物、水和其他生活必需品，使他们能够过上简单、平静却也十分幸福的生活。不同于生活在“先进文明社会”中的白人拓荒者们，这些印第安原住民从不违背大自然的生态规律，他们崇拜自然，并与之和谐相处。一方面，大自然为他们提供了优美的生活环境，满足了他们的基本生活需求；另一方面，对他们而言，自然资源是其基本生活需求，是其生命所托，而非追求物质利益的方式，因而他们对大自然充满了特殊的感情，他们感谢大自然的馈赠，他们爱她、尊重她、保护她，他们与自然的相处是完美的，是和谐的。

因此，在库珀的笔下，印第安人可以说是大自然真正的孩子，因为他们与大自然的亲密关系是出自其本性的，是如此的纯洁，如此的自然而没有任何功利的目的。他们热爱并尊重自然，是因为在他们的心里，自然是神圣无比的。在《拓荒者》中，印第安原住民与地球上万事万物和谐相处，他们把森林当成自己的家，把森林看成是生物群体中不可或缺的一部分，并尽最大的努力保护它。他们也会砍伐树木，但他们这样做的目的只有一个，就只是为了建造自己住的房子，他们从不砍伐比他们的需要还多的树木，也从未想过利用森林资源来获取利益。尽管大自然为他们提供了丰富多样的资源，但他们向大自然索要的却只是些刚好能满足基本生活需求的东西，他们自觉地限制打猎的数量，只要得其所需，便从不贪求大自然给予更多。

然而，由于白人拓荒者所带来的战争及贪婪而又无休止的砍伐、发掘，印第安原住民往往流离失所，无家可归，作为其中典型代表之一的印第安人约翰似乎就是“原始，野蛮，与落后的化身”。例如，在物质生活方面，约翰过着比白人拓荒者落后得多的生活，他住在林中，与野兽为伍。他的行踪飘忽不定，没有固定的住所。在白人的眼里，他过着原始的生活，显得野蛮与无知，看起来就像一个怪物：

> 他头顶那又长又黑浓密而又粗糙的毛发遮住了他的前额，耷拉在两边的脸颊上……眼睛虽然不大，但那黑色的眼珠在烛光的映衬下闪闪发亮，当他扫视整个大厅时，就像两个明亮的火球一样…… 他的身上披着一张没有加工过的鹿皮，因怕它从肩膀上滑落，又特地在腰部用树皮带束了一下。[5]

他曾是印第安人部落的首领，然而却信仰基督教。他虽然加入了基督教，却总是违反基督教教义，他对现代文明更是一无所知。与那学识丰富而又睿智的坦普尔法官和他那接受过先进文明教育而又温柔有教养的女儿伊利莎白相比，确实相差悬殊。然而，小说的结尾，在森林火灾发生之前，约翰与伊利莎白有一次意味深长的对话。在对话中，约翰第一次袒露出自己的怨愤。他先是哀伤地回忆了自己年轻时部落的美好生活，继而痛斥了白人虐待印第安人的暴行：

> 孩子，上天赐给你父亲白色的皮肤，却给了我红色的皮肤，然而他赋予了每一个人流着同样血液的心脏。年轻时，它活跃而温热，年老时却迟缓而冷却下来。不同肤色下的这一切有什么不同吗？没有。约翰曾经也有自己的妻子，三个儿子的母亲，如果她有女儿也一定会让特拉华的年轻人幸福。她善良温顺，孩子，你觉得约翰会不爱他的妻子，孩子们的母亲吗？[6]

然而，他这一切的幸福生活在白人拓荒者到来之后便终结了，老约翰最后决定跟随他自己的部落庄严地死去，却毫不犹豫地把生存的希望留给了同情印第安人遭遇的白人法官的女儿伊利莎白。老约翰的惨痛经历和最后的无私选择也进一步揭示了白人拓荒者的残忍、冷酷与自私，而老约翰出自本性的善良更是对披着“先进文明”外衣的白人拓荒者的莫大讽刺。正是借助对这种印第安土著人的他者文明的成功建构，白人拓荒者的“先进文明”与印第安原住民的“原始生活”形成了鲜明的对比，进一步突出了白人拓荒者自诩为主流文化的“先进文明”的缺陷和不足，也突显出了作者对白人主流“先进文明”的深深担忧和痛心疾首。这也许便是作者库珀要浓墨重彩塑造“白皮红骨”的理想化英雄纳蒂·班波的重要原因吧。

## 三、“白皮红骨”的理想者：纳蒂·班波

诚然，理想化英雄纳蒂·班波是小说《拓荒者》中作者着意塑造的典型人物，这是一个目不识丁却又富有白人智慧，深谙白人文化，同时又兼有印第安人生活习惯和生存能力的“荒野中的贤哲”，一个保护西部边疆的英勇“卫士”。小说中的主人公们几乎都经历过那个种族间相互仇杀的年代，其实在那个年代白人拓荒者要生存和发展，他们与其他种族之间的利益冲突是不可避免的。然而在库珀的小说《拓荒者》中，白人猎手纳蒂·班波几乎一字不识，当然也缺乏白人自诩为“文明人”的学识和修养，但是他对周围世界发生的一切持有基本的道德判断准则，不会像其他的白人拓荒者一样违背大自然的生物规律，对大自然进行无休止的贪婪索取和疯狂掠夺。也许正因为纳蒂·班波没有被主流的白人文化完全“文明化”，因而他才会与其印第安人朋友成为生死之交，他才会一直徘徊在印第安土著和白人拓荒者之间，身为白人却常与印第安人为伍。

在《拓荒者》中，我们细读小说就会发现：纳蒂·班波过着典型的印第安人式的生活。他住在小木屋里，而不是住在用大量树木建造的豪宅里。作为猎人，他只在自己需要食物的时候捕杀仅需的动物。他从不捕杀超过自己需要以外的动物。实际上，他认为浪费自然资源是有罪的。他拒绝参加射杀鸽子的比赛，因为他认为超出需求的射杀是非常可怕的，是疯狂的，是变态的。他十分珍惜大自然的原始美，十分反对人类对大自然的种种过分的扰乱和破坏。在整部小说中，纳蒂·班波始终坚持着自己对环境的特殊观点，而且始终以自己独特的方式实践自己保护环境的行动。他不断抵制其他白人拓荒者浪费资源的诱惑，拒绝与其他拓荒者合作剥削、掠夺自然资源。当越来越多的白人拓荒者涌入该地区时，纳蒂·班波开始变得焦虑起来。在他看来，该地区越发展，聚居的人越多，该地的环境就会被破坏得越严重。因此，他强力谴责他的白人同伴在不断向西拓展的过程中破坏环境的行为。

纳蒂·班波虽然是一个白人，但他几乎精通所有森林捕猎技术，拥有杰出的印第安人朋友，比如约翰。他似乎已经完全进入了印第安人的世界，与

大自然有着非常密切的关系。他从小在森林中长大，所以他一直受教于大自然。他所读过的唯一的书，就是由大自然所展示的，比如茂密的森林和广阔的湖泊。这也是他唯一感兴趣的书，读起来十分地轻松，也特别惬意。他发现大自然这本书充满了无限的智慧和丰富的知识，能从中学到很多有益的东西。在《拓荒者》这部小说中，展现在读者面前的他是一个有着特别灵敏的感官，又能不借助科学帮助而追求学问的人。他就像一个大自然的哲学家，尽管他没读什么书，却深受大自然的无限启发和教育。在他看来，所有印刷出来的东西都没有大自然在天空、森林、河流和大地上的其他生物上所打下的烙印那样真实，那样美丽。纳蒂·班波认为大自然便是造物主仁爱与威严的显示，她集美景与权威于一身。在他眼里，大自然的一切都是无比的迷人和有无限的吸引力的。在他听来，大自然的声音是世界上最美妙的音乐，他甚至把大自然当成自己的情人，看成是存在于美丽自然界中的任何地方的心上人。她可能在蒙蒙细雨中挂上枝头，可能是闪闪发光的草地上的露珠，蓝天中飘浮的白云，森林里歌唱的鸟儿，或是缓解自己口渴的清凉的泉水。在此，我们可以发现：作为一个理想化的英雄形象，纳蒂·班波心中充满了对自由的无限向往，对大自然的无比热爱，他既慷慨大度，见义勇为，又富有同情心和正义感。

## 四、结语

通过以上对小说文本的解读与分析，我们可以发现：在《拓荒者》这部小说中，白人拓荒者所谓的“先进文明”与印第安人的“原始野蛮”已然形成了鲜明的对比。在这两者的对比中，孰劣孰优可以说是不言自明的。而作者库珀对前者的不满乃至无比的失望，及其对后者看似原始野蛮的简单生活的喜欢与青睐也就跃然纸上了。那么作者库珀为什么还要不惜多费笔墨，多此一举精心塑造一个“白皮红骨”的理想化的白人英雄纳蒂·班波呢?

我们掩卷深思，多加探究就不难发现：作者库珀作为一名白人作家，深深浸染在白人主流文化背景之中，深深的白人文化优越感导致其不愿也无法将白人拓荒者看来低其一等的印第安文明直接作为其认同的对象。其实，即使作者自己能够在一定程度上认同，而他的小说所要面对的广大白人读者会不会认同，这是作为作家的库珀不得不考虑和面对的问题。因此，塑造纳蒂·班波这个“白皮红骨”的理想化的白人英雄人物，既是对印第安“他者文明”的一种新的诠释，也是作者自身“亲自然理想”化身的寄托。

至此，作者通过白人拓荒者“先进文明”的社会生活方式与印第安人等原住民“原始野蛮”的简单生活方式之对比，并借助对纳蒂·班波这一人物形象的成功塑造，既充分表明了自己对“先进文明”的白人拓荒者所代表的自身主流文化在西进运动中所做出的野蛮行径的不满和失望，也表达了以其自身为代表的白人主流文化中亲自然的简单生活的理想。换言之，我们可以说作者库珀赋予主人公纳蒂·班波的正是他本人所企盼的那种既热爱自由、坚持正义、勤劳勇敢，而又能与大自然和谐相处的处于主流文化地位的白人群体所应具有的高尚品质。

**注释：**

[1] Cooper, James Fenimore, *The Pioneers*, New York: Airmont Publishing Company, Inc. ,1964, p. 16.

[2] Cooper, James Fenimore, *The Pioneers*, New York: Airmont Publishing Company, Inc. ,1964, p. 189.

[3] Cooper, James Fenimore, *The Pioneers*, New York: Airmont Publishing Company, Inc. ,1964, p. 193.

[4] Cooper, James Fenimore, *The Pioneers*, New York: Airmont Publishing Company, Inc. ,1964, p. 194.

[5] Cooper, James Fenimore, *The Pioneers*, New York: Airmont Publishing Company, Inc. ,1964, p. 67.

[6] Cooper, James Fenimore, *The Pioneers*, New York: Airmont Publishing Company, Inc. ,1964, p. 308.

# Repressed Tears: An Analysis of Tension in "I'll Not Weep"

谢春月

四川师范大学　外国语学院，　四川成都　610101

**Abstract**: "I'll Not Weep" is a poem written to a person who is already dead. The emotions in the poem are complex. Deeply hidden sentiment and mental activities are discovered by analyzing the tension in this poem. On the structural level, the length of the poem is short, while the form of mourning is long lasting. Concerning the genre, it is a lyric poem with narrative scenes beneath the surface. On the emotional level, tension is created by contrasting images, profound metaphors, paradoxical actions, and ambiguous words.

**Key words**: "I'll Not Weep"; Emily Jane Brontë; tension

Emily Jane Brontë composed a world famous novel, *Wuthering Heights*. She has another role as a most excellent woman poet with nearly two hundred extant poems. [1] Although influenced by Romanticism, Emily's poems never stick to a general style. They are vigorous and creative. [2] Her poems are innovative and profound, strong, concise in language, and sincere in emotions. Many of them are filled with opposing images, which create effective contrast and express profound emotions. It is reasonable to categorize her poems into modern poetry considering their artistic features. [3] This analysis focuses on the tension in the

---

**收稿日期**：2016－08－29

**作者简介**：谢春月（1991—），女，四川自贡人，四川师范大学外国语学院英语语言文学专业英美文学方向硕士研究生，成都翻译协会乡土文学翻译专委会委员，论文《罪的狂欢——〈阿姆斯特丹〉"堕落"主题的伦理分析》获得第二届四川省高校外语专业硕博学术论坛一等奖，现主要从事英美文学研究。

poem "I'll Not Weep"[4] through its characteristics of structure, form, and emotions, and explores their aesthetic effects.

## I. Stretching Conciseness

In the 1930s, "tension" was first introduced into poetics by Allen Tate, which, according to his explanation, was taken from the second half shared by "extension" and "intension". Therefore, it is to some extent suggested of having combined the internal and external interaction of literary works.[5] In the view of Tate, a poem full of tension should have explicit extension meanings and rich intension meanings.[6] Robert Penn Marten proposed that the essential quality of poetry is tension. He even gave a definition of tension: tension comes between the rhythm of poem and the diction, the concrete and the abstract, the special and the general, the beautiful and the ugly, and so on.[7] In comparing the brief structure with the lasting tinge of pathos, there is short and long tension. Although there are only sixteen lines in the whole poem, the sentence "I'll not weep" and its similar expressions exist in almost every stanza. The speaker decides or declares that she will not weep for the hearer's leaving. However, the repetitive expression allows us to understand her deep mournful inside. That is what the repetition provides for the effect of underlying sentiment.

Like many of her other poems, this poem is *abab* rhymed, which is the most fundamental and popular rhyme in English poetry.[8] The end rhyme pattern of the poem is *abab cdcd efef gaga*. The first rhyme is /iː/ from "me". Then it turns to /ɪə/ from "here" and "there". And the next is /ɔːrɪ/, /uːm/, and so on. The most noteworthy is that the last rhyme is the same as the first one, which tactfully constitutes a resonating circle in sound. The repetition of rhyme sounds like an endless murmur of a despair from a person who has just lost her beloved. All she can do is merely murmur by herself and deny her loss and heavy trauma. Although the poem is very concise, the rhythm of the poem—beginning and ending with the rhyme /iː/—suggests that the sentiment in the poem will never end. If we read the poem as a short section of a lament, then the rhyme / iː/ makes it seem like one tracked on a gramophone endlessly. Emily spent her life in solitude. She enjoyed staying in her own world, imagining and dreaming. Janet Gezari asserted, "the life of the poems and her novel was not a life of doing with others but a life of watching alone". [9] Likewise, "I'll Not Weep" is such a poem in which the narrator tastes loneliness and bitterness alone.

With the contrast of the concise length with the extensive sentiment expression, the poet has vividly shown her sentiment and pathos, giving the aesthetic effect of tension on the structural and rhythmical level.

## II. Narrative Lyric

Lyric poetry is a formal type of poetry that expresses personal feelings or emotions, typically written in the first person. Louis Chevalier de Jaucourt described lyric poetry as a type of poetry devoted to sentiment, which is its substance and its essential object. [10] As a lyric poem, "I'll Not Weep" not only contains the beauty of sentiment, but also affords a series of scenes which narrate the leaving of the hearer.

Beneath the lyric structure, we can see a series of narrative scenes in front of us in which the speaker, a tearful woman without any intense expression on her face, is sitting beside a tomb. At the beginning, she tells the hearer that she will not weep for his leaving, because the world is not lovely any more. There is no need to be mournful for the old days. This lady seems depressed and pale. Then, she continues to say that she will not weep because she knows it is a natural law that all things will expire. After a while, she begins to sob, saying how anguished and filled with despair she is. Yet, there are still other years to limp through on her own. Her emotions turn to agitation. However, she restrains her tears and shows calmness. She must live with the truth after all. Behind the anguish, the poem is also tinged with some sense of complaining—the complaint for her being alone. The speaker is in despair of his death, which she cannot change. She feels both angry and helpless in front of destiny—even though she knows death is the ultimate end of every man and tears can do nothing for it. She cannot help but complain and feel gloomy. Nevertheless, she still maintains her elegance and calmness in the face of implacable destiny.

After exploring the inner world of the narrator, we see more clearly the complicated feelings of her under the mask of calmness, and it mainly comes from the effect of tension built by the gap between the external emotions and internal pathos. We can also penetrate into her deep soul and know her strong and tolerant soul by means of analyzing the concluded scenes presented by this lyric poem.

## Ⅲ. Tearless Sorrows

Sentiment is the core of a lyric poem. Emily's poems incline toward melancholy.[11] It seems that all the things and all the events in the world are elegiac. The depressed background of environment and strongly flowing pathos echo each other. Emily's poems are filled with melancholy and the sublime, rough and firm. They are filled with the power of pathos, yet they are far from softness and gentility, which would usually be found in the poems of many other women poets.[12]

(1) Contrasts in Imagery and Profoundness in Metaphors

It is important for a poem to inspire perceptions and create empathy.[13] Emily's poems display a preference for opposite image pairs. In "I'll Not Weep", there are both "summer's glory" and "gloom" of "winter", which provide a contrast between bright and dark. As an accomplished sketch artist, Emily also uses visual arts in her poems. She applied color contrast to protrude the main images and present emotional intentions.[14] Summer and winter are traditionally depicted as mortally opposite in many literary works. The contrasts between them are obvious. In the UK, the weather condition in winter is extremely harsh. However, the summer there seems so lovely because it is not so hot, but rather pleasant.[15] That is why Shakespeare would write "Shall I compare thee to a summer's day?"[16] In "I'll Not Weep", summer is related to glory, while winter is related to anguish, despair, and gloom. There is also the beginning of "happiest story" and the ending of "tomb", which reflect a contrast between life and death, freedom and confinement. These images present tension between the bright world of life and the dark world of death. As for freedom and confinement, it is worth asking who the freer person is in this occasion—the dead or the living.

On one hand, the dead will no longer do what they want to; they will only stay in darkness forever. However, the dead will not suffer from the pain of departure. On the other hand, the living person, the speaker, seems to have freedom. But with the death of her lover, her heart has already gone to rest with him. It is actually confinement on her part.

Contrasts in imagery and profoundness in metaphors together contribute to building the tension artistry from a planar picture into a tridimensional chamber in which the decoration becomes more exquisite, and one will have the feeling of being in reality when appreciating the poetic chamber.

(2) Paradox in Action and Ambiguity in Meaning

The term "ambiguity" comes first from William Empson. He defined that ambiguity is raised when a detail makes effect in more than one ways, or when "two or more alternative meanings are fully resolved into one". He deemed "ambiguity" as the essential feature of poetry language in classical literary works and elaborated the deep meaning that ambiguity would give to the aesthetic value of poems.[17] Ambiguity in a poem forces the reader to find multiple explanations, even though they might be conflicting with each other. It enriches the connotative meaning of poems and also widens the scope of understanding for readers. It creates the tensional effect of multi-meaning, multi-emotion, and multi-scene.[18]

The main question of the whole poem forms a paradox with the speaker's action. In the poem, the speaker repeats that "I" will not weep for "your" leaving the unlovely world. However, it is strongly suggested that she has wept from the analysis of the narrative scenes. Moreover, we believe so because there are so many emotion words— "grieve", "tomb", "weary", "gloom", "anguish", "bear", "languish", "despair", "sighing" —which express similar emotions, that it would be very unusual and perplexing if she had not cried at all. Furthermore, the speaker makes a supposition at the end of the poem that "So, if a tear, when thou art dying, / Should haply fall from me, / It is but that..." It becomes more obvious that she has wept. She used the word "so", in particular, which is a conjunction introducing a deductive result: she will not weep because the world is not lovely, and the summer's glory is destined to end in gloom. However, if we deduce in the same way, on the emotional level, we can reach this conclusion: she will weep because she has so much mournful inner feelings—when there are all kinds of emotional words about sorrow, the more she said she will not weep, the stronger certainty we will hold about her weeping. As criticized by Gasgell, Emily never showed any panic and sensitiveness. Instead, she was always calm and reserved. [19] And the sense of pathos grows stronger. Such tension gives the reader a sense of tearfulness. [20] Two forms of death are presented: the physical death of her lover and the spiritual death of herself. [21]

In the first stanza, the speaker uses the word "leave", a euphemistic expression for "dying". In the following stanza, she uses the word "tomb", and finally, she has the courage to say the word "dying". Through the process of expressing the event of death, we can see the process of her inner activities. It might be that she was reluctant to say the word "die", and that she feared to face the cruel reality. The later use of "tomb" and "dying" shows that she gradually persuades herself to accept his death, and this reflects her tolerant quality. In this way, paradox and ambiguity go a step further in building the tension chamber into a multiple-layered villa, which is melancholy and complexly fascinating.

"I'll Not Weep" is an excellent lyric poem, which displays rich sentiment and artistic tension. In this poem, we can sense the beauty and power of tension. On the structural level, the length of the poem is short, while the process of mourning is long lasting. Concerning the genre, it is a work of lyric poetry with narrative scenes beneath the surface. On the emotional level, the contrasting images, profound metaphors, paradoxical actions, and ambiguous wordiness contribute to the complex building of tension. This poem represents a grand aesthetic achievement in poetry.

**Notes**:

[1] Joseph Bristow, *The Cambridge Companion to Victorian Poetry*, Cambridge: Cambridge University Press, 2000, p. 192.

[2] 《艾米莉·勃朗特诗全编》，刘新民译，宋兆霖主编，《勃朗特两姐妹全集》第8卷，石家庄：河北教育出版社，1996，第5页。

[3] 李晓乒，《国内艾米莉·勃朗特诗歌研究综述》，《文教资料》第2014年第21期，

第 25 页。

[4] Hatfield, C. W. Ed. ,The Complete Poems of Emily Jane Brontë, New York: Columbia University Press, 1995, p. 142.

[5] 陈仲义,《现代诗：语言张力论》，武汉：长江文艺出版社，2012，第 69 页。

[6] 艾伦·泰特,《论诗的张力》，赵毅衡编《"新批评"文集》，北京：中国社会科学出版社，1988，第 109 页。

[7] 罗伯特·潘·沃伦,《纯诗与非纯诗》，赵毅衡编选,《"新批评"文集》，北京：中国社会科学出版社，1988，第 181 - 182 页。

[8] 聂珍钊,《英国诗歌形式导论》，北京：中国社会科学出版社，2007，第 503 页。

[9] Janet Gezari, *Last Things*: *Emily Brontë's Poems*, New York: Oxford University Press, 2007, p. 3.

[10] Louis Jaucourt, chevalier de. , Helen O' Connor Trans. , *Lyric Poetry*, Ann Arbor: Michigan Publishing, University of Michigan Library, 2004, p. 121.

[11]《艾米莉·勃朗特诗全编》，刘新民译，宋兆霖主编，《勃朗特两姐妹全集》第 8 卷，河北：河北教育出版社，1996，第 9 页。

[12] 杨静远编译,《勃朗特姐妹研究》，北京：中国社会科学出版社，1983，第 17 页。

[13] 朱光潜,《诗论》，北京：北京出版社，2005，第 59 页。

[14] 陈碧园、贺夏蓉,《孤帆远景——论艾米莉·勃朗特诗歌的绘画艺术》,《湘潭师范学院学报》（社会科学版）2009 年第 4 期，第 210 页。

[15] 裔文军,《地域因素读英汉词汇的影响》,《山西大同大学学报》（社会科学版）2007 年第 2 期，第 93 页。

[16] 吴伟仁,《英国文学史及选读》（第一册），北京：外语教学与研究出版社，1988，第 118 页。

[17] William Empson, Seven Types of Ambiguity, London: Chatto and Windus, 1949, p. 48.

[18] 谢梅,《西方文论中的"张力"研究》,《当代文坛》2006 年第 2 期，第 36 - 38 页。

[19] Elizabeth Gaskell, *The Life of Charlotte Brontë*. Wordsworth Editions Ltd. , 2008, p. 78.

[20] 潘利锋、陈碧园,《艾米莉·勃朗特诗歌意象片论》,《外国语文》2009 年第 3 期，第 20 页。

[21] 张晓斌,《艾米莉·勃朗特诗歌中死亡因素的探讨——以〈忆〉为例》,《文学界》2010 年第 1 期，第 27 页。

# On the Father-Son Relationship in *The Kite Runner* from the Perspective of Attachment Theory

王 蕾

攀枝花第七高级中学校，四川攀枝花 617005

**Abstract**: Amir, the protagonist of *The Kite Runner*, was born into a prosperous Afghan family where he was quite rich in material wealth but pretty poor in spirit due to the lack of a mother and alienation from his father, with whom he developed an insecure attachment. This paper attempts to analyze the father-son relationship between Amir and his father from the perspective of attachment theory, explores its influence on Amir, and seeks to provide some references to deal with the father-son relationship.

**Key Words**: Amir; father-son relationship; attachment theory; security

## I. Introduction

"Powerful... Haunting" is the comment that *The New York Times* Book Review gave to *The Kite Runner*. However, throughout the comments and study on this book, it is easy to find that attention was seldom given to the father-son relationship, which promotes the development of the whole story. Moreover, Hosseini also once commented that he considers *The Kite Runner* to be a father-son story (*The Kite Runner*). Indeed, analyzing the father-son relationship between

**收稿日期**：2016－11－28

**作者简介**：王蕾（1992—），女，四川凉山人，四川省攀枝花市第七高级中学校英语教师，中学三级，主要从事高中英语教学研究。

Amir and his father via attachment theory makes sense in that Amir developed such a frigid personality, betrayed Hassan later on, and became self-sufficient, achieving redemption at the end. In a few words, the father-son relationship affected Amir a lot.

Attachment represents a special emotional relationship between the infants and their caregivers that involve an exchange of comfort, care, and pleasure, which is roughly divided into secure and insecure attachment. If the infants could obtain satisfaction from the attachment figure and gain a sense of security, they will explore the world beyond the realm of the attachment figure, for a secure attachment is established. Furthermore, owing to the dynamic working models, it is possible that a person who has moved into adulthood with a generally insecure attachment style may develop a sense of felt security if he or she establishes a close relationship, such as a marriage or a psychotherapeutic relationship, with a partner who is secure. [1] Additionally, working models of attachment formed in childhood influence the quality of one's close relationships throughout one's lifespan.

The father-son relationship is an influential part of any boy's development. [2] The relationship between Amir and his father, positive or negative, did play an important role in the development of Amir's personality and independence. Consequently, this paper draws on attachment theory to analyze the father-son relationship to consider the significance of the father-son relationship.

## II. Amir's Insecure Attachment to His Father

Bowlby said that the pattern of attachment is profoundly influenced by the way one's parents (or other parent figures) treat that person. [3] So in the light of the reactions of Amir's father, it's reasonable for Amir to form an insecure father-son attachment. In addition, the quality of the father-son relationship can influence how boys act and view the world, which in turn affects everything about them. [4] Bowlby also believed that a secure attachment forms the basis of good relationships and self-esteem, whereas an insecure attachment leads to problems with both self-esteem and relationships. [5] Therefore, Amir then displayed insecure attachment behaviors and developed negative personalities that his father frowned upon.

### 1. Cause of the Insecure Attachment

There is research which suggests that parenting style, less playing time with child, low rate of participation with child, and rare expression of positive emotions of fathers are all the possible causes of an insecure father-child attachment. [6] Belsky found that the principal factors to distinguish a secure attachment from an insecure attachment are extroversion and agreeableness of the father. [7] Taking all of the neglect of Amir's father into consideration, it makes sense why Amir formed an insecure attachment to him and couldn't feel loved and protected.

(1) The Longing for Love

Amir, born into a prosperous Afghan family and satisfied with the material comforts of his life, was subjected to poverty in spirit throughout most of his childhood. However, we can consider that from Harry F. Harlow's rhesus monkeys experiment that physical contact is no less important than food for little monkeys, suggesting that infants have an innate need to touch and cling to something for emotional comfort. So does Amir. That is the reason why he was always longing for love from a caregiver, besides survival and abundance in material life.

Amir lost his mother on the day when he was born; hence, he needed to find someone else to acquire psychological safety and reliance. Although besides his father, there was a wet nurse, Ali, Rahim Khan, and Hassan around him, Amir was scarcely able to gain the love or security that an infant looks for from his caregiver or from any of them because of social hierarchy. Thus, Amir's father turned out to be not only the only one but also the best choice for him. Moreover, his father was so perfect in his eyes that there was no reason not to admire him and hold the wish of being loved by him.

Indeed, his father, a son of a judge who had a pretty strong body and personality, was a successful businessman and obtained a lot respect from others. As Rahim Khan described, he had a black glare that would "drop the devil to his knees begging for mercy" and "at parties, attention shifted to him like sunflowers turning to the son". [8] Naturally, Amir admired his father very much and was so yearning for his love. However, Amir was so different from his father that his father thought Amir was not like his son at all and was indifferent to Amir. As a result, an insecure father-son attachment was built. Generally speaking, we take it for granted that a father gives his child praise, encouragement, and comfort. But it was not the case for Amir. All the efforts he made to achieve physical or psychological contact with his father were totally in vain.

(2) Father's Neglect of Amir

In spite of Amir's strong desire for care and love, Amir's father still always ignored his needs from the very beginning, despite the big difference in their personalities and interests in a way of lacking not only physical contact but also social contact with Amir.

The neglect of Amir's father was first embodied in the infrequency of their physical contact. One day, when Amir's father "propped him up on his lap", he nearly lost his head and did not know what to do. Amir recalled, "I couldn't decide whether I wanted to hug him or leap from his lap in mortal fear." [9] It implied that his father rarely, if ever, had such close interaction with him. The other physical touch mentioned in the book was in a picture of his parents' wedding night: "Here was Baba and his best friend and business partner, Rahim Khan, standing outside our house, neither one smiling—I am a baby in that photograph and Baba is holding me, looking tired and gin. I'm in his arms, it's Rahim Khan's pinky my fingers are curled around." [10] It seemed that his father was somewhat impatient and that Rahim Khan was more intimate to Amir.

Along with physical contact, Amir's father completely neglected social contact with Amir. Amir once recalled that "sometimes I asked Baba if I could sit with them" when he "discussed their favorite three topics: politics, business, soccer with his friends, but Baba would stand in the doorway. 'This is grown-ups'time. Why don't you go read one of those books of yours?' he said and then closed the door. Amir would sit by the door. Sometimes he sat there for an hour, sometimes two, listening to their laughter, their chatter." [11] We can discover that Amir was very lonely at that moment. And when they saw some "hippies", Amir asked his father why they grew their hair long, and his father grunted and didn't answer. Later on, he asked his father if it was true that if you ate a piece of eggshell, you'd have to pee it out. His father grunted again. 'I think I have *saratan*', he said. His father lifted his head and told him he could get soda himself. [12] 'I was always learning things about Baba from other people', Amir said. [13] When he took part in the "Battle of the Poems" and won, he told his father this good news later that night, but his father just nodded and muttered, "Good." [14] No more congratulations or comments. One day, he wrote a story, feeling pretty good about himself, and took the story to his father. His father showed him indifference.

**2. Outcomes of the Insecure Attachment**

In the insecure father-son attachment, the neglect of his father could not allow him to have a secure base, providing necessary comfort and a sense of security for Amir, which turned Amir into a jealous coward. Therefore, Amir's attachment behaviors were activated to achieve physical or psychological contact with his father, and a series of personality and behavioral problems followed. That is, Amir's father is blamed for the actions Amir undertook in jealousy and as a coward, which was the consequence that could arise from such actions, also called attachment behaviors, to build a father-son attachment. Except the negative personality, Amir formed an abnormal moral standard as to whether he could win his father's love or not, which led to the betrayal of his friendship with Hassan at a very high price.

(1) The Negative Personality Development of Amir

Children's attachment, especially to the attachment figure, usually plays an important role in the development of their personalities. There was almost no interaction between Amir and his father, so he developed a negative personality, including cowardice, a lack of confidence, and jealousy, in an insecure father-son attachment.

In his negative father-son relationship, "There is something missing in that boy". "A boy who won't stand up for himself becomes a man who can't stand up to anything." Amir's father said to Rahim Khan. "If I hadn't seen the doctor pull him out of my wife with my own eyes, I'd never believe he's my son." [15] Some researchers found that children with negative father-child relationships display more problem behaviors and withdrawn symptoms; compared with girls, boys' problem behaviors may be more closely related to the relationship with their fathers. [16] So, Amir had no sense of security and developed a timid, unconfident personality. Without his bravery and strong mind, Amir was cowardly and really not like his father. Without his father's advantages, Amir also felt disappointed in himself. Also his father's disappointment made him less confident. Bowlby wrote in his book that children with a higher secure attachment are usually more confident and initiative, [17] and Erdman et al. wrote in the foreword of their book that attachment theory appears to be at the root of all relationships. Yet, Amir and Hassan were fed from the same breasts, took their first steps on the same lawn in the same yard, and spoke out their first words under the same roof. Then, when his father showed any care that he had been dreaming of to Hassan, Amir just became jealous, more jealous, and more jealous. When his father patted Hassan on the back, or even when he put his arm around Hassan's shoulder, he was jealous; when his father affirmed Hassan's bravery, he was jealous; when his father gave Hassan a birthday gift, he was jealous. That is because he did not get those from his father, while Hassan did. If the parents prefer one of the children in the family, the other child will become jealous, not to mention if the child who was preferred was not his siblings. That makes sense.

(2) The Moral Standard of Amir

Bowlby wrote that many forms of psychiatric disturbance can be attributed to either deviations in the development of attachment behavior or failure in its development. [18] Although Amir did not have any psychiatric disturbance, he started to adopt an abnormal moral standard if it could help him to win his father's love, with the increase of psychological insecurity. It eventually brought about his betrayal to Hassan, which made him suffer from a deep sense of guilt. Furthermore, he became a jealous boy in this father-son attachment. In order to make his father like him a little bit, he just ran away with the kite that could help him to win his father's love when Hassan was in trouble with Assef and needed him so much. He believed Assef was right: "Nothing was free in this world." [19] He believed that maybe Hassan was the price he had to pay, the "lamb" he had to slay, to win his father. After he made that decision, he totally abandoned a moral standard. Actually, his standard that could help win his father's heart was beyond everything.

## Ⅲ. Amir's Rebuilding of Security

Bowlby agreed that attachment will last for a whole childhood, even into adulthood. [20] So did Amir's insecure attachment to his father. When his father got cancer and decided to give up chemotherapy, Amir cried, "What about me, Baba? What am I supposed to do?" Amir had no idea about the future without his father. [21] What he said revealed his fear, anxiety, and insecure attachment. And according to Bowlby, missing someone who is loved and longed for is one of the keys to understanding anxiety. [22] However, Amir gained a sense of security from their insecure father-son attachment due to the new environment and the changes in their father-son relationship. Then, just as Amir's father wished, Amir did grow up to be an adult even in this insecure attachment, so there was a time when he and his father had a harmonious life together in America and became what he was supposed to be eventually. Of course, Amir's sense of security actually should be owing to his father because he finally did what a father should do and offered Amir more support.

### 1. The Source of Amir's Security

Their lives in America provided both Amir and his father with a new environment. On the one hand, Amir had no such worry that someone else would rob his father from him, so he became less anxious in their relationship. On the other hand, his father showed him more care and support without facing Hassan, which became the direct source of Amir's security. Therefore, Amir gradually rebuilt his security with his father, even in their insecure father-son attachment, in America.

(1) New Environment for Restarting

Amir narrated "For me, America was a place to bury my memories" and "For Baba, a place to mourn his". [23] Therefore, he embraced America, for it was a new beginning for him in such a new environment. On the one hand, there he could get rid of the guilty sense of betrayal and keep pursuing love. Moreover, after their arrival in America, there was no one who could rob his father from him any more, so he did not possess such anxiety. On the other hand, they had not so large a sum of money as before, so they had to work hard together to make a living there, which provided them with a good opportunity for interaction with each other. More importantly, during the time when they were away from Ali and Hassan, Amir's father felt less guilt for them so that he could show Amir more love. Taking all of these factors into consideration, the father-son relationship eased off a little bit. In summary, the new environment offered an opportunity for not only both Amir and his father but also their father-son relationship.

(2) Changes in Their Father-Son Relationship

"Attachment theory holds open the possibility of change" and "attachment processes in adulthood remain dynamic". [24] Though Amir's attachment pattern didn't change into a secure one, he also obtained a sense of security that he hardly ever felt before, which stemmed mainly from the support and appreciation of his father.

The support first came from his respect for Amir. He no longer always grunted and neglected Amir's words as before, but instead took them seriously. He also started to care and plan for Amir with a proof that he gave Amir a Ford to go to college. Furthermore, he respected Amir's major choice, English, making up stories, though he preferred medical school, law school, and "real work" [2]. After he knew Amir's determination to marry Soraya and was requested to ask General Taheri, Soraya's father, for his daughter's hand, he took action immediately. He respected Amir as an adult. Beyond that, he appreciated Amir's writing and praised Amir in front of others: "Amir is going to be a great writer". Ami's father introduced Amir to General Taheri; when they first met him, "He has finished his first year of college and earned A's in all of his courses," he said. [26] Amir never received this kind of praise previously. There is no doubt that their father-son relationship relaxed at this point.

## 2. The Changes of Amir with Security

The relaxation of their father-son relationship contributed to Amir's eventual rebuilding of security even in an insecure attachment. Bowlby held the opinion that relationships influence the persons involved in them. [27] The support of Amir's father made him feel secure and display less attachment behavior, for there was no need to worry about losing paternal love any more. Thus, Amir was not obsessed with the actions aiming at paternal love any longer. Instead, Amir spent more time on his own development, considering his career and marriage.

(1) Independence of Amir

Amir earned his independence with a sense of security. Because of his father's support and respect, Amir became confident, strong-minded, and less jealous, for he was not as paranoid about paternal love as before.

First of all, Amir stood his ground and chose his own major, English, regardless of his father's disagreement: "I didn't want to sacrifice for Baba anymore. The last time I had done that damned myself," Amir said.[28] This shows his determination. When his father asked if he was sure that he wanted to marry Soraya, he replied "More sure than I've ever been about anything,".[29] The fact is Amir had grown up and made his own choice. He was no longer the boy who always decided to do something depending on whether it could help him win his Baba any more. He started becoming aware of the fact that he was the son of his father, but he had his own life and should be responsible for himself. In the past, the paternal love was always in the first place for him, but now, it is different. He chose to put down the obsessiveness with paternal love and concentrated on his own life, including career and marriage.

(2) Amir's Rebuilding of the Moral Standard

Welcoming his own life in America, more importantly, Amir got back to a right moral standard after Rahim Khan's call; his principle on how to deal with the world was not based on whether it could help him to win his father's love any more but instead on something more important. In order to relieve his guilt for Hassan and become a good man again, he decided to return to Afghanistan to bring back Hassan's son, Sorhab. He suffered a lot there but never gave up until he succeeded because he knew that was what he should do. Thus, he became good again in a way that Rahim Khan suggested with the new moral standard.

## IV. Conclusion

Rholes et al. argued "How we got along with our early caregivers tends to be the script we follow throughout our lives". However, Amir's early caregiver was precisely his father, which meant the father-son relationship was more important for Amir, and in this father-son relationship, Amir formed an insecure attachment to his father at first, which shaped his negative personality, including cowardice, lack of confidence, envy, and an abnormal moral standard. Then, the changes in their father-son relationship allowed Amir to rebuild the security and grow up through learning to be more initiative. He started to make his own choice about career and marriage, claiming no sacrifice for his father anymore. Eventually, he got rid of the abnormal moral standard on the sole basis of winning his father's love. The grown-up Amir became good again in the way Rahim Khan directed. From the twists and turns of their father-son relationship and its influences on Amir, we may be aware of the significance of the father-son relationship in our lives.

**Notes:**

[1] Bennett, Susanne, and Judith Kay Nelson, eds. , *Adult Attachment in Clinical Social Work*. N. p. : Springer New York. 2011, p. 5.

[2] Childers, Lauren B, "Parental Bonding in Father-Son Relationships." Diss. U of Honors Program Liberty, 2010, p. 3.

[3] Bowlby, John. ,*A Secure Base: Clinical Applications of Attachment Theory*, London; New York: Routledge. 2005, p. 3.

[4] Childers, Lauren B. , "Parental Bonding in Father-Son Relationships." Diss. U of Honors Program Liberty, 2010, p. 12.

[5] Bowlby, John, *A Secure Base: Clinical Applications of Attachment Theory*. London; New York: Routledge, 2005, p. 79.

[6] Deklyen, Michelle, et al. , "Fathering and Early Onset Conduct Problems: Positive and Negative Parenting, Father-Son Attachment, and the Marital Context." Clinical Child and Family Psychology Review 1. 1 (1998): 3 – 21. Springer. Web. 23 Mar. 2016, p. 4.

[7] Deklyen, Michelle, et al. , "Fathering and Early Onset Conduct Problems: Positive and Negative Parenting, Father-Son Attachment, and the Marital Context." Clinical Child and Family Psychology Review 1. 1 (1998): 3 – 21. Springer. Web. 23 Mar. 2016, p. 19.

[8] Hosseini, Khaled, *The Kite Runner*, 2003. New York: TKR Publications, LLC, 2007,

p. 14.

[9] Hosseini, Khaled, *The Kite Runner*, 2003. New York: TKR Publications, LLC, 2007, p. 18.

[10] Hosseini, Khaled, *The Kite Runner*, 2003. New York: TKR Publications, LLC, 2007, p. 5.

[11] Hosseini, Khaled, *The Kite Runner*, 2003. New York: TKR Publications, LLC, 2007, p. 5.

[12] Hosseini, Khaled, *The Kite Runner*, 2003. New York: TKR Publications, LLC, 2007, pp. 15 - 16.

[13] Hosseini, Khaled, *The Kite Runner*, 2003. New York: TKR Publications, LLC, 2007, p. 20.

[14] Hosseini, Khaled, *The Kite Runner*, 2003. New York: TKR Publications, LLC, 2007, p. 21.

[15] Hosseini, Khaled, *The Kite Runner*, 2003. New York: TKR Publications, LLC, 2007, p. 24 - 25.

[16] Yin Xiayun, et al. ,Relation of Emotional and Behaviral Problems to Father-Child Conflict and Father-Child Attachment in Children. Chinese Mental Health Journal 27. 1 (2013): 33 - 37, Springer. Web. 23 Mar. 2016, p. 3.

[17] Bowlby, John. *Attachment and Family System*. 3 vols. N. p. : Penguin Books. 1969, p. 79.

[18] Bowlby, John, *The Making and Breaking of Affectional Bonds*, London: Routledge. 2005, p. 76.

[19] Hosseini, Khaled, *The Kite Runner*, 2003, New York: TKR Publications, LLC, 2007, p. 85.

[20] Bowlby, John, *Attachment and loss*①*Attachment*. 3 vols. N. p. : Penguin Books. 1969, p. 6.

[21] Hosseini, Khaled, *The Kite Runner*, 2003, New York: TKR Publications, LLC, 2007, p. 169.

[22] Bowlby, John. *Attachment and loss: Separation, Anxiety and Anger*. 3 vols. N. p. : Penguin Books, 1978, p. 51.

[23] Hosseini, Khaled, *The Kite Runner*, 2003, New York: TKR Publications, LLC, 2007, p. 140.

① :

[24] Bennett, Susanne, and Judith Kay Nelson, eds. , *Adult Attachment in Clinical Social Work*. N. p. : Springer New York, 2011, p. 5.

[25] Hosseini, Khaled, *The Kite Runner*, 2003, New York: TKR Publications, LLC, 2007, p. 146.

[26] Hosseini, Khaled, *The Kite Runner*, 2003, New York: TKR Publications, LLC, 2007, p. 151.

[27] Rholes, Steven W. , and Jeffry A. Simpson, eds. , *Adult Attachment: Theory, Research, and Clinical Implications*, New York: The Guilford Press. 2004, p. 3.

[28] Hosseini, Khaled, *The Kite Runner*, 2003, New York: TKR Publications, LLC, 2007, p. 146.

[29] Hosseini, Khaled, *The Kite Runner*, 2003, New York: TKR Publications, LLC, 2007, p. 175.

# 论英国民谣中的罗宾汉人民英雄形象

张　凸

四川师范大学　外国语学院，四川成都　610101

**摘　要**：本文以弗兰西斯·詹姆斯·柴尔德编辑、凯辛格出版公司2003年出版的《英格兰与苏格兰的流行民谣》第三卷中的罗宾汉民谣为文本，对英国民谣中的罗宾汉人物形象进行研究，解剖了罗宾汉的形象特征，分析了罗宾汉形象塑造的艺术手法，挖掘了罗宾汉形象的社会内涵，得出了民谣中的罗宾汉是人民英雄的结论。

**关键词**：英国民谣；罗宾汉；人民英雄

15世纪的英国在书面文学方面相对衰退，却在口头文学方面呈现出了较为繁荣的景象，一时间，民间诗歌创作活跃，民间通俗歌谣传唱广泛。在英国民谣中，最为著名的应该是《罗宾汉民谣集》（*The Robin Hood Ballads*）了[1]。在《罗宾汉民谣集》中，身为主角的罗宾汉（Robin Hood）作为具有爱国主义精神的人民英雄[2]，为人们所熟知，其人物形象很值得研究。本文以弗兰西斯·詹姆斯·柴尔德（Francis James Child）编辑、凯辛格出版公司（Kessinger Pub Co.）2003年出版的《英格兰与苏格兰的流行民谣》第三卷（*The English and Scottish Popular Ballads*, Vol. 3）中所收入的37首罗宾汉民谣（不同版本中的同名诗歌算作一首）为文本，对罗宾汉的艺术形象做简单研究。

---

**收稿日期**：2017-01-26

**基金项目**：四川师范大学第十二批学生科研创新项目“罗宾汉诗歌中的英雄主义建构手法浅析”（项目编号SXK16231）阶段性研究成果。

**作者简介**：张凸（1995—），男，四川成都人，四川师范大学外国语学院2014级英语系本科学生，主要从事英美文学研究。

# 一、民谣中罗宾汉的形象特征

自12世纪起，罗宾汉的形象就出现在各种英国民谣中，不少民谣中都记录有他如何惩治贪得无厌的残暴官员、毫不犹豫地搭救平民、夺回本属于百姓的财产等事迹。其实，罗宾汉这一人物在英国民谣中的形象特征，是可以归纳为人民英雄这一类的。

## （一）罗宾汉的外在形象特征

在民谣《罗宾汉与短袍化缘修士》（“Robin Hood and the Curtal Friar”）（B版本）中，罗宾汉前去面对相传很强大的僧人时，“他手持弓”[3]（He took his bow into his hand[4]），“腰配一束箭矢”（With a sheaf of arrows at his belt），还“头戴一顶铁盔”（And on his head a cap of steel），“侧带宽刃砍刀和小圆盾牌”（Broad sword and buckler by his side），甚至还骑着马。罗宾汉的弓是“良材制成的”（It was made of a trusty tree），他的马也是配以“上好的马具”（harness good）的。罗宾汉装备的高级，也反映了他在绿林好汉中的领导地位，体现了他高大威猛的英雄形象。这种装备搭配不难让人想到中世纪的骑士装束，骑士元素对罗宾汉文学的影响可见一斑。

## （二）罗宾汉的内在形象特征

罗宾汉的形象集中体现在其人物性格上。纵观罗宾汉民谣，罗宾汉形象可以提炼为以下八个特征：有正义，有勇气，有谋略，好打斗，讲义气，善交际，求爱情，要无赖。

1. 有正义

罗宾汉是个正面英雄人物，富有正义感。如《罗宾汉与阿拉贡王子》（“Robin Hood and the Prince of Aragon”）中，阿拉贡王子包围伦敦，他“要求公主当他的配偶，/不然就踏平这片土地”（To have the princess for his spouse，/ Or else to waste this land），除非有人“能打败他和巨人双子”（Against the prince and giants twain），否则，非要硬来不可。无计可施的公主独自在路边哭泣，罗宾汉恰巧碰见，上前询问理由。听罢她的述说，他二话不说，主动帮忙，询问决斗时间：“（决斗）是什么时候？……/告诉我这个，就别说多的了；”（When is the day?... / Tell me this and no more;）最终，罗宾汉一行人成功打倒阿拉贡王子与巨人，事情得以完美解决。罗宾汉伸出援手的原因，正是他那满腔“路见不平，拔刀相助”[5]的正义感。

除此之外，《罗宾汉与埃伦·厄·德尔》（“Robin Hood and Allen a Dale”）与《罗宾汉搭救三乡绅》（“Robin Hood Resquing Three Squires”）等民谣也都记叙了罗宾汉帮助平民的事迹。

2. 有勇气

罗宾汉也十分勇敢，敢于进行正面对抗。《罗宾汉与赫勒福德的主教》（“Robin Hood and the Bishop of Hereford”）（A版本）中，罗宾汉带着他的随从，对主教谎称自己是牧羊人，主教带有威胁地质问：“那你们为什么有胆敢杀国王的鹿？/你们同伴这么少。”（Or why do you kill the king's venson，/ When your company is so few?）罗宾汉仍故意挑衅道：“我们就愿意在这天开心开心，/还杀只国王的肥鹿。”（And we are disposed to be merry this day，/ And to kill of the king's fat deer.）毫不示弱、敢于直接激怒对手，这是一种无畏的体现。

除了描写正面对抗，《罗宾汉与黄金箭矢》（“Robin Hood and the Golden Arrow”）、《罗宾汉与凯瑟琳皇后》（“Robin Hood and Queen Katherine”）和《罗宾汉的追捕》（“Robin Hood's Chase”）等民谣，又从罗宾汉不畏挑战、不惧怕未知危险的角度反映了他的勇敢。

3. 有谋略

尽管罗宾汉与不少对象都有发生冲突的情况，但他并非莽夫，而都是带有一定战术策略的，他头脑清晰，思维缜密，胆大心细。如《罗宾汉与陶工》（“Robin Hood and the Potter”）中，罗宾汉买下陶工的陶器，和他换衣服，以陶工的假身份，骗郡长（Sheriff）说带他去见罗宾汉，引诱其进入林中，将其包围，整个战术有条有理，行事有节奏，干净利落。《罗宾汉与屠夫》（“Robin Hood and the Butcher”）（B版本）中，罗宾汉又伪装成一名屠夫，卖超低价的肉：“因为他卖以一便士的肉/比别人卖成五便士的分量都多。”（For he sold more meat for one peny/ Than others could do for five.）他成功吸引来郡长，主动打听和接近他，之后骗郡长去看虚假的鹿群，将其引入林中，趁机拿下，守株待兔，轻轻松松地教训了郡长。

另外，《罗宾汉的黄金奖赏》（“Robin Hood's Golden Prize”）、《罗宾汉搭救三乡绅》与《罗宾汉与乞丐I》（“Robin Hood and the Beggar，I”）等民谣也都有关于罗宾汉缜密的思维、谋略的描写。

4．好打斗

罗宾汉这一人物也十分好斗，其好斗可能是为了打抱不平，也可能只因为一时冲动。不少民谣中都有罗宾汉打斗的情节，无论《罗宾汉与小约翰》（“Robin Hood and Little John”）中与小约翰桥上以树枝“击剑”，还是《罗宾汉与乞丐 II》（“Robin Hood and the Beggar，II”）中与乞丐激烈对打，或是《罗宾汉与小贩》（“Robin Hood and the Pedlars”）中被打到昏厥，抑或是《罗宾汉与修补匠》（“Robin Hood and the Tinker”）中与修补匠的一对一挑战，都是双方打到昏天黑地、汗流浃背、头破血流，直到其中一方倒地不起才算数。而对决的理由，从《罗宾汉与阿拉贡王子》中的帮助公主、解救被包围的伦敦，到《罗宾汉与小约翰》中仅仅是“他们都不想给对方让路”（And neither of them would give way），由头花样百出，有时着实让人忍不住摇头苦笑。

5．讲义气

罗宾汉身上有股子江湖义气。《罗宾汉与制革匠》（“Robin Hood and the Tanner”）讲述了一个江湖气息浓厚的故事，罗宾汉与制革匠阿瑟（Arthur）因偷猎一事产生矛盾，经过一番打斗以后，两人相识，日后逐渐惺惺相惜，产生了深厚的情谊。类似的，还有《罗宾汉与重生者》（“Robin Hood and the Newly Revived”），它讲述了罗宾汉与他的侄子扬·冈韦尔（Young Gamwell）重聚的故事，也反映了他身上的江湖义气。

6．善交际

罗宾汉在与人交往方面能力强，善于交际。从只身一人到一呼百应，由零散发展到壮大[6]，这必定是需要足够的个人魅力以及强大的社交能力的。在《罗宾汉与修补匠》中，修补匠接到国王的逮捕令去捉拿罗宾汉，修补匠与罗宾汉相遇，在不知道是其本人的情况下，对其说出自己要抓罗宾汉换钱，尽管罗宾汉语气温和，修补匠的回应却相当粗鲁：“你这消息连个屁都抵不上。”（Your news it is not worth a fart.）修补匠知道罗宾汉身份后追上他并与之展开决斗，罗宾汉愤怒回击，却败下阵来：“他（修补匠）最终让他（罗宾汉）投降了。”（He made him yeeld at last.）在这样的前提下，罗宾汉最后依然选择原谅修补匠，说：“今后我们可以情同手足，/永远和平地生活下去。”（That henceforth wee may bee as one，/ And ever live in peace.）他邀其成为同行的一员。这反映出罗宾汉识人用人的才能，他没有因为私人仇怨而浪费人才的发掘，也展现出了罗宾汉分明的对事不对人的价值取向，体现出了他待人接物的智慧。相似的故事也出现在《罗宾汉的欢愉》（“Robin Hood's Delight”）中，罗宾汉利用请客喝酒化解了与一群守林人的矛盾。此外，《罗宾汉与陶工》等民谣也都有反映罗宾汉的社交智慧的描写。

7．求爱情

“西方传统文化对人的正常欲望则持某种肯定态度，这可追溯至希腊神话。”[7]这种价值取向自然延续到了中世纪，民谣中的罗宾汉是个向往爱情、追求爱情的人。《罗宾汉与少女玛莉安》（“Robin Hood and Maid Marian”）详细讲述了罗宾汉与玛莉安的浪漫爱情故事，说的是少女玛莉安只身去林中找寻勇敢的罗宾汉，两人相遇后相亲相爱，过上了幸福的生活，最终成为一段佳话，“因为住在北边的人们都清楚/玛莉安和勇敢的罗宾汉的故事”（For the people that dwell in the North can tell, / Of Marian and bold Robin Hood）。

8．耍无赖

罗宾汉的性格中，也有耍无赖的一面。《罗宾汉与乞丐 II》中，罗宾汉向乞丐借钱，乞丐不同意，但他仍执意要借，蛮横得像个市井无赖。他同意跟乞丐公平打斗，经过一番打斗后，他被对方打晕在地。等清醒后，他便吩咐让手下“现在就去报这个仇恨”（Go now revenge this deed）。这种同意公平打斗但是打输了却又怒气冲天要去寻仇的举动，是活脱脱一个无赖的形象。

英国民谣中的罗宾汉不同于当时英国文学史上的绝大多数文学英雄形象，如古英语时期的史诗《贝奥武甫》（*Beowulf*）中的贝奥武甫（Beowulf）是个战争英雄，他除海怪格兰代尔（a sea monster Grendel）、杀母怪格兰代尔的母亲（the she-monster, Grendel's mother）、屠火龙（a fiery dragon），这些故事壮烈宏大，但我们却只看得见他作为英雄的一面，他显得神化，与人民疏远。还有，中世纪的骑士诗歌《高文爵士与绿衣骑士》（*Sir Gawain and the Green Knight*, 1375—1400）中的高文爵士（Sir Gawain）是个传奇英雄，他同绿衣骑士（the Green Knight）做砍头游戏来证明自己勇敢，抵抗住城堡女主人（the lady of the castle）的诱惑来证明自己忠贞，悬念丛生，跌宕起伏，他也显得神化，与人民疏远。反观罗宾汉，他是个十分立体的人物。他有正义，有勇气，有谋略，好打斗，讲义气，善交际，求爱情，耍无赖，既有作为英雄伟岸的一面，又有作为凡人普通的一面，始终生活在人民当中，同人民保持联系，是个平民化、草根化、接地气的英雄，是个人民英雄形象。

## 二、民谣中罗宾汉形象塑造的艺术手法

罗宾汉民谣的成功很大部分依赖于罗宾汉人民英雄形象塑造的成功。那么，罗宾汉人民英雄这一民谣形象是如何成功塑造出来的呢？透过研究柴尔德编辑的《英格兰与苏格兰的流行民谣》第三卷中所有的罗宾汉民谣便清楚地知道，罗宾汉的形象是依靠精彩的情节构思、鲜明的对比描写、直率的人物对话、朴素的语言运用、轻快的节奏引入与语法正偏离的运用等艺术手法塑造出来的。

### （一）精彩的情节构思

罗宾汉民谣不是简单的押韵顺口溜、打油诗，而是剧情连贯、构思清晰、有故事情节的民间歌谣，精彩的情节构思是其一大艺术特征。以《罗宾汉与埃伦·厄·德尔》为例，罗宾汉遇见悲伤的埃伦·厄·德尔（书中收录版本里的名字为变体“Allin a Dale”），说着：“噢，你有多的钱吗?”（O hast thou any money to spare）罗宾汉接近德尔，伺机问他为什么伤心，当被告知是因为他挚爱的未婚妻将与一名骑士结婚后，罗宾汉以埃伦加入自己的队伍为交换条件，“马不停蹄地”（did neither stint nor lin）奔向那位未婚妻举行婚礼的教堂，并假装自己是一名竖琴手，称除非见到新郎新娘，他不愿演奏。当罗宾汉见到骑士“严肃而苍老”（Which was both grave and old），而少女花容月貌，“如金子般闪闪发光”（Did shine like glistering gold）后，便吹号角叫来弟兄，阻止了婚礼，说道：“这不登对!”（This is not fit match）并扒下主教的外衣给小约翰穿上，来主持埃伦与他未婚妻的婚礼。最后，小约翰整整“在教堂问了这对新人七次结婚誓词”（He askt them seven times in the church），婚礼顺利进行，故事在欢声笑语的气氛之中结束。整首民谣情节构思非常精彩，细节丰富，逻辑通顺，显得完整而真实，读之有味，令人难以忘怀。

### （二）鲜明的对比描写

罗宾汉民谣在对罗宾汉进行形象塑造时，成功运用了鲜明的对比描写的艺术手法。以《罗宾汉搭救三乡绅》一篇为例，罗宾汉路遇哭泣的妇人，问道：“什么事儿？什么事儿，你这位可怜的老婆婆？/你有什么事儿能跟

我说的?”（“What news? what news, thou silly old woman? / What news hast thou for me?”）直接的语言描写，使殷切关心、乐于助人的小伙儿形象跃然纸上。之后，罗宾汉在与对漠视人命的郡长正面冲突时，言语无畏，说道：“而且我吹了（号角）/依然对你没什么好处”（And still when I set it to my mouth, / For thee it blows little good），并“在树桩与石头之间跳来跳去”（And jumps from stock to stone）。语言与动作上都表现出罗宾汉满满的不屑与藐视，写出了他的疾恶如仇。罗宾汉在对待哭泣的妇人与冷漠的郡长的态度上，形成了极大的反差。这种鲜明的对比描写，体现出了罗宾汉爱憎有别、是非分明的性格特征。

此外，民谣中罗宾汉的乐观与老妇人的悲伤，罗宾汉的足智多谋、自信与老人的焦急、束手无策，罗宾汉的善良与郡长的残暴等，都形成了鲜明的对比，从而反衬出了鲜明的罗宾汉形象。

### （三）直率的人物对话

语言描写方面，民谣中的罗宾汉从不堆砌辞藻，而是常常直抒胸臆，直率的人物对话成为民谣罗宾汉形象塑造的重要的艺术手法。《罗宾汉与小约翰》中，罗宾汉与小约翰在桥上对峙，朝对方放狠话。罗宾汉一面嘲讽对方愚蠢：“你像傻瓜一样地瞎叨叨（Thou dost prate like an ass.）”，一面吹嘘自己箭术高超：“我能射出一支箭，直穿你那颗高傲的心，/在那之前你都没法打到我一下。”（I could send a dart quite thro thy proud heart, / before thou couldst strike me one blow.）嘴下毫不留情，这反映出罗宾汉不服输的直爽个性。又如，《罗宾汉与赫勒福德的主教》（B版本）中，罗宾汉一行人为了教训主教，命令其交出钱包：“来，给我你的钱包。”（Come, give me your purse.）逼其诵弥撒：“来，给我们唱弥撒。”（Come, sing us a mass.）最后用粗话命其滚开：“屁股来挨一脚头，然后滚蛋。”（Take a kick in the ass, and be gone.）语言全为命令式祈使句，语气强硬有力，用词粗俗，却十足生动。这种直率的人物对话的艺术手法，有利于罗宾汉人民英雄形象的塑造。

### （四）朴素的语言运用

民谣是一种下里巴人的文学艺术，用词朴素易懂，很容易被广泛接受，这对罗宾汉人物形象的塑造是很有帮助的。《罗宾汉与小约翰》中，对小约翰的初次出场是这么描写的：“尽管他名字里有‘小’字，他的四肢却很大，/他有七尺高。”（Tho he was called Little，his limbs they were large，/ And his stature was seven foot high.）简简单单的两三笔，十分朴素的语言运用，便直观地勾勒出了小约翰的形象。在描写之后罗宾汉与小约翰打斗时，有这么几句：“每一棍下去，他（小约翰）都把他（罗宾汉）打得冒烟，/就好像他全身着火了一样。”（At every stroke，he made him to smoke，/ As if he had been all on fire.）如此激烈的打斗场景中，没有宏大的辞藻的堆砌，只有相当日常的词汇，十分生动形象，绘声绘色，轻松地将对决场面呈现在人们眼前。由于百姓在听、说民谣时没有单词、句子结构等语言障碍，理解民谣剧情也就没有困难，也就更容易接受角色了。可以说，民谣这一传播手段增强了罗宾汉这一形象的通俗感和文化认同感。[8]

### （五）轻快的节奏引入

民谣讲究音韵与节奏，常使用同样的句子反复咏唱，朗朗上口，节奏轻快。除开头韵与尾韵这类基础的押韵方式外，罗宾汉民谣中还广泛运用了叠唱，形成轻快的节奏。例如《勇敢的商贩与罗宾汉》（“The Bold Pedlar and Robin Hood”）第一小节第五句“Down a down a down”、《罗宾汉搭救三乡绅》第一小节第四句“With a link a down and a day”和《罗宾汉的黄金奖赏》第一小节第六句“Hey down derry derry down”等，这一类无实义的叠唱，类似于中文中发语助词的用法，靠长短音交替、轻重音切换等节奏、音韵上的改变，来表示轻快的步法[9]，侧面描写出了罗宾汉充满活力的形象。

### （六）语法正偏离的运用

语法偏离，是指语言成分的组合超越了常规的组合规则或规律。语法的正偏离，是指提高了表达效果的语法偏离现象。[10]民谣中，为了修辞效果，语法偏离时常出现。而当时属于完全口头文学的罗宾汉民谣尤其看重音韵美感，词性改变、表语前置、状语前移等现象比比皆是。[11]《罗宾汉与守林人》（Robin Hood and the Ranger）中，罗宾汉与守林人因为争辩谁是真正的御林人而产生矛盾，在第 11 小节的第 4 句这么写道：“Unwilling he was to give out.”（他不愿让步。）此句为倒装句，正确语序应为“He was unwilling to give out”，原文中的“Unwilling”（不情愿）一词属表语前置，这里将带有情感色彩的“Unwilling”提前，强调罗宾汉的不情愿，更好地刻画了人物的内心活动，更能反映罗宾汉与守林人的矛盾冲突程度。

以上论述的是英国民谣中用来塑造罗宾汉形象的主要的艺术手法，这些艺术手法所塑造出的是人民英雄形象。罗宾汉原本是一名深居密林的传奇人物，读罢民谣，却感觉他有血有肉，似乎就住在邻家，虽强调个人英雄主义[12]，却又十分贴近百姓生活，这种亲近感又反过来促进了罗宾汉民谣广泛的流传。

## 三、民谣中罗宾汉形象的社会内涵

英国民谣中罗宾汉这一人民英雄形象的诞生，具有相当大的时代性和地域性。1066年的诺曼征服（the Norman Conquest）加速了英国封建化，王权兴起，国土统治变为外敌直接管理，英国失去了全国近1/2的土地，威廉王子将没收耕地的1/6和大部分森林留作王室领地。[13]国王大量用诺曼人充任主教，“郡长职权得到扩充，可以全面管理政务，很快全部由诺曼男爵担任”[14]，“他先后立教皇特使兰弗朗克为坎特伯雷大主教，而后数年高级职位全部改为诺曼人充任”[15]，“未经国王赞同，教皇一切命令不能在英国生效”[16]，“他下令拆除了原撒克逊多数贵族的城堡，若干年后仅有两家原英格兰贵族的城堡得以保存。而诺曼贵族的新建城堡却散布各处”[17]，“强大而富有生命力的外来贵族获得了权势”[18]。社会阶级划分情况严重，诺曼人与英国人的关系变为了主人与奴仆的关系，英国人被迫做农活来养自己的敌人，彻底失去了自由，为人所用。[19]同时，人民还受到来自封建贵族阶级和反动统治阶级的双重压迫和欺凌，社会动荡，全国一片混乱。[20]英国人民对国家统治失去了信心，多次起义反抗，可惜诺曼征服对英国社会的影响已经无法逆转，人民内心痛苦不堪，却又无能为力。压抑的社会氛围是需要一个发泄的渠道的。在这种苦无出路的情况下，人民在心理上就需要一个疾恶如仇、以民为本、身怀绝技的人来救助他们，于是，罗宾汉这么一个民谣人物就出现了。他的出现不是偶然的，而是顺应时代需要的。

总体上来说，英国民谣就是生活在英国封建社会条件下普通农民的文学。[21]而民谣中塑造出的罗宾汉的观念、性格等，都是当时英国人民心之所向。《罗宾汉搭救三乡绅》中有反映，罗宾汉认为“烧了教区”（have they parishes burnt）、“杀了牧师”（have they ministers slain）、“强抢了哪家的处女”（robb'd any virgin）与“睡了别人的老婆”（with other men's wives have lain）这类大罪才会被判以死刑，而对“杀了国王的鹿”（slaying of the king's fallow deer）就得用人命来偿还这事儿表示震惊。借罗宾汉的态度，民谣既体现了当时英国人民的宗教意识和基本道德观念[22]，也表达了英国人民对外敌统治的无理暴政的极度不满，对其所定下的法规感到荒诞不已。随后，罗宾汉携兄弟一起拦路，救下三人，绞死郡吏，剧情流畅，一气呵成。罗宾汉完成了人民想做而不敢做或无法做到的事，这在让读者感到大快人心的同时，也直接表现出罗宾汉富有智谋、正义勇敢的性格，令人印象深刻。此外，罗宾汉在民谣中总是一个敏捷灵活、开朗乐观的形象。一名英雄不仅生活行为自由，精神世界也一定无拘无束，既是心智健全的，也一定是身体健康的。这也是黑暗时代下人们心境的投射，他们原本平静美满的生活被战争打得支离破碎，农民希望不受欺压，奴隶希望重获自由，英国人民希望能拿回自己应有的一切。与此类似的还有罗宾汉劫富济贫的行为，是人们渴望回归对自己财富和生活的掌控的体现。可见，民谣中罗宾汉这一人民英雄形象的诞生与流行，绝非偶然，他的形象充满了对世俗统治势力的厌恶之情[23]，是英国人民吐露心声的渠道，是历史背景导向的必然结果。

罗宾汉民谣的风靡有多重因素，主要的因素有三个。首先，它源于罗宾汉角色形象塑造的成功。民谣对罗宾汉身为英雄和平民的两个不同方面的塑造，使其成了早期“另类”的“草根英雄”。其次，它也源于其民谣的文学艺术性。民谣的艺术手法将罗宾汉刻画得栩栩如生，其通俗性更是为罗宾汉的平民形象锦上添花。再次，它更源于历史大背景。罗宾汉民谣的流行很大程度上是因为它符合人们的偏好，百姓传唱罗宾汉故事中的虚拟情节，感到爽快，这类似于借物抒情。

**注释：**

[1] 侯维瑞，《英国文学通史》，上海：上海外语教育出版社，1999，第51页。

[2] 许志强，《19世纪英国民族形象的历史建构——以形塑亚瑟王与罗宾汉为例》，《东方论坛》2011年第3期，第99页。

[3] 本文中罗宾汉民谣的中文译文全部由张凸翻译，此前没有公开发表。

[4] 本文中罗宾汉民谣的英文原文全部引用自：*The English and Scottish Popular Ballads*, Vol. 3, Francis James Child, Kessinger Pub Co, 2003, 详见：https://doi.org/10.1017/CBO9781107711105

[5] 张国宾，《相国寺公孙合汗衫》四：“幸得彼处上司，道我是个路见不平，拔刀相助的义士，屡次着我捕盗。”马致远《西华山陈抟高卧》一：“路见不平，拔刀相

助。”详见：刘叶秋、苑育新、许振生编《成语熟语词典》，北京：商务印书馆，1992，第 434 页。

［6］刘清华，《一部英国农民起义的赞歌——析萨克利夫的〈绿林英雄罗宾汉〉》，《荆门职业技术学院学报》2005 年第 5 期，第 31 页。

［7］张叉，《〈水浒传〉和〈罗宾汉传奇〉中的英雄人物比较研究》，《成都理工大学学报》（社会科学版）2004 年第 4 期，第 55 页。

［8］周日明，《从超人、蝙蝠侠、蜘蛛侠三大系列看美国超级英雄电影的文化认同》，《明日风尚》2016 年第 10 期，第 111 页。

［9］王佐良、李赋宁、周钰良、刘承沛，《英国文学选注》，北京：商务印书馆，1983，第 23 页。

［10］杨艳华、樊莉囡、程绍华、张树凡，《〈罗宾汉〉的语言零度偏移现象研究》，《菏泽学院学报》2013 年第 1 期，第 110 页。

［11］杨艳华、樊莉囡、程绍华、张树凡，《〈罗宾汉〉的语言零度偏移现象研究》，《菏泽学院学报》2013 年第 1 期，第 111 页。

［12］唐荧苓，《〈诗经〉与英国民谣比较研究》，《赤峰学院学报》（汉文哲学社会科学版）2016 年第 12 期，第 143 页。

［13］孙科斌，《略论诺曼征服对英国历史发展进程的影响》，《赤峰学院学报》（哲学社会科学版）2013 年第 1 期，第 19－21 页。

［14］阎照祥，《英国史》，北京：人民出版社，2003，第 39 页。

［15］阎照祥，《英国史》，北京：人民出版社，2003，第 40 页。

［16］阎照祥，《英国史》，北京：人民出版社，2003，第 40 页。

［17］C. Roberts & D. Roberts, *A History of England*, Prehistory to 1714, p. 78.

［18］阿萨·勃里格斯，《英国社会史》，陈叔平、刘城、刘幼勤、周俊文译，北京：中国人民大学出版社，1991，第 86 页。

［19］Lai Anfang, *An Outline Introduction to Britain and America* (revised and enlarged edition), Zhengzhou: Henan Education Publishing House, 1985, p. 90.

［20］刘清华，《一部英国农民起义的赞歌——析萨克利夫的〈绿林英雄罗宾汉〉》，《荆门职业技术学院学报》2005 年第 5 期，第 31 页。

［21］侯维瑞，《英国文学通史》，上海：上海外语教育出版社，1999，第 51 页。

［22］王佐良，《英国诗选》，上海：上海译文出版社，2002 年，第 62 页。

［23］刘清华，《绿林豪杰的颂歌　英雄传奇的丰碑——〈水浒传〉与〈绿林英雄罗宾汉〉之比较研究》，《荆门职业技术学院学报》2006 年第 4 期，第 44 页。

# 外国文化研究

# 美国少数族裔生态批评与生态文化多元性

胡志红[1]　黄　铄[2]

1. 四川师范大学　文学院，四川成都　610068

2. 四川师范大学　外国语学院，四川成都　610101

**摘　要：**不同的自然环境产生不同的文化样本，同样，不同的文化也反映不同的自然环境以及人与自然相互作用的方式，生态多元是文化多元的物理表现，因而保护文化的多元性，就是保护生态的多样性。在生态形势每况愈下的今天，文化多元性的保护具有至关重要的生态意义，应处于主流发展议程优先考虑的地位。在此，本文主要就美国当今奇卡诺生态文学家莫拉作品中的生态文化多元性内涵做简要探讨，以彰明生态/文化互动共生的生态价值。

**关键词：**少数族裔；生态批评；生态文化；多元性；保护

西方生态批评从生态整体主义的立场出发，从跨学科、跨文化的角度探索生态文化多元性的范式（ecological multiculturality），寻求实现生物多样性与文化多元性互动共存的路径。生态批评首先要揭露全球化的本质，谴责全球化破坏全球生态环境的行为、吞噬全球文化多元性与独特性的本质。在全球生态危机日趋严重的当今世界，文化多元化保护更具紧迫性和现实意义，应处于优先地位，因为文化保护可培养和提高人的生态意识，激励人的生态良知，进而推动生态文化的建设，保护生态多元性。在某种意义上说，保护

---

**收稿日期：**2017－03－09

**基金项目：**本文为2013年国家社会科学基金项目“美国少数族裔生态批评理论研究”（项目编号13BWW005）的阶段性成果。

**作者简介：**胡志红（1966—），男，四川成都人，文学博士，四川师范大学文学院教授、硕士研究生导师，主要从事比较文学、西方文学、文化及生态批评研究。

黄铄（1991—），女，四川成都人，四川师范大学外国语学院2016级英语语言文学专业英美文学方向硕士研究生，主要从事英美文学研究。

文化多元性就是保护生态多元性，因为生态多元性和文化多元性密不可分。生态批评也深刻地揭露和批判了当今世界流行的以保护环境的名义破坏生态的旅游业，因为它是基于人类中心主义的思想观念，对自然采取功利主义和工具主义的态度，同时，生态批评也要谴责当今文化资源保护背后的虚伪与霸权。

从生态批评的范围来看，随着全球生态危机的加剧和范围的扩大和生态运动的进一步发展与深化，西方生态批评也在向国际性多元文化运动的趋势发展，文化的多元性是生态多样性的物理表现，生态文化多元性必然要求生态批评从跨文化，甚至跨文明的视角借鉴不同文化、文明的生态智慧、生态模式以改造主流文化的生态观、价值观，探讨生态问题的复杂多样性及其相关对策。因此，跨文化甚至跨文明是西方生态批评的显著特征。

## 一、生态批评对生态文化多元性的诉求

生态批评学者认为，文化的一个重要方面是反映人类与自然环境相互作用的方式。因此，不同的自然环境就会有不同的文化，同样，不同的文化也反映不同的自然环境以及人与自然相互作用的方式。当代生态学认为，生物的多样性是保证生态系统的平衡、稳定、繁荣、美丽的重要前提，这种平衡不是静态的，而是输出与输入的动态平衡，稳定也涵盖变化以及适应外在不断变化的条件，生态系统中的物种越多，越有利于维护系统的稳定与适应变化的能力，越有利于抵抗各种灾害的侵扰。生态批评学者认为，文化的多元性是生态多样性的表现形式，正如生态学家警告说生物的多样性对生态系统的稳定、生存至关重要一样，文化的多元化对人类的生存至关重要，文化多元性的丧失将预示着人类前途的渺茫，因为它担负着维护总的多元化（生态多元化和文化多元化）的重任，在生态危机时代多元文化保护更具有紧迫性与现实意义。

诺贝尔文学奖得主百师（Octavio Paz）曾经说过：

> 我们被“判”走入现代。我们无法（也不应该）废除工业技术与科学。“回头走”不但不可能，事实上也无法想象。问题是看看如何把工业技术妥善调适符合人的需求，Zaid 的书《没有收益的进步》中这样说：如果我们要维持文化的多样性，不同传统的社会必须要保护。我们知道这是极端困难的事，但另一种走向将更

> 加悲沉：文明的败落……（由是），维持多样性，社团的或个人的歧异，是一种预防性的自卫。把每一个边缘社会、每一个种族所存有的文化差异消灭也就是所有不同类别的文化生存的可能性全然消灭。当工业文明把每一种独特的社会吞噬破坏时，人类文明进展的一种可能性便失灭，不只是过去和现在失灭，而且也是将来。历史发展到现在一直是多元的，人类不同的灵视，对于其过去与将来都各具其不同的视野。维持这样文化生长的多元就是维持将来种种可能状态的多元，也就是生命本身。其危机之一，就是把新社会作一种几何式的建构，几何式的诱惑是知性至上主义，是一种压制性的思维。我们必须培植和保护独特性、个体性和不规则性：也就是培植和保护生命。人类在极权国家的集体主义或资本主义创制的宰制群众的社会都是没有前途的[1]。

百师特别强调文化的多元性，因为文化的多元是与人类发展可能性联系在一起的，保护文化的多元就是保护生态的多元，就是保护生命本身。文化多元的消失也就是生态多元的消失，也就是自然的终结，最终也许就是人类的终结。

在生态批评家默菲看来，生态多元文化的声音是对国际“齐一化安全”（the safety of uniformity）的文化主张的拒斥，是对试图确立“反生态的单一民族文化霸权”的控诉，因为文化的齐一化、均质化将通过削减文化与生物的多样性而减缩我们的世界。文化和生态并非互不关联的，“文化的传承者是那些依然与丰富多彩的自然和传统保持接触的人”[2]，在文化的保护过程中我们必须倾听边缘化和受压制的声音。

## 二、奇卡诺作家论生态文化多元性

美国当今奇卡诺生态文学家、诗人莫拉（Pat Mora）极力倡导生态多样化与文化多元化的互动，并且指出文化多元性保护的重要性与紧迫性。所以在她的作品中，她既反对一国之内任何单一的民族文化主宰、同化其他民族文化的主张，也反对国际文化帝国主义。一种文化能够而且必须跨越政治界限，同时也忠实自己的地方而存在。在她的散文集《内潘特拉：来自中部的散文集》（*Nepantla: Essays from the Land in the Middle*）中，莫拉写道：“美国有机会和义务向正在出现代议制政府的世界表明，对于民主政府而言，培育多元化是至关重要的而不是无关痛痒的任务。”她用“培育”[3]（nurturing）这个词并非巧合，而是因为她认识到自然和文化的多元性是人类生命网中的组成线条，人类只是巨大的地球生命网中的一条线。为此，莫拉怀着与历史遗产保护和自然保护一样的热情竭力呼吁重视文化保护。借她的诗歌和散文莫拉充分表达了对自然多元性和文化多元性之间的内在关系的认识，探讨了文化保护的策略。

莫拉指出："必须培育对自己的文化身份、富有见地的一套共同的语言、象征和意义的自豪感，这不是因为留恋往昔或浪漫主义的情怀，而是因为这种自豪感对我们的生存至关重要。在当今国际技术和经济相互依存的时代，人类的这种压迫性的均质化倾向威胁着我们所有的人。"[4] 人类文化的多元性只有依靠被边缘化和受压制的团体实施的文化保护才能得到维护，他们抗争、捍卫、恢复他们的文化遗产以建构未来。为此，生态批评家、生态文学家们极力呼吁维护文化的多元性，维护生态多元和文化多元的健康互动。

## 三、传统文化：人与自然关系沟通的桥梁

莫拉在她的诗集《颂歌》（*Chants*）中提出了在文化保护过程中保护文化遗产的一些具体方法，如重新讲述古老的传说，废除自己文化以外的人对自己文化的阐释，弘扬以谦卑、尊重、关爱等美德为主导的人与非人类自然关系的人类文化等。在她的诗集《界限》（*Borders*）中，莫拉一方面强调拯救和捍卫文化遗产，另一方面，她又认识到保护文化遗产以及在美国跨越"边界"传播过程中存在的困难。在此，"边界"不仅指性别之间的"边界"，也指语言文化、价值观等的"边界"。所以，跨文化传播总是"似像非像"[5]（like but unlike）的翻译，在其过程中，为了理解他人的愿望、需求、文化、遗产等，差异是不能被抹去的。当一种文化宣称具有普适性，称霸一方，主宰另一文化的生活时，翻译、沟通已经不复存在。虽然诗集《界限》涉及许多问题，但是自始至终都没有忘记谈论人与大地的关系。《80岁的女医生》是其中一首诗，该诗讲述了一位民间女医生，像仪式一般，每天早上都要去菜园劳作，其目的是让她永远不忘植物生命具有的治疗、康复的特性，借此永远与大地相依。

……刺激的味道，<br>
我指尖的花草，

其疗效显著，
我的病人常常告诉我。[6]

在莫拉的眼里，民间医生成了民族文化传承的代表人物，保护民间文化就是保护文化的多元性，就是保护文化与大地的亲缘关系。所以，莫拉的诗集《界限》中的另外一首诗《秘密》的第三节这样写道：

…………
这样一位向导，一位女人，
教会我们屈向大地的艺术，
静静地倾听、感觉大地。[7]
…………

在另一部诗集《交流》（*Communion*）中，莫拉不仅将种植花草等民间技艺看成是与大地沟通的桥梁，而且也是抵御文化同化、保持文化身份、培育后代的策略以及重建和保护社群的基础。所以，即使你离开故土，来到喧嚣的大都市，仍然保持种花草的传统，这样你就依然植根于大地，保留自己的传统，抵御文化同化和身份的丧失，因为大地是智慧和康复力量的源泉，“没有了土壤，我们将会失落”，“城市，是充满机遇的闪亮的地方，然而展示给印第安人、他们的家庭以及文化的是争斗，带给他们的常常是毁灭”[8]。

在生态批评家默菲（Patrick D. Murphy）看来，莫拉的作品中存在浓烈的多元文化的生态情感（ecological sensibility of multiculturality）。在此，生态（ecological）有两层意思。其一，从生态系统的角度看，“生态”指的是一整套必要的人类与大地关系的隐喻。正如莫拉认为：“因为人类是自然世界的一部分，所以我们必须确保我们在大地上独特的表达方式，无论是艺术形式还是语言形式，让它成为我们民族或国际保护运动的重要工作。”其二，将环境看成是文化遗产和文化连续性的组成部分。也就是说，风景指的是悠久的家族传统，这种传统不仅连接大地而且受它的滋养。正如雷沃列多（Rebolledo）认为：“最近的作家走向过去的丰富多彩的文化遗产，目的是找到一种具有再生能力和变革能力的身份感，以建设未来。”[9]也就是说，文化是自然环境的产物，自然环境也受制于文化的影响。所以，文化保护和自然保护是并行的、同一的。

莫拉一直在寻找一种文化的黏结剂，它并不消除民族之间的差异性，相反，它承认个人、社群、民族的多元性，这种文化的黏结剂也成了生态多元文化性的组成部分。总之，莫拉强调指出："她的愿望是成为多种声音之中的一种，而不是唯一的声音，因为我们知道社群中蕴藏丰富的多元性，我们要别人认识到这是人类的财富。"[10]

文化多元性的消失、单一文化的存在，不仅意味着多元生态系统的消失，同时也意味着人类未来发展多种可能性的消失，人类的前景的渺茫，这与物种的稀少不利于生态系统的繁荣、稳定、美丽是一样的。文化的多元性不仅有利于人类的繁荣，还有利于自然生态的繁荣、健康、稳定，在科技高度发达的今天，人类仿佛具有了完全征服自然的能力，因此，维护文化的多元化至关重要，保护文化多元就是保护生态的多样化，就是保护地球，也是保护人类自身。健康的、富有生机的人类文化一定是多元文化的互动共存，也是自然与文化的互动共存。生态的多元性与文化多元性并行不悖，永远同一，前者为后者注入源源不断的生机与活力，后者为前者的健康、多元提供持久有力的保障。

所以，保护文化的多元性与保护生态的多样性是一致的。没有文化的多元性就没有生态多样性，没有了生物的多样性，生态系统将会遭受毁灭性打击，人类自身的生存将不可持续，保护文化多元化就是保护生物多样性，就是保护人与自然的和谐共存。在当今生态危机的时代，维护文化多元性更具紧迫性和现实意义，是生死攸关的头等大事。但是，在当今的自然保护运动和文化保护中隐藏着严重的虚假与虚伪，或曰"虚假自然文化保护"，对此，生态批评学者予以了深刻揭露与谴责。

## 四、主流社会生态文化保护的虚伪

生态多元与文化多样互动共生的理念不仅已成为学界的共识，而且也成了主流社会的流行语、政客们拉票的口头禅，以及街头巷尾热议的话题，仿佛全社会对"生态"的渴望、诉求已达成共识，全社会的生态梦想变成现实已不再遥远。然而现实的生态与文化如何呢？生态文化实际上是政客们蛊惑人心的时尚口号、工商界赚钱的噱头、大众末日狂欢的场域，因为主流社会对生态与文化的保护依然采取工具主义的态度，这种态度与植根大地的少数族裔文化截然对立。

资源保护潜藏的可怕危险是对自然采取工具主义、功利主义的态度，其表现在集中恢复或保存一个大的生态区域的一小部分，其余都可作为人的资源，供人消费、享用，甚至毁掉。保留下的这一小部分可以供游客游览，以体验、回味整个生态区域。从中我们也可看出，资源保护运动的指导思想仍然是人类中心主义，自然没有享有权利，只是供人消费的资源，这样对待自然不可能从根本上扭转当前的生态危机，只能导致自然的进一步退化。

近几年来，由于经济的发展，在全球范围内，当然也包括中国，生态旅游方兴未艾，一股“回归”自然的热潮席卷全世界。乍一看，似乎愈来愈多的人的生态良知已经被唤醒，人类开始热爱大自然。因此，拯救自然、摆脱危机仿佛有了希望。然而，如果我们静下来思忖一下：这股旅游热背后的动机是什么？它会引起什么后果？那么，如果您是一位自然的忠实朋友，您不仅不会感到欣慰，反而会感到旅游热背后隐藏的虚伪与恐怖。因为旅游热背后的深层动机不是出于对自然的爱，而是商业目的，是受金钱的驱使，自然，或者说那些仅存的、极少的幸免于人类浩劫的美丽的地方或曰自然保护区，又成了唯利是图的奸商赚钱的工具或曰旅游资源，他们以生态旅游的美名毁灭生态；那些人迹罕至的自然圣地又成了那些猎奇者贪婪淫邪的双眼偷窥和照相机、摄像机偷拍的对象，要么将大自然的隐私暴露于光天化日之下，要么出卖大自然的隐私；自然成了被全球化、现代化搞得心力交瘁、无所适从的都市人寻找片刻慰藉和宁静的地方。种种迹象表明，自然没有享有本该属于它的尊严和它应该拥有的权利。像过去一样，自然或是供人类使用的资源，或是用来赚钱的工具，或是供人寻欢作乐的场所。一句话，自然还在被人蹂躏、强暴。

同样，在当今的文化保护事业中也存在一种严重的危险，那就是文化霸权主义、西方中心主义，这明显地存在于城市的历史文化保护和少数民族历史文化保护事业中。全球主义者承认各个文化的价值，但只是作为珍稀的收藏、猎奇的点缀，或某种可供研究的历史遗迹。实际上他们排斥其在现实生活中的作用，抽空其生命，崇拜其空壳。如今，在世界各地或多或少大抵都能看到古埃及灿烂的文化遗址，然而，影响着现实生活的活的埃及文化在哪里呢？少数民族区域内高楼林立，高速公路纵横交错，严重破坏了他们的文化、历史、生计，使他们成了现代化和全球化的牺牲品。数十年前，中国文化也险遭同样的命运。鲁迅先生早在20世纪20年代就曾尖锐地指出：“赞颂中国固有文明的人多起来，加之以外国人……其一是以中国人为劣种，只配悉照原来的模样，因而故意称赞中国的旧物；其一是愿世间人各不相同以增自己旅游的兴趣，到中国看辫子，到日本看木屐，到高丽看笠子，倘若服饰一样，便索然无味了，因而来反对亚洲的欧化。这些都可憎恶！”[11]虽然西方文化相对主义承认所有文化是平等的，都具有平等价值，但实际上，文化，尤其是那些西方人眼中的“弱势”文化并没有享有平等的权利，至多在西方有钱人的眼里，这些奇异的文化是供他们娱乐、开心的，古老的东方艺术是附庸风雅的饰品，还可以随时代的进步成为思想开明、崇尚平等的标签。文化到底有多大价值，他们不得而知，也无意深究，但是，在现实生活中要做到真正的文化平等是何等之难啊！弱势文化还是受排斥的“他者”。这仍然是源于根深蒂固的殖民心态，霸主的骄横，主张单一的文化，其他文化即使要存在，也只能是点缀，只能以“我”为中心。西方中心主义就是当今世界文化霸权主义的一种危险的表现形式，这种“中心”的观念可谓根深蒂固，这在以《文明的冲突》而闻名的亨廷顿（Samuel Huntington）的思想中得到了集中的体现。亨廷顿不满足于美国在经济、军事、意识形态、文化等方面的优势地位，还主张消灭“美国存在的崇尚多样性及多文化主义的思想”。因为“多文化盛行”[12]对美国的安全以及美国的民主制度构成极大的威胁。单一的文化，或者说，美国中心主义主导下的文化对自身更安全些，即齐一化的安全（the safety of uniformity）。西方生态批评学者认为，从根本上说，当今世界面临的生态危机反映的正是西方文化的危机，也就是说，西方文化是生态不可持续的，因此，西方文化要实现生态自救，就必须放弃殖民心态，跳出自己的文化圈，虚心向其他边缘化、受压制的文化学习生态智慧，反省自己的进攻性、侵略性行为，当然，这儿的“进攻”“侵略”的对象不仅包括其他文化或民族，也包括非人类的自然世界。由此可以看出，亨廷顿对单一民族文化霸权的谋求不仅是反文化、反人类的，而且也是反生态的，因为它割裂了文化多元性与生态多样性的内在联系，通过削减文化的多元性而削减生物的多样性，从而简缩整个世界，最终将自然及人类推向深渊。

甚至在当今人类的生存受到严重威胁的危急时刻，文化霸权依然肆虐，真正要革除这种霸权心态，并非一朝一夕之事。所以，意大利比较文学家——罗马知识大学的阿尔蒙多·尼兹教授把对西方中心论扬弃的过程称为一种“苦修”。他在《作为非殖民化学科的比较文学》一文中指出：

> 如果对于摆脱了西方殖民的原被殖民国家来说，比较文学学科代表一种理解、研究和实现非殖民化的方式，那么，对欧洲学者来说，他就代表着一种思考、一种从过去的殖民制度中解脱的方式。确实认为自己属于一个“后殖民世界”，在这个世界里，前殖民者应学会和前被殖民者一样生活、共存。[13]

## 五、结语

维护和保存生态文化多元性是人类摆脱生态危机的出路，也是人类能否继续栖身于大地的出路，然而，要实现生态文化多元性，不仅必须涤除根深蒂固的人类中心主义和物种歧视主义，而且还必须根除欧洲中心主义、西方中心主义、文化孤立主义以及其他各种形式的基于歧视、隔阂、敌对、唯我独尊的“中心主义”或文化霸权主义，因为它们不仅反自然生态，而且也反文化生态。只有这样，人类才有可能向“天人合一”的理想境界迈进，否则，人类将面临更大的灾难。

**注释：**

[1] 参见：叶维廉，《道家美学与西方文化》，北京：北京大学出版社，2002，第147页。

[2] Patrick D. Murphy, ed., *Literature of Nature: An International Sourcebook*, Chicago: Fitzroy Dearborn Publishers, 1998, p. 145.

[3] Patrick D. Murphy, ed., *Literature of Nature: An International Sourcebook*, Chicago: Fitzroy Dearborn Publishers, 1998, p. 132.

[4] Patrick D. Murphy, ed., *Literature of Nature: An International Sourcebook*, Chicago: Fitzroy Dearborn Publishers, 1998, p. 134.

[5] Patrick D. Murphy, ed., *Literature of Nature: An International Sourcebook*, Chicago: Fitzroy Dearborn Publishers, 1998, p. 139.

[6] Patrick D. Murphy, ed., *Literature of Nature: An International Sourcebook*, Chicago: Fitzroy Dearborn Publishers, 1998, p. 140.

[7] Patrick D. Murphy, ed., *Literature of Nature: An International Sourcebook*, Chicago: Fitzroy Dearborn Publishers, 1998, p. 140.

[8] Patrick D. Murphy, ed., *Literature of Nature: An International Sourcebook*, Chicago: Fitzroy Dearborn Publishers, 1998, pp. 142-43.

[9] Patrick D. Murphy, ed., *Literature of Nature: An International Sourcebook*, Chicago:

Fitzroy Dearborn Publishers, 1998, p. 144.

[10] Patrick D. Murphy, ed., *Literature of Nature: An International Sourcebook*, Chicago: Fitzroy Dearborn Publishers, 1998, pp. 144-45.

[11] 参见：乐黛云，《跨文化之桥》，北京：北京大学出版社，2002，第65页。

[12] 参见：乐黛云，《跨文化之桥》，北京：北京大学出版社，2002，第12页。

[13] 参见：乐黛云，《跨文化之桥》，北京：北京大学出版社，2002，第13页。

# 社会性别视角下英国工业革命意义新解

王晓焰

四川师范大学　历史文化与旅游学院，四川成都　610068

**提　要：** 英国工业革命不仅是一场经济变革，也是一场文化重构和社会性别化的过程，女性被进一步建构为边缘化群体。劳动的社会性别分工成为文化重构的中心问题。劳动按性别分工的形式的演变不仅承袭了社会性别化的历史传统，也受到工业化的多样性特征、劳动的重新分工、阶级意识和阶级斗争等因素的进一步影响。从社会性别的视角认知工业革命的意义有助于我们深化理解妇女的社会地位和贡献，理解工业革命的丰富内涵。

**关键词：** 工业革命意义；社会性别视角；劳动分工

20 世纪 60 年代之前，人们认为工业革命是一场技术发生根本性变革、生产率极大提高、女性受压迫地位逐渐形成的过程。20 世纪 70 年代，人们开始关注工业革命进程的渐进性。20 世纪 80 年代末期，学者们开始用后结构主义理论，特别是用女性主义理论[1]来解读工业革命，社会性别理论[2]是女性主义的核心概念，从此概念出发，他们认为，围绕两性差异的话语制约着人们关于两性差异的思维，影响着劳动按性别分工的形式及其演变，甚至影响着资本主义生产方式的形成[3][4]。这使我们不仅认识到英国工业化进程的经济意义，而且认知其社会和文化变革的复杂性，特别是长期被忽视的妇女的积极贡献，妇女们以牺牲自己与男性同等社会地位为代价，对资本主义生产组织形式向工厂制的演化，以及近代意义的工人阶级意识和阶级斗争的形成产生了重要影响。这无疑有益于我们更加深刻地理解工业化时期的

---

**收稿日期：** 2017－02－23

**作者介绍：** 王晓焰（1963—），女，四川内江人，历史学博士，四川师范大学历史文化与旅游学院教授、党委书记，世界史专业硕士研究生导师，主要从事世界近代史、英国史研究。

劳工运动、政治斗争，以及雇主与雇工、男工与女工的关系，进一步修正我们对工业化重要特征的认识。

## 一、工业革命的社会性别化意义的历史渊源

工业革命的社会性别化意义具有历史渊源，即劳动按性别进行分工在工业革命之前就存在。女性主义认为，社会性别作为一种文化图式反映在社会结构中，就是劳动的性别分工的绝对化和神秘化。[5]妻子是丈夫的帮手，妇女从事的劳动在家庭内外并无区别，夫妻关系是家长制的。工作是男人们的领域，女人的天职是做好母亲和妻子。男女不平等的劳动分工和角色的差异的绝对化和神秘化的历史悠远。“男主外，女主内”的说教在《圣经》（*The Holy Bible*）里就有了明确的界定，根据《旧约全书·创世记》（“Genesis”，*The Books of the Old Testament*）记载，上帝耶和华用地上的尘土造出了男人亚当，说：“那人独居不好，我要为他造一个配偶帮助他。”[6]这种世代相袭的传统对社会行为道德的感召和规范化的力量，对文化和历史连续性和一致性的发展起着重要作用。妇女的从属地位成了不仅是英国，而且是西方世界妇女所承受的最强大且最持久的传统。16世纪的新教改革者们倡导“天命”“天意”（calling or vocation）的概念，也是为男人定位：“为了大众的美好生活上帝安排或任命了男人们的工作。”[7]16至17世纪时，把劳动分成高低贵贱的不同等级体现了行会的排他性特征以及上层对体力劳动的蔑视，这种观点把许多工作置于“奴性”地位，尤其是女性的学徒劳动是低下的，因该类工作要在师傅的指导下完成。[8]阿利斯·克拉克曾说：技术性的手工业对17世纪的劳动妇女而言是相对封闭的。[9]17世纪，随着人口的增长和通货的膨胀，英国官方和社会各界人士都强调对贫穷、就业不充分进行规范，鼓励人们自谋生路，如1678年汤姆斯·菲敏（Thomas Firmin）言及，没有家庭资源和财力的穷人妻子应该外出干活挣钱，以补充家庭收入之不足。[10]即便如此，女性的工作仍然是虚无的。这是男性控制历史编纂和就业人数、种类的统计的现实使然：妇女的有偿劳动常常归入男性的工作中，妇女偶然性和季节性的工作总会被漏计。这种状况体现了近代社会中男女权力关系的不平等。男女在家庭和社会中的等级制的劳动分工和他们在家庭中的角色要求相一致，这成为制约女性个体行为和造成女性从属的、低薪的地位的重要因素。然而，男性对妇女参与与市场相关的活动又极为关注，因为它毕竟是

贫困家庭经济的重要来源之一。

工业革命前，以家庭为单位的生产组织形式需要男女共同协作，这在某种程度上决定了他们享有一定的平等权利，因此，妇女的劳动一直有其价值，但却被低估。18 世纪末期后，随着工业化进程的推进，妇女边缘化地位的情形更为强化。

首先，大量的史实说明了在 19 世纪之前女性为家庭生计而从事大量劳动的现实性和必要性。早在 1919 年，阿利斯·克拉克（Alice Clark）就在其著作中揭示了 17 世纪妇女就业的广泛性。[11]据记载，1770 年，每生产 12 件人造丝织物，需要 14 名男工和 17 名女工及 27 名童工共同工作。在约克郡最不景气的制造厂，女性纺纱工和男性羊毛梳理工的比例是 3∶1。1765 年的丝绸业中，女工、童工与男工的比例是 14∶1。1818 年，苏格兰棉纺厂雇用女工的比例达到工人总数的 61%。在格拉斯哥以外地区，妇女还操作特种棉纱纺机。[12]从 17 世纪开始，德文（Devon）、白金汉郡（Buckinghamshire）、北汉普顿（Northampton）和贝德佛特郡（Bedfordshire）等地先后盛行饰带业，其劳动力主要是女性。[13]以男性为主的铁匠业、车轮制造、地毯生产，小五金（钉子）生产、制鞋、制革业中，从 18 世纪开始就有妇女参与生产。[14]

在农村，“18 世纪末，雇佣妇女种植萝卜，成为大部分地区的惯例”[15]。在 1751—1792 年期间，女性就业由收割部门向春耕活动转移，而男性则更多地参与到收割活动中来。17 世纪，在乡村普遍存在的家庭作坊经济依赖的是廉价的女性劳动力，这种受雇于家庭作坊的工人被称为外作制工人（outworker）。[16]18 世纪，从事缝纫、白布印染、陶器制作以及操作小型珍妮纺纱机的女工收入比其他行业的女工高。[17]D. 瓦内热（Deborah Valenze）对 18 世纪后半期的研究表明，“当羊毛制造业繁荣时，妻子和子女从纺织劳动中挣得的收入与男人们在田间劳动的收入相当”[18]。

其次，妇女从事工作的社会定位低，其价值被低估。乔治（Dorothy George）对 18 世纪伦敦相关资料研究后得出结论：妇女干着许多累活、脏活，但薪水都不高。[19]一位孤儿讲述了她在制服厂工作八年的经历。她缝制每件裤子和马甲的工资分别为 3 便士和 4 便士，一件衬衣 1 便士。每周所得不到 4 先令，2.4 先令付房租，8 便士用于购买丝、线等原材料，自己所剩无几。[20]剑桥郡（Cambridgeshire）、肯特（Kent）、爱萨克（Essex）、巴克斯（Bucks）、奥克森（Oxon）、汉茨（Hants）等东南部地区的统计显示，农工和家仆的工资以1741—1745的工资基数定为100，1706—1730年男、女工资每年平均分别为110英镑和85英镑；1770—1800年分别为130英镑和110英镑；1790—1815分别为150英镑和120英镑。在西部地区，畜牧业和奶制品业相对发达，传统的做法是由女人挤奶和制作奶酪。有学者认为，这是西部地区女工薪金高于南部地区的原因。[21]

第三点需要强调的是，除了圈地运动对妇女就业产生了重要的消极影响外，本文因篇幅而不赘述，学徒制的演变也影响了妇女在就业市场上的边缘化的形象。从18世纪开始，学徒制就增加了培训女孩操持家务的内容。1750年后，教会和私人接受学徒的一个目的是减少国家统计中穷人的数量。教会和私人对收容和招收的学徒实行无报酬的劳动，即便提供奖金，但也尽量被压低，以此减少产品的成本。这对女性劳动低定位产生的负面影响从两方面反映出来。一是女孩接受正规技能训练的机会变得更少，因为女孩更多地受训于教区。西蒙顿（Deborah Simonton）对爱萨克和斯坦佛德郡（Staffordshire）的考察结果是：60%的女学徒受训于教区，男孩只有12%。[22]学徒在教会受训的内容多以农业、家政和制造业的初级工种为主，并且他们的奖金少、工时长，教区学徒所受的剥削更重。因此，只有有钱人家的孩子才能有更多机会学习技能。[23]二是人们逐渐地认为家仆是女性专有的“职业”。穷人家的孩子，尤其是女孩子低廉地受雇做仆人，无形中降低了雇请仆人的门槛；加之1777年政府开始对男仆人征税，从经济角度而言，男仆对雇主更少了吸引力。于是，穷人和女仆成了同义词。虽然女孩可从男性亲戚那儿获得技术，并与他们一道工作，但是，“家政服务女性化”的社会认知对妇女的地位极为不利。圈地运动更使农业仆人的地位低下，即便在春夏收获旺季，妇女也只能从事薪酬极低的拾穗、拣石头等工作，其他季节就业机会更少。正如有学者所言：“圈地运动建构的就业模式是18世纪末、19世纪初农村妇女命运的关键因素。”[24]

由此可见，19世纪中下叶，妇女就业机会的结构性变化是承续前工业化时期劳动的社会性别分工，对男女而言，“两分领域”在那时就已不言自明。制造业的扩张和发展正是在新旧生产组织模式交叠存在，女工地位被边缘化的背景下进行的。

## 二、工业革命的社会性别化意义

工业革命的社会性别化意义是指工业革命进程中劳动按性别分工的形式

的演变建构了妇女社会地位再一次边缘化，其原因之一是工业革命社会文化意义演绎的结果，尤其是对女性低技能或缺乏技能的社会形象进行定位的结果。

女性主义社会性别理论的一个基本前提是强调性别的社会文化建构性。女性主义学者主张，社会性别是从人类的相互关系和社会生活中不断地创造和再创造出来的，每个人都有意无意地创造着性别，使自己的性别身份与人类文化规定的性别符号体系相一致。同时作为一种社会建制，性别是人类组织生活的主要方式之一，社会文化和社会秩序按照男女间的差异性和同性间的相似性，对劳动的分工、社会的角色和个性的特征进行划分。如此这般，社会性别在社会化的过程中实现和再创造了基于性别隐喻的社会文化图式以及性别理想的模式。它最终体现了父权制社会中不平等的权力关系，并且作为一种强大的意识形态影响着社会的分层系统以及个体的生活选择。[25]激进的女性主义学者海蒂·哈特曼进一步认为，妇女社会地位的屈从性是资本主义和父权制相互作用、相互影响的结果。性别的分工维护了男人在就业市场和家庭生活中对女人的优势和支配地位，男人的支配地位随着劳动分工的强化而进一步巩固。这样一来造成妇女在劳动力市场和家庭中的从属性，形成了一种恶性的循环。父权制和资本主义两种制度的相互作用，利用性别分工这一机制使家庭和社会达成联盟，造成男女不平等的现状。[26]

英国工业革命的进程中劳动按性别分工的形式的演变正好说明其社会性别化意义。英国工业化进程中劳动按性别分工的形式的演变并非一开始就按工厂制的生产组织形式进行运作，而是呈现多样化特征，即在手工技术与机械化生产并存、家庭手工作坊的生产形式与集中的工厂制并存的背景下演化。在这一过程中，劳动按性别重新分工的过程成为工业变革的重要组成部分。正如有学者所言："即便工具和设备没有更新，生产方式（在此指劳动分工，作者注）上的变革也被定义为技术变革"，并且"技术变革和工厂生产并非是工业化的唯一途径"。[27]为适应这种生产组织形式的多样性特征，妇女积极参与其中，并以牺牲自己与男性同等地位的社会地位为代价。

首先，英国妇女的手工劳动对工业化进程的发展起到了积极的作用。正如马克西恩·贝尔格所言：正是女性劳动力，而不是男性劳动力决定了英国工业革命时期的高生产力状况。[28]

在 19 世纪，东南部地区廉价女工生产的花边、草辫、帽子、手工织品、纽扣等成为乡村家庭生产的新产品。从 1800 年开始，在爱萨克地区，随着羊毛业的衰落，女工手编草辫的家庭生产兴盛，它为全国草帽中心陆顿（Luton）提供编成的草辫，这种状况一直持续到1880年，英国大量从亚洲进口廉价的草辫。1815—1850年，诺丁汉（Nottingham）的布料花边帽生产也采取家庭生产形式，它因利用了低廉的女工和童工而极度发达。19世纪早期，在兰开夏的棉纺纱生产大多集中于大型工厂，但把纱织成布则主要由作坊女工人完成。[29]罗斯（Sonya O. Rose）对1850—1881年诺丁汉的数据进行分析后得出结论，男工用机器织成袜子的初级材料，外作制的女工再把它们缝合成袜子。诺丁汉的“家庭经济生产模式正如一百年前的织袜业，妇女在承担着母亲职责的同时，又从事着并非是织袜核心工序的工种”[30]。

在水力和蒸汽机使用之前，斯比托费尔德（Spitalfield）的宽幅丝主要是女工手工织成的；之后，绕线和投掷织丝仍由女工操作。[31]19世纪中期，裤子已在集中的工厂生产，但夹克衫生产的复杂环节仍主要由外作制的女工完成。直到19世纪晚期，伦敦成衣业“苦力工厂”[32]的主要劳动力仍然是女工。科切斯特（Colchester）和布雷斯托（Bristol）等成衣制造中心也大量地雇请城市和周边乡村外作制的女工。[33]19世纪末，随着市场对产量需求的增加和工厂制和规范化生产的形成，家庭作坊式工人的数量不降反增，而其中主要是妇女。[34]有关机器发明专利的信息也说明，早期的一些纺织技术是专为女工和童工设计的。例如，把白布印染分解成一系列小工序就是为了发挥女孩灵巧双手的优势，于是在印染业形成了明显的劳动密集型的生产特征。[35]爱维·平奇贝克（Ivy Pinchbeck）认为：“在某些工种中，女工比男工更容易被安排和操纵；她们的灵巧性和速度都胜于男工，而且更能适应体力上的劳累，她们能更好地承担工作。”[36]

以上事实说明，随着工业化的发展，家庭式作坊和工厂制并存，前者成为19世纪工业扩张的组成部分。男女劳动力的不同分工意味着大型企业催生了可用手工或用小型机器在家庭作坊生产产品的工序，据称这可节省25%～50%的劳动力成本。[37]

其次，随着工业化的深入发展，男人拥有了比女人更易获得社会承认的技术地位，“技术”或“技能”（skill）成为男性的同义词、女性的反义词；“女性缺乏技能”并不是女性的本能，而是被人为地降低了地位。换句话说，妇女们通过实践训练而获得的技能状态被社会文化性地建构成为低技能的状态，因此有学者认为，女工被社会化为低技能或缺乏技能的过程实际上掩盖了工厂制形成的复杂性。[38]工业化过程中劳动按性别分工的形式演绎着男女间性别的社会文化建构性。男工与他们控制的行业工会共同作用于妇女地位边缘化，国家政府的立法行为也起到了推波助澜的作用。正如有的学者认为，“技术变革”的过程从根本上改变了妇女作为女工的地位。[39]于是，资本主义的工作更适合有理性的男性，女性从事的传统的工作被认为是非理性的，其价值被贬低。

围绕劳动分工的性别化差异而展开的利益斗争常常由男工，尤其是熟练男工煽动和组织，他们的策略是要么将女工排斥出该行业，要么控制新技术的应用和劳动力的分配，以利男工的就业。社会对男女工人掌握纺织技术的不同定位说明了“技（术）能”概念重构的性别差异性。1770—1780 年，女工操作珍妮纺纱机的情况不乏其例，而且她们的工资与男工一样多。1790 年代，蒸汽纺纱机（走锭精纺机）取代轻精纺机前，受雇于乡村手工作坊的女工数量不少。1790 年代后，妇女很难进入工厂就业，于是她们便和丈夫一道在家里织布，由丈夫管理生产。所以，有学者认为，“织布”是 19 世纪男女劳动实现重新分工的最后一个行业。[40]当动力织布技术逐渐被妇女们掌握后，雇主也雇请女织工。19 世纪 60 年代早期，因经济危机的影响，织布工厂老板企图用女工取代男工，以降低成本，但遭到工会强烈反对。在长时间与雇主协商后，雇主同意女工操作 6 个头的织布机，而 8 个头的织机只有熟练男工才能操作。[41]有学者认为，这成为棉织布业中妇女就业远多于其他制造业部门的原因。[42]

在毛纺织工厂，男工以妇女不能操作机器为由，“说明男士垄断机器的原因和必要性，用家务工作者的身份来证明妇女在行业中的低下地位”[43]。巴斯费尔德（Deirdre Busfield）对西约克镇纺织业的研究证明，技术（skill）一词不单用于对工作的客观描述，而是作为区别男女工作的途径，但实际上，男工们掌握的“所谓的纺织业技术水平只需要短期培训就能达到”[44]。

雇主为了减少成本，尽量雇佣廉价女工从事印刷工作，这种状况持续到 19 世纪的下半叶。1870 年，印刷业工会为反对雇主的行为而做出规定：只有有 7 年学徒经历的人才能就业于该行业。显然，所有非熟练工人都被排斥了，此类男工也常感到自己降低到了和女工一样的无价值的地步。[45]

在劳动重新分工的过程中，男女工人竞争的结果偶尔也对妇女有利，这说明劳动分工社会性别化过程的复杂性。1870 年前，地毯编织主要是男工从事的行业。1874 年，为了降低成本，制造商企图雇用女工，但遭到织毯业工会的反对。1880年代早期，由于行业竞争激烈，制造商用立绒织机取代花毯织机而生产丝绒面料的毯子的方案又进一步受挫，男工们力主继续使用旧机器，他们与雇主谈判的最后结果是：女工可暂时受雇操作新机器，一旦熟练，则男女同工同酬。1890年，阿克司敏斯特（Axminster）地毯业男工排斥女工的行动也以失败告终。[46]

工业化时期劳动分工在性别间的演化也受到政府管理工厂或保护劳工的立法行为的影响。1830年和1840年出台的“工厂法”的主要内容是减少纺织女工和童工的工时；1842年的“煤矿及矿工法”规定女工和童工不得下井采矿。法案实施的背景很复杂，包括国家对工人妻子、孩子、妇女的道德以及家庭的未来的关注。妇女在井下作业与男工密切接触被认为不利于妇女的身心健康，对社会风气也存在不利影响；妇女在家庭中应承担教育孩子的责任，而不是外出就业。在这些观念中，妇女被建构成了特殊类别的工人，男人被认定为是自由经济的能动者，妇女则具有依赖性和服从性，只适合做家务劳动和养育孩子；她们也是提供家仆服务的重要劳动力。[47]1844年颁布的《安全设备法案》规定，只有男工才能维护、保养机器。因此，学者们认为，此类法令降低了妇女的工作地位，同时也没能保护她们的利益；这无疑进一步强调了男工自我定义的职业身份。[48]

劳动分工的“差异”在新旧生产方式交替作用和劳动分工发生结构性变化的过程中被建构起来，这种差异就自然被用来强化社会性别所谓的“本质”，并合法地成为社会机制的一定组合。[49]换言之，工业化过程中的男女差异在劳动力分配上的社会性别化一旦在文化意识上被建构，它就成为国家、社会管理制度的一部分。

## 三、工业革命与阶级问题的社会性别化

工业革命的重要意义之一是形成了社会两大对立的阶级——工人阶级和资产阶级，而工人阶级及其意识的形成过程包含着妇女们做出的的努力和贡献；换言之，妇女在劳工运动中是积极的活动者和支持者，男工充分意识到了妇女的能动性和必要性，但将其地位附属化、价值低估化，这就是工业革命建构的阶级问题社会性别化特征。汤普森认为：作为共同经历的（继承的或共同具有的）一种结果，为一些人感到并表达出他们之间利益的一致性，并反对那些利益与他们不同（通常是相反）的另外一些人时，阶级就

出现了。阶级意识是人们用他们所继承的传统文化资源对其经验进行总结反思的产物。[50]“只有当每个工人都意识到自己是整个资本主义的一员，都认识到他每天同个别老板和个别官吏进行的斗争是在反对整个资本主义和整个政府的时候，他们的斗争才是阶级斗争。”[51]阶级理论在社会性别问题上历史地诠释为：阶级利益的形成基于社会性别的差异，由此导致阶级意识的性别化差异，阶级身份和社会性别差异以政治斗争和劳工运动形式体现出来。

资本主义的生产关系，尤其是在工业革命之初，并不必然与机械化生产相联系，英国工人最早的政治斗争是以工匠为主体而展开的。“现代意义的工厂工人在人数上成为工人运动的主流则是1850年以后的事了。”[52]因此，在这一演变的过程中，男女工人之间、同行业工人之间与雇主的利益发生冲突、妥协的互动关系，国家、工人和雇主之间的互动关系使工业化的过程成为阶级问题社会性别化的过程，显然，社会性别意识成为阶级问题的组成部分。正如前述，始于18世纪末对技术的文化定义和生产组织形式的特征影响了劳动的性别分工，男女工人在这一过程中日益认识到影响其家庭生活水平和家庭稳定的因素，他们或者联合起来，但多以分别进行斗争的形式，降低工业化的负面影响。但到1850年之后，工人阶级作为整体的、与资产阶级进行斗争的阶级斗争成为以男权为中心的观念的再现。

在传统的行业中，两性团结的行为和意识较为明显。例如，在德比（Derby）的丝织业、制帽业和手工织机织布业等工人运动中的男女工人联合起来斗争。[53]18世纪90年代，棉织业第一个工人工会就有妇女工人参加。近代报纸常报道妇女因参加罢工和示威游行而被捕、遭迫害。在中部高地的东部地区，针织品业、丝带业中也有男女联合斗争的类似记载。[54]

在使用新技术和新机器以及生产组织形式发生较大变革的行业，男工更多地感到女性的竞争，两性采取分立斗争的形势更为普遍。1815年，妇女改革社团成立，它积极鼓动妇女获得政治上的公正利益。曼彻斯特和布莱克波恩（Blackburn）的女性改革者们为家庭问题的政治化而活跃着。“苦力工厂”的女工对男工构成了威胁，他们想把女工排斥出去，但因家庭生活所需又不限制妇女从事其他有偿劳动。于是，行业工会就以企图控制劳动力的供应来强化男工的工作地位，这在印刷业、缝纫业、制帽业、制鞋业中均得到佐证。[55]可见，前工业化时代的阶级斗争是文化和历史发展连续性和一致性作用的产物。

1830—1840 年，从欧文主义运动到宪章主义运动的历史发展过程中，我们可以看到阶级和社会性别关系相互依存，时而冲突，时而妥协，阶级意识在劳动按性别重新分工的背景下被建构起来。1830 年，全国固定行业工会（the Grand National Consolidated Trade Union，缩写为 GNCTU）成立，它受到欧文主义思想的影响，在理论上该组织积极主张男女平等，例如男女可共进午餐，妇女可在公共集会和演讲会上发表意见。但在实践中，则更强调女性的“贤内助”形象。在领导组织方面，女性处于从属于男性的地位。[56]但妇女们并没有屈从于这种格局，她们独立地战斗着。1832 年，劳工妇女社团（The Society of Industrious Females）建立，并产生了许多地区分会。参加全国固空行业工会的妇女工人在没有得到男性支持的情况下，独立地组织妇女社团讨论家务问题。宪章运动虽以男工利益为核心，但在其初期，妇女显示出了极高的参与热情。在英格兰和苏格兰地区，她们成立了 170 多个协会，收集签名册，举行罢工和茶话会等。[57]她们以分立形式表达着其阶级意识和被压迫的性别的意识。[58]

随着宪章运动的深入，被克拉克称为“富有战斗性的贤内助”的妇女们的积极性日益受挫。例如，在一次宪章主义者集会上，提出给妇女以选举权的人“遭到了嘲笑”[59]。宪章主义者还把在工厂改革中男女工人联合要求缩短工时的关系，转向了在工厂中排斥妇女的斗争方向上去。[60]遭排斥的妇女并没有停止斗争，她们寻求以适合自己的方式表达政治观点和主张，这就使中产阶级感到恐惧。于是，共同抗衡雇主剥削的阶级利益的一致性变成了男女之间由于性别差异导致劳动分工的不同而产生的利益冲突，此时的阶级斗争表现为与社会性别化相关的问题。

劳动者利益的冲突和妥协不仅体现在男女劳动分工的性别差异上，甚至表现在同性但工种不同的利益群体间，这足以说明男女工人间的复杂关系，从而导致阶级和阶级斗争呈现复杂的形式。例如，在 19 世纪 30 年代的工厂改革运动中，男女都为自己的权利而奋斗。兰开夏和约克镇的妇女参与缩短工时的示威游行，其主要愿望是保护儿童。[61]在纺纱业相对发达的地区，女工以母亲的身份为孩子的利益参与罢工；在男女利益相对一致的织布地区，女工则以工人身份争取工作待遇的提高。在争取 10 小时工作法案（Ten Hours Bill）的斗争中，在兰开夏持反对意见的女织工多为单身，家庭困难，她们怕工时的缩短会使其收入下降。支持法案的女工则希望削减工时，以从事家务和学习提高自己。1847 年，10 小时工作法实施后，雇主为了弥补开工不足而推出轮班制，但遭到女工的反对。1850 年出台的法案禁止使用轮班制，有学者认为，这实际上是妇女以工人身份保护自己权利的运动中罕见的、取得了成功的例子。[62]

煤矿工人的斗争也说明男女工人与雇主间的复杂的利益关系。一些矿主反对 1842 年的法案是害怕低廉女工的丧失而导致成本提高；妇女们反对法案是怕家庭收入下降，这在煤矿集中的地区矛盾尤其突出。因此，妇女要求在浅井上工；男矿工要求矿主增加工资，以弥补妻子失业造成的家庭收入不足，且能使妻子有更多时间待在家里。在这样的背景下，经过漫长斗争才迎来了 1880 年允许妇女参与表面挖煤、浅井采矿的法案的出台。[63]

1850 年后，工人运动中妇女地位边缘化的情形严重起来。波纳特（Joanna Bornat）和莱波茨（Jan Lambertz）的调查研究表明，女织工参加了有较高水平的工会及其活动，但在政策制定和领导地位方面，妇女处于劣势，承受着不平等的政治地位待遇，并且很少挑战男人对妇女的辱骂。[64] 1853—1854 年发生在布利斯顿（Preston）工人罢工的直接原因是两位女工参与了联名罢工活动而遭免职，妇女们群情激昂，她们在公共集会上发表演说，以呼吁为其家庭的男工涨工资，为其就业的姐妹们减少工时，甚至有人鼓动后者退出劳动大军。[65] 1878 年，布莱克波恩（Blackburn）的织工罢工中，领导罢工的领袖和演说家都是男性，即使谈到男女工人团结时，他们都用“受尊重的男性语言”表达对劳动关系的认识和对家庭关系的看法；妇女被描绘成次要者，甚至被看成是工会发展的不利因素。[66] 因此，有学者认为，无论是欧文运动还是宪章运动，其失败的原因多半是因领袖们拒绝包容社会性别平等的思想，他们忽视了男女工人的不一致性：其年龄、性别、种族的差异性。[67]

由此可见，阶级和社会性别冲突在家庭领域和就业领域进行着，男性“受尊重”的形象通过工作而获得，由此提供了其与雇主讨价还价时的地位。女性“受尊重”的形象通过“贤内助”的定位被认知，由此降低了其在国家和中产阶级眼中作为工人阶级整体中的定位。妇女政治地位被边缘化时，工人阶级不仅失去了其具有能动作用的组成部分——女工们的共同斗争，而且丧失了认识女工贡献于维多利亚时代的政治斗争的合理性视角。

综上所述，我们赋工业化进程以社会性别化意义，认识英国工业化社会变革的多元化特征，这种视角可以使我们进一步解构资本主义发展的复杂性。

**注释：**

[1] 女性主义是指以妇女运动为社会来源的女性主义学术思潮，也可视为女性主义运动向文化界、学术界的扩张。“它构成了妇女运动的理论基础，同时又提供了基于女性价值的理解世界、理解生活的一种新的方式。”吴小英著，《科学、文化与性别——女性主义的诠释》，北京：中国社会科学出版社，2000，第 5 页。它指向造成男女不平等的父权制制度和以男性为中心的文化，成为反主流文化中具有代表性的文化视角和研究方法之一。

[2] 社会性别理论将生物性别与社会性别分开，强调性别的社会建构性。它认为社会性别不仅仅代表一种个人的性别身份，还是一种反映社会结构和文化规范的符号。女性主义学者桑德拉·哈丁将社会性别的含义概括为三种：一是个体或个人性别，这是性别身份认同（gender-identification）的核心，人们认识到自己是男性或女性，并将其与“男性气质”和“女性气质”联系起来进行性别认同。这种性别化的自我意识的建构始于童年时代，对终身产生影响。二是称为“结构性别”的社会性别，它用以表示两性关系分野下的社会结构，即作为社会的组织和结构中体现出的性别差异。劳动的性别分工、职业的性别分隔是这种制度性的性别差异的反映，教育、司法、医疗等几乎所有国家体系的构造都体现了性别关系。三是文化或符号性别，它是指在特有的社会文化情境中，作为男性女性的规范性含义。或者说是通过社会学习得到的，与两种生物性别相关的一套规范的期望和行为，这是男女在日常生活中根据约定俗成的惯例进行交往而取得的。S. Harding, *The Science Question in Feminist*, New York: Cornell University Press, 1986, pp. 17 - 18.

[3] Katrina Honeyman, *Women, Gender and Industrialization in England, 1700 - 1870* , London: MacmillanPress. 2000, p. 7.

[4] Deborah Valenze, *The First Industrial Women*, Oxford: Oxford University Press, 1995, p. 4.

[5] 吴小英，《科学、文化与性别——女性主义的诠释》，北京：中国社会科学出版社，2000，第 66 页。

[6]《圣经》（新标准修订版、新标准和合本），中国基督教协会，第 2 页。

[7] Lindsey Charles and Lorna Duffin, ed. , *Women and Work in Pre-industrial England*, London, Sydney: Croom Helm, 1985, p. 130.

[8] Lindsey Charles and Lorna Duffin, ed. , *Women and Work in Pre-industrial England*, London, Sydney: Croom Helm, 1985, p. 133.

[9] Alice Clark, *Working Life of Women in the Seventeenth Century*, reprint London: Routledge and Kegan Paul, 1982, p. 13.

[10] Lindsey Charles and Lorna Duffin, ed. , *Women and Work in Pre – industrial England*, London, Sydney: Croom Helm, 1985, p. 135.

[11] Alice Clark, *Working Life of Women in the Seventeenth Century*, reprint London: Routledge and Kegan Paul, 1982, introduction.

[12] Pamela Sharpe, ed. , *Women's Work. The English Experience 1650 —1914* , London: Arnold, 1998, p. 154.

[13] Sara Mendelson and Patricia Crawford, *Women in Early Modern England*, Oxford: OUP, 1998, p. 333.

[14] Pamela Horn, *Victorian Countrywoman*, Oxford: Basil Blackwell, 1991, p. 184

[15] Ivy Pinchbeck, *Women Workers and the Industrial Revolution 1750 —1850* , London: George Routledge & Sons, Ltd. ,1930, p. 232.

[16] Pamela Sharpe, ed. , *Women's Work. The English Experience 1650 —1914* , London: Arnold, 1998, p. 78.

[17] Patrick Joyce, ed. , *The Historical Meanings of Work*, Cambridge, New York: Cambridge University Press, 1987, p. 76.

[18] Deborah Valenze, *The First Industrial Women*, Oxford: Oxford University Press, 1995, pp. 17 –45.

[19] Robert B. Shoemaker, *Gender in English Society, 1650 – 1850 , The Emergence of Separate Spheres*, London: Longman, 1998, p. 179.

[20] June Purvis, *Hard Lesson*, London: Polity Press, 1989, p. 33.

[21] Pamela Sharpe, ed. , *Women's Work. The English Experience 1650 —1914* , London: Arnold, 1998, p. 92.

[22] Maxine Berg, ed. , *Markets and Manufacture in Early Industrial Europe*, London: Routledge, 1991, p. 230.

[23] Maxine Berg, ed. , *Markets and Manufacture in Early Industrial Europe*, London: Routledge, 1991, p. 250.

[24] Deborah Valenze. *The First Industrial Women*, Oxford: Oxford University Press, 1995, p. 49.

[25] Judith Lorber, *Paradoxes of Gender*, New Haven: Yale University Press, 1994. 转引自：吴小英著，《科学、文化与性别——女性主义的诠释》，北京：中国社会科学出版社，2000，第 66 页。

[26] 海蒂·哈特曼，《资本主义、家长制与性别分工》，李银河主编，《妇女：最漫长的革命——当代西方女权主义理论精选》，北京：生活·读书·新知三联书店，1997，第 46 –49 页。

[27] Maxine Berg, *The Age of Manufactures, 1700 - 1820 : Industry, Innovation, and Work in Britain*, London, New York: Routledge, 1994, p. 145.

[28] Maxine Berg, "What difference did women's work make to the Industrial Revolution?" in Pamela Sharpe, ed. , *Women's Work. The English Experience 1650 —1914* , p. 153.

[29] Pat Hudson, *The Industrial Revolution*, London: E. Arnold, 1992, p. 120.

[30] Katrina Honeyman, Women, *Gender and Industrialization in England, 1700 - 1870* , London: Macmillan Press, 2000, p. 87

[31] Maxine Berg, *The Age of Manufactures, 1700 - 1820 : Industry, Innovation, and Work in Britain*, London, New York: Routledge, 1994, p. 149.

[32] "苦力工厂" 得名于对女工实行超强度剥削的成衣作坊。在该类生产组织做工的女工具有工资低、手艺巧、肯吃苦、时间安排弹性大的特征。雇主可充分利用她们调整供需矛盾，拿破仑战争时期的军服主要是由这些女工生产的。

[33] James A. Schmiechen, *Sweated Industries and Sweated Labor, The London Clothing Trades*, Urbana: University of Illinois Press, 1984, 该书随处可见。

[34] Elizabeth Robert, *Women's Work, 1840 - 1940* , Cambridge, New York: Cambridge University Press, 1995, pp. 40 -42.

[35] Maxine Berg, *The Age of Manufactures, 1700 - 1820 : Industry, Innovation, and Work in Britain*, London, New York: Routledge, 1994, p. 82.

[36] Ivy Pinchbeck, *Women Workers and the Industrial Revolution 1750 —1850* , London: George Routledge & Sons, Ltd. , 1930, p. 232.

[37] Robert B. Shoemaker, *Gender in English Society, 1650 - 1850* , *The Emergence of Separate Spheres*, London: Longman, 1998, p. 168.

[38] Katrina Honeyman. Women, *Gender and Industrialization in England, 1700 - 1870* , London: Macmillan Press, 2000, p. 62

[39] Gertjan de Groot and Marlou Shrover, *Women Workers and Technological Change in Europe in the Nineteenth and twentieth Centuries*, London: Taylor and Francis, 1995, pp. 2, 12.

[40] Patrick Joyce, ed. , *The Historical Meanings of Work*, Cambridge, New York: Cambridge University Press, 1987, p. 94.

[41] Katrina Honeyman, *Women, Gender and Industrialization in England, 1700 - 1870* , London: MacmillanPress, 2000, p. 66.

[42] Katrina Honeyman, *Women, Gender and Industrialization in England, 1700 - 1870* , London: MacmillanPress. 2000, pp. 7, 162.

[43] Karl Ittmann, *Work, Gender and Family in Victorian England*, London: Macmillan

Press Ltd, 1995, pp. 48 - 50.

[44] Katrina Honeyman, *Women, Gender and Industrialization in England, 1700 - 1870*, London: Macmillan Press, 2000, p. 65.

[45] Katrina Honeyman, *Women, Gender and Industrialization in England, 1700 - 1870*, London: Macmillan Press, 2000, p. 7, p. 68.

[46] Katrina Honeyman, *Women, Gender and Industrialization in England, 1700 - 1870*, London: Macmillan Press, 2000, p. 7, p. 67.

[47] Robert B. Shoemaker, *Gender in English Society, 1650 - 1850, The Emergence of Separate Spheres*, London: Longman, 1998, p. 194.

[48] Robert B. Shoemaker, *Gender in English Society, 1650 - 1850, The Emergence of Separate Spheres*, London: Longman, 1998, p. 207.

[49] 王政、杜芳琴,《社会性别研究选译》, 北京: 生活·读书·新知三联书店, 1998, 第87, 96页。

[50] E. P. 汤普森, 《英国工人阶级的形成》, 钱乘旦等译, 南京: 译林出版社, 2001, 第9页。

[51] 中央编译局,《列宁全集》, 第四卷, 北京: 人民出版社, 1984, 第191 - 192页。

[52] 钱乘旦,《工业革命与英国工人阶级》, 南京: 南京出版社, 1992, 第一章和结束语。

[53] Barbara Taylor, *Eve and the New Jerusalem, Socialist and Feminism In the Nineteenth Century*, London: Virago, 1983, pp. 91 - 92.

[54] Katrina Honeyman, *Women, Gender and Industrialization in England, 1700 - 1870*, London: Macmillan Press, 2000, p. 118.

[55] Katrina Honeyman, *Women, Gender and Industrialization in England, 1700 - 1870*, London: Macmillan Press, 2000, p. 121.

[56] Barbara Taylor, *Eve and the New Jerusalem, Socialist and Feminism In the Nineteenth Century*, London: Virago, 1983, p. 234.

[57] Laura L. Frader and Sonya O. Rose, eds., *Gender and Class in Modern Europe*, Ithaca, N. Y.: Cornell University Press, 1996, p. 275.

[58] Barbara Taylor, *Eve and the New Jerusalem, Socialist and Feminism In the Nineteenth Century*, London: Virago, 1983, p. 89.

[59] Barbara Taylor, *Eve and the New Jerusalem, Socialist and Feminism In the Nineteenth Century*, London: Virago, 1983, p. 270.

[60] Katrina Honeyman, *Women, Gender and Industrialization in England, 1700 - 1870*, London: Macmillan Press, 2000, p. 131.

[61] Katrina Honeyman, *Women*, *Gender and Industrialization in England*, *1700 - 1870*, London: Macmillan Press, 2000, p. 128.

[62] Katrina Honeyman, *Women*, *Gender and Industrialization in England*, *1700 - 1870*, London: Macmillan Press, 2000, p. 129.

[63] Angela John, *By the Sweat of Their Brow*, *Women Workers at Victorian Coal Mine*, London: Croom Helm, 1980, p. 57.

[64] Maxine Berg, ed., *Markets and Manufacture in Early Industrial Europe*, London: Routledge, 1991, pp. 211 - 216.

[65] Pamela Sharpe, ed., *Women's Work. The English Experience 1650 —1914*, London: Arnold, 1998, p. 58.

[66] Katrina Honeyman, *Women*, *Gender and Industrialization in England*, *1700 - 1870*, London: Macmillan Press, 2000, p. 134.

[67] Katrina Honeyman, *Women*, *Gender and Industrialization in England*, *1700 - 1870*, London: Macmillan Press, 2000, pp. 128 - 131.

# 爱德华·柯蒂斯 20卷《北美印第安人》初探

邱惠林

四川大学　外国语学院，四川成都　610064

**摘　要**：本文对美国人类学家、民族学者和摄影家爱德华·柯蒂斯的20卷《北美印第安人》进行了专题研究。论文首先从创作的缘起、深化与完成三个方面追述了《北美印第安人》非凡的创作经历，接着从引起广泛关注的鸿篇巨制，民族志摄影和人类学摄影的代表之作，独特的田野工作方法，印第安人理解、支持的产物，大量印第安部落文化的留存，用个人奉献成就的传奇，流传后世的伟大遗产以及深远的国际影响八个方面挖掘了《北美印第安人》巨大的文化价值，然后从摄影艺术风格和摄影反映内容两个方面梳理了《北美印第安人》引发的一些争议，最后为《北美印第安人》正名，认为它对抢救性记录和保存曾经湮灭无闻的北美印第安文化以及为今天多元文化主义背景下北美印第安古老文化的复兴做出了不可磨灭的贡献，理当为世人尊崇和铭记。

**关键词**：爱德华·柯蒂斯；摄影；《北美印第安人》；创作；价值

## 一、引言

随着哥伦布新大陆的发现、欧洲殖民的扩张、美国的建立和西进运动的开展，北美大陆的原住民印第安人的生存空间被一步步压缩，他们失去了原

---

**收稿日期**：2018-03-03

**作者简介**：邱惠林（1971— ），女，四川峨眉人，四川大学外国语学院副教授。2006—2007年度美国常春藤盟校达特茅斯学院（Dartmouth College）访问学者，主要从事英美文学文化研究。

有的生产和生活方式，最后被迫聚居于美国政府为他们指定的保留地（reservation）中。到19世纪末20世纪初，原住民人口锐减，印第安人失去家园，在语言、宗教、教育系统、家庭结构和社会管理等方面都遭受了破坏性的打击。弗雷德里克·杰克逊·特纳（Frederick Jackson Turner，1861—1932）的边疆理论认为，随着欧裔美国人的大量西进，美国边疆已然关闭，美国的“天定使命”（Manifest Destiny）已经完成。根据赫伯特·斯宾塞（Herbert Spencer，1820—1903）的社会达尔文主义理论（Social Darwinism），在不同文化的碰撞中，弱势文化必然为强势文化让路，弱势民族从而沦为“即将消失的种族”（The Vanishing Race）[1]，而印第安人则不幸成为“即将消失的种族”的代表。在此关键时间节点上，美国人类学家、民族学者和摄影家爱德华·柯蒂斯（Edward Sheriff Curtis，1868—1952）用手中的相机分门别类地记录了密西西比河以西北美印第安人的生存现状，是19世纪末20世纪初较成系统的、具有一定规模的专业影像民族志拍摄，最后在此基础上完成了20卷巨作《北美印第安人》（*The North American Indian*）。这部巨作包括大量的图片和详尽的文字说明，全面展现了北美印第安人的政治结构、生产生活方式、宗教和文化，对后世了解印第安人这个“消失的种族”的传统生产生活方式起到了巨大的作用。

## 二、《北美印第安人》非凡的创作经历

### （一）《北美印第安人》创作的缘起

爱德华·柯蒂斯1868年2月16日出生于美国威斯康星州白水（Whitewater）的一座农场，其父阿萨赫尔·约翰逊·柯蒂斯（Asahel Johnson Curtis，1840—1887）是一名南北战争退伍老兵，当过牧师和农夫。由于农场经营不善，举家陷入贫困。1874年，爱德华·柯蒂斯随全家迁居明尼苏达州。自小时起，柯蒂斯就对摄影产生了浓厚的兴趣。1880年，12岁的柯蒂斯自己制作了一台简单的相机，并学会了冲洗胶片。1885年，17岁的柯蒂斯自学了简单的摄影技术，成为明尼苏达州圣保罗市（St. Paul）一家摄影店的学徒。1887年，柯蒂斯全家再次搬迁至华盛顿州的西雅图市（Seattle），在那里他购买了平生第一部相机。1892年柯蒂斯和拉斯马斯·罗斯（Rasmus Rothi）合伙购买了一家摄影工作室。柯蒂斯当时投资了150

美元，占摄影工作室50%的股份。半年之后，柯蒂斯离开与拉斯马斯·罗斯合作的摄影工作室，与托马斯·格普蒂尔（Thomas Guptill）合作，拥有了新的名为“柯蒂斯与格普蒂尔，摄影师及摄影雕刻师”（Curtis and Guptill, Photographers and Photoengravers）的摄影工作室，并很快成了当地最受欢迎的摄影师。他收入稳定，喜欢到大自然中采风。他开始走出摄影工作室，到户外拍摄感兴趣的东西。

1895年，柯蒂斯在西雅图附近的印第安人保留地拍摄了他的第一张印第安人肖像，从而开启了他毕生的事业：用相机记录北美印第安人渐趋消亡的生活方式。这年，柯蒂斯邂逅了度瓦米西（Duwamish）印第安部落西雅图酋长（Chief Sealth，1786—1866）的长女安吉利娜公主（Princess Angeline，或名Kickisomlo，1820—1896），并为她拍摄了肖像，这是柯蒂斯为印第安人拍摄的第一张照片。那是在西雅图的海岸边，柯蒂斯看见一个老年印第安妇女（安吉利娜公主）从海边的小木屋走出，趁着落潮捡拾蚌壳和贻贝，便问她是否同意自己拍摄她的照片作为摄影工作室宣传之用，并承诺每张照片支付她1美元。安吉利娜公主靠为人洗衣和在街角出售手工编织的篮子为生，两相比较，便欣然接受了这个提议。柯蒂斯回忆道：“这似乎很让她开心。通过手势和部落语，她想表达的是，她宁愿花时间来配合拍照也不愿意去挖蚌壳。”[2]在柯蒂斯生活的年代，尽管白人摄影师早已涉足保留地，但印第安人依然认为照片会偷走他们的灵魂。因此，在后来长期的摄影生涯中，柯蒂斯被印第安人称为“影子捕捉者”（“The Shadow Catcher”）。

### （二）《北美印第安人》创作的深化

1898年，柯蒂斯拍摄的三张照片入选由全国摄影协会（The National Photographic Society）主办的摄影展。其中两张拍的是安吉利娜公主，题为“贻贝捡拾人”（“The Mussel Gatherer”）和“蚌壳挖掘者”（“The Clam Digger”），另外一张拍的是普吉桑海湾（Puget Sound），照片中的印第安人们乘坐一条大独木舟，题为“回家之路”（“Homeward”）。该照片斩获摄影展大奖，获颁一枚金质奖章。同年，柯蒂斯在拍摄雷尼尔山（Mount Rainier）时，搭救了一组在此考察迷途遇险的科学家，其中就有美国印第安文化研究权威乔治·伯德·格林内尔（George Bird Grinnell，1849—1938），彼此成了朋友。在格林内尔的举荐下，柯蒂斯参加了1899年著名的哈里曼阿拉斯加远征（The Harriman Alaska Expedition），柯蒂斯在这次远征中担任摄影工作。格林内尔对柯蒂斯的摄影很感兴趣，并于1900年邀请柯蒂斯去蒙大拿州（Montana）参加拍摄黑脚族（Blackfoot）印第安人的远征活动。在那里，他走进印第安部落，目睹了在当时已十分罕见的大型太阳舞（Sun Dance）表演。那种混杂了神秘、野性、尊贵、骄傲的生活和习俗深深打动了他，同时，也让他产生了一种紧迫感——这是一种渐行渐远的文化，他要用镜头和文字为后人留下一笔关于土著文化的神圣遗产。他想记录印第安人的口述历史、传说、歌谣、最有成就的长老和战士的故事，还想学习印第安语言。这次远征成了他印第安文化苦旅的开端。

由于缺乏信任，印第安人并不愿向白人谈论其文化生活。可以想象，柯蒂斯要让印第安人接受他，做了怎样艰难的说服工作。每一个老者离去时，一种不可替代的信息也随之而去。他决心去寻找那些作为部族文化载体的老者，听他们讲从前的故事，并从组织、宗教、饮食、舞蹈、服装、婚嫁等25个方面对信息加以整理。他的真诚打动了许多部落的首领。1903年，约瑟夫酋长（Chief Joseph）和内兹佩尔塞族印第安人（The Nez Perce）参观了柯蒂斯的工作室，并邀请他为他们拍摄肖像。这一年，柯蒂斯还前往纽约和华盛顿寻求经济上的资助。柯蒂斯为拍摄印第安人项目筹资的同时走访了多个印第安部落，并在各地做演讲宣传该计划。柯蒂斯高超的摄影技术和拍摄的照片带来的震撼美感，使他广为人知。当柯蒂斯1904年从18 000多名参赛者中脱颖而出，赢得一个全国性的肖像摄影大赛后，美国第26任总统西奥多·罗斯福（Theodore Roosevelt，1858—1919）在杂志上看到了柯蒂斯的作品，与他渐渐熟识，并邀请他为家里的孩子们拍摄肖像。1906年，罗斯福总统委托他为女儿爱丽丝·罗斯福（Alice Roosevelt）和女婿尼古拉斯·朗沃斯（Nicholas Longworth）的婚礼拍照，并拍摄全家福。罗斯福总统是美国大西部的爱好者，也对印第安人的困境深表同情。出于对柯蒂斯的支持和欣赏，罗斯福总统还为柯蒂斯撰写了一封推荐信，使他得以结交许多实力人士，包括他最主要的资助人、金融家约翰·皮尔庞特·摩根（John Pierpont Morgan，1837—1913）。

### （三）《北美印第安人》创作的完成

1906年，摩根找到柯蒂斯，他正打算投资一个讲述北美大陆原住民的纪录项目，希望柯蒂斯能在这方面帮助他。摩根投资了柯蒂斯75 000美金，去拍摄和制作一批关于北美印第安人的文字及影像资料，制作成20卷书籍。摩根与柯蒂斯的合同中提出，将收到25套完整的书籍及500张原始照片及底片作为此次投资的回报。有了摩根的早期资金支持，柯蒂斯下定决心，花了20多年的时间走遍北美大陆，为80多个不同的印第安原住民部落拍摄了4万多张照片，用镜头多侧面地记录下了印第安人的生活形态。同时他还用蜡筒唱片记录了几千份原住民民歌和方言，并写下了大量的原住民口传历史、350多个印第安民间传说和大量的人物传记。

1907年，《北美印第安人》第1卷面世，颇受好评，但销量不佳。尽管在部落拍摄时打光等条件无法与摄影棚相比，但照片中的人物绝无落魄之相，而是充满气魄和魅力。1913年，摩根去世后，他的儿子继续资助《北美印第安人》项目，直至完成。从1907年到1930年，20卷的《北美印第安人》相继出版，包括2 234幅原创照片和大量文字（约250万字），展示了印第安各部落特色各异的传统文化。20卷书的印第安部落分布如下。

第1卷（1907）：阿帕奇族人（The Apache）、季卡瑞拉族人（The Jicarillas）、纳瓦霍族人（The Navaho）。

第2卷（1908）：比马族人（The Pima）、帕帕戈族人（The Papago）、跨哈提卡族人（The Qahatika）、莫哈维族人（The Mohave）、尤马族人（The Yuma）、马里科帕族人（The Maricopa）、瓦拉派族人（The Walapai）、哈瓦苏派族人（The Havasupai）、阿帕奇-莫哈维族人或亚瓦派族人（The Apache-Mohave, or Yavapai）。

第3卷（1908）：提顿苏族人（The Teton Sioux）、扬科托奈族人（The Yanktonai）、阿西尼布旺族人（The Assiniboin）。

第4卷（1909）：阿普萨洛克或克罗族人（The Apsaroke, or Crows）、希达萨族人（The Hidatsa）。

第5卷（1909）：曼丹族人（The Mandan）、阿里克拉族人（The Arikara）、阿齐纳族人（The Atsina）。

第6卷（1911）：派岗族人（The Piegan）、夏延族人（The Cheyenne）、阿拉帕霍族人（The Arapaho）。

第7卷（1911）：雅吉瓦族人（The Yakima）、克里奇塔族人（The Klickitat）、内陆萨利希族各部落（Salishan tribes of the interior）、库提奈族人（The Kutenai）。

第8卷（1911）：内兹佩尔塞族人（The Nez Perces）、瓦拉瓦拉族人

(Wallawalla)、乌玛提拉族人(Umatilla)、卡尤塞族人(Cayuse)、齐卢坎诸部落(The Chinookan tribes)。

第 9 卷(1911):海边萨利希族各部落(The Salishan tribes of the coast)、齐马库姆和坤纽特族人(The Chimakum and the Quilliute)、维拉帕族人(The Willapa)。

第 10 卷(1915):夸扣特尔族人(The Kwakiutl)。

第 11 卷(1916):努特卡族人(The Nootka)、海达族人(The Haida)。

第 12 卷(1922):霍皮族人(The Hopi)。

第 13 卷(1924):胡帕族人(The Hupa)、尤罗克族人(The Yurok)、卡拉克族人(The Karok)、韦尤特族人(The Wiyot)、托罗瓦和图图特尼族人(Tolowa and Tututni)、夏斯特族人(The Shasta)、艾可玛维族人(The Achomawi)、克拉马斯族人(The Klamath)。

第 14 卷(1924):卡托族人(The Kato)、维拉基族人(The Wailaki)、育基族人(The Yuki)、坡莫族人(The Pomo)、温屯族人(The Wintun)、迈度族人(The Maidu)、米瓦克族人(The Miwok)、约库兹族人(The Yokuts)。

第 15 卷(1926):南加利福尼亚肖肖尼族人(Southern California Shoshoneans)、迭古诺斯族人(The Diegueños)、高原肖肖尼族人(Plateau Shoshoneans)、瓦肖族人(The Washo)。

第 16 卷(1926):提瓦族人(The Tiwa)、克里斯族人(The Keres)。

第 17 卷(1926):特瓦族人(The Tewa)、祖尼族人(The Zuñi)。

第 18 卷(1928):奇帕维安族人(The Chipewyan)、西部林区克里族人(The Western Woods Cree)、萨斯族人(The Sarsi)。

第 19 卷(1930):俄克拉荷马印第安人(The Indians of Oklahoma)、维其塔族人(The Wichita)、南部夏延人(The Southern Cheyenne)、奥掩族人(The Oto)、科曼奇族人(The Comanche)、皮尤特卡尔特族人(The Peyote Cult)。

第 20 卷(1930):阿拉斯加爱斯基摩人(The Alaskan Eskimo)、努尼瓦克族人(The Nunivak)、胡泊湾爱斯基摩人(The Eskimo of Hooper Bay)、国王岛爱斯基摩人(The Eskimo of King Island)、小迪尔米德岛爱斯基摩人(The Eskimo of Little Diomede Island)、威尔士王子角爱斯基摩人(The Eskimo of Cape Prince of Wales)、科兹布爱斯基摩人(The Kotzebue Eskimo)、

诺亚塔克族人（The Noatak）、柯布克族人（The Kobuk）、舍拉维克族人（The Selawik）。[3]

## 三、《北美印第安人》巨大的文化价值

20卷《北美印第安人》是柯蒂斯穷毕生精力创作完成的作品，其价值是巨大的、多方面的，归纳起来，主要有八个方面。

### （一）引起广泛关注的鸿篇巨制

1907年，第1卷一出版，马上引起各方的广泛关注。《纽约先驱报》（*The New York Herald*）发表评论，称《北美印第安人》是“出版界自钦定版圣经的发行以来最雄心勃勃的事业”[4]。西奥多·罗斯福总统在1906年10月1日为第1卷撰的序中写道：

> 柯蒂斯先生既是一位艺术家，也是一个训练有素的观察家，……我们这代为柯蒂斯已完成的工作提供了最后的机会。目前，印第安人正在消失。……他与深山里和大平原上诸多不同的部落亲密接触。他了解他们生活中的点点滴滴，包括狩猎、迁徙，以及在行进中或在营地时做的各种事情。他认识他们的药师和巫师，他们的酋长和勇士，他们年轻的男男女女。……通过出版这本书，柯蒂斯先生在从事一项真实而伟大的服务工作，不但使我们自己的人民受益，也让每个地方的学界受益。[5]

著名作家和评论家A. D. 科勒曼（A. D. Coleman）评论道：“柯蒂斯的作品横空出世，是一个绝对无敌的视觉人类学的杰作，而且是有史以来最彻底、最广泛、最深刻的摄影作品之一”。[6]

### （二）民族志摄影和人类学摄影的代表之作

1826年，历史上第一张摄影照片由法国人约瑟夫·尼塞福尔·尼埃普斯（Joseph Nicéphore Nièpce，1765—1833）在沥青上拍摄完成，但遗憾的是，他最终没能完善这一技术便去世。他的合伙人、法国画家路易·雅克·芒戴·达盖尔（Louis Jacques Mand Daguerre，1789—1851）在其成果基础上发明了银版摄影法，并于1839年8月19日由法国政府宣布获得摄影术专

利。“达盖尔摄影术”由此诞生，这标志着摄影史的开端。照相机的发明为民族学家、人类学家和考古学家的田野调研工作带来了革命性的变化和极大的便利。在照相机和录音机发明之前，田野工作主要通过文字、画画记录现场的情况来完成，费时费力，效率和准确度都不高。通过与民族学家、历史学家、环境专家的长期交往，作为摄影师的柯蒂斯拥有了广阔的跨学科视野。他的拍摄项目逐渐演化成了一套完备的、具有开创意义的人类学摄影。柯蒂斯用手里的相机来代替原先的现场画图，记录了80多个北美印第安部落的传统文化和生产生活方式，兼具摄影家和人类学家的双重身份，完成了20卷的鸿篇巨制《北美印第安人》，这在研究对象所覆盖的广度和深度上堪称前无古人，后无来者。《北美印第安人》是民族志摄影和人类学摄影的里程碑式的作品，得以流传后世，从而为人类学研究和类型学研究做出了不可磨灭的贡献。对于摄影艺术而言，他的作品也为后来的风景摄影、类型学摄影、探险摄影、纪实摄影、人物肖像摄影等都开了先河。

### （三）独特的田野工作方法

在田野工作中，柯蒂斯开创了自己独特的工作方法。在对印第安人生活和传统的信息归聚上，他总结出了25个基点（the twenty-five cardinal points），通过调查如下领域来实现对研究对象的完整描述：语言、饮食、居所、艺术、工业、游戏休闲、价值评判、着装、婚俗、儿童命名和教育、成人仪式、丧葬仪式、来世观念、宇宙观、政治组织、社会组织和风俗、早期定居地、传统的敌友、战争习俗、原始神话传说、历史、文化英雄或传承者、其他神话和民间传说、巫师、仪式和宗教。除了收集关于这些话题的重要数据，柯蒂斯更大的贡献体现在印第安神话和精神生活领域，由于相互信任的缺失，在以上领域一般的研究者很难收集到信息。柯蒂斯会提前数月派遣助手做好正式田野调研工作之前的、涉及面极广的研究准备，只有当他认为助手们和顶尖的印第安学者们已经能向他提供完备的基本情况介绍后，他才会开始自己的实地田野调研。这种对研究对象的深度理解对他的成功至关重要。

### （四）印第安人理解、支持的产物

柯蒂斯总体上是本着平等、谦虚和尊重的态度来对待拍摄对象印第安人的。他能够取得非凡的成功，一部分要归功于他的这一态度。一般而言，印第安人对摄影比较排斥，认为灵魂会被偷走。作为摄影家，他在印第安人中被称为“影子捕捉者”。除了像人类学家一样用纸和笔记录下他的所见所闻所想以外，足迹遍布80余个印第安部落的柯蒂斯，已然成了这些部落最为熟悉的异乡人。“他在沃尔皮村跳霍皮人的蛇舞，学习阿帕奇人秘密的故事，拍摄曼丹人神圣的宗教偶像和纳瓦霍人的耶比查舞，还劝说无数印第安长者和宗教领袖讲述他们的人生经历，和他分享各自部落的神话和传说。”[7]在《影子捕捉者：爱德华·S. 柯蒂斯的人生和作品》（*Shadow Catcher: The Life and Work of Edward S. Curtis*）一书中，作者劳里·罗勒（Laurie Lawlor）评述说：

> 很多被柯蒂斯拍过照的土著美国人称他为影子捕捉者。但是他捕捉到的那些影像远比影子本身要有力得多。《北美印第安人》中的男人、女人和孩子们，如今看来就如同柯蒂斯在20世纪早期拍摄时一样的鲜活。柯蒂斯尊重他遇到的土著美国人，愿意了解他们的文化、宗教和生活方式。作为回报，土著美国人也尊重他信任他。以柯蒂斯当时所处时代的标准来衡量，他在对待土著美国文化和思想方式上的敏感度、容忍度和开放度，已经远远超过了与他同时代的人。他试图通过直接的田野调研来观察和理解。[8]

柯蒂斯盛赞印第安人身体的活力和与之直接相关的精神力量，以及他眼里印第安人最吸引人的种族品质，包括道德、荣誉、诗歌、音乐和艺术的倾向等内容。印第安部落之间信息沟通较为频繁，因而示范效应显著。当一个被造访和研究的部落传递给别的部落一种这样的信息，当这一代人去世，人们可以从柯蒂斯的记录里了解到他们曾经的样子和过去曾做过的事情时，没有部落愿意甘居人后，被排除在柯蒂斯的记录之外。有的部落会在四、五年未曾与柯蒂斯谋面时，托人带来口信，期待柯蒂斯的再访。这些看似野蛮、不开化的印第安人非常喜爱柯蒂斯给他们拍的照片。他们认为，这是一种通往永恒的方式，照片被直接当作了一种在场证明。有一位90岁的阿西尼布旺族（The Assiniboin）印第安长者黑鹰（Black Eagle），曾经一生都拒绝和白人谈及他的部族。在柯蒂斯的影响下，他确信他的部落应该进入柯蒂斯的记录，并为柯蒂斯提供了很多重要的信息。除了黑鹰，柯蒂斯在印第安部落领袖中还拥有一批坚定的支持者，如阿普萨洛克族（The Apsaroke）印第安人药鸦（Medicine Crow）和手部中弹（Shot in the Hand）、祖尼族（Zuni）

印第安人维呼斯瓦（Waihusiwa）以及奥格拉拉族（Oglala）印第安人红云（Red Cloud）[9]等。没有印第安人的理解与支持，柯蒂斯是无法如此圆满地完成其创作的。

### （五）大量印第安部落文化的留存

姑且不论北美原住民是不是“高尚的野蛮人”（Noble Savages），柯蒂斯在20世纪初对北美印第安人做的大量记录，堪称北美历史记录上的一项壮举。在柯蒂斯的努力下，北美印第安人正在消失的文化和生活方式得到记录和保存。柯蒂斯拍摄了80多个印第安人部落，留下了超过40 000张底片，他记录了这些部落的影像历史，拍摄了传统食物、居住环境、民族服饰、印第安人的娱乐和庆典及印第安人的婚丧嫁娶等风俗。他为部落酋长撰写传记，在大多数情况下，他所拍摄的资料是唯一留下的历史影像。柯蒂斯作品的历史价值赢得了高度评价。一些部落正是从他的照片和文字中获得灵感，复活了已经失传的某些部落传统和宗教仪式；有的年轻一代印第安人识别并认同了自己家族的祖先[10]和对本部落历史至关重要的物质文化。正如西奥多·罗斯福总统在致柯蒂斯的信中所说：“您的照片自成一体，达到了绝佳的艺术程度又具有珍贵的历史文献价值。”[11]此外，这部书在摄影术、人种志研究、艺术图书编纂等诸多领域都有无法估量的价值。

### （六）用个人奉献成就的传奇

宝剑锋从磨砺出，梅花香自苦寒来。柯蒂斯的20卷巨著《北美印第安人》就是那宝剑，那梅花，经历万般挫折，终于寒锋出鞘，梅香四溢。而这一切都是以他个人的奉献作为代价的。早在1907年的一期《国家地理杂志》（*National Geographic*）上，柯蒂斯的朋友、美国印第安文化研究权威乔治·伯德·格林内尔（George Bird Grinnell，1849—1938）就曾做出如下评价：“照片为自己代言，而拍照的艺术家则醉心于工作。为了完成工作，他用最艰苦的劳作、经常并长期与家庭分离和令人心碎的奋争，诚恳为人来赢得原始人的支持。雄心、时间和金钱对他都无关紧要。一个梦境、一朵云彩、飞鸟路线对他却意味着更多。”[12]摩根通过与柯蒂斯的交往，也高度评价柯蒂斯：“我喜欢一个尝试挑战不可能的人。”[13]

柯蒂斯的印第安苦旅荆棘密布，沟壑纵横，充满艰辛。为了完成《北美印第安人》的拍摄和出版，他几乎倾尽所有，以人生为代价，婚姻破裂，财产耗尽，疾病缠身，最后在贫病交加中去世。从1895年在西雅图为安吉利娜公主拍摄第一张印第安人肖像开始，直至1930年《北美印第安人》最后一卷出版，柯蒂斯为这个项目总共花了35年的时间。他原本计划用15年时间来完成这个拍摄任务，但实际用时却是他原计划的一倍还多。由于长期到访印第安部落进行拍摄，柯蒂斯在一年的大多数时间都不在家，无法照顾家庭。孩子们的抚养和摄影工作室都交给妻子克拉拉·J. 菲利普斯（Clara J. Phillips，1874—1932）来打理。两人一共育有一子三女：哈罗德·柯蒂斯（Harold Curtis，1893—1988）、伊丽莎白·M. 柯蒂斯（Elizabeth M. Curtis，1896—1973）、弗洛伦斯·柯蒂斯（Florence Curtis，1899—1987）和凯瑟琳·柯蒂斯（Katherine Curtis，1909—?）。由于聚少离多，一对怨偶多年疏离。克拉拉于1916年10月16日起诉离婚，1919年离婚得到正式批准。克拉拉得到柯蒂斯的摄影工作室。1920年，柯蒂斯和他的大女儿贝斯（Beth）一起移居到洛杉矶。1927年，柯蒂斯第一次与他自己所有的孩子在俄勒冈的梅德福（Medford）相聚，这也是在13年里，他最小的女儿凯特琳第一次看见爸爸。同年，柯蒂斯被警方逮捕，原因是他7年未支付赡养女儿的费用，他总计欠下4 500美元。1932年，柯蒂斯的前妻克拉拉去世。1947年，柯蒂斯被他的大女儿贝斯接到她在加州惠蒂尔（Whittier）的家中居住。1952年10月19日，在籍籍无名和贫病交迫中，柯蒂斯在大女儿贝斯家中因心脏病发作去世，享年84岁。他至死也未再婚。10月20日，他的76词讣告刊登在《纽约时报》（*The New York Times*）上："爱德华·柯蒂斯，国际知名的北美印第安人历史研究的权威人士，今日在他女儿贝斯·马格努森女士（Mrs. Bess Magnuson）家中去世，享年84岁。柯蒂斯先生一生都在为收集整理印第安人的历史而努力。他的研究是由已故银行家J. P. 摩根资助的。柯蒂斯的重要著作有西奥多·罗斯福总统撰写的前言。柯蒂斯先生同时也是一位极有名的摄影师。"[14]

除了家庭破裂，柯蒂斯还数次遭遇财政困境。1913年，《北美印第安人》的主赞助人摩根去世。他的儿子继续资助《北美印第安人》这个项目，但力度有所减弱。1912—1914年，为了给《北美印第安人》项目筹措资金，柯蒂斯投资了75 000美元制作一部关于夸扣特尔族（The Kwakiutl）印第安文化的电影《蛮荒之地》（*In the Land of the Headhunters*），电影于1914年发行，但该项投资惨遭失败。1920年，为了筹集完成《北美印第安人》项目所需的田野调研资金，柯蒂斯在好莱坞做静物摄影师和大棚电影摄影助理。

1927年，柯蒂斯因为经济窘迫，7年未向前妻克拉拉支付女儿的赡养费而被警方逮捕。1928年，柯蒂斯的资金出现很大问题，不得不把《北美印第安人》项目的版权卖给了摩根的儿子。1930年，《北美印第安人》最后一卷出版。《北美印第安人》是美国迄今由个人完成的最宏大的限量版图书，仅500套，这也是该书能够盈利的最低数目。最终只售出了214套。柯蒂斯因此耗尽家财，于1930年宣告破产。一部史诗性的巨著，问津者寥寥，造成销售低迷的原因主要有两个：一是当1930年《北美印第安人》最后一卷出版、整套书完成之时，美国正深陷1929年—1933年的经济大萧条；二是当时美国联邦政府对印第安人实行强制同化政策，人们对《北美印第安人》兴趣不高。到此为止柯蒂斯已经完全失去《北美印第安人》以及版权对应的所有收益。据估算，《北美印第安人》的拍摄行程和最后制作发行摄影集的费用高达150万美元，而销售区区214套书则意味着所有投入都化为乌有并有负债，柯蒂斯的破产是必然的结局。

《北美印第安人》不仅需要大量的资金支持，也需要主创者柯蒂斯的身体力行和全身心投入。造访各印第安部落的旅行并非安全无虞，而是危险重重：被阻塞的道路、疾病与机械故障、北极的暴风、大沙漠令人窒息的热浪，以及与满腹狐疑极不友好的勇士们最初的交集。柯蒂斯设法做到以真诚来打动印第安人。“不过柯蒂斯为了要得到故事和照片，经常要做比与人聊天之类的工作辛苦得多的事情。一旦被印第安人暂时接纳了，他就必须通过某种身体考验。比如曼丹人（Mandan）在一个闷热的小屋中举行一种常规的净化仪式来考验白人的耐力，柯蒂斯就经受了这样的高温，当他走出小屋时觉得零下二十度的低温几乎都是一种享受。只有在经历了这种残酷考验后，曼丹人才相信柯蒂斯的身体和灵魂已经完全纯洁。”[15] 作为白人，柯蒂斯对此类活动有适应的难度，这也会损害他的身体健康。为了能够获得最翔实的资料并将印第安人最自然的生存状态表现出来，他花费大量时间和他们生活在一起，以消除芥蒂和隔阂。有的印第安人戏称柯蒂斯为“不花时间玩耍的人”。在拍摄中，柯蒂斯深入采访了北美80多个印第安部落，并在调查中先后拍摄了总计40 000多张底片，在当时摄影技术尚不成熟的条件下，能拍摄如此海量的作品殊属不易；除了拍摄了大量的作品，柯蒂斯还收集了350多个印第安民间传说，同时采集了几千份印第安语言和音乐的录音资料。如此巨大的工作量使他时时面临受伤的风险和疾病的折磨。1911年，在太平洋西北海岸拍摄夸扣特尔族（Kwakiutl）印第安人捕鲸（whale hunt）

场面时，柯蒂斯摔伤臀部，从此留下跛行的终身残疾。1930—1932 年间，因为过度疲劳和精神抑郁，柯蒂斯不得不在科罗拉多州的丹佛（Denver）接受住院治疗。《北美印第安人》也让柯蒂斯付出了健康的代价。

### （七）流传后世的伟大遗产

20 世纪 70 年代，在美国民权运动的推动下，文化多元主义取代了强制同化政策，印第安人的历史在美国多元文化中的重要性上升，印第安人的文化习俗、历史遗迹等也得到一定程度的保护。但由于社会变迁和主流文化的强大影响，真正的印第安文化已日渐衰落。在这一背景下，沉寂 40 年之久的柯蒂斯和他的《北美印第安人》重新引起了人们的浓厚兴趣。1982 年，柯蒂斯的二女儿弗洛伦斯·柯蒂斯（Florence Curtis）出版了一本她父亲的传记，该书目前仍在印行中。1991 年 11 月，在纽约麦迪逊大街 1000 号的卡瑟斯及德穆布拉斯基画廊（Cathers & Dembrosky Gallery）举办了“爱德华·柯蒂斯：美国英雄式的摄影师”展览。2002 年 11 月 9 日至次年 3 月 31 日，在马萨诸塞州的皮博迪·埃塞克斯博物馆（Peabody Essex Museum）举办了爱德华·柯蒂斯大师级的作品展——北美印第安人的肖像。1982—2012 年的 40 年间，大量关于柯蒂斯的书籍、文章和展览在美国国内外出炉。柯蒂斯的作品在超过 80 个国家展出，关于他的书也至少以 5 种语言出版。爱德华·柯蒂斯成为媒体历史上最有名、展出最多和收藏最多的摄影家之一。

目前，柯蒂斯的作品和相关资料主要由以下机构收藏：美国西北大学（Northwestern University）、国会图书馆（Library of Congress）、查尔斯·洛里埃档案馆（Charles Lauriat archive）、皮博迪·埃塞克斯博物馆（Peabody Essex Museum）、印第安纳大学（Indiana University）和怀俄明大学（University of Wyoming）。他的部分作品现在还被克里斯托夫·卡多佐（Christopher Cardozo）收藏和管理。卡多佐先生是世界知名的柯蒂斯作品研究的权威之一，他撰写过六本关于柯蒂斯的著作，同时还创立了爱德华·柯蒂斯基金会并担任主席。

### （八）深远的国际影响

除了在美国本土的大量展出外，柯蒂斯的摄影专题展还漂洋过海，遍布全球，见表 1。[16]

表1　柯蒂斯主要海外摄影作品专题展一览表

| 国家 | 城市 | 展出开始 | 展出结束 |
|---|---|---|---|
| 法国 | 巴黎 | 2000－09－29 | 2001－12－31 |
| 德国 | 科隆 | 2001－03－29 | 2001－05－21 |
| 瑞士 | 洛桑 | 2001－06－14 | 2001－09－02 |
| 荷兰 | 海牙 | 2003－12－13 | 2004－03－21 |
| 德国 | 汉堡 | 2001－09－01 | 2001－11－30 |
| 西班牙 | 马德里 | 2004－06－17 | 2004－09－05 |
| 丹麦 | 欧登塞 | 2006－11－25 | 2007－02－25 |
| 德国 | 柏林 | 2005－03－18 | 2005－05－07 |
| 危地马拉 | 危地马拉城 | 2005－10－06 | 2005－10－16 |
| 哥伦比亚 | 波哥大 | 2005－11－10 | 2005－12－10 |
| 意大利 | 热那亚 | 2005－12－15 | 2006－02－28 |
| 智利 | 圣地亚哥 | 2006－02－07 | 2006－03－20 |
| 委内瑞拉 | 加拉加斯 | 2006－03－09 | 2006－04－02 |
| 土耳其 | 安卡拉、伊斯坦布尔 | 2006－03－15 | 2006－05－31 |
| 秘鲁 | 利马 | 2006－05－03 | 2006－06－30 |
| 波兰 | 华沙 | 2006－05－15 | 2006－06－25 |
| 罗马尼亚 | 布加勒斯特 | 2006－06－15 | 2006－07－31 |
| 爱尔兰 | 都柏林 | 2006－12－15 | 2007－01－31 |
| 克罗地亚 | 萨格勒布 | 2007－02－18 | 2007－03－17 |
| 菲律宾 | 马尼拉 | 2007－03－26 | 2007－04－09 |
| 菲律宾 | 碧瑶 | 2007－05－02 | 2007－05－16 |
| 德国 | 慕尼黑 | 2009－06－01 | 2009－07－17 |
| 乌克兰 | 基辅 | 2010－01－24 | 2010－02－06 |
| 瑞典 | 松兹瓦尔 | 2011－07－02 | 2011－09－18 |
| 韩国 | 首尔 | 2011－09－01 | 2011－09－30 |

柯蒂斯的影响还远达大洋彼岸的中国。2007年春夏，《历史的瑰宝——〈爱德华·柯蒂斯和他眼中的北美印第安人〉摄影作品展》由中国图书馆学

会牵头，在中国的广州、成都、上海、杭州和北京等城市巡回展出，分别由以上城市的图书馆/博物馆和美国驻广州总领事馆、驻成都总领事馆、驻上海总领事馆和驻北京大使馆共同主办。3月30日，《历史的瑰宝——〈爱德华·柯蒂斯和他眼中的北美印第安人〉摄影作品展》在广州博物馆揭开该展览中国巡回之旅的盛大帷幕。4月23日，摄影作品展在成都图书馆举行了开幕式。5月21日，摄影作品展在上海浦东新区图书馆开展。6月2日，杭州图书馆也开启了摄影展。6月18日至7月13日，位于首都北京的国家图书馆举办了摄影展，这是此次柯蒂斯摄影作品展的最后一站。摄影展共分“大平原”“西南沿海地区、高原以及阿拉斯加”“西南部”三部分，共61幅作品。主办方从世界知名的柯蒂斯作品收藏者克里斯托夫·卡多佐的4 000余幅珍藏品中，筛选出震撼人心、唤起共鸣的作品，以飨中国观众。作品经过五种不同的冲印媒质制作后，以金、银等古朴华丽的主色调呈现在读者眼前。《北美印第安人》中大量的原创照片和文字描述，真实地记录了19世纪末20世纪初北美印第安人的文化和历史，为艺术、摄影、人种志研究以及艺术图书编纂等诸多领域做出了无法估量的贡献。此次展出的作品显示了柯蒂斯在肖像、风景、节日和日常生活等不同主题摄影中的独特技巧和艺术特性，展示了尚未被严重侵扰的印第安人原汁原味的传统生活。柯蒂斯的印第安苦旅感动了前来观展的中国观众，也为众多的摄影爱好者、艺术创作者和人类学研究者提供了宝贵的参考资料。一位复旦大学新闻系的学生说，通过这些令人震撼的照片，自己了解了北美印第安部落的文化和历史，对作者充满了崇敬之情。一位摄影爱好者称，自己很早以前就听说过柯蒂斯，如今亲眼看见他拍的极具视觉冲击力的照片，受益匪浅。美国驻沪总领事馆有关官员表示，此次摄影展为中国人民提供了一个了解美国文化的机会，期望美中文化“和而不同”，和睦共处，共同为人类文明做贡献。2015年11月7日至2016年2月6日，香港空画廊（The Empty Gallery）举办了《追忆失落的印第安文化 Edward Curtis〈睡在呼吸上的人〉香港摄影展》，从他的巨著《北美印第安人》中精选出优秀的作品，带观众走进一段迷人又悲伤的历史。

## 四、《北美印第安人》引发的一些争议

作为记载日渐消亡的印第安文化的载体，柯蒂斯在《北美印第安人》

项目中所拍摄的照片和处理照片的方式也招致了一些激烈的争议。

### （一）摄影艺术风格的“科学”与“诗意”之争

第一个争议是摄影艺术风格的“科学”与“诗意”之争，据说这也是“正宗”人类学和“江湖”人类学的分野。被称为“美国人类学之父”（Father of American Anthropology）的德裔美国人类学家弗朗茨·乌里·博厄斯（Franz Uri Boas，1858—1942）始终怀着对“科学”这一话语体系的崇敬之情，把摄影和摄像作为科学研究的重要手段。与博厄斯相比，柯蒂斯所拍摄的北美印第安人的照片没有那么“科学”，而是走向了更加“诗意”的一面。博厄斯更像是科学家，摄影只是他的一种研究工具。而柯蒂斯则更像是一名摄影师，摄影既是他的一生挚爱，也是他的职业。柯蒂斯所拍摄的照片是朴实的，这种朴实充满诗意，力图还原一个个鲜活完整的人，并表现他们的温柔和庄严。细细观看柯蒂斯和他的团队为这些印第安人拍摄的肖像时，看到的不仅仅是一些身份不明的面孔。被凝视的“他者”对于即将要通过照相机拍摄这件事情了然于心。他们温和地与照相机后面的白人进行对视，或者有的干脆自行其是，并不会停下手头的工作。柯蒂斯的作品真正是当时美国人像摄影的行业标杆，用摄影表现出拍摄对象的个性，诠释人物的内心特质。

### （二）摄影反映内容的“真象”与“假象”之争

第二个争议是摄影反映内容的“真象”与“假象”之争。一些批评家认为，柯蒂斯的作品扭曲了时代背景。美国在西部设立印第安人保留地，既是为了把印第安人与白人社区隔离开来，同时也担负着“文明开化”的功能。在柯蒂斯所处的时代，印第安人的生活已开始受到美国政府的印第安政策和现代生活的影响。在大平原和西南地区的印第安部落，多以猎取野牛为生存依托。但随着横跨北美大陆的铁路的开通和市场上对野牛皮的大量需求，招致白人职业猎手对野牛的大肆捕杀；美国政府为断绝印第安人的生路而逼迫他们进入保留地，也鼓励猎杀野牛。1871 年后平均每年有 300 万头野牛被杀。1878 年，南部的野牛群遭到灭绝，5 年后北部的野牛群也销声匿迹了。原本骁勇善战的大平原诸部落，因野牛的消失无以为生，被迫屈辱地迁入保留地，靠联邦政府的有限配给和年金聊以度日。迁入保留地后，“文明开化”被大规模开展。不再允许勇士们作战，一些传统部落仪式被视为非法，印第安孩子被迫到白人或教会开办的寄宿学校，剪去长发，脱下传统服饰改穿白人服饰，弃用部落名字改用白人名字，放弃部落语言改学英语，传统文化被慢慢遗忘，湮没无闻。在这种大背景之下，为了表现未被白人文化“污染”的印第安人生活形态，柯蒂斯在拍摄时或要求印第安人穿戴上他们先祖的服饰，再现某种场景和仪式；或在处理底片时，小心翼翼地消除一些现代物件，如马车、闹钟、金属工具、现代服饰以及汽车和摩托艇等，因而有摆拍之嫌。还有人指出，柯蒂斯的作品片面描述了印第安人生活平和美丽的一面，却刻意回避了19世纪末20世纪初印第安人生活绝望的一面。他在书中更多地侧重于北美印第安人浪漫的一面，剥去西方现代文明对原住民的影响，展现了哥伦布时代前的北美原住民原始风貌，而不是他们在19和20世纪之交的实际生活境遇，从而强化了美国大众文化中关于印第安人的刻板印象。这些对拍摄对象的美化可以部分归因于柯蒂斯作为专业摄影师的浪漫主义倾向：“柯蒂斯1899年在哈里曼探险队拍摄的照片就体现出了梦幻浪漫的自然审美观，这种观念与他后来的印第安人摄影相吻合。在他的人物摄影中，柯蒂斯不让现代社会闯入他的摄影环境中（或者至少通过技术技巧把这种闯入掩盖起来）。而且，正如他相信印第安人的内在特质可以通过蛮荒背景的最大化而得到提升，他也相信通过各种摄影技巧可以使自然显得更加‘自然’。”[17]“他的印第安人肖像风格雄健，同时有美丽风景陪衬，实际上将白人在北美大地上反客为主、灭绝印第安人的残酷事实浪漫化了。”[18]

## 五、《北美印第安人》应有的正名

对于《北美印第安人》引发的这些争议，有必要予以正名。

首先，对于柯蒂斯的全套《北美印第安人》，美国著名的凯厄瓦族（Kiowa）印第安作家，美国20世纪60年代末土著美国文艺复兴的代表人物纳瓦雷·司各特·莫马戴（Navarre Scott Momaday，known as N. Scott Momaday，1934—）在《神圣的遗产：爱德华·S.柯蒂斯与北美印第安人》（*Sacred Legacy: Edward S. Curtis and the North American Indian*）一书的前言中写道：

> 整体而言，爱德华·S.柯蒂斯的作品是一个卓越的成就。此前我们从未见过北美印第安人如此接近他们人性的本真、他们在这个世界上的自我感、他们内在的尊贵和沉着。这些照片并不仅仅包括一个土著文化，一个史前的过去，——甚至一个进入无以比拟的美感和高贵的世界的一次冒险。柯蒂斯的摄影涵盖了每个人每时

> 每地的必不可少的影像。在聚焦于北美大陆的风景和这片土地上的原住民时，一帧柯蒂斯拍的照片就成为永恒。[19]

其实，结合 19 世纪末 20 世纪初的美国印第安政策和印第安人的处境，柯蒂斯的摄影风格和照片处理方式无可厚非，不应被过度苛责。如果片面追求人类学和民族志研究的科学、真实的标准，而不采用柯蒂斯那种趁着部落记忆犹存，不惜摆拍“造假”的抢救甚至急救式的记录方式，那么只能等待璀璨多彩的北美印第安部落文化逐渐完全灭绝。这是一种不得已而为之的无奈。也可以这样说，柯蒂斯创作《北美印第安人》的奥德赛之旅，也是一个矛盾重重的印第安苦旅。罗雨认为，《北美印第安人》“这部民族志摄影作品存在着一对内在矛盾——‘假象’与‘真象’。‘假象’指柯蒂斯人为地在摄影作品中消除现代文明已走进北美印第安人生活的证据，这违背了人类学调查中遵循客观真实的原则。‘真象’指柯蒂斯拍摄《北美印第安人》时，美国的西进运动、‘野牛政策’表明了现代文明已侵入北美印第安文明的社会状况。虽然柯蒂斯在处理单个摄影作品时想掩盖北美印第安文明已受到现代文明影响的事实，但从摄影集的整体看，其恰好展现了北美印第安文明逐渐消逝的过程。这就是民族志摄影作品《北美印第安人》的内在矛盾所在。”[20]由此可见，这种“假象”与“真象”的内在矛盾，其实是对立统一的关系：“假象”更好地印证了“真象”的存在，因此无碍《北美印第安人》对印第安文化进行记录和保存的重大历史文献价值。在拍摄过程中，其实柯蒂斯的内心也充满了矛盾：他一方面感受到了印第安传统的美丽，对之既敬畏和欣赏；另一方面他又深深知道随着白人文化的扩张，古老的印第安文明必将面临消亡的命运。印第安人唯一生存的希望，就是把传统远远地抛诸脑后，融入美国主流社会。而他所要做和能做的，就是用文字和镜头尽量客观、冷静地记录下看到的一切，将印第安人的勇猛与野性、朴实与优雅、尊贵与骄傲永恒地显影于历史，从而留住这份美丽，为一种在他看来即将消失的文化保留一份永恒的记忆。高山峡谷、荒凉平原，是柯蒂斯照片中最令人心动的背景；落寞骑士、威严酋长、顶水女人、持原始工具的男子等与背景和谐相融。欣赏这些照片，人们忘却了印第安人生活的艰难，心中浮起的是异乎寻常的宁静。显然，柯蒂斯也想着意体现印第安人与大自然的和谐统一。也许，柯蒂斯在非常情况下采用的这种摄影手法和照片处理方式，也是一种海明威式的“重压下的优雅风度”（grace under pressure）。

# 六、结语

关于《北美印第安人》，柯蒂斯写道："这是一个如此巨大的梦想，而我却不能亲眼见证其完全实现。"[21]尽管如此，在文化多元主义的今天，人们正在重拾各种古老文化的昔日荣光，柯蒂斯的梦想也必将照进现实。历史均为过往，往事淡如云烟。柯蒂斯的鸿篇巨制《北美印第安人》是一个前无古人、后无来者的历史创举，他对抢救性记录和保存曾经湮灭无闻的北美印第安文化，并为今天多元文化主义背景下北美印第安古老文化的复兴，做出了不可磨灭的贡献，理当被世人尊崇和铭记。

**注释：**

[1] 柯蒂斯为其1904年拍摄的一张骑在马背上的六个印第安人远去的模糊背影照片取名为"即将消失的种族——纳瓦霍人"（"The Vanishing Race—Navaho"）。1993年9月29日，澳大利亚的空气输送者乐队（Air Supply）发行了第12张专辑，为轻摇滚风格（soft rock），专辑名为"即将消失的种族"（The Vanishing Race），封面以北美大草原上的一顶顶印第安圆锥形野牛皮帐篷（提皮，tipi，tepee，teepee）作为背景，画面中有两个穿着传统服饰骑在马背上的印第安男性，一个普通勇士打扮，另一个酋长打扮。由此可见"即将消失的种族"（The Vanishing Race）一词与北美印第安人之间的联系。

[2] Gilbert King，"Edward Curtis'Epic Project to Photograph Native Americans"，https://www. smithsonianmag. com/history/edward - curtis - epic - project - to - photograph - native - americans - 162523282/

[3] Northwestern University Digital Library Collections，http：//curtis. library. northwestern. edu/curtis/toc. cgi

[4] The North American Indian Republication，https：//edwardcurtis. com/the - north - american - indian/

[5] Supporters and Sponsors，https：//edwardcurtis. com/supporters - sponsors/

[6] Edward Curtis Biography，https：//edwardcurtis. com/curtis - biography/

[7] 胡晴编译，《荒野的呼唤——爱德华·柯蒂斯和他的印第安人摄影》，《中国摄影家》2007年第8期，第73页。

[8] Laurie Lawlor，Edward S. Curtis，*Shadow Catcher: The Life and Work of Edward S. Curtis* (Reprint ed.). Lincoln：University of Nebraska Press，2005. p. 6.

[9] 红云（Red Cloud，1822—1909），奥格拉拉拉科他苏族（Oglala Lakota Sioux）印第

安部落酋长，19世纪拍照最多的美国印第安人，也是美国军队在征服西部领土时最强劲的土著美国人对手。曾领导了著名的红云战役（Red Cloud's War，1866—1868），在怀俄明州东北部和蒙大拿州南部击败了美国军队。在签署拉腊米堡垒条约（Treaty of Fort Laramie，1868）之后，红云带领族人进行了从大平原游牧生活到保留地生活的重要转变。1987年8月15日，他的肖像被美国邮政局（USPS，United States Postal Service）采用，印制在10美分的伟大的美国人系列邮票（Great Americans series postage stamp）上。

[10] 阿齐纳族（Atsina）印第安人约瑟夫·D. 捕马（Joseph D. Horse Capture）把柯蒂斯拍摄的自己祖先的照片当作个人遗产（A Personal Legacy）："很少有影像能够像爱德华·柯蒂斯1908年所拍摄的我的曾曾祖父捕马的肖像那样，对我的人生产生如此重大的影响。因为我的父亲乔治·捕马发现了柯蒂斯拍摄的我们祖先的肖像，我们家族的所有家庭才有幸拥有这张照片。捕马在我们所有的家庭里与我们同在，他的存在帮助我们选择人生之路。看着他的脸，不但让我们回忆起自己的亲人，而且提醒我们作为印第安人应该加强教给我们的孩子祖先们生活方式的使命。许多当代的印第安家庭都与他们的过去有类似的联系。"Contemporary Native Perspectives，https：//edwardcurtis. com/contemporary - native - american - perspectives/

[11]《历史的瑰宝——〈爱德华·柯蒂斯和他眼中的北美印第安人〉摄影作品展在成都图书馆隆重开幕》，Library Society of China，LSC，http：//www. lsc. org. cn/contents/1207/1804. html

[12] Edward Curtis Biography，https：//edwardcurtis. com/curtis - biography/

[13] Edward Curtis Biography，https：//edwardcurtis. com/curtis - biography/

[14] personal life—death，https：//en. wikipedia. org/wiki/Edward_ S. _ Curtis

[15] 胡晴编译，《荒野的呼唤——爱德华·柯蒂斯和他的印第安人摄影》，《中国摄影家》2007年第8期，第73页。

[16] 该图表由作者根据文字资料整理，文字资料来源见下：http：//www. artnet. com/usernet/awc/awc_ history_ view. asp? aid = 425934444&info_ type_ id = 2

[17] 胡晴编译，《荒野的呼唤——爱德华·柯蒂斯和他的印第安人摄影》，《中国摄影家》2007年第8期，第74页。

[18] 顾铮，《世界摄影史》，杭州：浙江摄影出版社，2006，第17页。

[19] N. Scott Momaday，Joseph D. Horse Capture，Anne Makepeace，Sacred Legacy：Edward S. Curtis and the North American Indian. Burlington：Verve. 2005. Foreword.

[20] 罗雨，《"假象"与"真象"：浅析民族志摄影作品〈北美印第安人〉的内在矛盾》，《大众文艺》2017年第10期，第158页。

[21] Edward Curtis Biography，https：//edwardcurtis. com/curtis - biography/

# 中国文化对越南文化的影响研究

刘炎铭

四川师范大学　外国语学院，四川成都　610101

**摘　要**：纵观越南历史，几乎每个时期都能找出中国文化的印记。而有关中国文化对越南的影响的研究还有待深入，所以说，加强中国文化对越南文化影响的研究具有积极的意义。本文从语言、文学、哲学、宗教、节日、民俗几个方面着手，对中国传统文化对越南产生的主要影响进行了初步的研究。

**关键词**：中国文化；越南文化；影响

由于历史等种种原因，中国文化对越南文化产生了很大的影响，研究中国文化对越南文化的影响具有重要的意义。文化是一个非常广泛的概念，关于其定义问题，国内外学者已做了不同的描述。笼统地说，广义上的文化是指人类在社会历史发展过程中所创造的物质财富和精神财富的总和。而狭义的文化指社会的意识形态以及与之相适应的制度和组织机构。[1] 本文所说的文化是指广义的文化，包含语言、文学、哲学、宗教、节日、民俗等方面。

## 一、中国文化对越南文字的影响

历史上，汉字曾经传到了东亚、东南亚的一些国家，对这些国家形成各自的语言产生了巨大的作用。至今，这些国家的语言中仍保留了大量的汉语词汇。就越南而言，汉字对越南喃字和国语字都有影响。

---

**收稿日期**：2017－01－12

**作者简介**：刘炎铭（1993—），男，四川乐山人，四川师范大学外国语学院2016级翻译专业英语笔译方向硕士研究生，主要从事英语语言文学研究、英语翻译研究。

19世纪以前，越南一直使用汉字。[2]公元前214年，秦始皇统一六国之后，设立三郡，其中越南北部归属于象郡管理。汉字大概就是这一时期传入越南的，又被称为“儒字”。汉字成为越南的官方文字是从汉武帝设立交趾、九真、日南三郡时开始的。此后，汉字一直都是国家正式文字，直到越南独立建国后推广国语字时才被取代。

1. 喃字

喃字即南国的文字。[3]它是公元10世纪以后出现的文字。喃字与汉字关系密切，公元13世纪，越南文人利用中国“六书”（假借、会意、形声、象形、转注、指事）的造字法创造了喃字。喃字最常见的构字特点是把汉字的形和越南语的音结合起来，形成一个新字。例如，越南语中的“三”，音为“ba”，新字就写作“巴三”；越南语中的“吃”，音为“an”，新字就写作“咹”。由于上述特点，喃字中仍保留了大量汉字。

2. 国语字

国语字是越南使用的第三种文字。国语字以拉丁字母为造字基础，由传教士发明，后经过不断完善，最终形成。拉丁字出现于16世纪。越南的拉丁字母共有29个，其中22个拉丁字母与英文字母完全一样；另外7个是用22个字母中的“A 、D、E、O、U”5个字母加上某种符号后，成为一个新的字母。[4]

1945年，越南民主共和国成立以后，越语国语字被正式规定为国家的统一文字，应用于全国所有部门和领域。越语国语字的地位提高，并从此进入了一个新的发展阶段。尽管国语字得到广泛使用，但其字义和词汇等方面都与汉字息息相关。越南现代政治术语如“政府”“革命”“人民”“欢迎”“伟大”“争取独立、自由和幸福”等都发源于汉字，并保留了原义。在声调方面，越语和汉语基本相同，即不同的声调代表不同的意思。不同之处在于，汉语有四个声调，而越语多了两个，共六个声调。

## 二、中国文化对越南文学的影响

上文谈了文字，则需要接着谈文学。因为有了文字，便为正式拥有书面文学创造了必要的条件。文学是一种语言艺术。文学必须借助文字才能由简单到高级发展，才能流传久远。越南的文字深受中国文化的影响，而文字又是文学的重要表现工具，越南文学也必然受到中国文化的影响。

越南文学的开端就与中国有着密不可分的关系。三国两晋时期，中原国家战乱，许多文人为了躲避战争到了交州地区，同时带来了中原的文化及文学。唐朝时期，越南不少士子到唐朝求学，根据记载越南的姜公辅即在中国学习，并且官至谏议大夫。[5]

968 年丁朝建立，越南正式独立。虽然独立建国，但是汉文一直处于正统地位，加上其他一些因素，越南汉语文学非但没有衰落，反而蓬勃发展，具体表现在诗歌和散文方面。诗则四言、五言、七言，古风体兼备，赋以古体为宗。诗如《征妇吟曲》，赋如《百藤江赋》，虽然素材取自越南，但从形式到观念都从中国借鉴。同时，在表现手法上，越南汉语文学也吸收了中国诗词中的借景抒情、托物言志等手法；在修辞手法上，中国诗人常用的隐喻、用典、比附等手法也为越南的文人所熟悉和使用。

喃字的出现是越南想要摆脱中国文化束缚的标志。从实际情况看，喃字受到文人的推崇，喃字文学的兴起，推动了越南文学的发展，为越南文学做出了贡献。越南文人用喃字创造的作品还是没能摆脱汉文化的影响。喃字是一种不同于汉字的文字，它产生的同时，也促进了越南诗歌的发展。韩诠创造的“韩律”是喃字作品的最初形式，它的形式以唐律的形式为标准。由于“韩律”写作要求过严，以及其他的局限，一些越南开明作家就创造出了一种新诗体——六八诗体。这种诗体既吸收了中国诗歌的音韵格律的特点，又结合了越南当地民歌，是一种具有本土化特点的新诗体。后又把汉文七言诗与六八体诗组合成另外一种诗体——双七六八诗体。这两种诗体在民间广泛流传。虽然采用了喃字创作作品，但是作品内容与中国文化还是有着千丝万缕的关系，如越南阮攸的古典名著《金云翘传》。《越南历史》一书是这样评价这部作品的：“《金云翘传》是越南诗歌艺术的高峰，是使用民族语言的卓越典范。”[6]这本书的内容改编自清代初年的《金云翘传》，讲述了王翠翘与金重二人的曲折坎坷的爱情故事。从以上我们可以看出，喃字文学同样也受到中国文化的影响。

法国占领越南后，开始推行拉丁化文字。由于这种以拉丁字母为符号的文字比汉字和喃字更容易掌握，所以很快就推广开来。新文字为越南的文学发展提供了有利的条件，报纸成为越南文学的新阵地。报纸上刊登的文章，特别是翻译的章回体小说对读者具有很大的吸引力。而这些小说主要是中国的章回体小说，中国元明清三代的大部分小说都被翻译登报。虽然法国文学中也不乏优秀的作品，但是当时的翻译作品主要还是中国的小说。究其原因，除了作品优秀外，还有读者的感情因素，几千年来中国文化对越南文化的影响是割舍不断的。

## 三、中国文化对越南思想的影响

中国文化中的儒家文化对越南的思想影响较深。儒家文化对越南的影响大致可以分为两个时期：中国的秦汉时期与越南建国以后的持续影响时期。

### （一）中国的秦汉时期

秦始皇统一六国后，便设象郡管理越南中北部。从这时起，儒家文化便随着郡县设立开始传入越南。西汉时，越南被吞并，改为交趾、九真、日南三郡。当时这一地区的地方长官对儒教的传播做出了巨大的贡献。据范晔《后汉书·南蛮西南夷列传》记载："凡交趾所统，虽置郡县，而言语各异，重译乃通。人如禽兽，长幼无别。项髻徒跣，以布贯头而著之。"[7]当时的越南太守是锡光和任延，他们精通儒家思想。为了改变当时越南"人如禽兽，长幼无别"的情况，他们积极宣传孔子的儒家思想，教化民众，使越南的社会风气有所好转，提高了越南的文明程度。同时，他们建立学校，宣扬儒家思想。在这种环境下，越南的社会风气大大好转，三纲五常、忠孝节义等儒家经典思想也为普通的老百姓所接受。

### （二）越南建国以后

进入封建时代后，虽然儒家文化在越南的传播经历了"崇佛抑儒"阶段，但总体上还是继续影响着越南。儒家文化对越南历代封建王朝的影响概括起来大概有以下几个方面。政治上，古代越南的历代君臣，大多倡导儒家的仁政思想，强调儒家的三纲五常的思想。如黎朝时，统治者独尊儒术，儒教被确立为治国的指导思想。在制度上，则主要是效仿中国的科举制度，开科取士。而且考试的内容也多为儒家的经典，诗、书、礼、乐等。陈朝时，统治者为了选拔人才，开办学校，大兴儒学。在中央，成立了国子监、国学院、太学等；在地方，则在州县成立府学。除了大力发展官学之外，还允许民间办学，特别是在农村地区，还创办了私塾。越南效仿中国的科举制度后，既选拔了大批人才，也创造了一个从下层阶级往上层阶级流动的渠道，维护了封建统治。同时，由于考试内容多为儒家的经典，这一制度也在越南国内兴起一股读儒学经典的热潮。在这一过程中，涌现出了一大批如阮荐、吴士连、黎贵惇等优秀作家。另一方面，统治者在民间推广儒家思想，推行儒家的礼仪，兴办学校，推广儒学，这些措施既提高了人民的素质，传播了良好的文明礼仪，同时也把儒家的文明礼仪具体化为可控的法规，强制人民执行，这一举动有利于统治者对人民进行统治。

19 世纪中后期，越南人民深陷战争带来的痛苦之中。越南沦为法国殖民地后又被日本侵占，尽管如此，越南人民并没有妥协。在抗击对外侵略战争中，越南人民深受传统儒家忠孝义节思想的影响，不少仁人志士被儒家“仁义”观激励，积极投身于爱国救亡运动。可见，在整个抗战过程中，中国儒家思想作为越南人民的精神支柱一直支撑着他们战斗。如在“忠君爱国”思想旗帜下，阮文祥和尊室说等人在 1885—1896 年间勇敢地反抗法国殖民者的武装斗争。这一运动被称为勤王运动，是越南历史上著名的反殖民爱国斗争。

从以上可以看出，中国文化对越南的思想具有重大影响。

## 四、中国文化对越南宗教的影响

中国文化对越南的宗教也有影响，主要表现为道教对越南宗教的影响。道教是中国的本土宗教，是一种以古代春秋战国的方仙道以及黄老道和民间天神信仰等大部分宗教观念和修持方法为基础，崇拜诸多神明的宗教。道教追求长生不老之术，修道之人的最高信仰为“道”，他们渴望有一天能得道成仙，从而能够济世救人。越南受道教影响的宗教主要有母教和高台教。

根据《牟子》一书中的序言，大约在公元 2 世纪末，越南已有一些人“多为神仙辟谷长生之术”[8]。其后，随着中越文化交流，道教对越南的影响不断加深。

首先，道教影响了越南人民日常的供奉制度。在越南，人们日常参拜的神仙有妈祖、城隍、关帝等，而这些神都是道教中的道家神明。同时，越南民间供奉也是按阴阳五行体系进行的。

其次，在受到道教影响的同时，越南人民也吸收了道家的积极因素，并把这些积极因素同本地的宗教结合起来，母教和高台教便是代表。母教是一种流行于越南北部的民间宗教，其信仰为越南仙女柳杏圣母。道教传入越南后与母教融合，母教的信仰柳杏圣母的身份发生了变化。柳杏圣母出生的时间和玉皇大帝之次女被贬放人间的时间相同，所以母教信仰的仙女即为道教玉皇大帝的次女。而玉皇大帝又是道教中的诸神之一，主宰天地。从柳杏圣母身份的变化可以看出，道教对越南宗教有着重大影响。

高台教是越南的主要宗教之一，全名为“三期普度大教”。由于全称里有“三”，所以高台教对三这个数字有特殊的感情。高台教的创教基础为三宝，即精气神，而这三宝在道家教义中表现为玉、真、上三清。高台教徒认为高台教是通向未来的宗教，玉皇大帝的眼睛就挂在最高台阶上。除了玉皇大帝外，越南高台教还信奉姜太公、太上老君等，这些神灵同样来源于道教。综上所述，道教对越南的宗教，不管是母教还是高台教都有较深的影响。

道教对越南的影响并不局限于宗教领域，还延伸到了其他方面。在节日方面，越南的元宵节、亡人节、寒食节等都和中国相同。习俗上，道教对越南的传统婚礼习俗也有一定的影响。比如在传统的越南婚礼中有问名礼环节，问名的意思就是把男女的生辰八字共同进行卜算，如果卜算结果是双方适合结婚，即可订婚。而卜算是道家文化的一种重要的方式，所以道家思想对越南的影响是巨大的。

## 五、中国文化对越南节日的影响

历法和节日的关系不可分割。越南很早就开始使用中国的历法，所以节日也深受中国节日的影响。中国的春节、端午节、中秋节也是越南的重要节日。

1. 春节

根据《列国志·越南》记载，春节是越族人最重视的节日。[9]和中国一样，春节时，无论离家多远，不论跋山涉水，还是远渡重洋，远离家乡的人都要回到自己的家乡，和自己的亲人团聚，喜迎新春。人们过节的习俗包含以下三个方面。

（1）除夕。越南的除夕也为每年农历的最后一天，是辞旧迎新的日子。在这一天，全家人都团聚在一起，其乐融融，吃一顿团圆饭，享受难得的相聚时光。孩子和父母长辈聊聊这一年的情况，顺便向他们表达感谢。吃过团年饭，大家便等待着新年的到来。新年钟声一敲响，越南民众就开始祭拜祖先。越南人祭祖的习俗也受到中国文化的影响。祭祖时，五果盘必不可少，因为它象征着天地五行。人们通过这一仪式表达对先辈的怀念及感谢，同时希望来年幸福安康。

（2）拜年。除夕过后，越南人在大年初一就会去拜年。[10]拜年是越南人民互相表达祝福的一种方式，首先从家里开始。大年初一的早上，晚辈起床后，便向自己的长辈拜年，说一些祝福的话语，如“身体健康，平平安安”。越南人在拜年时，也有给红包的习俗，寓意辟邪驱鬼，保佑平安。一般晚辈给长辈拜完年后，长辈便会拿出红包来给晚辈，祝愿小孩在新的一年健康吉利、平平安安。红包不在于钱的多少，而是为了图个吉利，讨个新年的好彩头。

（3）贴对联。贴对联起源于秦汉以前。当时人们每逢过年便在门前悬挂桃符，用以驱鬼压邪。随着社会发展，桃符逐渐变为对联，并且成为过年的习俗之一。

受中国文化的影响，越南人过年时也有贴对联的习俗。越南人所贴对联的颜色也和中国一样都为大红色，象征喜气吉祥，祈求来年顺利。在推广拉丁字以前，春联多用汉字书写。现在逐渐改用拼音文字，但是形式保留汉字的书写形式，即从上往下写，一个拼音一个方块。除了张贴对联，越南人也张贴门神，用以驱鬼。同时也会在屋内贴上“福”等字样，寓意来年福气多多。

2．端午节

在越南，端午节是仅次于春节的民间节日。越南的端午节是越历五月初五，又称正阳节，最早也是为了缅怀中国爱国诗人屈原。但是随着时代的发展，如今端午节也叫作杀虫节。在这一天，人们备上雄黄，用雄黄泡酒喝。同时也把雄黄涂抹在小孩身上，用以驱虫。越南人过端午节也会吃粽子。

3．中秋节

同中国一样，越南也过中秋节。越南也有同中国类似的关于月亮的传说，不过故事的主人公换成了越南人更熟悉的人物。在中秋这一天，人们会聚集在街上看街头的表演，等街头表演结束后，便和家人一起回家赏月。和中国相同，中秋这一天，越南人也会吃月饼。临近中秋，报纸电视都开始做关于月饼的广告。越南的月饼有两种：一种外形和内容都与中国的月饼类似；另一种则以乳白的糯米面做皮，内以各色果脯做馅，皮薄馅足、味道甜腻，体现了越南盛产稻米和热带水果的特点。[11]

除了吃月饼，越族人有点灯习俗，中秋的花灯有各种造型，还有各种造型的走马灯。此外，越南的中秋还主要以儿童为主。因为在中秋之前，人们忙着农活，没时间陪孩子玩耍。等到中秋，人们就利用这一节日给孩子补偿，通常孩子们在这一天会收到很多礼物。

## 六、中国文化对越南习俗的影响

中国文化除了对越南的节日有影响外，还对越南的习俗有很深的影响。这些影响主要表现在饮食习俗和婚姻习俗的影响上。

1. 饮食文化的影响

早在3000多年前，茶就从中国传入越南。越南人也喜好喝茶，茶在人们日常的生活中不可或缺。不管是重大节日，还是平时，生活中都可以看见茶的影子。另外，中国文化对越南的筷子文化也有影响。筷子由中国人发明，越南人从中国那里学会了筷子的用法。越南语也称筷子为“箸”。现在越南人平时吃饭，特别是吃粉时仍普遍使用筷子，越南人也保持着与中国相同的使用筷子的方法和禁忌。

2. 婚姻习俗的影响

越南的习俗中，受中国文化影响最大的是婚姻习俗，中国的一些传统礼仪在越南婚姻习俗中得到了较为完整的体现。

越南现行的婚姻法规定，实行一夫一妻制，法定结婚年龄为男20岁，女18岁。[12]经过越南国内的改革开放，现在的年轻人受到西方文化的影响，自由恋爱多为婚姻的主要方式。但是传统的婚姻或多或少地得以保留。据考证，中国从西汉开始就不断把中国的文化和礼仪推广到越南，越南在这种文化的影响下，婚嫁仪式的过程逐渐演化为儒家“六礼”的沿袭与简化。

所谓“六礼”是在缔结婚姻的过程中所规定的六种仪式，一曰纳采，二曰问名，三曰纳吉，四曰纳征，五曰请期，六曰亲迎。“六礼”作为一种统一的、流行于上层和民间的婚姻仪式，一直流传了两千多年。[13]所谓纳采，是指由男方家送礼（用雁）至女家，表示求婚之意。问名是求婚后托请媒人问女方姓名及出生年月日。纳吉则是男方在庙里卜算男女双方的生辰八字，若卜算结果为吉，再备礼到女家，这时男女双方才算是正式订婚。纳征又称纳币，是指订婚之后男方请媒人将聘礼送往女家。请期是选择好结婚日期，备礼到女家，征得女方同意时的仪式。亲迎即新郎亲往女家迎娶新娘。这套隆重庄严的仪式在漫长的婚姻家庭历史中体现了中国儒家礼教思想的传承。越南也深受这套仪式的影响。

越南历史上的婚嫁仪式大都是按照“六礼”的过程来进行的，但是随着社会的发展与变革，越南的婚嫁仪式逐渐简化。当今越南传统的婚姻习俗一般包括问名礼、订婚礼、婚礼三个步骤。

（1）问名礼。问名就是提亲的意思。以前，许多贫困落后地区的女孩子都没有名字。她们出生的时候，父母只是随便叫个小名。等她们嫁了人，又随夫姓。所以有些妇女一生都没有自己的名字。而问名，即提亲，问的不完全是名字，还有女孩的生辰八字等情况，以便回家再卜算是否和男方的八字相吻合。

（2）订婚礼。问名礼完成之后就是订婚礼。如果卜算的结果是双方的八字相吻合，那么男方就会带着聘礼到女方家订婚。婚礼之日一般是男家选择并征得女家同意的吉日。根据女家要求，男家准备一定数目的聘礼，一般是 7 盒、9 盒或者 11 盒，用单数不用双数，并且回避 13 这个数字。聘礼主要是衣服、鞋帽、水果、烟酒、可乐、茶叶、糖果、糕饼、订婚蛋糕，必不可少的是槟榔与蒌叶。

（3）婚礼。订婚之后，双方家长选取一个大家都同意的好日子，举行婚礼。婚礼同时在男女双方的家里分别进行。女方先在自己家中摆下宴席，男方的家庭则由新郎亲自带领迎亲队伍到女家迎接新娘，然后一起回男家举行婚礼。

受西方文化的影响，越南的传统婚礼也有简化的趋势，但是传统婚礼的过程还是受到中国“六礼”文化的影响，只是现在的婚礼是对“六礼”文化的沿袭和简化。

从以上几点可以看出，中国文化对越南的影响是巨大的。汉字成为喃字的重要构字基础，对国语字也有很深的影响。中国文学使越南文学的形式和内容多样化，促进了越南文学的发展。道家影响了越南的本土宗教的教义和信仰。儒家文化成为越南统治者统治国家的重要工具，同时也教化了人民，提高了文明程度。中国文化对越南的习俗和节日也有重大的影响，中国的传统节日也同样成为越南的重要节日，越南在某些方面也保持着中国传统的习俗。从这些影响我们可以看出，中国文化为人类做出了巨大的贡献。

**注释：**

［1］舒新城，《辞海》，上海：上海辞书出版社，1979，第 1533 页。

[2] 徐绍丽、利国、张训常，《列国志》，北京：社会科学文献出版社，2005，第 81 页。

[3] 徐绍丽、利国、张训常，《列国志》，北京：社会科学文献出版社，2005，第 82 页。

[4] 徐绍丽、利国、张训常，《列国志》，北京：社会科学文献出版社，2005，第 84 页。

[5] 越南社会科学委员会，《越南历史》，北京：人民出版社，1977，第 130 页。

[6] 越南社会科学委员会，《越南历史》，北京：人民出版社，1977，第 481 页。

[7] 范晔，《后汉书》，北京：中华书局，1973，第 2836 页。

[8] 越南社会科学委员会，《越南历史》，北京：人民出版社，1977，第 98 页。

[9] 徐绍丽、利国、张训常，《列国志》，北京：社会科学文献出版社，2005，第 77 页。

[10] 徐绍丽、利国、张训常，《列国志》，北京：社会科学文献出版社，2005，第 77 页。

[10] 钟珂，《中国传统风俗在越南的遗存和嬗变》，《东南亚纵横》2008 年第 8 期，第 65 - 66 页。

[12] 徐绍丽、利国、张训常，《列国志》，北京：社会科学文献出版社，2005，第 73 页。

[13] 刘昌安、温勤能，《婚姻“六礼”的文化内涵》，《汉中师院学报》（哲学社会科学版）1994 年第 2 期，第 38 - 39 页。

# 翻译理论研究

# 俄苏翻译理论文本问题研究综述

罗 苹

四川师范大学 外国语学院，四川成都 610101

**摘 要**：在现代翻译学中，文本占有举足轻重的地位。俄苏翻译理论家们对文本的翻译问题进行了深入细致的探讨，并取得了丰硕的研究成果。本文旨在对20世纪50年代以来俄苏翻译理论文本问题的研究状况进行系统的梳理和总结，并详细介绍21世纪俄罗斯在该领域最新研究的代表性成果。

**关键词**：文本；翻译；俄苏

在现代翻译学中，文本问题占有举足轻重的地位。俄罗斯著名翻译理论家维·瑙·科米萨罗夫（В. Н. Комиссаров）明确指出，“篇章[1]是翻译的目的、对象和结果”[2]，“翻译问题主要就是分析、理解、构建篇章的问题”[3]，并将该理念称之为“以篇章为中心的理念（текстоцентристская концепция）”[4]。伊·谢·阿列克谢耶娃（И. С. Алексеева）也指出：“今天无论从哪个角度研究翻译，都离不开‘文本’这个概念。”[5]正是由于文本在翻译中的首要地位，文本问题才吸引着诸多翻译理论家的高度关注。

真正意义上的俄苏翻译理论产生于20世纪50年代。在此后的半个多世纪里，俄苏翻译理论家们对文本的翻译问题进行了深入细致的探讨，并取得了丰硕的研究成果。进入21世纪，俄罗斯翻译理论有了新的发展和变化，

---

**收稿日期**：2017-03-03

**基金项目**：四川省翻译协会2014年“翻译文本研究”项目（编号SCPAT002号）的阶段性成果。

**作者简介**：罗苹（1975—），女，四川简阳人，俄语语言文学博士，四川师范大学外国语学院教授、翻译专业俄语笔译方向硕士研究生导师，主要从事俄语语义学、翻译理论与实践研究。

对文本问题的研究也取得了新的进展。但是，综观我国翻译界，对俄罗斯该领域相关研究的探讨基本上仍停留在20世纪的研究成果上，对该问题的最新研究尚未给予足够的重视。

因此，本文拟对20世纪50年代以来俄苏翻译理论文本问题的研究状况进行系统的梳理和总结，并详细介绍21世纪俄罗斯该领域最新研究的代表性成果，以期能引起更多学者的关注。

## 一、文本翻译的传统研究

杨仕章（2010）曾对俄罗斯学界的篇章翻译研究进行过总结。他认为，俄罗斯翻译学界对篇章翻译问题的研究成果主要体现在四个方面：（1）语体与体裁的翻译；（2）意思结构的翻译转换；（3）篇章连贯性的翻译；（4）篇章修辞与翻译。[6]以下将以此为纲分别进行论述。

### （一）语体与体裁的翻译研究

从语体和体裁角度研究文本翻译问题在俄苏翻译理论中一直占据重要地位，且研究最为全面、透彻。许多翻译理论家都对此问题进行过深入探讨，如安·韦·费奥多罗夫（А. В. Фёдоров）、亚·达·什维策尔（А. Д. Швейцер）、韦·斯·维诺格拉多夫（В. С. Виноградов）、科米萨罗夫（В. Н. Комиссаров）等。

费奥多罗夫探讨了取决于翻译材料体裁属性的翻译类型。他认为，所译材料的每一种类型由于其各自特征不同对翻译提出了不同的要求。译者的任务是翻译任何体裁材料时，都应当对词汇和语法手段进行选择。这一方面取决于原文总的意图及体裁，另一方面又要遵守译文语言中相应体裁的规范。[7]他对报刊信息和专业学术文本的翻译特点，社会政治材料、政论文章和演说词的翻译特点，以及文学作品翻译的某些专门语言学问题进行了深入研究。

什维策尔认为，话语修辞方面的问题与翻译有着直接联系。他研究了英语报刊新闻的俄译问题，对英俄报刊文章的区别进行了细致分析，并探讨了英俄报刊文章互译时的转换手段。[8]此外，他还探讨了英语军事政论文章的翻译特点。

维诺格拉多夫指出，翻译学中存在两个相互联系的研究层面：过程层面和文本层面。翻译过程发生在人的大脑意识中，人们无法直接观察到。文本（文字的或声音的）才是具体翻译分析的物质客体。[9]文本的分类对翻译来说是必要的，因为“文本的功能、内容和感情特点在很大程度上影响着研究方法的选择”[10]。译者的任务和目的取决于他所译的文本体裁。他从语言的功能以及语言和言语的风格出发，划分出六种基本功能修辞文本类型：口语文本、公文事务文本、社会信息文本、科学文本、文学文本和宗教作品，并详细论述了造成各种文本类型相对等值的因素。

科米萨罗夫研究了科技材料和报刊新闻材料的翻译特点。他认为，语体与体裁的翻译研究属于翻译专论。作为一门翻译专论，需要研究原语中的某一功能语体和译语中的类似语体各自的语言特点对翻译过程的影响，并探讨它们之间的相互作用。[11]他从英译俄的角度，分析了英语科技材料与报刊新闻材料的特点，并与俄语进行了对比，认为由于两种语言各有异同，这要求英译俄时要进行修辞改译（стилистическая адаптация）。造成修辞改译的原因不仅有语言上的，还有语体上的。

### （二）意思结构的翻译转换研究

在俄罗斯，对意思结构（смысловая структура）的翻译转换问题研究得最为透彻的翻译理论家非列·亚·切尔尼亚霍夫斯卡娅（Л. А. Черняховская）莫属。她的主要翻译思想都体现在《翻译与意思结构》（《Перевод и смысловая структура》）一书中。该书以布拉格语言学派实义切分理论为基础，以俄译英为例，研究了翻译时为保留俄语句子的意义结构不变，英语句法结构的重新组织问题。

她认为：“信息结构具有自己固定的表达手段——语义词序，正是语义词序这一俄英语中共同遵守的词序规则奠定了翻译模式的基础。”[12]在进行翻译时，语句的信息结构是保持不变的，但在不同的语言中，它的成分可以用不同的方法表达。在任何情况下，这个结构都有特殊的语义词序，也就是带有不同交际信息量的意群在语句中是按照一定的顺序排列的。此时，这些意群的意义值在明确的两极之间排列：具有最小交际信息量的一极是叙述的出发点，即主位；具有最大交际信息量的一极表达言语产物的中心信息，即述位，是言语产物的逻辑中心。“无论是英语还是俄语，信息结构成素的排列都是遵循由主位到述位的原则。为了在英语译文中保留信息结构的各个成素，必须首先保留它们在语句中的位置，至于它们的句法形式则可根据英语语法的要求进行变通。”[13]通过细致分析，切尔尼亚霍夫斯卡娅总结出俄英翻译中调整信息结构成素的句法形式存在 10 种基本模式。

翻译中意思结构的传达是全面传达意思内容的一个方面，有时甚至是很重要的一个方面，它也是表达原文语用意义的一个重要手段。此外，意思结构的翻译转换对实现译文的衔接与连贯也起着重要作用。

### （三）篇章连贯性的翻译研究

衔接与连贯问题是篇章翻译研究的重要课题之一。什维策尔、科米萨罗夫等翻译理论家对此进行过深入研究。

什维策尔认为，话语作为一个整体，其连贯性由众多的联系手段保障，翻译时需要把原文的连贯性转换过来。这是篇章翻译问题的一个重要方面。他以英语篇章翻译成俄语为例，总结了英语篇章连贯性的四种手段——同指联系（кореференция）、同位联系（изотопия）、语段的语义独立和语义依赖（автосемантия и синсемантия отрезков текста）、预设（пресуппозиция），并分析了篇章连贯性的转换问题。他指出，该问题具有双重性质：一方面，它要求在译文中保留那些能够保障篇章成为统一整体的联系形式；另一方面，篇章连贯性问题对翻译理论的重要性，在于篇章单位之间的前指照应关系和后指照应关系对篇章含义的阐释具有重要作用。[14]

科米萨罗夫运用话语语言学的研究成果对篇章翻译问题进行了研究。他认为：“翻译过程就是不同语言的篇章在交际层面上达到等同的过程。要实现这一过程或是要对其结果做出评价，都需要对各类篇章的形式和内容进行对比，需要考虑不同语言中篇章的结构特点和功能特点，需要分析作为一个整体的篇章与构成篇章的语言单位和结构之间的相互关系。”[15]篇章内容结构包括三个维度：纵向维度、横向维度和纵深维度。其中，横向结构指语句之间的形式联系和内容联系，对于篇章整体性的形成至关重要。科米萨罗夫指出，篇章的形式联系，即衔接（когезия）可以通过各种语言手段来实现，如连接词、重复、替代词、动词时、体等形式的协调一致等。篇章的内容连贯性（когерентность）则由这样一些手段来实现：叙述的逻辑连贯性和非矛盾性、表示逻辑联系的各种词语、表示叙述开头（启句）和结尾的程式化结构、与篇章其他部分相照应的前指代和后指代词语等。与篇章连贯性直接相关的还有其主位—述位结构。在单个语句的意义结构中便贯穿着这种主位—述位关系，或者说实义切分。在语篇的整体内容中也会形成一定的主位—述位结构。译者在创造译文时，通常要保留原文的主位－述位结构[16]。

### （四）篇章修辞与翻译研究

篇章修辞也是篇章翻译的重要问题之一。什维策尔曾指出："除了篇章语义学和篇章句法学以外，篇章修辞学对翻译理论同样具有重要意义。"[17]他以英语报刊新闻材料的俄译为例，探讨了与翻译直接相关的若干篇章修辞问题。他非常细致地对比分析了英俄报刊篇章的标题、启句以及文本整体，指出由于两种语言各具特色，翻译时需要进行适当转换。例如，在翻译报刊篇章的标题时，由于标题的典型结构不同、意义阐释的非单义性、标题中使用的词汇单位的不同、表情修辞因素以及篇章与标题之间的意义关系，常常要求进行各种各样的翻译转换。这些转换包括语法转换、语义转换和跨层级转换（词汇—语法转换），以及用新的、符合译语该体裁相应规范的标题来取代原文标题。[18]

## 二、文本翻译研究的新视角

进入21世纪，俄罗斯学界对于文本翻译问题开辟了新的研究领域，取得了新的进展，其中最具代表性的当属伊·谢·阿列克谢耶娃（И. С. Алексеева）的研究。

阿列克谢耶娃致力于建立一个新的翻译学分支学科，即文本翻译学（транслатология текта）。她在《文本与翻译·理论问题》（Текст и перевод. Вопросы теории）一书中系统阐述了自己的思想。[19]该专著可以说是完整的文本翻译学的理论构建。作者在对现代语言学中文本的各种研究视角以及文本理论在现代翻译理论中的地位进行条分缕析地叙述之后，提出并系统阐释了建立翻译学的文本类型（транслатологические типы текста）的观点。她一方面继承了卡特琳娜·莱思（K. Reiss）等人文本类型理论中的核心思想，即主张将翻译策略和语言功能、语篇类型以及文章体裁结合起来考察，另一方面对该理论现存的一些问题进行了深入探究，以期深化和完善该理论。

她首先针对文本分类的标准进行了深入挖掘。她认为，莱思的文本分类标准存在不足，即仅以文本功能为核心参数进行分类，分类的基础标准不够明确。为解决该问题，她进行了深入细致的研究，提出了新的文本分类参数：信息类型、信息发送者和接受者、可译性程度。该组参数的核心是信息类型，因为信息是联系其他因素的中心点。一方面，不同的信息完成不同的功能；另一方面，不同的信息决定不同的语言手段。如果说文本的功能常常是复杂的、综合的，有时很难做出准确的判断，那么信息类型却可以根据信息内容和表达信息的语言手段进行比较准确的判断，然后再根据文本中的主导信息类型，就可以确定该文本属于哪一种类型。阿列克谢耶娃的该观点为文本类型划分标准的准确化、客观化提供了一种比较合理的解决方案。

其次，她针对翻译策略和方法进行了探讨。莱思对翻译方法的表述比较笼统。例如，她认为信息型文本应译为简朴的白话文，按要求做到简洁明了。但这似乎算不上严格意义上的翻译方法。阿列克谢耶娃主张在译前分析阶段对文本所含信息类型进行一一检索，然后针对不同信息类型，采用译语中的相应语言手段进行翻译。当然，该过程还需结合文本交际任务，并应在相应的体裁框架下进行。显然，阿列克谢耶娃将文本类型制约下的翻译方法更加具体化了，而且该方法具有很强的操作性和现实性。

除此之外，她还对口笔译中的篇章转换问题进行了研究并分别提出了指导性的意见。另外，她在专著的最后一章还研究了作为科学的翻译批评基础的原文文本—译文文本的转换模式，因为翻译批评也是翻译研究的一部分，一个完整的文本翻译理论当然也包括文本框架下的翻译批评问题。

以上我们对俄苏翻译理论文本问题的研究状况，包括 21 世纪的最新研究成果进行了系统的梳理和总结，希望以此文抛砖引玉，吸引更多的学者关注该问题。

**注释：**

[1] 国内学界不同时期对“текст”一词有不同译法：语篇、篇章、文本等。本文保留了学界的惯用译法，没有对该术语进行统一。

[2] В. Н. Комиссаров, *Современное переводоведение*, М.: ЭТС, 2000, с. 62.

[3] В. Н. Комиссаров, *Современное переводоведение*, М.: ЭТС, 2000, с. 58.

[4] В. Н. Комиссаров, *Современное переводоведение*, М.: ЭТС, 2000, с. 61.

[5] И. С. Алексеева, *Текст и перевод. Вопросы теории*, М.: Международные отошения, 2008, с. 6.

[6] 杨仕章，《俄语篇章汉译研究：回顾与前瞻》，《中国俄语教学》2010 年第 2 期，第 56 – 57 页。

[7] 吴克礼，《俄苏翻译理论流派评述》，上海：上海外语教育出版社，2006，第

229 页。
[8] 吴克礼，《俄苏翻译理论流派评述》，上海：上海外语教育出版社，2006，第 311 页。
[9] 吴克礼，《俄苏翻译理论流派评述》，上海：上海外语教育出版社，2006，第 480 页。
[10] В. С. Виноградов, *Введение в переводоведение* (*общие и лексические вопросы*), М.: Издательство института общего среднего образования РАО, 2001, с. 15.
[11] 吴克礼，《俄苏翻译理论流派评述》，上海：上海外语教育出版社，2006，第 533－534 页。
[12] 吴克礼，《俄苏翻译理论流派评述》，上海：上海外语教育出版社，2006，第 387 页。
[13] 杨仕章，《俄语篇章汉译研究：回顾与前瞻》，《中国俄语教学》2010 年第 2 期，第 57 页。
[14] А. Д. Швейцер, *Теория перевода. Статус, проблемы, аспекты*, М.: Наука, 1988, с. 182.
[15] В. Н. Комиссаров, *Современное переводоведение*, М.: ЭТС, 2000, с. 46.
[16] В. Н. Комиссаров, *Современное переводоведение*, М.: ЭТС, 2000, с. 47－48.
[17] А. Д. Швейцер, *Теория перевода. Статус, проблемы, аспекты*, М.: Наука, 1988, с. 183.
[18] А. Д. Швейцер, *Теория перевода. Статус, проблемы, аспекты*, М.: Наука, 1988, с. 187.
[19] И. С. Алексеева, *Текст и перевод. Вопросы теории*, М.: Международные отошения, 2008.

# 以超句统一体为翻译单位之探讨

罗丽莎

四川师范大学　外国语学院，四川成都　610101

**提　要**：翻译单位是翻译理论研究的重要课题之一，同时也是翻译理论和实践中不可或缺的一部分。多年来，国内外翻译理论家对这一问题从不同角度做了大量的、深入细致的探讨和研究，但始终未能达成共识，以至于有人开始质疑其存在的合理性。本文通过对其中存在较大争议的问题进行梳理与总结，认为翻译单位的使用应该按照原语文本类型区别对待，并从篇章语言学角度出发，论述以超句统一体作为一个层次的翻译单位的可行性。

**关键词**：篇章；超句统一体；翻译单位

不同的译者和翻译理论家因为不同的注意力聚焦、不同的研究方法，在原语文本到译语文本的转换过程中，可能会把不同长度的话语作为基本操作单位并因此争论不已。他们的争论主要集中在句子、段落、篇章这几个占主导地位的翻译单位。本文拟对其中存在较大争议的问题进行梳理总结，并从篇章语言学角度出发，论述以超句统一体作为一个层次的翻译单位的可行性。为此，有必要从翻译单位的定义入手来进行讨论。

## 一、翻译单位

苏联学者巴尔胡达罗夫（Л. С. Бархударов）在《语言与翻译》（Язык и перевод）一书中提出："所谓翻译单位，我们是指在译文中能够

**收稿日期**：2017－02－23

**作者简介**：罗丽莎（1992—），女，四川南充人，四川师范大学外国语学院俄语笔译专业硕士研究生，主要从事翻译理论与实践研究。

找到对应物的原文单位，但它的组成部分在译文中并没有对应物。换言之，翻译单位就是原语在译语中具备对应物的最小的语言单位。”[1]俄罗斯翻译理论家科米萨罗夫（В. Н. Комиссаров）认为，在进行实际的翻译操作时，大多数情况下不可能一下子就能完成语际间的转换，译者往往需要将原文划分成若干话语片段，依次翻译。他指出：“翻译单位是原语文本最小片段，该片段在中介语中对应的基本意群同样能和译语文本某一片段对应。”[2]英国翻译理论家彼得·纽马克（Peter Newmark）认为：“翻译单位是最小的话语单位，该片段的全部符号结合得非常紧密，以致不能分开逐译。”[3]

根据上述三个翻译单位的定义可以得出以下认识：（1）翻译单位必须以原语作为分析对象。（2）翻译单位是不可分割的、最小的、有意义的语言片段。（3）翻译单位在译文中存在对应表达。这三点基本认识对于我们进一步研究翻译单位具有十分重要的意义。有关翻译单位的长度问题，多位学者都提到了“最小的”，但小到什么程度算“最小的”，学者们似乎没有也无法像自然学科那样进行一个明确量化的界定。纽马克曾说过：“一般说来，直译取单词作为翻译单位，意译取句子为翻译单位，篇章语言学兴起，意译的翻译单位又从句子转向了语篇。”[4]因此，可以认为，翻译单位的长度取决于原语文本类型和译者采取的翻译方法。

国内外翻译学界为增强翻译单位的可操作性做了不懈的努力。巴尔胡达罗夫根据语言的六个层面将翻译单位分为音位（字位）、词素、词层、词组、句子和文本六个层次。其中，音位和词素作为翻译单位比较少见，而且相对来说也容易解决，因此有实际意义的翻译单位是后面四种。[5]然而，词对词或逐词翻译的译文往往十分生硬，不符合译语规范。近年来，我国学者也就翻译单位问题进行了全面深入的探讨，但对此问题的看法可谓是见仁见智，莫衷一是。罗选民主张以小句为翻译单位。[6]葛校琴主张以句群为翻译单位。[7]陈洁、陈倩论述了自己有关句群翻译的见解，并根据个人实践经验，指出在句群翻译中应尤其注意衔接、行文线索和意脉这三方面的问题。[8]李爱玲、武景全批判了翻译单位的段本位论，主张以句子为翻译单位。[9]司显柱以英汉双语互译为例，验证了以语篇为翻译的基本单位这一命题，提出“只有以语篇为翻译单位才能实现翻译通顺、忠实之要求”[10]。郭建中提出以自然段为翻译单位。[11]陈洁主张以意群为翻译单位。[12]他们的研究从不同层面、多个角度向我们阐释了翻译单位问题，为我们进一步进行研究和探讨做了理论上和实践上的铺垫，有利于我们在对此问题的看法上去粗取精，去伪存真。

通过以上对近年来译学界有关翻译单位问题的概述，不难发现，学者们争论的焦点集中在句子、段落、语篇三个层次上，往往是以子之矛攻子之盾，因为笼统地选择无论哪一个语言层次作为翻译单位都存在局限性。例如，当词和词组层无法充当翻译单位时，我们自然会想到它们的上一层——句子。诚然，句子是一个有着完整主谓结构的最小句法形式，能表达相对完整的意思，但纯粹地从单个的句子出发进行翻译转换无疑会割裂句子间的有机联系，容易犯只见树木不见森林的问题：忽视句与句之间的连贯性和衔接性，把句子孤立对待。“其结果必然是重形式、轻功能、重单个、轻整体，虽然译出来的文字从句子来看，可能很精确很考究，但常会支离破碎，难以达到整体观念。”[13]句子是构成段落的基本单位，当以句子为翻译单位有较大局限性时，不少学者又把注意力投向了语篇的基本构成单位——段落。又如，郭建中首先对国内外翻译界不同学者的有关翻译单位的研究进行了梳理小结，然后又以自己的汉英翻译实践为例，论证了以自然段落为翻译单位在理论上的可行性和实践上的可操作性。以自然段落为翻译单位固然可以弥补以句子为翻译单位的缺陷，但是，由于缺乏对段落层面之上的宏观结构把控，以段落为翻译单位是否同样存在缺乏整体完整性的弊端？于是，有译者将目光投向了篇章。由翻译实践经验可知，译者如果将翻译转换的思维仅仅局限在篇章上，其译文的质量就难以得到保障，因为篇章过于宏观，留给译者灵活处理的空间太大，容易使其随意发挥，以致损害原文的真实面貌，造成原文意义的缺失。

通过以上分析，我们发现单纯以词、句子、段落或篇章为翻译单位是不具备普适性的，多数情况下，在同一篇文章内可能会需要不同层次翻译单位之间的密切配合才能更好地完成翻译。翻译单位的选择是动态的，需要具体问题具体分析。本文仅从篇章语言学角度出发，探讨以超句统一体作为翻译单位在语篇翻译中的可行性。

## 二、以超句统一体为翻译单位的依据

现实生活中，处在不同语境中的人往往会使用不同的语言，因此可以认为语境是构成语篇的必要条件，语境和语篇联系紧密，二者缺一不可。句子是构成语篇的基本单位，但是单个句子表达的思想有时很不完整。在进行语际转换的过程中，往往需要以大于句子的超句统一体作为翻译单位。以超句统一体为翻译单位的优越性是由其自身的特性决定的。

“超句体是由两个或两个以上的独立句子构成的意义、结构和语用的最小统一体，其中意义的统一体，即意义的向心性，占主导地位。它是句法与修辞、句法与文章章法和技巧、句法学与篇章语言学的共同研究对象，是这些学科之间的契合点，是沟通它们的桥梁性单位。”[14]在翻译实践中，若是不顾原文语篇整体，忽视句与句之间的联系，译语语篇就可能会出现前言不搭后语，语篇结构松散的毛病。在超句统一体这一语言层面上进行翻译就能解决这一问题，原因在于超句统一体本身可以视为“一个浓缩的语篇”[15]。

说到语篇（亦作篇章），国内外论述语篇这一概念的著述林林总总、汗牛充栋。黄国文在其著作中指出，语篇通常指一系列连续的话段或句子构成的语言整体。它可以是独白、对话，也可以是众人交谈；可以是文字标识，也可以是诗歌、小说。它可以是讲话，也可以是文章；短者一二句可成篇，长者洋洋万言以上。[16]韩礼德和哈桑认为，语篇是长短不一的、任何可以构成一个统一体的段落，具有形式和逻辑—语义的一致性。它是一个意义单位，不是一个形式单位，它能表达完整语义。从以上语篇的定义可以发现，语篇具有这样四个显著的特点：（1）语篇具有衔接性和连贯性；（2）语篇是言语交际的产物，依赖语境而存在；（3）语篇可长可短，不能单凭规模大小就断定一个形式单位是否属于语篇范畴；（4）语篇有一个中心论题。对比之下，本文沿用《什么是篇章语言学》一书中关于“篇章”的定义：“一般说来，篇章大于句子，具有一定交际功能的语义单位，或口头或书面，或长或短，无论它的体现形式是什么，只要合乎语法、语义和语用连贯，具有一个中心论题，完成一定的交际功能，它就是一个篇章。”[17]因此可知，“语篇大于或等于超句统一体，有时一个超句统一体就是一个完整的语篇，而更多的时候是语篇由多个独立的统一体组合而成”[18]。以超句统一体作为翻译单位，是因为它的意义相对完整，逻辑关系严密，内部衔接得当，并且也没有语篇那样庞杂。那么，在语篇翻译中以超句统一体为翻译单位应该如何操作？

## 三、以超句统一体为翻译单位的具体操作

在翻译研究中，翻译单位常常和翻译对等相提并论。这是因为翻译理论

家有意或无意地将翻译单位当作他们实现等值翻译的操作空间。纵观中西方翻译史，翻译理论家提出了各种各样的翻译原则。从严复在翻译《天演论》时提出的“信、达、雅”到鲁迅提出的“宁信不顺”，从泰特勒提出的被奉为圭臬的翻译三原则（译文必须完整表达原作的思想，译文的风格和写作方式必须与原文一致，译文应该和原文一样流畅通顺）到奈达的动态对等（后来发展为功能对等），他们提出的翻译原则联系密切，昭示了这样的共性：忠实准确地传达原文的思想内容是最重要也是最基本的翻译原则。就俄汉翻译而言，做到译文通顺流畅、文辞优美、可读性强绝非易事，因为俄汉语言差异较大。俄语属于印欧语系，作为有标志性的屈折语，俄语句子结构灵活，词序和词汇形式多变，在表达上更注重形合；而汉语属于汉藏语系，属于分析语，缺乏形态变化，句中词序较为固定，在表达上更讲究意合。因此，在进行俄汉语篇翻译前，应“由大到小”地分析语篇，也就是先通读全文，从整体上把握文章总的主题思想，了解语篇背景，然后再按照语句排列的先后顺序，依次提炼出若干个表述独立完整意义的次主题，进而把原文分成若干个意思群体，一个意群对应一个超句统一体。这样，在正确理解语篇主题的基础上，再以超句统一体为翻译单位进行实际的翻译操作，译者就更容易完整地再现原文，减少误译和漏译，译文也就更符合译文读者的接受心理。

在正确把握原语语篇整体意义的基础上，还应注意语句间的衔接与连贯。众所周知，并不是语句间任意的排列组合就能构成完整的篇章。衡量一个语段是否为篇章有七个标准，它们分别是衔接、连贯、意图性、可接受性、信息性、情景性、跨篇章性。其中，衔接与连贯是以篇章为中心的。[19]

因此可以认为，衔接与连贯是篇章之所以为篇章的必要条件。俄语句子以谓语为中心，句子内部其他成分围绕谓语展开，句子内部语法严谨。汉语与俄语相比，句子内部不太注重语法规则，凡是意义上可以搭配的词语都可以衔接成句。汉语注重的是行文的方法、文章的构造，强调言之有理、顺理成章。正是因为俄语重“形合”，句与句之间有明显的衔接手段，而汉语重“意合”，句与句之间往往缺乏明显的衔接性标志，在俄汉篇章翻译过程中，如果原文超句体内有明显的句际衔接语，则应确定其句际语义关系的类别，用符合译语语言规范和习惯的衔接语予以转换，根据具体情况灵活运用诸如加词、减词法的翻译技巧，如下例所示：

Железо известно человеку несколько тысяч лет. Нов полную силу оно служит ему лишь сотни лет. Теперьэтот металл стал необходимым для современной техники.

Трудно назвать более нужный человеку металл, чем железо. Железо-это машины и станки, автомобили и корабль, электространции и мосты. Где нет теперь железа.[20]

译文：人类认识铁已有几千年的历史。但是，充分利用铁只是近几百年的事情。现在铁已成了当代工程技术必不可少的金属材料。

目前，很难找到哪一种金属，比铁的需求量还大。因为有铁，才有机床等机器，才有汽车和船舶，才有电厂和桥梁。总之，铁无处不在！

此例围绕“铁”展开叙述。俄语中的时间关系可以通过谓语动词的形态变化表示，而汉语中的时间关系多用词汇手段表示。译文中增加了“现在”“目前”两个词语将原文中的时间关系恰当地传达出来。原文中含有转折、因果、结论的句际关系，译文中相应地增加了“但是”“因为”“总之”三个词语。

在翻译中，除了衔接的处理之外，还应该在超句体内部对句与句之间的顺序进行调整。杨绛先生在谈翻译时就曾指出：“略有经验的译者都会感到西方语言和汉语语言顺逆不同，晋代释道安翻译佛经时所谓‘胡语尽倒’。要把西方语言翻译成通顺的汉语，就得翻个大跟头才颠倒得过来。”[21]究其根本原因，在于两国人民的思维模式存在着较大差异，思维差异导致了俄汉语篇结构差异。俄语以主谓为骨干，次要事件呈树杈型结构展开；汉语的语篇结构往往是按照时间先后、逻辑顺序排列。因此，在进行语篇翻译时，一般需要根据语义关系，在超句统一体范围内对原文语句顺序进行合理调整。有时原文的句子在译文中需要提前译出，有时需要置后译出；有时需要把形式上不相连，语义上有联系的独立句子调整至一起译出，有时需要将一个句子拆分成多个句子分开来译，如下例所示：

①Звали её Марфой Тимофеевной Петровой. ②Она слыла чудачкой, нрав имела независимый, говорила всем правду в глаза и при самых скудных средствах держалась так, как будто за ней водителись тысячи. ③Она теперь не могла покойного Калитина, и как только её племянница вышла за него замуж, удалилась в свою деревушку, где прожила целых десять лет у мужика в курной избе. ④Марья Дмитриевна её побаивалась. ⑤Черноволосая и быстроглазая даже в старости, маленькая, востроносая, Марфа Тимофеевна ходила живо, держалась прямо и говорила скоро и внятно, тонким и звучным голоском. ⑥Она постоянно носила белый чепец и белую кофту. [22]

译文：她叫玛尔法·季莫菲耶芙娜·佩斯托娃。她是个出名的怪太太，生性倔强，直言不讳，就是在最拮据的时候，也像腰缠万贯一样。她身材矮小，鼻翼尖突，虽说年事已高，仍旧头发黑亮，目光锐利；她行动麻利，做事干脆，说话流畅、清楚，声音尖细、响亮。她常戴着顶白色的包发帽，穿着件白色的短外套。她讨厌已故的卡列金，当年她侄女一嫁给她时，她就到乡下去了，在一位农夫那没有烟囱的小木屋里住了整整十年。玛丽娅·德米特里耶夫娜有点怕她。

这是一个由三个简单超句统一体构成的复合超句统一体。此例主要围绕佩斯托娃展开，描述她的品行、外貌、衣着等，但是画线句是对其侄女、侄女婿的叙述。为了逻辑语义的连贯性和衔接性，把画线句移至句末译出。这样，译文行文流畅、严谨，符合译文读者的接受心理。

本文从翻译单位的定义出发，对译学界有关翻译单位的争论做了一个简单的归纳述评，认为翻译单位的选择不能一概而论，而应视具体的情况而定，以达到最自然、最近似的等值。但是，翻译单位的选择并非无规律可循，对于一般意义上的语篇翻译，以超句统一体为翻译单位能有效地构建出语义连贯、衔接恰当、符合译语语言规范的语篇，有助于更加准确地反映出原文整体的真实面貌。

**注释：**

[1] 巴尔胡达罗夫，《语言与翻译》，蔡毅等编译，北京：中国对外翻译出版公司，1985，第145页。

[2] 杨仕章，《语言翻译学》，上海：上海外语教育出版社，2006，第128页。

[3] Peter Newmark, *A Textbook of Translation*，上海：上海外语教育出版社，2001，第54页。

[4] 葛校琴，《句群——翻译的一个单位》，《中国翻译》1993年第1期，第29页。

[5] 王璟、古绪满，《试论翻译单位的灵活性》，《安徽师范大学学报》（人文社会科学版）2000年第4期，第586页。

[6] 罗选民，《论翻译的转换单位》，《外语教学与研究》1992年第4期，第32－37页。

[7] 葛校琴，《句群——翻译的一个单位》，《中国翻译》1993年第1期，第28－30页。

[8] 陈洁、陈倩，《俄汉句群翻译初探》，《解放军外国语学报》1993 年第 3 期，第 88 - 94 页。
[9] 李爱玲、武景全，《关于翻译的基本单位——翻译方法论之辩》，《上海科技翻译》1995 年第 2 期，第 1 - 5 页。
[10] 司显柱，《论语篇为翻译的基本单位》，《中国翻译》1992 年第 2 期，第 14 - 17 页。
[11] 郭建中，《汉译英的翻译单位问题》，《外国语》（上海外国语大学学报）2001 年第 6 期，第 49 - 56 页。
[12] 陈洁，《俄语界对翻译单位研究综述》，《中国科技翻译》2007 年第 1 期，第 48 页。
[13] 高芳，《句段意识与翻译单位》，《外国语》（上海外国语大学学报）2003 年第 3 期，第 77 页。
[14] 陈洁，《俄汉超句统一体与翻译》，上海：上海外语教育出版社，2007，第 60 页。
[15] 周红辉，《超句统一体与语篇翻译》，《北京第二外国语学院学报》（外语版）2006 年第 6 期，第 16 页。
[16] 黄国文，《语篇分析概要》，长沙：湖南教育出版社，1988，第 7 页。
[17] 刘诞辰、赵秀凤，《什么是篇章语言学》，上海：上海外语教育出版社，2011，第 3 页。
[18] 周红辉，《超句统一体与语篇翻译》，《北京第二外国语学院学报》（外语版）2006 年第 6 期，第 16 页。
[19] 刘诞辰、赵秀凤，《什么是篇章语言学》，上海：上海外语教育出版社，2011，第 19 页。
[20] 陈洁，《俄汉超句统一体与翻译》，上海：上海外语教育出版社，2007，第 275 页。
[21] 陈洁，《俄汉超句统一体与翻译》，上海：上海外语教育出版社，2007，第 38 页。
[22] 陈洁，《俄汉超句统一体与翻译》，上海：上海外语教育出版社，2007，第 289 页。

# 翻译实践研究

# A Comparative Analysis of Three English Translations of Liu Xie's *Wenxin Diaolong: Dragon-Carving and the Literary Mind*, *The Book of Literary Design*, and *The Literary Mind and the Carving of Dragons*

Aaron Lee Moore[1,2]

1. School of Literature and Journalism, Sichuan University, Chengdu 610064

2. U. S. A., Virginia, 720 Christiansburg Pike, Floyd, VA, 24091

**Abstract**: This essay is the first study to undertake an analysis of the only three complete English editions of the monumental work of medieval Chinese literary theory, *Wenxin Diaolong*, through close reading and sensitive explication. The essay mainly compares the varying translations of chapter titles and the scholarly apparati of the editions. At the conclusion of the essay, a recommendation is offered as to which edition would be best suited to prospective foreign English-speaking Dragonologists, those

---

**Essay Deadline**: 2017 - 02 - 10

**Author Profile**: Aaron Lee Moore, male, was born in 1984. He comes from Virginia in the United States. He is editor of *Floyd County Moonshine*, a literary magazine localized in Floyd, Virginia and is working towards his Ph. D. in Comparative Literature at Sichuan University with a dissertation entitled *Faulkner's Reception in China and the Anglophone World.* His interests in scholarship include modern and classical Chinese literature, medieval English literature, modern US-American literature, and existentialism. Moore's publications include "Towards the Inclusion of Inter-Ethnic Studies in Comparative Literature in China," *CLCWeb: Comparative Literature and Culture* (2017); "God's Weaponry: The Sardonic Laugh in Aelfric's Lives of Saints and Catholic Homilies," *Pennsylvania Literary Journal* (2014); "Interdisciplinary Studies and Comparative Literature in China and the West," *CLCWeb: Comparative Literature and Culture* (2013); and "Faulkner's Closest to God in *The Sound and the Fury*," *Interdisciplinary Literary Studies: A Journal of Literary Criticism and Theory* (2011). As a creative writer, Moore has published short stories, poems, and creative non-fiction texts in *Cold Mountain Review* (2016), *Toad Suck Review* (2015), *Sandy River Review* (2014), *Ascent Aspirations* (2013), *Miller's Pond* (2013), *Deep South* (2013), *Illumen* (2013), *Mobius* (2013), and others.

who study *Wenxin Diaolong*.

**Key Words**: Dragon Carving; Literary Mind; *Wenxin Diaolong*; Liu Xie; Translation; Dragonology

Though the more recent and regrettably more obscure 2003 translation of Liu Xie's (c. A. D. 465 - 522) monumental work of early medieval Chinese literary criticism, *Dragon-Carving* (《文心雕龙》) *and the Literary Mind*, does not take a particular aim at the specific faults of its early well-known predecessor, *The Literary Mind and the Carving of Dragons* (1959); the preface to the *Library of Chinese Classics* edition does, however, mention in a broad way that translations, in general, by foreign scholars are often inadequate due to a lack of understanding of Chinese culture and Chinese language.

There have been many translations of the Chinese classics done by foreign scholars. A few dozen years ago, a Western scholar translated the title of *A Dream of Red Mansions* into "A Dream of Red Chambers", and Lin Daiyu, the heroine in the novel, into "Black Jade." But while their endeavors have been laudable, the results of their labors have been less than satisfactory. Lack of knowledge of Chinese culture and an inadequate grasp of the Chinese written language have led the translators into many errors. As a consequence, not only are Chinese classical writings widely misunderstood in the rest of the world, in some cases their content has actually been distorted [...] There have been many distinguished and well-intentioned Sinologists who have attempted to make the culture of the Chinese nation more widely known by translating works of ancient Chinese philosophy. However, the quality of such work, in many cases, is unsatisfactory, often missing the point entirely. [1]

It is, in general, valid to claim that *some* foreign scholars struggle with the Chinese written language, given the inherent complexity of studying an ideographic language and given the vast cultural gulf separating East and West. Also, foreign scholars studying classical Chinese certainly may make errors likely only a Chinese native-speaker scholar could avoid—for a foreign scholar translating such classical works is a tall order indeed. But there are some distinguished foreign scholars who have proven capable of this task in my opinion—notable scholars like David Hawkes, Stephen Owen, and Sidney Shapiro—to name just a few, and translation of Chinese classics is often a partial endeavor to westernize certain elements in order to relate to a Western English-speaking audience. On the other hand, wouldn't we assume the same difficulty of a Chinese non-native English speaker studying Anglo-Saxon Old English or Middle English? Maybe classical or medieval Chinese would still be more difficult, yet perhaps the difficulty is somewhat comparable. But what really constitutes an error in translation is often, but not always, a subjective judgment. An "error," in some cases, may sometimes be expressed as a creative liberty taken to appeal to the target audience. "Lin Daiyu" doesn't mean a thing to a Western audience but "Black Jade" can mean something more. What one really should keep in mind in assessing the quality of a translated work is the target audience for the translated work and the aim of the translator, which is sometimes revealed in the preface or introduction.

While my study will focus primarily on Vincent Shih's first complete English translation *The Literary Mind and the Carving of Dragons* (1959) and the most recent translation *Dragon-Carving and the Literary Mind* by Yang Guobin (2003), it should be pointed out that Vincent Shih's English translation was the world's first ever complete translation of *Wenxin Diaolong*. This was next followed by a Japanese translation by Kozen Hiroshi in 1968 (Liu Ying 97). I will occasionally reference the only other complete English translation by Siu-kit Wong, Allan Chung-hang Lo, and Kwong-tai Lam, titled *The Book of Literary Design* and published by Hong Kong University Press (1999). I was not made aware of this edition until quite recently, largely due to the fact that the translation of the title omits both the essential "Dragon" and "Carving." I only discovered its existence while perusing a Chinese article which briefly surveys *Wenxin Diaolong* English translations and studies "A Survey of English Translations and Studies of *Wenxin Diaolong*" by Liu Ying (刘颖,《关于〈文心雕龙〉英译与研究》, 2009). Out of all three translations, I find that the English diction in this edition is the most sophisticated, flowery, and latinate by far, but at times I am reminded of the Chinese idiom "画蛇添足" which translates literally as "to draw legs on a snake," meaning sometimes the overly ornate language, excessive alliteration, and legitimately archaic usages detract from our understanding of the work—the translators have overdone it in some cases. Choosing a typical line from the opening chapter, "傍及万品，动植皆文：龙凤以藻绘呈瑞，虎豹以炳蔚凝姿"[2]: "Harmony pervades all things, all things animal and vegetal. Pards and tigers disport themselves gorgeously, dragons and phoenixes augurise in painted pomp."[3] I must note that not a single syllable of the original line alliterates. I need to also point out that this translation is much looser than that of *Dragon-Carving and the Literary Mind* (2003) which translates "文" as "patterns" rather than "harmony": "It can be inferred that all forms of existence have patterns, animals and plants alike. Brilliant scales or plumes give splendor to a dragon or a phoenix; magnificent stripes and colors give grandeur to tigers and leopards."[4] Although the former translation of this line has a certain classical appeal, which is faithful to Liu Xie's spirit of classicism, with the use of "disport," "augurise," and "painted pomp," in my opinion this line walks the line of superfluity. Regarding excessive alliteration, the original does employ some alliteration, but ironically, Liu Xie stated in the work that "双声隔字而每舛"[5]: "Double sounds (alliterative words) when separated by other syllables can be unpleasing."[6] Some translated lines with excessive and unnecessary alliteration are as follows, "序者次事，引者胤辞"[7]: "A preface puts points in order, a prefatory note precedes and lengthens the given piece"[8]; "邹穆公云'囊漏储中'"[9]: "Even punctured pockets preserve (as reported by Duke Mu of Z [h] ou)"[10]; "潘岳哀辞，称'掌珠'，'伉俪'，并引俗说而为文辞者也"[11]: "Pan Yue spoke of 'a pearl in one's palm' and 'a partner beyond compare' in his plaint, they made poetry out of popular expressions"[12]; "及扬雄《甘泉》，酌其馀波"[13]: "Yang Xiong's palatial provisions drew on Sima Xiangru's plenitude."[14] Interestingly, excessive alliteration occurs most often with words beginning with "p". But, as I said, this happens only occasionally in certain conspicuous lines, and I must laud this translation's quite masterful, flowing prose, and I must laud in particular the excellent way it preserves many of the metaphors of the original.

This essay sets out to assess the quality of the translations of this early medieval, monumental work of Chinese literary criticism through a comparative analysis. An in-depth comparison of the only three full English translations could indeed be the topic of an entire dissertation and could very well be the pursuit of a lifetime, but for this essay I will restrict my analysis to investigating the major and more significant differences we find between both the scholarly apparati of these three editions and between the three English translations, focusing in particular on the English translations of the chapter headings of "《文心雕龙》".

## Target Audience

One might naturally assume that these translations of "《文心雕龙》" were tailored toward a foreign academic audience; however, Yang Guobin's translation (2003) includes the origin text (原文) in Chinese simplified characters and a modern Chinese translation (今译) on the verso left-hand page with the English translation on the adjacent recto right-hand page, and extensive footnotes at the end of volume II in both simplified Chinese characters and standard U. S. -American English. Also, the preface to the *Library of Chinese Classics* Chinese-English edition (总序) and introduction (前言) are in Chinese simplified characters and U. S. -American English, with the Chinese text preceding the English in all cases. Therefore, we may infer that this work was tailored toward both a Chinese and foreign English-speaking audience yet prioritized toward Chinese native speakers and scholars. This could only be completely accessible to foreign scholars of the highest caliber with an advanced understanding of Chinese language and culture.

In Vincent Yu-chung Shih's translation (1959), we may infer that the target audience of this work is predominantly Western English-speaking due to the absence of Chinese characters (with the exception of script traditional characters in eight pages in the glossary). We may also infer that this edition was intended for the "common reader" rather than the academic specialist. In their essay "Vincent Shih's Translation of *Wen-hsin Tiao-lung*: A Note on Literary Translation", scholars Tai Fen Chiang and Chui Chin Jing make this conclusion based on the following: before the translation of the text of *Wen-hsin tiao-lung*, Prof. Shih presents a 35-page introduction of his own. In it, he traces the development of Chinese literary theory down to Liu Hsieh's time. He explains some peculiarities of the traditional Chinese views of literature. He points out, wherever possible, the parallels between the Chinese and the Western traditions, so as to further illucidate the literary views of the ancient Chinese people. He also examines Liu Hsieh's main ideas in the form of a summary so that the reading of the text would be easier. Besides, not a single Chinese character is found in the 1959 edition (not in the text, nor in the notes where the titles of the Chinese books referred to are simply romanized). The book is exclusively in English. From these facts, one may infer that Mr. Shih must have had the common English reader in mind when he was writing. [15]

But to step back from academia for a moment, I dare say the "common English reader" of a work of early medieval Chinese literary criticism is 9 times out of 10 an academic. In his review of Shih's translation, David Hawkes hits the nail on the head concerning Shih's intended audience: "Apart from a very few specialists, its readers are presumably going to be mainly people with a fairly limited knowledge of Chinese literature but a fairly wide general interest in comparative literature." [16]

Yet, a serious effort was made to feature some aspects of the original language in Wade-Giles pinyin. This edition, published by Columbia University Press, was featured as part of a series, "Records of Civilization: Sources and Studies," a group of translations of Oriental historical materials published in Great Britain, Canada, India, and Pakistan. Unlike *Dragon-Carving and the Literary Mind* (2003), the original Chinese text and modern Chinese translations of "《文心雕龙》" are not included, although extensive footnotes often appear with certain words in Wade-Giles pinyin. Judging by the extensive footnotes of both editions of *Dragon-Carving and the Literary Mind* (2003) and *The Literary Mind and the Carving of Dragons* (1959), the anticipated readers of these editions may only have a shallow and superficial understanding of Chinese language and Chinese culture and still comprehend the material. Both editions are extremely accessible. Footnotes in Vincent Yu-chung Shih's translation appear at the bottom of the page, whereas footnotes in Yang Guobin's translation all appear after Chapter 50 in the back of volume II. Although far less convenient for the reader than Yu-chung

Shih's translation, the absence of footnotes on the page does make them much more attractive and presentable. Also, in Yu-chung Shih's edition, the text of a given chapter is generally broken up into less than ten paragraphs on average (ex: Chapter 32: 32.1, 32.2, 32.3, 32.4, etc.), with each paragraph appearing on its own page regardless of how short one paragraph may be. This creates a great deal of unused space on the page, wasted space one might say, but makes the edition more aesthetically pleasing.

The target audience for *The Book of Literary Design* (1999) published by Hong Kong University Press is not specified or expounded upon anywhere in the edition. There is no translator's or editor's preface, and in general, the critical apparatus in this edition is sparse indeed. However, the description on amazon.com offers, "This volume presents a fresh translation of the *Wenxin diaolong* that is at once authoritative and elegant. It may well be regarded as a standard reference by students of sinology and comparative literature." Yet, the initial endnote designated with an asterisk on page 1 seems to contradict this assertion: "Notes are provided in this translation only if they are essential; they are intended more as an aid to the comprehension and appreciation of the original for a popular audience than as a bibliographic or expository apparatus for specialists. Care has been taken not to make the notes unduly cumbersome and distracting." [17] If this edition was intended as a "standard reference by students of sinology and comparative literature" but lacking the "bibiliographic or expository apparatus for specialists", then perhaps we're to assume the target audience for this work is undergraduates and non-specialists of "Dragonology", a term now used to describe study of "《文心雕龙》." This does seem to narrow the audience considerably, as I cannot imagine a general non-academic reader perusing "《文心雕龙》" any more than I can imagine a general non-academic reader pleasantly perusing Aristotle's *Poetics* or Richard de Bury's *Philobiblion*, for classical and medieval literary theory—any literary theory, really—is insular and academic in its very nature.

# Translators & Editors

The two volume set of *Dragon-Carving and the Literary Mind* (2003) was published by the Foreign Language Teaching and Research Press in Beijing, a massive, collaborative effort by over fifty Chinese scholars (with the exception of one foreign scholar, Sidney Shapiro) divided into four committees: Academic Consulting Committee, Compilation Supervising Committee, Working Committee, and Editorial Committee. Sidney Shapiro (1915 – 2014) was a famous author and translator who lived in Beijing most of his life and became one of the very few foreigners to become a naturalized citizen of China. His greatest contribution was an English translation of one of the four great classic novels, *Outlaws of the Marsh.* I have read this translation, and it is undoubtedly a masterpiece. I am unaware of the extent of Shapiro's involvement of translating "《文心雕龙》", but his participation in the Academic Consulting Committee lends a great deal of clout to this edition. Regarding *Dragon-Carving and the Literary Mind* (2003), Zhou Zhenfu translated the original into modern Chinese, and Yang Guobin translated it into modern English. The final page of the edition features a brief "About the Translator" as follows: Yang Guobin, Ph. D. in Literary Translation, Beijing Foreign Studies University (1993), and Ph. D. in Sociology, New York University (2000), is an assistant professor in the Department of Sociology and a faculty of the Center for Chinese Studies at the University of Hawaii at Manoa. He is also a research scholar in the Department of Asian and Middle Eastern Cultures at Barnard College, Columbia University. [18]

With Ph. D. 's from both Chinese and U. S. -American universities, Yang certainly appears qualified to translate this work, especially holding such a specifically focused degree in Literary Translation. However, on Yang's CV on his website (accessed 2015), his Ph. D. is listed more broadly as in English Literature. Perhaps the focus was in Literary Translation and to strengthen the credentials of edition, this was listed as such. In any case, Yang is a scholar of the highest caliber and has authored many books including *The Power of the Internet in China: Citizen Activism Online* (Columbia University Press, 2009.

Winner of best book award, Communication and Information Technologies Section of the American Sociological Association, 2010), *Re-Envisioning the Chinese Revolution: The Politics and Poetics of Collective Memories in Reform China* (edited with Ching-Kwan Lee, 2007), *China's Red Guard Generation: Loyalty, Dissent, and Nostalgia*, 1966 – 1999 (under contract, Columbia University Press), and *Dragon-Carving and the Literary Mind* (2 volumes. Library of Chinese Classics in English Translation, Beijing, 2003) < http://sociology. sas. upenn. edu/content/guobin – yang – 0 >.

*The Literary Mind and the Carving of Dragons* (1959) was edited under the auspices of the Department of History at Columbia University. Eleven professors in various departments, predominantly history but also in departments of Chinese and Japanese language, Latin language, Philosophy, and Literature, served as editors: general editor, editor emeriti, European records editor, oriental records editor, and consulting editor. Just judging by the names, it would appear that the only Chinese or Chinese-U. S. scholar involved in the production of this edition was the translator, Vincent Yu-Chung Shih. Not to disparage history professors, but it would appear by comparison that the editors of *Dragon-Carving and the Literary Mind* (2003) were a more expert team, to say nothing of the fact that they were almost entirely Chinese native-speaking nationals. It's interesting to me that the first English translated edition of such a monumental and difficult work of medieval Chinese literary criticism would be undertaken not by an English or Chinese department but instead by a predominantly Western History department, although one should perhaps consider the political tensions between U. S. and China at this time to account for the absence of Chinese scholars involved in the production of this work. The translator, Vincent Yu-Chung Shi, received his Ph. D. in Philosophy from the University of South California in 1939 and taught at the University of Washington. He was the author of *The Taiping Ideology: Its Sources, Interpretations and Influences* and many Chinese-language books. In Liu Ying's survey article on *Wenxin Diaolong* scholarship, he tells us Vincent Yu-chung Shi (b. 1902) was born in Fuzhou. He studied at the Department of Philosophy in Fukien Christian University, and he was at one time a student of Ye Shaogou and Guo Shaoyu. Later on in 1927, he went to Yenching University in Beijing, and there studied under Feng Youlan and Huang Zitong. In 1936, he was admitted to the doctoral program in the University of Southern California in Los Angeles, and there, he received his doctoral degree in 1939. Then, he held teaching appointments in a number of universities in both China and the United States, and in the course of his teaching and research, he found it necessary to prepare a complete English translation of *Wenxin Diaolong*. [19]

By comparison, it would appear on the surface that Yang Guobin is the more expert and qualified translator, with a Ph. D. in English Literature/Literary Translation, when compared with Vincent Yu-Chung Shi's Ph. D. in Philosophy. Literary translation is in fact a relatively common, highly specialized major in China. But Yang may not necessarily be the more expert translator—only through close analysis of the two translations can this be determined, an analysis I will attempt later in this essay.

No information on the three translators, Siu-kit Wong, Allan Chung-hang Lo, and Kwong-tai Lam is offered in *The Book of Literary Design* (1999). In comparison, the contextualization in this edition is sparse. There's a brief one page Chronology of Chinese Dynasties. The introduction is only 3 pages. There is, however, an excellent 6 page Select Biography detailing Compendiums, English Sources, Chinese Sources, and Sources in Other Languages. Lastly, there is a 12 page Glossary of Chinese names and terminology in both pinyin and traditional Chinese characters.

## Critical Reception

Most of the reviews of Vincent Yu-Chung Shi's *The Literary Mind and the Carving of Dragons* (1959) were quite critical of the translation. Like the big fish in Hemingway's *The Old Man and the Sea*, every shark had to take a bite. Reviews have appeared in *Harvard Journal of Asiatic Studies*, *Journal of Asian Studies*, *Artibus Asiae*, and *Journal of the American Oriental Society*. Liu Ying comments, "Most of the reviews of the book have identified various flaws in the translation. Later on, some Chinese scholars also felt uncomfortable with his translation of some key terms such as *feng* and *gu* as "wind and bone." I think these could not simply be regarded as a mistake.[20] But most reviews also point out that this work was a pioneering effort, and room for improvement must be expected. The first and earliest review by James Hightower appeared in the *Harvard Journal of Asiatic Studies* in 1959. Hightower's main critique of this work is that its intended audience, unspecified in the preface, is far too narrow and that this translation is virtually inaccessible to non-specialists such as himself: "Perhaps we too had better forget about the common reader; it saves making an issue of the too frequent infelicities of English style, the over-literal renderings that stand unintelligible and unexplained by any annotation and the inadequacies of such annotation as there is."[21] Due to the technical deficiencies in the English and annotations, Hightower even speculates that this work was rushed in its production: "A number of technical shortcomings gives the impression of carelessness and undue haste and these are not likely to inspire confidence in the translator's seriousness."[22] Hightower's conclusion in his review, that this can only be regarded as a provisional translation at best, is harsh but true in my opinion, and I dare say if more time and effort had been put into perfecting the 1959 translation then perhaps there would not have been the perceived absolute necessity of another translation: "One can admire the courage, while deploring the brashness, that permitted the publication of what can at best be regarded as a provisional translation. Mr. Shih says that he 'devoted two summers to the study of Chinese literary criticism' (see Acknowledgments); in all deference I suggest that that is not enough, particularly if such study includes the *Wen-hsin tiao-lung*."[23] The second review by Donald Holzman, a scholar who has studied Liu Hsieh, appeared a year later in *Artibus Asiae* and was equally, if not more, critical of the work. This review takes particular aim at fallacies in the introduction and offers a different characterization of Liu Hsieh, his reasons for writing, and biographical details. According to Holzman, even the basic fact of Liu Hsieh's place of birth is incorrect: "The author of the work, Liu Hsieh, was born in Southern China around 465 A. D. He was not 'a native of Tung-kuan, the present Lu-hsien in Shang-tung [sic] province' (Shih, p. xxxiii)'."[24] Holzman also notes a grand deficiency in the introduction, "Mr. Shih, in his forty-odd pages of introduction, scrambles through a millennium of Chinese

'Literary Criticism', but does not say a word about Liu Hsieh's own age."[25] And to add insult to injury, Holzman even notes instances where names have been misspelled: "Chung Jung (not Chung Hung, Shih pp. xi, xxxii)."[26] It would appear that Hightower's suspicion that the translation was rushed, which led to careless errors, was not unfounded. Even for a pioneering work of scholarship, these types of errors are not forgivable at this high level of scholarship.

British Sinologist David Hawkes, most famous for his translation of *Dream of the Red Mansion*, also reviewed Shih's translation and was very fair in his praise and criticism: "Anyone who knows the difficulties involved must be aware that Professor Shih's translation of the whole book is an immense undertaking, in itself deserving our deepest admiration. The translation is readable, smooth and often felicitous."[27] Hawkes only comments on two main objections to the Shih's translation—one regarding style and the other regarding content. The first is very minor, a "trifling objection," noting the lack of standard reference forms for styles, titles, and incomplete names (surnames or personal names only). The second objection is far more substantial. Hawkes also takes issue with the introduction of the work, claiming that it doesn't do justice to Liu Xie as a "literary phenomenon": "A rather more serious objection, again from the point of view of these hypothetical readers, is that the Introduction, excellent as far as it goes, is surely inadequate to explain Liu Hsieh as a literary phenomenon." Hawkes notes a deficiency in Shih's knowledge of the contemporary literary scene of Liu Xie's era and his place in that era.

Yet, at the conclusion of the review, Hawkes graciously reminds us: it is, of course, easier to criticize such an achievement as Professor Shih's than to improve on it. It must be said again that to have translated *Wen-hsin tiao-lung* at all is a monumental feat. And since this is in a way a pioneering work, it is to be hoped that both Professor Shih himself and others who will surely follow will gradually improve on it and add to our knowledge of this brilliant and immensely important textbook.[28]

There is an essay published in *Tamkang Review* (1984 - 1985), "Vincent Shih's Translation of *Wen-hsin Tiao-lung*: A Note on Literary Translation"—not a review—that offers a fair, measured, thorough assessment of Shih's "herculean task," [29] focusing on the semantic difficulties inherent in translation of classical and medieval Chinese works. The essay is critical of Shih's choices as a translator but also supportive here and there.

I have only been able to unearth a single review by Eugene Chen Eoyang on *Dragon-Carving and the Literary Mind* (2003), and this review is a veritable love letter:

> I am filled with admiration for the achievement that the English translation represents. It is readable, clear, poetic where necessary, analytical where appropriate, and accessible to any attentive and intelligent lay reader. Yang's introduction (in English) is helpful and comprehensive: he is particularly adept at explaining certain key concepts in terms of commonalities (not identities) with notions found, for example, in Coleridge, Keats, Hopkins, and Eliot. This by itself is a considerable feat of accessible scholarship. [30]

It is, in my humble opinion, an excellent achievement in scholarship, but I call into question the impartiality of this reviewer who evidently knows the translator Yang Guobin:

> Yang Guobin graduated from Beijing Foreign Studies University, earning his doctorate in 1993, and is among those fortunate enough to have studied with Wang Zuoliang. He pursued his graduate studies at New York University, earning a Ph. D. in sociology, which he studied because, as he once explained to me, he thought it might help him secure a job. He has taught at the University of Hawaii and is now an associate professor at Barnard College, Columbia University. [31]

As with the other two reviews, Eoyang is critical of the previous translation:

> For more than a generation, Western students and scholars of Chinese literature have had to rely on Vincent Yu-chung Shih's bilingual translation of the *Wenxin diaolong* (Columbia University Press, 1959). While extremely useful, this edition has been very much in need of revision, given the enormous progress made in Liu Xie studies in the last half-century. Shih's translation, while serviceable as a rough guide to the meaning of the original, was, however, leaden and paraphrastic rather than evocative and metaphorical. [32]

# Preface to the *Library of Chinese Classics* *Dragon-Carving and the Literary Mind* (2003)

Yang Muzhi, Chief Editor and Working Committee Chairman, describes this publication as a "cross-century task" in his preface to the edition. In *Dragon-Carving and the Literary Mind* (2003), a preface is included in the edition, which explains the motivation for undertaking the monumental task of editing and translating this work of Chinese literary criticism. *The Literary Mind and the Carving of Dragons* (1959) does not include an editor's preface. One might assume that as the first complete English edition of "《文心雕龙》", no justification was deemed necessary. A second translation, on the other hand, would naturally set out to surpass and rectify the faults of the first. Often, a subsequent translation is done simply to update archaic language after several decades. Although this may be a partial motivation for this subsequent translation of "《文心雕龙》," it is not indicated in the preface. According to Yang Muzhi's preface, *Dragon-Carving and the Literary Mind* (2003) was undertaken in the interest of Chinese nationalism. The second paragraph states, "The Chinese nation has a long history and a glorious culture, and it has been the aspiration of several generations of Chinese scholars to translate, edit and publish the whole corpus of the Chinese literary classics so that the nation's greatest cultural achievement can be introduced to people all over the world [...] From the 5th to the 15th centuries, China marched in the front ranks of world civilization. If mankind wishes to advance, how can it afford to ignore China? How can it afford not to make a thoroughgoing study of its history?"[33] This material strikes me as inappropriate for a preface to this sort of edition. In modern scholarship, many would certainly take issue if in a preface to a modern edition of Shakespeare's works, a scholar lauded British culture as "glorious". That scholar would likely and rightly be accused of ethnocentrism. Arguing for the greatness of Chinese civilization is not an argument in need of making. In my opinion, this spirit of nationalism in scholarship inhibits and taints modern scholarship. The notion that one culture is "glorious" must necessarily imply that some other cultures may indeed not be so "glorious." It only serves to reinforce the concept of otherness, the concept of "us" as a culture vs. "them" as another, which is at odds with the ideal Goethe espoused so many years ago of a united world literature. It is certainly okay to feel pride in one's culture and nation, but I find that when this spirit enters into academic scholarship, it only serves to skew the truth. Furthermore, the notion that one nation has a "long history" implies that some nations have a short history, which is reductive and generally inaccurate. It would be a narrow claim indeed to say that the United States has a short history because that would completely exclude the thousands of years that Native Americans resided there. Concerning heritage and cultural values, much of U. S. -American cultural history may be said to go all the way back to the ancient Roman and Greek era, back to classical antiquity. The point here is that the term "long history" can be quite misleading in scholarship, particularly so when juxtaposed with "glorious culture." Ideally, a translation should be produced not in a spirit of nationalism or in the spirit of saying my culture is the best but rather in the spirit of global cultural sharing and understanding. As the world becomes more and more globalized, nationalism will only serve to set people apart and impede progress and global unity.

In fact, the majority of this preface is written as a sort of defense of Chinese culture, highlighting its major contributions to world civilization. The text serves as a broad highlighting of the accomplishments of Chinese civilization that I find rather inappropriate for an edition of such a high scholarly caliber. Topics in this eight-page preface vary wildly from Chinese silk production, tea, gunpowder, to Chinese medicine, and science. However, in spite of the heavy nationalistic overtones of the preface (written August 1999), Yang still encourages cultural sharing, absorption, and integration:

> On the threshold of the 21st century, the world is moving in the direction of becoming an integrated entity. This trend is becoming clearer by the day. In fact, the history of the various peoples of the world is also becoming the history of mankind as a whole. Today, it is impossible for any nation's culture to develop without absorbing the excellent aspects of the cultures of other peoples. When Western culture absorbs aspects of Chinese culture,

this is not just because it has come into contact with Chinese culture, but also because of the active creativity and development of Western culture itself; and vice versa. The various cultures of the world's peoples are a precious heritage which we all share. Mankind no longer lives on different continents, but on one big continent, or in a "global village". And so, in this era characterized by an all-encompassing network of knowledge and information we should learn from each other and march in step along the highway of development to construct a brand-new "global village". [34]

## Introductions

Although both editions give solid, well-researched extensive background information about Liu Xie, the author, period, and sources of "《文心雕龙》," the focus of these introductions vary considerably. The second paragraph of the introduction to *Dragon-Carving and the Literary Mind* (2003) states that "《文心雕龙》" is more than a work of literary criticism. It is also a classic text of Chinese culture. In it, Liu Xie develops a philosophy of literature that embodies the literary spirit of Chinese culture. This philosophy of literature is an understudied aspect of *Wenxin Diaolong*. Part of this introduction will therefore focus on Liu's philosophy of literature as an expression of the spirit of Chinese culture. [35]

By comparison, this introduction seems much broader in its focus in investigating "the spirit of Chinese culture" than the introduction of the former translation, *The Literary Mind and the Carving of Dragons* (1959), which instead opens with "a brief survey of the development of literary criticism in ancient China," investigating previous sources that inspired Liu Xie (xi). [36] In fact, in both introductions, comparisons of literary theory between Chinese and Western are rather sparse, and it is in this area that future scholars could produce fruitful essays. For example, in *Dragon-Carving and the Literary Mind* (1959), there are only two instances in which these comparisons are made. One draws a parallel between Liu Xie's concept of *shensi* or "imagination" (Chapter 26) and the English romantic poets, particularly Coleridge (and Wordsworth), and their concept of "imagination" as pertaining to literary criticism: First, both *shensi* and "imagination" refer to a kind of spontaneous and creative power in the process of literary creation. [...] Second, while both *shensi* and "imagination" are spontaneous creative powers, they presuppose experience and learning.[37] Wordsworth also claimed that poetry was the "spontaneous overflow of powerful feelings". The only other comparison between Chinese and Western literary theory in *Dragon-Carving and the Literary Mind* (2003) addresses Liu Xie's discourse on parallelism (Chapter 35) quoting Andrew H. Plaks' claim about the inherent nature of parallelism in Chinese writing: In his comparative study of parallelisms in Chinese and Western literatures, Andrew H. Plaks points out that the type of parallelism in the Greek and Latin classics, in Hebrew and Arabic texts, even in John Lyly's *Euphues*, "is more or less limited to the function of rhetorical ornamentation," while in Chinese writing "this is more of a natural mode of utterance than a poetic intensification."[38] Comparisons made in *The Literary Mind and the Carving of Dragons* (1959) are generally made more broadly and offhandedly, often made between ancient Greek and Latin literary theory and Chinese literary theory.

The introduction to *Dragon-Carving and the Literary Mind* (2003) is more focused on the literariness of the work, whereas the introduction to *The Literary Mind and the Carving of Dragons* (1959) is more broadly focused on the historical context of the work. *Dragon-Carving and the Literary Mind* (2003) breaks the introduction up into the following sections: Liu Xie: The Man and His Works, The Philosophy of Literature in *Wenxin Diaolong*, Genre Theory, On Rhetoric, Liu Xie as a Humanist Critic, Annotated Editions of *Wenxin Diaolong*, and A Note on Translation. The introduction to *The Literary Mind and the Carving of Dragons* (1959) is not divided into sections with headings, but it does also explore, in some fashion, the majority of the same topics in the introduction to *Dragon-Carving and the Literary Mind* (2003). However, the former introduction fails to consider or even acknowledge existing Chinese annotated editions of *Wenxin Diaolong*, failing to offer us some of the critical conversation taking place in Chinese scholarship.

The 3-page introduction in *The Book of Literary Design* (1999) strikes me as cursory and whimsical. The edition does not specify who wrote the introduction, so we must assume it was collaborative effort by the three translators. It very briefly touches on Liu Xie's life, the historical context of the work, and the state of literary criticism at the time. One whimsical opinion is regarding the order of the chapters of the work: "(chapter 4—as far as we are concerned—is a freak and does not count)."[39] Also, we find this paragraph, "Let us now consider some things Liu Xie has to say about literature, about writing, including some of his surprising insights. I do not propose to summarize Liu Xie, for that would be insulting to the reader. I propose to mull over some of the enjoyable or exciting moments."[40] Overall, the introduction strikes me as having been rushed. A work of such depth and profound meaning deserves more than a 3-page introduction.

## Book Titles

Of course the most obvious difference concerning the two editions is in the titles *Dragon-Carving and the Literary Mind* (2003) and *The Literary Mind and the Carving of Dragons* (1959). All of the essential words like "dragon" (龙), "carving" (雕), "literary" (文), and "mind" (心) have been translated the same, but the order is different. Actually "心" can sometimes be translated as "heart," but perhaps that would have been too emotive and "mind" is a much broader and more appropriate term fitting the overall context of the work. Syntactically, in Chinese language the main point often comes at the end rather than at the beginning of a sentence, a reversal of modern English, and those who wish to preserve the essence of Chinese syntax may translate accordingly. For example, the classic Chinese novel *Dream of the Red Mansion* in Chinese is "红楼梦" which translated strictly from left to right would be "red mansion dream." The crux of the title is in the final character "梦" for "dream" which comes across in all English translations— "dream" is always first. Thus, *Dragon-Carving and the Literary Mind* (2003) is more faithful to the original, as the order of emphasis from right to left (not left to right) of the original title is "dragon", (龙) "carving", (雕) "mind", (心) then "literary" (文).

The title *The Literary Mind and the Carving of Dragons* (1959), translated from left to right, though still a correct English translation, fails to preserve the syntactic emphasis of the original. With this simple difference in the translation of the title, one can observe immediately that *Dragon-Carving and the Literary Mind* (2003) is a more faithful Eastern rendition of the original while, *The Literary Mind and the Carving of Dragons* (1959) is a looser and more adaptable Western rendition of the original. It should also be noted that reviewers like Donald Holzman, after criticizing the translation "The Literary Mind and the Carving of Dragons," suggest a different translation of the title:

> [T]he word-for-word vagueness of the English title is unfortunately an exact indication of the quality of the translation as a whole. This is particularly unfortunate because the Chinese title, *Wen-hsin tiao-lung*, gives a very good clue to the contents of the book. "The Carving of Dragons" is a term originally used sarcastically and pejoratively to describe decorative rhetoric: it could be rendered "Baroque Ornaments" or the like. "Baroque Ornaments for the Literary Mind" would be a translation more meaningful and more in consonance with Chinese syntax. If we were to try to discover the animating spirit of the work, I believe we could do no better than to say that is was concerned with the creative literary psychology and its relation to the rhetorical embellishments it must use. [41]

Holzman was right to advocate for something "more in consonance with Chinese syntax", but his bold translation of "Baroque Ornaments" for "雕龙" is a far too unfaithful rendering that discounts the dragon concept, even if the term was once used sarcastically. At the beginning of his review, Holzman claims that "The reader of *Artibus Asiae* will perhaps be surprised to learn that *The Literary Mind and the Carving of Dragons* (1959) has nothing whatsoever to do with Chinese sculpture." [42] I sincerely doubt most readers would jump to this conclusion solely based on the title and the metaphorical "carving." Perhaps this would be the case if "The Literary Mind" didn't immediately precede "Carving of Dragons." Furthermore, using "Baroque" here with all of its Western genre implications, a style originating in 17th century Italy, leads us too far away from the essence of the original metaphor, and the word "龙" or "Dragons" immediately stamps or brands this work as one of Chinese literary criticism. Like the reviewer Holzman, however, Eoyang is also critical of the translation of the title in his review of *Dragon-Carving and the Literary Mind* (2003):

> "Literary Mind" doesn't really capture the sense of *Wenxin*, which really means "manifestation of mind". [...] I cannot claim to have found the perfect translation either, but there are times when I think that something like "Carving Dragons, Writing Out Our Feelings" (Yang uses "sentiments") would serve the original better. "Carving Dragons, Manifesting Meaning" is a more succinct rendering. I mention this because Yang graciously, but misleadingly, acknowledges my help with the title (vol. 1, p. 79).[43]

In any case, I think the translation of the title, as evident by these wildly different suggestions, will always be problematic, as is the case with translations of ancient classical or medieval works. I can see why Eoyang would opt for "Manifesting Meaning" because much of the work addresses far more than just literary theory and criticism. Eoyang said it best, stating the work is "part literary theory, part literary criticism, part cosmological treatise."[44]

The title of the Hong Kong University Press edition *The Book of Literary Design* (1999) is unfortunate for having totally omitted the "雕龙" "Dragon-carving" part. I think this has led to the relative anonymity of the edition, as prospective scholars would search for editions using the essential keywords "dragon" and "carving". Even if one searches on amazon. com typing in "The Book of Literary Design," the edition does not turn up for some reason. I had to type in the title of the work and the name of one of the translators to find it. As I stated previously, I only found out about this edition by reading a survey article in Chinese. This is a shame because in spite of its faults, the translation is quite good overall. By omitting the dragon-carving metaphor, the reader has no initial clue that this is a work of Chinese or Asian literary criticism. The title is far too generic and no defense is offered in the edition as to why this crucial omission was made.

## Chapter Titles

An effort has been made on the part of the editors of *The Literary Mind and the Carving of Dragons* (1959) to somewhat "Westernize" the classic Chinese work and give the work a more ancient feel by titling the chapters using roman numerals (ex: XLVII. LITERARY TALENTS 249) rather than the alpha-numeric titling utilized in *Dragon-Carving and the Literary Mind* (2003) (ex: *Chapter* 47: Literary Talents 661), although the translator and editors thankfully did not go so far as to make the English archaic, as some unfortunate translations tend to. There are 50 chapters of "《文心雕龙》" if you include Liu Xie's "preface/postscript" (序志) as a chapter which in Chinese editions appears seemingly ironically at the end of the work as chapter 50 (序志第五十). The inclusion of the "序" at the end of a work was a practice common in ancient China. In *Dragon-Carving and the Literary Mind* (2003) "序志第五十" is included as *Chapter* 50 (all chapters legitimately italicized for some reason) and titled My Intentions, or Postscript [all titles in bold]. By comparison, *The Literary Mind and the Carving of Dragons* (1959) includes Liu Hsieh's preface at the very beginning of the work and not as a chapter listed, but instead simply as *Preface* with the first footnote stating "This chapter, in which Liu Hsieh states his reason for the choice of the title and his reason for writing the book, originally appeared at the end of the work, according to common practice in ancient China."[45] Although contrary to approximating the proper order of the original, I still defer to the judgment of the former translation in altering the preface to appear at the very beginning rather than at the end and thereby listing only 49 chapters because most foreign and general readers, such as myself at first, need to read an explanation and source history for the metaphor "雕龙" "dragon-carving" or "carving of dragons". The introduction to *The Book of Literary Design* (1999) states, "Chapter 50 is something of an epilogue, one that could have been put in the front of the book as a prologue."[46] In his review, James Hightower is also in agreement on this point, although Hightower claims that this repositioning is wanting in explanation: "Still, as Mr. Shih did take the liberty of transferring the final chapter to its logical position as the author's preface, at least he might have given some warning or guidance in his introduction if he had been thinking of a common reader for his translation." [47] Both translations explain this crucial metaphor in a footnote, but one appears at the end of the work and one at the beginning. The footnote in *Dragon-Carving and the Literary Mind* (2003) states, Zou Shi was a literary scholar of the state of Qi in the Warring States period. He was called the Dragon-carving Shi for his meticulously embellished writings. To carve dragons, therefore, means to treat the art of writing as a matter of greatest seriousness and to cultivate it meticulously. Those who produce merely trivial little pieces are said to carve insects, insects referring to small things of no importance as compared to the mighty and august dragon. [48]

Beginning with Chapter 1 in *Dragon-Carving and the Literary Mind* (2003), the reader is launched into an essay on the origin of the Dao and Daoism. This repositioning of chapter 50 is important for a general scholarly Western audience, as dragons often have a negative association as wicked mythological creatures tracing back to Anglo-Saxon Christian mythology. Most notably, in the Anglo-Saxon epic *Beowulf*, the hero Beowulf defends his kingdom by fighting a wicked dragon. Also, in the Old English Saints' Life *The Life of Saint Margaret* Saint Margaret battles a dragon manifestation of Satan with a holy sword. And in modern times, most might be reminded of the wicked Smaug from Tolkien's *The Hobbit*. In Eastern mythology, dragons can have very positive associations and are not generally associated with sin or devilry but rather with nobility and fortune.

Translators must be careful not to inadvertently Judeo-Christianize a work that draws heavily on Buddhist and Daoist dogma such as "《文心雕龙》." One such error in *The Literary Mind and the Carving of Dragons* (1959) involves the misrepresentation of polytheism as monotheism. In Chapter 7 titled "Musical Poetry" (乐府), the first sentence includes a translation of "上帝" as "God": "The *Yueh-fu* may be described as tones prolonged according to rules of prosody and intervals chosen according to the rules of harmony. The nine songs in the central heaven are those of God, and the eight tunes of Ke-t'ien belong to the times of ancient emperors." [49] The capitalization of "G" in God here is generally typical of monotheistic religious traditions such as Judaism, Christianity,

Islam, and Sikhism. This is terribly misleading for a work drawing on Buddhism and Daoism. Translating "上帝" in the singular is an easy enough mistake to make, as generally plurals are not distinguished in Chinese—one must rely on context, and in this case, background information for this reference. Thankfully, the translator of *Dragon-Carving and the Literary Mind* (2003) rectifies this mistake in his translation and offers an endnote in defense: "*Yuefu*, or poems of the 'Music Bureau,' refers to songs with music, and music that is harmonious. The nine songs of heaven were the music of gods; the eight songs of Ge Tian appeared in the glorious antiquity."[50] The endnote is as follows, "The *Records of the Historian* by Sima Qian has a story about Zhao Jianzi, who said he traveled to the abode of the gods in a dream, toured the central heaven with 'a hundred deities,' and heard soul-touching music that was different from that on earth."[51] *The Book of Literary Design* (1999) also avoids this error: "Where the endlessly repeated performance took place was in mid-heaven, in the abode of the gods."[52]

The most prevalent differences between the three translations lay with the chapter titles. In many cases, the translations differ in their use of literary genre terms, and this is an area of scholarship that deserves more attention. Antje Richter states, "Although I hesitate to speak for the whole dazzlingly complex field of *Wenxin Diaolong* scholarship, there appears to be a considerable disproportion between the huge amount of research on the theoretical frame and a certain neglect of the genre chapters."[53] "《文心雕龙》" is a monumental work that attempts to categorize all of the literary genres existent from ancient China up to the modern times of the author. As Richter comments, this work supersedes any other works of genre classification in early medieval China:

> *Wenxin Diaolong* by far supersedes any earlier attempts at genre classification in China, e. g., Cao Pi's 曹丕 (187 – 226) "Lun wen" 论文 (Disquisition on Literature) or Lu Ji's 陸機 (261 – 303) "Wen fu" 文赋 (Rhapsody on Literature), both preserved in the *Wenxuan* 文选 anthology (*Selections of Refined Literature*, ca. 514), itself compiled a few years later than *Wenxin Diaolong* and of comparable importance as regards our knowledge of genre awareness in early medieval China.[54]

The distinction between literature and writing, that is, between works of literary merit and writing in general did, not exist in ancient China, but there was a distinction between "writing" (文) and "classics" (经). "《文心雕龙》" thus addresses a broad range of types of writings in the first half of the book such as songs, prayers, epitaphs, laments, puzzles, philosophical writings, war proclamations, examination essays, miscellaneous writings, and others. The second half of the work deals more with literary theory and rhetoric. The translation of "文" is particularly problematic for foreign translators, as it is a loaded term with many different connotations. Scholar Cai Zong-qi states that The term *wen* (文) has so broad a semantic field that it practically covers the entire spectrum of traditional Chinese culture. In its broadest sense, *wen* encompasses a cultural tradition *in toto*. What immediately comes to our mind is a famous remark by Confucius: "When King Wen perished, did that mean that culture (*wen*) ceased to exist?" (文王既没。文不在兹乎。) In its more specially defined sense, *wen* denotes or describes various essential elements of traditional Chinese culture: royal posthumous titles, ritual objects, ritual objects, rites and music, norms and statutes, dignified deportment, the polite arts, graphic cosmic symbols, eloquent speech, writing, rhymed writing, and belles-lettres. [55]

Essentially, it is always inexact using Western literary genre terms but such is the inherent problematic nature of translation. Scholars Chiang and Chui note that "Each critical term has a wide range of meanings accumulated in the long history of the language plus a still wider range of allusive meanings derived from their use in a literary tradition. Therefore, transposition of such terms could be misleading." [56] The most one can hope for is getting close, or perhaps finding the term that is the least inexact. In translation there is no such thing as true equivalency. Often, the translators of both works will include pinyin Chinese rather than offer up solely an English term. In some instances, an English translation is not attempted at all, and the reader is left only with footnoted Chinese pinyin. For example, in *Dragon-Carving and the Literary Mind* (2003), the title for Chapter 8 is translated as Interpreting *Fu*, *or Rhyme-prose*. In *The Literary Mind and the Carving of Dragons* (1959), the title is translated simply as Elucidation of Fu with a footnote for Fu, although in the footnote "rhyme-prose" or a decent explanation for what exactly Fu is is never provided. In *The Book of Literary Design* (1999), the title is translated as "Explaining *Fu* Poetry." Fu is written in unmetrical rhymes and often employs alliteration, parallelism, and onomatopoeia. There is, in fact, rhyme-prose in the Arabic, Indian, and European literary traditions; therefore, I am in favor of the use of the term "rhyme-prose" to approximate Fu.

In *Dragon-Carving and the Literary Mind* (2003), the translator employs a hyphenated title in order to avoid the use of a Western literary genre term. Chapter 12's title (诔碑) is translated as "Mourning-Song and Epitaph". In *The Literary Mind and the Carving of Dragons* (1959), the title is translated as "Elegy and Stone Inscription". I cannot exactly account for why the translator opted for "stone inscription" rather than "epitaph" because "epitaph" seems quite fitting as a short inscription on a tombstone or monument honoring the merits of the dead, which is what the original text of "《文心雕龙》" specifies:

> 上古帝［皇］王，纪号封禅，树石埤岳，故曰碑也。
>
> In ancient times, emperors added to their reputation by erecting stone slabs on the top of great mountains, dedicating their merits to heaven and earth. These words on stone slabs were called epitaphs. [57]

Why did the translator of *Dragon-Carving and the Literary Mind* (2003) use "mourning-song" instead of "elegy?" The use of "elegy" here is far too broad a term to adequately approximate the Chinese (诔碑). In the Western literary tradition, with its origins in Greek and Latin literature, an elegy is different from a specific lament for the departed in that it can also address themes of death, war, and even love. Some of the most famous elegies, such as Thomas Gray's "Elegy Written in a Country Churchyard," is not a specific lament for anyone in particular, but rather a solemn meditation on the nature of death itself. In ancient China, an elegy is more akin to the Western lament. This begs the question, why not title the chapter "Lament and Stone Inscription"? Wouldn't that be closer than using the term "elegy"? In the next chapter, Chapter 13 (哀吊), the title in *Dragon-Carving and the Literary Mind* (2003) is translated as "Lament and

Condolence", and the title is translated the same in *The Literary Mind and the Carving of Dragons* (1959). In fact, "lament" here is too broad a term because the term "哀" here only refers to a poem that "expresses sorrow for the early death of the young".[58] This specific genre does not exist in the Western literary tradition. There are poems, of course, that lament the death of someone who died young, such as John Milton's pastoral elegy "Lycidas", but all such poems are bracketed as "laments" or "elegies" alongside poems honoring the death of the middle-aged and elderly as well. There's no specific word for such poems in English. "Lament" is the closest a translator can get. So "lament" must be used as a translation for "哀" and thus cannot be used in the translation of the Chapter 12 title. "Mourning-Song" seems a fair translation to me rather than "elegy," but I dare say "dirge" might be more to the point. In *The Book of Literary Design* (1999), the title is translated as "Laudations and Epitaphs". Once again, this translation opts for a term derived from Latin. Laudation fails to convey the funereal or the elegiac notion of remembrance for the dead: "诔者，累也，累其德行，旌之不朽也。"[59] ("To laud is to lump together, to lump together the virtuous deeds of the dead, in order to extol them, so that they do not die.")[60]

The translators differ in their translation of the title of Chapter 15 (谐隐). In *Dragon-Carving and the Literary Mind* (2003), the chapter is titled as "Jesting Rhymes and Puzzles." In *The Literary Mind and the Carving of Dragons* (1959), the chapter is titled as "Humor and Enigma." "Humor" is in fact far too broad a rendering of "谐," as this chapter addresses satirical poetry intended to poke fun, generally at influential figures. *Dragon-Carving and the Literary Mind* (2003) states:

> 夫心险如山，口壅若川，怨怒之情不一，欢谑之言无方。昔华元弃甲，城者发睅目之讴；臧纥丧师，国人造侏儒之歌，并嗤戏形貌，内怨为俳也。
>
> If the king's heart is as precipitous as mountains, the people's mouths can be as dangerous as dammed-up rivers. Because their grievances and resentments vary, they resort to all kinds of jokes and quips to vent them. Hua Yuan was once taken prisoner after losing a battle; for this, the wall builders made a song to ridicule his fierce appearance.

Zang He, a short man, once suffered defeat in a military campaign; his compatriots sang a song of the pygmy to laugh at him. Both cases involved making fun of the victims' outward appearance as a means of venting inner grievances. [61]

"Jesting Rhymes" is a masterful translation, as it approximates well this quite specific genre. "Puzzles," on the other hand, can seem quite misleading, and if I were pressed, I would favor "enigma." The question is why not "riddle"? Riddles in the Western world as a genre of literature date back to classical antiquity and, though out of fashion, lingered into the Anglo-Saxon medieval era as evident in *The Exeter Book* (circa 1000 A. D.). China, in fact, has a history of riddles dating back to ancient times, so there is a rough equivalency. The translator opted for "puzzles" for "隐" because there is a distinction made between "puzzles" (隐) and "riddles" (谜语). The distinction here seems to be that "riddles" (谜语) have a didactic function while "puzzles" (隐) were often mere farce:

昔楚庄齐威，性好隐语。至东方曼倩，尤巧辞述。但谬辞诋戏，无益规补。自魏代以来，颇非俳优，而君子嘲隐，化为谜语。谜也者，回互其辞，使昏迷也。或体目文字，或图象品物，纤巧以弄思，浅察以衔辞，义欲婉而正，辞欲隐而显。

King Zhuang of Chu and King Wei of Qi liked puzzles. Dongfang Shuo, an adept writer of puzzles, merely invented absurd and playful pieces with no instructive purposes. After the Wei Dynasty, jesters came under attack. Accordingly, men of culture stopped writing puzzles and took up riddles instead. A riddle uses circuitous language to puzzle and confuse. Some play on words; others describe objects; all involve the manipulation of clever ideas in simple words. Their meanings are obscure yet pointed, their language oblique but suggestive. [62]

In *The Literary Mind and the Carving of Dragons* (1959), "谜语" is also translated here as "riddle": "而君子嘲隐，化为谜语": "Men of culture, ridiculing *yin*, transformed them into riddles. Some riddles are based on the structure of characters, and some on the pictures and forms of articles." [63] So the distinction in *Dragon-Carving and the Literary Mind* (2003) is between puzzles and riddles, while the distinction in *The Literary Mind and the Carving of Dragons*

(1959) is between riddles and enigma. Once again, I defer to the judgment of the former more recent translation because riddle and enigma are terms far too close to one another to really warrant an attempt at a distinction. Puzzle, though misleading, is distinct enough from riddle to warrant a distinction. This chapter is particularly problematic for any translator. In *The Book of Literary Design* (1999), the chapter is titled "Puns and Parables". I don't agree with using either of these terms. "Pun" is a bad translation. Pun in modern Chinese is "双关." A pun is a play on words and only a part of some joke. The translator seems to equivocate pun with joke which certainly wasn't the intention of the original text: "谐之言皆也，辞浅会俗，皆悦笑也。" ("Puns are popular, jokes we all enjoy; simple in language they make the multitude merry.")[64] The chapter addresses much more than puns, and "parables" fails to convey the connotations of humor implicit in the genre.

Several chapters in the second half of "《文心雕龙》" deal with literary and poetic devices such as metaphor, allegory, parallelism, hyperbole, and allusions. The translations differ in their translation of "兴" for "metaphor" and "allegory". *The Book of Literary Design* (1999) does not translate these terms, offering italicized pinyin instead for the title of Chapter 36: "*Bi* and *Xing*—The Two Types of Metaphor." *Dragon-Carving and the Literary Mind* (2003) opts for "metaphor," while *The Literary Mind and the Carving of Dragons* (1959) opts for "allegory." In its simplest sense, allegory is an extended metaphor. One must look closely at this chapter to decide whether "metaphor" or "allegory" is a more appropriate translation. If one looks closely, one can see that the passage does not address any extension of metaphors as representations of complex ideas but rather cherry-picks metaphorical associations from the Confucian classic, *The Book of Poetry* (诗经):

且何谓为"比"，盖写物以附意，飏言以切事者也。故金锡以喻明德，珪璋以譬秀民，螟蛉以类教诲，蜩螗以写号呼，浣衣以拟心忧，席卷以方志固：凡斯切象，皆"比"义也。

What is a comparison? A comparison illustrates meaning by analogy and reveals truth in explicit language. Thus, gold and tin are used in *The Book of Poetry* to symbolize

> virtue, precious jade to denote an outstanding man, the corn and ear worm to signify instruction, the cicada to represent roaring noise, the unwashed clothes to indicate sadness, and the bamboo mat to betoken determination. These examples show how a comparison can vivify an abstract quality. [65]

Allegories employ complex metaphorical associations rather than simply "vivify an abstract quality," so I don't think "allegory" is an acceptable translation here. When one thinks of allegories in literature, one might usually think of George Orwell's *Animal Farm* or any number of medieval works, such as the play "Everyman", in which virtues such as "Faith" and "Death" are personified as characters.

The title of Chapter 37 (夸饰) in *Dragon-Carving and the Literary Mind* (2003) and in *The Book of Literary Design* (1999) is translated as "Hyperbole" while the title in *The Literary Mind and the Carving of Dragons* (1959) is translated as "Embellishment as Description." Essentially, all translations are correct, but "Hyperbole" is better. "Hyperbole" is just a much more sophisticated literary word, and hyperbole in both writing and speech is a device certainly common to all cultures. David Hawkes also catches Shih's bizarre translation "Embellishment as Description" instead of simply and accurately using "Hyperbole":

> [T]he subject of Chapter 37 is Hyperbole which is, in fact, what the title, *K' ua-shih*, means. "Embellishment as Description" (Professor Shih's rendering) is not only baffling to the reader, who, unless he has the Chinese text at his elbow, must read through half the chapter before he realizes what it is really about, but cannot even be justified on the grounds that it is (a) a literal translation or (b) a very free translation. [66]

There is a big difference in the titles of the second to last chapter of *Wenxin Diaolong* (if one includes the "序" or "Postscript" as the last chapter like the original). This chapter addresses the moral integrity of famous writers from China's past, including a survey of faults and virtues of famous literary figures, generals, and ministers. The title "程器" is an ancient metaphor literally meaning "to measure a receptacle/vessel." Metaphorically, it means to measure or assess the morality of writers. The translator of *Dragon-Carving and the Literary Mind* (2003) translates this metaphor directly into "Moral Integrity." The translator of *The Literary Mind and the Carving of Dragons* (1959) preserves the "器" or "vessel" and translates the title as "The Capacity of a Vessel." The translator of *The Book of Literary Design* (1999) does something similar, preserving the metaphor as "Weighing the Vessel." These might have been acceptable, had a footnote been offered or if the content of the chapters offered an explanation. But as is, the title is quite cryptic for the reader. Once again I have to favor the translation of *Dragon-Carving and the Literary Mind* (2003). Actually, in this case, the translation is a less faithful rendering than the former translation but much clearer and serves to properly acclimate the reader to the content of the chapter.

As listed on the inside of the front cover dust jacket, the translation of *Dragon-Carving and the Literary Mind* (2003) "aims at faithfulness, clarity, and naturalness." This seems a bold ambition, as "naturalness" in the translation of an original often comes at the cost of "faithfulness." I doubt we can rightly call any translation littered with hordes of endnotes a "natural" translation, and this is just the nature of translating ancient and medieval works for a scholarly audience. A work such as this is really intended to be studied rather than read with amusement. These three translations, *Dragon-Carving and the Literary Mind* (2003), *The Book of Literary Design* (1999), and *The Literary Mind and the Carving of Dragons* (1959) are all impressive, massive works of scholarship, and as a first attempt, we must not be too critical of *The Literary Mind and the Carving of Dragons* (1959) and its errors. The prose of *The Book of Literary Design* (1999) is beautiful and inspiring, and I would recommend that newcomers to Dragonology begin by reading this elegant translation, and if they are interested further in this area of scholarship, then track down a copy of *Dragon-Carving and the Literary Mind* (2003). *The Literary Mind and the Carving of Dragons* (1959) might be useful as a reference now and again, but I dare say the work has now expired and been replaced by better, more accurate editions. Based on what I've observed thus far in this work, most definitely faithful to the original, the English translation of *Dragon-Carving and the Literary Mind* (2003) is poignant, accurate, and sophisticated. I only wish the two volume *Dragon-Carving and the Literary Mind* (2003) was easier to find and cheaper. In July 2014, I purchased the last remaining listed copy on amazon. com for about $80. As of April 26, 2015, this edition is listed as unavailable. *The Literary Mind and the Carving of Dragons* (1959) is now an inexpensive, ubiquitous edition, but I think devoted Dragonologists, foreign scholars of "《文心雕龙》," should refer to *Dragon-Carving and the Literary Mind* (2003) from now on.

**Notes**:

[1] Yang, Muzhi. "Preface to the*Library of Chinese Classics*," *Dragon-Carving and the Literary Mind*. Trans. Yang Guobin and Zhou Zhenfu, Beijing: Foreign Language Teaching and Research Press, 2003, pp. 9-10.

[2] Liu, Xie. *Dragon-Carving and the Literary Mind*, Trans. Yang Guobin and Zhou Zhenfu, Beijing: Foreign Language Teaching and Research Press, 2003, p. 5.

[3] Liu, Xie, *The Book of Literary Design*, Trans. Siu-kit Wong, Allan Chung-hang Lo, and Kwong-tai Lam, Hong Kong: Hong Kong UP, 1999, p. 1.

[4] Liu, Xie, *Dragon-Carving and the Literary Mind*, Trans. Yang Guobin and Zhou Zhenfu, Beijing: Foreign Language Teaching and Research Press, 2003, p. 5.

[5] Liu, Xie, *Dragon-Carving and the Literary Mind*, Trans. Yang Guobin and Zhou Zhenfu, Beijing: Foreign Language Teaching and Research Press, 2003, p. 466.

[6] Liu, Xie. *The Book of Literary Design*, Trans. Siu-kit Wong, Allan Chung-hang Lo, and Kwong-tai Lam, Hong Kong: Hong Kong UP, 1999, p. 124.

[7] Liu, Xie, *Dragon-Carving and the Literary Mind*, Trans. Yang Guobin and Zhou Zhenfu, Beijing: Foreign Language Teaching and Research Press, 2003, p. 242.

[8] Liu, Xie, *The Book of Literary Design*, Trans. Siu-kit Wong, Allan Chung-hang Lo, and Kwong-tai Lam, Hong Kong: Hong Kong UP, 1999, pp. 66-67.

[9] Liu, Xie, *Dragon-Carving and the Literary Mind*, Trans. Yang Guobin and Zhou Zhenfu, Beijing: Foreign Language Teaching and Research Press, 2003, p. 368.

[10] Liu, Xie, *The Book of Literary Design*, Trans. Siu-kit Wong, Allan Chung-hang Lo, and Kwong-tai Lam, Hong Kong: Hong Kong UP, 1999, p. 99.

[11] Liu, Xie, *Dragon-Carving and the Literary Mind*, Trans. Yang Guobin and Zhou Zhenfu, Beijing: Foreign Language Teaching and Research Press, 2003, p. 368.

[12] Liu, Xie, *The Book of Literary Design*, Trans. Siu-kit Wong, Allan Chung-hang Lo, and Kwong-tai Lam. Hong Kong: Hong Kong UP, 1999, p. 99.

[13] Liu, Xie, *Dragon-Carving and the Literary Mind*, Trans. Yang Guobin and Zhou Zhenfu, Beijing: Foreign Language Teaching and Research Press, 2003, p. 514.

[14] Liu, Xie, *The Book of Literary Design*, Trans. Siu-kit Wong, Allan Chung-hang Lo, and Kwong-tai Lam, Hong Kong: Hong Kong UP, 1999, p. 138.

[15] Chiang, Tai Fen and Chiu Chin Jing, "Vincent Shih's Translation of *Wen-hsin Tiao-lung*: A Note on Literary Translation." *Tamkang Review* 15. 1 -4 (1984 -1985), pp. 234 -235.

[16] Hawkes, David, "Review," *The Journal of Asian Studies* 19. 3 (1960), p. 331.

[17] Liu, Xie, *The Book of Literary Design*, Trans. Siu-kit Wong, Allan Chung-hang Lo, and Kwong-tai Lam, Hong Kong: Hong Kong UP, 1999, p. 1.

[18] Liu, Xie, *Dragon-Carving and the Literary Mind*, Trans. Yang Guobin and Zhou Zhenfu, Beijing: Foreign Language Teaching and Research Press, 2003, p. 799.

[19] Liu Ying, "A Dialogue across Space and Time: A Survey of *Wenxin diaolong* scholarship in the Western World," *Sinology Studies*, pp. 91 -92.

[20] Liu Ying, "A Dialogue across Space and Time: A Survey of *Wenxin diaolong* scholarship in the Western World," *Sinology Studies*, pp. 91 -92.

[21] Hightower, James R, Review, *Harvard Journal of Asiatic Studies* 22 (1959), p. 283.

[22] Hightower, James R, Review, *Harvard Journal of Asiatic Studies* 22 (1959), pp. 287.

[23] Hightower, James R, Review, *Harvard Journal of Asiatic Studies* 22 (1959), pp. 287 -288.

[24] Holzman, Donald, Review, *Artibus Asiae* 23. 2 (1960), p. 136.

[25] Holzman, Donald, Review, *Artibus Asiae* 23. 2 (1960), p. 136.

[26] Holzman, Donald, Review, *Artibus Asiae* 23. 2 (1960), p. 137.

[27] Hawkes, David, Review, *The Journal of Asian Studies* 19. 3 (1960), p. 331.

[28] Hawkes, David, Review, *The Journal of Asian Studies* 19. 3 (1960), p. 332.

[29] Chiang, Tai Fen and Chiu Chin Jing, "Vincent Shih's Translation of *Wen-hsin Tiao-lung*: A Note on Literary Translation," *Tamkang Review* 15. 1 - 4 (1984 - 1985): p. 251.

[30] Eoyang, Eugene Chen, Review, *China Review International* 12. 2 (2005), p. 588.

[31] Eoyang, Eugene Chen, Review, *China Review International* 12. 2 (2005), p. 589.

[32] Eoyang, Eugene Chen, Review, *China Review International* 12. 2 (2005), pp.

587 – 588.

[33] Yang, Muzhi, "Preface to the*Library of Chinese Classics*," *Dragon-Carving and the Literary Mind*, Trans. Yang Guobin and Zhou Zhenfu, Beijing: Foreign Language Teaching and Research Press, 2003, pp. 9 – 10.

[34] Yang, Muzhi, "Preface to the *Library of Chinese Classics*," *Dragon-Carving and the Literary Mind*, Trans. Yang Guobin and Zhou Zhenfu, Beijing: Foreign Language Teaching and Research Press, 2003, pp. 15 – 16.

[35] Liu, Xie, *Dragon-Carving and the Literary Mind*, Trans. Yang Guobin and Zhou Zhenfu, Beijing: Foreign Language Teaching and Research Press, 2003, p. 44.

[36] Liu, Hsieh, *The Literary Mind and the Carving of Dragons*, Trans. Vincent Yu-chung Shih, New York: Columbia UP, 1959. p. xi.

[37] Liu, Xie, *Dragon-Carving and the Literary Mind*, Trans. Yang Guobin and Zhou Zhenfu, Beijing: Foreign Language Teaching and Research Press, 2003, p. 57.

[38] Liu, Xie, *Dragon-Carving and the Literary Mind*, Trans. Yang Guobin and Zhou Zhenfu, Beijing: Foreign Language Teaching and Research Press, 2003, p. 67.

[39] Liu, Xie, *The Book of Literary Design*, Trans. Siu-kit Wong, Allan Chung-hang Lo, and Kwong-tai Lam, Hong Kong: Hong Kong UP, 1999, p. x.

[40] Liu, Xie, *The Book of Literary Design*, Trans. Siu-kit Wong, Allan Chung-hang Lo, and Kwong-tai Lam, Hong Kong: Hong Kong UP, 1999, p. xi.

[41] Holzman, Donald, Review, *Artibus Asiae* 23.2 (1960), p. 136.

[42] Holzman, Donald, Review, *Artibus Asiae* 23.2 (1960), p. 136.

[43] Liu, Xie, *Dragon-Carving and the Literary Mind*, Trans. Yang Guobin and Zhou Zhenfu, Beijing: Foreign Language Teaching and Research Press, 2003, p. 588.

[44] Liu, Xie, *Dragon-Carving and the Literary Mind*, Trans. Yang Guobin and Zhou Zhenfu, Beijing: Foreign Language Teaching and Research Press, 2003, p. 587.

[45] Liu, Hsieh, *The Literary Mind and the Carving of Dragons*, Trans. Vincent Yu-chung Shih. Columbia UP, 1959, p. 3.

[46] Liu, Xie, *The Book of Literary Design*, Trans. Siu-kit Wong, Allan Chung-hang Lo, and Kwong-tai Lam, Hong Kong: Hong Kong UP, 1999, p. x.

[47] Hightower, James R, Review, *Harvard Journal of Asiatic Studies* 22 (1959), p. 283.

[48] Liu, Xie, *Dragon-Carving and the Literary Mind*, Trans. Yang Guobin and Zhou Zhenfu, Beijing: Foreign Language Teaching and Research Press, 2003, p. 758.

[49] Liu, Hsieh, *The Literary Mind and the Carving of Dragons*, Trans. Vincent Yu-chung Shih, New York: Columbia UP, 1959, p. 39.

[50] Liu, Xie, *Dragon-Carving and the Literary Mind*, Trans. Yang Guobin and Zhou

Zhenfu, Beijing: Foreign Language Teaching and Research Press, 2003, p. 75.

[51] Liu, Xie, *Dragon-Carving and the Literary Mind*, Trans. Yang Guobin and Zhou Zhenfu, Beijing: Foreign Language Teaching and Research Press, 2003, p. 730.

[52] Liu, Xie, *The Book of Literary Design*, Trans. Siu-kit Wong, Allan Chung-hang Lo, and Kwong-tai Lam, Hong Kong: Hong Kong UP, 1999, p. 23.

[53] Richter, Antje, "Notions of Epistolarity in Liu Xie's *Wenxin diaolong*," *Journal of the merican Oriental Society* 127. 2 (2007): pp. 144 - 145.

[54] Richter, Antje, "Notions of Epistolarity in Liu Xie's *Wenxin diaolong*," *Journal of the merican Oriental Society* 127. 2 (2007): p. 145.

[55] Cai, Zong-qi, "Wen and the Construction of a Critical System in 'Wenxin Diaolong.'" *Chinese Literature: Essays, Articles, Reviews* (*CLEAR*) 22 (2000): p. 1.

[56] Chiang, Tai Fen and Chiu Chin Jing, "Vincent Shih's Translation of *Wen-hsin Tiao-lung*: A Note on Literary Translation," *Tamkang Review* 15. 1 - 4 (1984 - 1985), p. 251.

[57] Liu, Xie, *Dragon-Carving and the Literary Mind*, Trans. Yang Guobin and Zhou Zhenfu, Beijing: Foreign Language Teaching and Research Press, 2003, pp. 154 - 155.

[58] Liu, Xie, *Dragon-Carving and the Literary Mind*, Trans. Yang Guobin and Zhou Zhenfu, Beijing: Foreign Language Teaching and Research Press, 2003, p. 163.

[59] Liu, Xie, *Dragon-Carving and the Literary Mind*, Trans. Yang Guobin and Zhou Zhenfu, Beijing: Foreign Language Teaching and Research Press, 2003, p. 146.

[60] Liu, Xie, *The Book of Literary Design*, Trans. Siu-kit Wong, Allan Chung-hang Lo, and Kwong-tai Lam, Hong Kong: Hong Kong UP, 1999, p. 42.

[61] Liu, Xie, *Dragon-Carving and the Literary Mind*, Trans. Yang Guobin and Zhou Zhenfu, Beijing: Foreign Language Teaching and Research Press, 2003, pp. 188 - 189.

[62] Liu, Xie, *Dragon-Carving and the Literary Mind*, Trans. Yang Guobin and Zhou Zhenfu, Beijing: Foreign Language Teaching and Research Press, 2003, pp. 194 - 195.

[63] Liu, Hsieh, *The Literary Mind and the Carving of Dragons*, Trans. Vincent Yu-chung Shih, New York: Columbia UP, 1959, p. 82.

[64] Liu, Xie, *The Book of Literary Design*, Trans. Siu-kit Wong, Allan Chung-hang Lo, and Kwong-tai Lam, Hong Kong: Hong Kong UP, 1999, p. 52.

[65] Liu, Xie, *Dragon-Carving and the Literary Mind*, Trans. Yang Guobin and Zhou Zhenfu, Beijing: Foreign Language Teaching and Research Press, 2003, pp. 502 - 503.

[66] Hawkes, David, "Review." *The Journal of Asian Studies* 19. 3 (1960), p. 332.

# 莎士比亚戏剧翻译之浅见

张顺赴

四川师范大学　外国语学院，四川成都　610101

**摘　要：**翻译难，文学翻译难上加难，译诗更是超乎想象的难。所以译者所为是勉为其难，于不可能中觅寻可能。本文以笔者翻译莎士比亚三出历史剧《亨利四世上编》《亨利四世下编》和《亨利五世》的个人经验所及，提出文学翻译操作中三个步骤，即译者深读原作以营造总体氛围与架构、精心且谨慎地调适译文细节以及极力推敲的语言表达，循此为路径，以求索文学翻译之高境界。本文列举中国翻译史上之重大史迹，以昭示翻译之洞见，以资后学。文尾的结论是，三步骤可行，翻译可为，万难之中求一线生机，或有所成，则足慰平生。

**关键词：**莎剧；文学翻译；氛围；调适；语言表达

2007 年，英国皇家莎士比亚剧团（Royal Shakespeare Company）邀集当代一流莎学专家，对莎剧第一对开本进行全面修订，乃三百多年来之首次盛举，由是推出新版《莎士比亚全集》。以此为底本，外语教学与研究出版社组织数人翻译了此卷，已于 2015 年 11 月面世，以飨国内读者。笔者有幸参与译事，历经几载，甘苦其中，亦略有心得，或可供同好指评，以裨益译业兴旺。

一百多年前，严复在《天演论·译例言》中早已谆谆告诫："译事三难：信、达、雅。求其信已大难矣！顾信矣不达，虽译犹不译也，则达尚

**收稿日期：**2017－02－02

**作者简介：**张顺赴（1945—），男，四川成都人，四川大学英语语言文学硕士，四川师范大学外国语学院副教授，英美文学硕士研究生导师，英语教育硕士研究生导师，成都翻译协会乡土文学翻译专委会委员，主要从事莎士比亚戏剧、美国现代戏剧等研究。

焉。"[1]显然，严又陵以达为旨，前提是不悖原文，二者之间的分寸掌握，殊为不易。因为中英之间的文化差异，在某些极端的情况下，很难两者兼顾，不得已而必有所取舍。尤其是文学翻译，特别是译诗，百分之百地"忠于"原文既不可能也无必要。所以，"不斤斤于字比句次，而意义则不倍本文"[2]。也就是说，在尽可能不违原意的原则下，力求译文畅达，为目的语读者所喜闻乐见，无违和之感即可。如此，"雅"也在其中了。笔者以为，信、达、雅三者应统为一体，互不可分。作为翻译标准，三者为变量，彼此消长，依情景而定，最后以所成之译文为归依。

尽管翻译理论汗牛充栋，翻译最终落实在具体操作。如林语堂所言："谈翻译的人首先要觉悟的事件，就是翻译是一种艺术。凡艺术的成功，必赖个人相当之才艺，及对于艺术相当之训练，此外别无成功捷径可言，因为艺术素来是没有成功捷径的。"[3]正如创作无成规可循，无"指南"之类的条文可遵，即如鲁迅所言世上并无"小说做法"之类，翻译，主要是文学翻译，也无人皆可用的"方法"可言。大概的原则有几条，但如照此办理，绝对出不了佳译之作。如果我们承认文学翻译是艺术，那么我们就必须承认艺术的成败全在译者本身的功底之厚薄，艺术修养之深浅。既然是艺术，在很大程度上也有赖于天赋，尤其是语言表达的天赋。所以结论是，不是学外语的人都可以做文学翻译。训练是可以的，如无基本的艺术素质，训练也枉然无功。

笔者想强调的是，即使对原文完全理解，包括语法结构、文化因素等，一个艺术素养低下的译者无论何等发奋努力、殚精竭虑，也不可能把莎士比亚的十四行诗译好。王佐良先生所译培根的《谈读书》，数十年来在学界脍炙人口，已成经典译著，实乃对原作之艺术再现，现在称之为"译创"者。正如把剧本搬上舞台或银幕，导演在作艺术的再创造，而非枝节的模仿，译者是在目的语中进行艺术的再创造，而非字句的平行移动、对原文的简单释义。

面对莎剧这样的经典巨著，翻译之难，可想而知。任何翻译理论在艺术顶峰面前都黯然失色。莎剧所达到的艺术高度，至今无可超越，所以卡莱尔有极赞之语："吾人宁失百印度，不愿失一莎士比亚。"[4]朱生豪先生以散文体译莎剧，首开汉译莎剧之先河，成就斐然，彪炳译史，树为楷模。其译笔之流畅，语言之富丽，再现原文氛围之真切，堪称译创之经典。朱先生谈及译莎剧感言："拘泥字句之结果，不仅原作神味，荡焉无存，甚且艰难晦涩，有若天书，令人不能卒读，此则译者之过，莎翁不能任其咎者也。"[5]对于文学翻译，朱先生之理念明晰无误，切实可行，他所译的莎剧即朗朗明证，世称“朱译”者是。所以，文学翻译的第一要义，译者必须沉浸于原作的艺术韵涵之中，体味个中情愫，其体验大不同于一般读者。诚如朱先生所言：“余笃嗜莎剧，尝首尾研诵全集至十余遍，于原作精神，自觉颇有会心。”[6]以散文译莎剧，朱译造诣最高，其语言挥洒自如，酣畅淋漓，跃跃然于纸上，虽非诗，其感染力几近。之所以出此译著大手笔，因素很多，首要者为译者深深浸淫于原作之中，与原作者神魂相交，如影随形，最大限度地接近原作者执笔为文时之心态与情绪，如知己推心置腹，息息相通，到达这样的境界，已远远超越“理解原文”的层次而及于心神之“化境”了。朱先生一生以一部巨译尽揽译界英名，而非庸作等身之辈，究其缘由在先生自言“笃嗜”二字。

周珏良先生对文学翻译的见解也中肯铿锵，“另外一种文学翻译，也就是大多数的文学翻译，是为不去读原文的读者服务的。在这里，整体的效果最重要，对细节准确的要求倒可以灵活一点，这种译文要使读者读后基本上能得到如读原文的效果或乐趣，也就是所谓‘效果对等’（equivalency of effect）”[7]。在反复玩味而神魂浸淫于原作之中的基础上，周先生所谓的“对细节准确的要求倒可以灵活一点”才有可能，译文的整体效果才有可能逼近原著，而非简单的字句排列、图解语法式的所谓翻译。所谓“神似”之译即心领神会之译笔，不拘原文字句，高屋建瓴，营造氛围，以构建整体框架为能事，不绳绳于细枝末节，但绝非细节无足轻重，对于文学翻译，细节至关重要，但在目的语中再现的细节需经过改造，或曰调适，而非硬性照搬，强行移植，以致两败俱伤，非桔非枳，这样的翻译苦果世间并不罕见。

那又如何调整翻译的细节呢？

周珏良先生举有一例，可作圭臬：

It ran in his knowledge before he ever saw it. It looked and towered in his dreams before he even saw the unaxed woods where it left its crooked print, shaggy, huge, redeyed, not malevolent, but just big—too big for the dogs which tried to bay it, for the horses which tried to ride it down, for the men and the bullets they fired into it, too big for the country which was its constricting scope.

上引一节选自美国小说家福克纳的短篇小说《熊》（*The Bear*），周先生的译文为：

> 他还没有见着那只熊就知道它了。他还没有见到那片未开发的森林，那熊的庞大身影就常在他梦中出现。它在森林里留下带有残废的爪迹。它毛毵毵的，其大无比，一双红眼珠，不怀恶意，就是太大，大得狗不敢咬，马不敢追，人制不了，子弹不顶用，连它在里面活动的地带一比起它来也显得狭小了。[8]

福克纳的原文写得很直白，无晦涩难懂之处，但用语极尽夸张之能事，以凸显熊之硕大无比。其细节描述入微，生动若睹，呼之欲出，但要在目的语中再现绝非易事，必须大作调适以合汉语的表达习惯，否则原文的整体效果难以再现。周先生的译文在很大程度上做到了。例如，三个动词“bay，ride，fire”，分别译为“咬，追，不顶用”，既保留了原文的排比效果，又强化了动态感，集中突出了原文烘托熊之庞大的氛围。福克纳的文笔以干净利落见长，不事铺排，吝用形容词和副词，而擅长以动词取胜，此译文也大致体现其中。

可见，以整体氛围为纲、精心调适的细节为目，文学翻译才能成型，译者孜孜以求的对等效果才会应运而生。

意象派诗人庞德1913年写了一首意象派名诗，由在巴黎某地铁站所见触发灵感而作，初稿30行，最后压缩为两行：

> The apparition of these faces in the crowd；
> Petals on a wet，black bough.[9]

意象派以所见事物的具体形象直接诉诸读者的感官，造成巨大冲击力以打动读者。如何译为汉语，颇多争议。原诗简练到无以复加，译文必须再现，但其蕴含丰富，又不能流于解释。

> 人群中张张幽幻的脸庞；
> 是花瓣著于湿漉漉的黑枝条上。

此为拙译。在形式上保留了原诗的俳句特色，原诗的飘忽而又现实的意境基本未损，细节完整再现。对于此诗的理解，略赘数语。诗人看见乘客从地铁列车上下来，汇入人群，熙熙攘攘，一张张白脸与列车的车身形成强烈对比，所以像黑枝干上开的花瓣，估计时当冬秋，人们呼吸所致，有湿漉漉之状，既然是地铁，车身恐怕不会是雨淋湿的。而诗无达诂，这也是一家之言。

当然，不是所有的细节都能再现于译文中，有时不得已必有所割爱，但切勿阉割原文的核心内容，否则成了残译，为不义之举。

下面谈译文的语言表达问题，乃重中之重。文学是语言的艺术，文学翻译更是如此，在两种语言艺术之间游走，毁誉系之，成败所赖，强调再三也不过分。上述两个因素，氛围的营造和细节的调适皆出之于语言表达，这是载体，千钧之重。一个译者的水平高低最终取决于语言能力。林纾根本不懂英语，仅听人转述原著，而挥笔译成首批介绍进我国的英语小说，全仗其高超的汉语语言能力，举足轻重，涉笔成章，任情挥洒，创造了中国翻译史上的奇迹，其余懂英语的诸公不免相形见绌。尽管有人对林译有微词，其汉语表达能力之强悍，恐无人及。设想如果林纾懂英语，其翻译水平会晋何等境界？笔者无意推崇不懂外语者做翻译，唯想强调汉语表达能力于翻译之头等重要性。无论学多少翻译理论，败于此，则全败。试看今日之中国，学英语者数典忘祖大有人在，翻译中，洋泾浜汉语俯拾皆是。从这个角度看，译界先辈林纾堪为今日译者的榜样。

可见，汉语功底如何直接影响译文的质量。一部名著经译者之手是否依然保留名著的丰姿，语言表达系全局之重，字字句句赋形成章，不可稍有懈怠敷衍。笔者以为，翻译中最费时费事的是推敲字句，反复斟酌，以求更佳。所谓润色之功，瞻前顾后，萦萦于心，诚如严复之言“一名之立，旬月踟蹰”[10]，实非夸张，乃翻译中为言语臻于佳境而倾尽心血的经验之谈。尽管如此，依然“我罪我知，是存明哲”[11]。

文学翻译的语言锤炼无止境，尤其在诗歌翻译中，一词一字见功夫，时有霄壤之别，云泥之异。孔子对语言表达的重要性早就言之凿凿了：“志有之，言以足志，文以足言。不言谁知其志？言之无文，行而不远。”[12]而译诗是对译者语言表达能力的最大挑战，要把高度凝练的诗句译为汉语，实在是天下一大难事。所以当年朱生豪先生决定以散文体译莎剧，说：“当然预备全部用散文译出，否则将要了我的命。”[13]以朱先生之大材，犹不得已而求其次，足见以诗译诗之超乎想象的艰难。

此次翻译英国皇家版《莎士比亚全集》，主持人为当今莎学专家、北京大学辜正坤教授，即提出“要命”的要求：原文是诗必定译为诗，论道，“莎士比亚首先是一个诗人。莎士比亚的作品基本上都以诗体写成。因此，要想尽可能还原本真的莎士比亚，就必须将莎士比亚作品翻译成为诗体而不是散文，这在莎学界已经成为共识。”[14]这是此次翻译莎剧的一大特色，也是这个译本存在的理由。莎剧中，重要人物的台词基本都是诗体，占全部台词 60% 以上，莎士比亚的语言精华也尽在其诗句中，他在伦敦崭露头角也是从他的两首长诗开始。在舞台道具几乎为零的 17 世纪，舞台语言就是一切，诗句朗朗上口，最具打动力，可谓伦敦舞台演出的标配。莎士比亚的一切奇思妙想皆出之于诗句，其双关语、幽默语、警句名言，无不见于诗的珠玑，风行伦敦，脍炙人口，以致招一个名叫格林的伦敦二流剧作家的嫉妒而恶言攻讦。可见在 17 世纪的伦敦，诗之魅力凌厉，如诗之于我国唐朝、词之于宋朝。而以莎士比亚为代表的无韵素体诗和十四行诗更将伊丽莎白时代的英国文学推向一个新的高峰，孕育了 19 世纪的浪漫主义诗歌运动。所以，以何种风格的汉诗来表达莎士比亚剧本的素体诗，是一个大问题。为此，辜正坤先生提出了具体要求："按照我们的想法：1）所谓诗体，首先是措辞上的诗味必须尽可能浓郁；2）节奏上的诗味（包括分行）等要予以高度重视；3）结合中国人的审美习惯，剧文可以押韵，也可以不押韵，但不押韵的剧文首先要满足前两个要求。"[15] 笔者在处理译文时，在同一节剧文中，力求诗行字数整齐，每行字数不宜过多，尽可能限制在 7 ~ 9 字，少数确实难办者，控制在 15 个字之内，或跨行处理，比如原文一行之中接连几个人名，无法找到变通措辞，字数的增减根本不可能。另一个最大最严的制约是，要求译诗必须与原诗行行对齐，一行也不能增减。剧中散文也须与原文行行对齐，不多不少，比诗行对齐略稍容易。如此多的清规戒律之下，诚如闻一多所感言，翻译是戴着镣铐跳舞，实难为之。至于韵律，亦尽力而为，以添诗味。语言亦文亦白，太白无味，太文则显迂泥，而以文白互见，兼两长而避两短。莎士比亚的英语属早期现代英语，与我国明代的戏曲家汤显祖（1550—1616）同时代，而汤显祖的戏曲语言文白适度，既非古汉语也非现代白话，如："情不知所起，一往而深，怎奈何，如花美眷，终不敌，似水流年；恨不知所踪，一笑而泯，又岂知，爱恨情仇，终难忘，刻骨铭心。"[16] 同莎士比亚时代的早期现代英语庶几乎近，比较适合用以翻译莎剧诗体。

以《亨利五世》之《开场诗》为例：

原文：

Chorus　O, for a muse, that would ascend
　　　　The brightest heaven of invention,

A kingdom for a stage, princes to act
And monarch to behold the swelling scene!
Then should the warlike Harry, like himself,
Assume the port of Mars, and at his heels,
Leashed in like hounds, should famine, sword and fire
Crouch for employment. But pardon, gentles all,
The flat unraised spirits that hath dared
On this unworthy scaffold to bring forth
So great an object. Can this cockpit hold
The vasty fields of France? Or may we cram
Within this wooden O, the very casques
That did affright the air at Agincourt?
O, pardon! Since a crooked figure may
Attest in little place a million,
And let us, ciphers to this great accompt,
On your imaginary forces work.
Suppose within the girdle of these walls
Are now confined two mighty monarchies,
Whose high upreared and abutting fronts
The perilous narrow ocean parts asunder.
Piece out our imperfections with your thoughts:
Into a thousand parts divide one man,
And make imaginary puissance.
Think when we talk of horses, that you see them
Printing their proud hoofs I'th'receiving earth,
For 'tis your thoughts that now must deck our kings,
Carry them here and there, jumping o'er times,
Turning th'accomplishment of many years
Into an hourglass: for the which supply,
Admit me chorus to this history;
Who prologue-like your humble patience pray,
Gently to hear, kindly to judge, our play. [17]

## 译文：

致辞者　啊，光焰万丈的缪斯女神，
愿您高登灵感的至高天境，
王国作舞台，
王侯充戏伶，
君王览尽宏伟演绎的壮景！
于是善战的哈利崭露身手，
一派战神威风，身后紧随着，
饥馑、刀剑与烈焰，
如猎犬暂系绳缰，伺机而动。
然而在座绅士淑女请包涵，
我等愚辈斗胆在这破台上
演绎如此辉煌的史迹春秋。
难道这斗鸡场似的小舞台
容纳得下法国的广袤疆土？
我们竟能将威震阿金库尔的
盔甲兵将囿于这木头圈内？
见谅吧！既然加一个圆圈，
可造一百万，那就让我们
凭借你们想象力的驰骋，
于无形之中招来万马千军。
想象此时围在高墙之内的
是两大王国，疆界相峙立，
被险要狭窄的洋流隔离。
以你们的神思补我等之拙，
化一卒为千，想象力飞腾。
我们一提到马，你们即睹
万马奋蹄齐奔，
扬起滚滚烟尘，
在你们遐想之中，国王超越时空，
此时彼时，忽西忽东，
将多年功业集于一小时沙漏中。
为此容我在史剧大幕开启之前，
说这几句开场白：谢君海涵，

请静心观听，嘉意赏评这出戏文。[18]

莎士比亚的历史剧场面宏阔，时空跨度巨大，而当时的舞台简陋之极，这节开场诗为剧情的展开作铺垫，实属必要。《亨利五世》展示的是英法之战这一重大历史事件，人物众多，上至国王下至兵卒，包罗各色人等，这一切全凭人物滔滔不绝之词诉诸观众的视听，以铿锵的诗句取悦观众。译文极力保留原文之义，细节的调适以不违原意为度，如“The brightest heaven of invention”，译为“灵感的至高天境”为妥，若实译为“发明”或“虚构”，反不合原义，因为这里提到诗神缪斯，显然指以诗的灵感激发观众的想象力以弥补舞台之光秃无奈。而要激发想象力，以诗歌为胜，所谓歌之咏之，最引人遐思无限，任由驰骋，突破时空之藩篱，发挥最大自由度。整节诗译为长短句，最短者 5 个字，最长者 13 个字。若原文一行内容太多，只有增加译文字数，如“在你们遐想之中，国王超越时空”，这实际上是将两行并为一行，因为译文行数不得超过原文行数，不得已而为之。如此处理，诗句长短参差，增添了节奏感的变化，打破了长短始终一致的沉闷单调之弊。至于押韵，随句而变，不拘于一韵到底，因为这往往办不到，而且会因词碍义。每遇韵与义的两难，笔者取义。即使押韵，也不严格，多押近韵而已。另一方面，英诗的节奏在轻重，汉诗的节奏在平仄，笔者极力而为，例如“此时彼时，忽西忽东”比“此时彼时，忽东忽西”更合平仄，其例很多，不赘举。

总而论之，文学翻译乃翻译之难所在，译诗为难上之难，所以极端之论认为诗是不可译的。而当我们勉为其难，不得已而为之时，上述三点或于译者有所启迪。首先，译者必须浸淫于原作之中，反复研读，心领神会，悟其旨趣，神情交融，以营造译文的总体氛围及架构。这一功夫愈深，如深耕而后播种，才可望收成丰硕。如匆匆动笔，十之九为败笔。接着是对细节的精心调适，有所取舍，以不违原作主旨要义为度，这一功夫建立在对两种语言、两种文化的深切理解的基础之上，而非随意取舍，避难就易，所以必须慎之又慎，心存敬畏而为之，以收预期的效果。最后是语言表达，译文质量最终之所系。文学翻译作为语言艺术，古人所谓“语不惊人死不休”[19]，必须反复推敲，字斟句酌，深文周纳，在此层次上，文学翻译与创作无异。翻译的功夫在于实践，人各有异，绝无“放之四海而皆准”的翻译条规可寻，全在于译者自身操练修养，或许一朝得道，也可能一事无成。

**注释：**

[1] 中国翻译工作者协会，《翻译研究论文集》，北京：外语教学与研究出版社，1984，第 6 页。

[2] 中国翻译工作者协会，《翻译研究论文集》，北京：外语教学与研究出版社，1984，第 6 页。

[3] 中国翻译工作者协会，《翻译研究论文集》，北京：外语教学与研究出版社，1984，第 259 页。

[4] 中国翻译工作者协会，《翻译研究论文集》，北京：外语教学与研究出版社，1984，第 365 页。

[5] 中国翻译工作者协会，《翻译研究论文集》，北京：外语教学与研究出版社，1984，第 364 页。

[6] 中国翻译工作者协会，《翻译研究论文集》，北京：外语教学与研究出版社，1984，第 364 页。

[7] 周珏良，《周珏良文集》，北京：外语教学与研究出版社，1994，第 379 页。

[8] 周珏良，《周珏良文集》，北京：外语教学与研究出版社，1994，第 386 页。

[9] 周珏良，《周珏良文集》，北京：外语教学与研究出版社，1994，第 389 页。

[10] 中国翻译工作者协会，《翻译研究论文集》，北京：外语教学与研究出版社，1984，第 7 页。

[11] 中国翻译工作者协会，《翻译研究论文集》，北京：外语教学与研究出版社，1984，第 7 页。

[12]《左传·襄公二十五年》，阮元校刻，《十三经注疏》下册，北京：中华书局，1980，第 1985 页。

[13] 辜正坤，《亨利五世·莎士比亚诗体重译集序》，北京：外语教学与研究出版社，2015，第 vi 页。

[14] 辜正坤，《亨利五世·莎士比亚诗体重译集序》，北京：外语教学与研究出版社，2015，第 vi 页。

[15] 辜正坤，《亨利五世·莎士比亚诗体重译集序》，北京：外语教学与研究出版社，2015，第 vi 页。

[16] 汤显祖，《牡丹亭》，手机百度-《牡丹亭》-名言，第 3 页。

[17] 汉译主编辜正坤，英文主编 Jonathan Bate，莎士比亚著，《亨利五世》（英汉双语本），张顺赴译，北京：外语教学与研究出版社，2015，第 142-143 页。

[18] 汉译主编辜正坤，英文主编 Jonathan Bate，莎士比亚著，《亨利五世》（英汉双语

本)，张顺赴译，北京：外语教学与研究出版社，2015，第12－13页。

[19] 杜甫，《江上值水如海势聊短述》，仇兆鳌注，《杜诗详注》第二册，北京：中华书局1979，第810页。

# 识解理论视野下的英译汉探析
## ——以第七届英语世界杯翻译大赛为例

刘巧玲

四川师范大学　外国语学院，四川成都　610101

**摘　要**：识解是认知语言学的重要组成部分，是人类认识世界的能力和方式。识解理论运用于翻译实践，就是以详略度、辖域、背景、视角和突显五个层面来解析译者的翻译过程。本文运用识解理论探讨第七届英语世界杯英译汉译文，试图分析译者的识解方式如何表现，以求达到原语与译语间识解方式的对应。

**关键字**：识解理论；认知；翻译；识解层面

## 一、引言

以体验哲学为基础的认知语言学认为，语言不是一个独立的系统，句法不是一个自治的结果，它们深受社会环境、身体经验、认知机制、概念原则、思维方式的影响。[1]识解，作为认知语言学中的一个重要概念，兰盖克（Langacker）将其定义为主要是用来表达认知语法的认知视角的内涵，其核心定义是人类具有不同的认知能力，可用于任何主导体验，成为产生具体概念的必要条件。识解理论一经提出，就受到研究者的广泛关注，学者们用识解理论来探讨认知语言学、语用学和语言教学等领域的相关问题。[2]在翻译研究领域，王寅探讨了识解对翻译研究的作用，谭业升进一步界定了翻译识解的基本概念，将其定义为翻译认知过程的认知视角，并提出翻译识解的原

---

**收稿日期**：2016－10－07

**作者简介**：刘巧玲（1987—），女，四川德阳人，四川师范大学外国语学院2015级英语笔译专业方向硕士研究生，主要从事翻译研究。

则：最佳关联原则、解释相似性原则（认知增量原则）。[3]但相关方面的研究仍有所欠缺，本文将从识解理论的视角出发，以第七届世界杯翻译大赛英译汉译文为例，探讨译者在把握详略度、辖域、背景、视角和突显层面，如何各有侧重地实现目标语与原语之间识解方式的对应问题。

## 二、识解理论与翻译建构

简单而言，翻译就是理解和表达的过程。翻译理解是一种建构情景模型和赋予意义的过程。[4]而翻译表达，从本质上来说，是一个认知加工过程[5]。由此可见，翻译的过程是一种认知加工的过程，认知与翻译之间形成了有效关联，认知理论对翻译实践具有很好的指导意义。

### （一）识解理论

认知语言学在20世纪70年代中期开始在美国发端，80年代中期以后开始成熟，90年代中期以后开始进入稳步发展的阶段。认知语言学的哲学基础是“体验哲学”，强调心智的体验性、认知的无意识性、思维的隐喻性；心理学基础是“体验性心智主义”“建构论”。认知语言学充分考虑到了语言研究中人的因素，强调语言与人的身体经验和认知密不可分，语言能力是人类整体认知能力的一部分；同时语言的出现和发展又促进了人类认知的发展。[6]认知的核心原则可归结为“现实—认知—语言”，即语言是人们基于对现实世界进行互动体验和认知加工的基础上形成的。[7]“识解”是认知语言学的一个重要概念，由兰盖克于1991年提出。“识解”源于认知心理学的术语“意象”，是指人们在对外界事体感知体验过程中所形成的抽象表征，往往可较为长期地保留在人们头脑中。[8]从理论形态上来看，不论是兰盖克的认知识解还是克罗夫特（Croft）与克鲁斯（Cruse）的动态识解，都重视对外部世界观察的详略程度、被激活的概念内容的配置、其他表达式的意义结构、描述事物的认知参照点、注意力方向和焦点的确定。[9]兰盖克认为可以从以下五个方面具体描写“识解”：详略度、辖域、背景、视角和突显。[10]识解理论的研究对翻译很有启发。

### （二）识解理论指导英汉翻译实践

从认知语言学的识解理论可以看出，作为人类认识和理解客观世界的一种认知能力，“识解”与语言有着十分密切的联系，识解理论也有助于人们从一个新的侧面加深对语言的认识。首先，不同的识解能力对译者的翻译能力有很大的影响，正是在这样的影响下，导致输出译文的差别。其次，“识解原则与翻译推理过程有顺序一致性，而翻译的识解运作会因不同译者而有所变化，系统的识解运作有助于翻译能力的培养”[11]。

**表1　识解运作层级模式**[12]

| 识解运作层级 | 识别 | 整合 | 转换 |
| --- | --- | --- | --- |
| 具体方式 | 基底—侧面，具体化，主观化与客观化 | 视点，前景—背景，移情，心理扫描，图形—背景 | 意象转换，识解转换 |

且不说陈吉荣教授的划分是否有待商榷，这种试图将不同的识解类型与翻译过程的不同阶段联系起来的尝试，不仅再次提示我们识解理论对于翻译研究的重要性，同时也为我们提供了全新的视野，拓宽了翻译研究方向。本文将试图从兰盖克提出的识解理论的“详略度、辖域、背景、视角和突显”五个层面，分析第七届世界杯翻译大赛英译汉译文，希望能为读者提供有益参考。

## 三、案例分析

不同的译者对识解度各层面的侧重不同，势必导致译文的差异化。兰盖克认为：“认知主体从不同的识解角度出发来观察同一情景或时间就会产生不同的认知过程和结果，出现不同的语言表达。”[13]下面就以笔者自身对该翻译项目的识解和翻译转换为例，详细分析翻译过程中如何体现识解理论的“详略度、辖域、背景、视角和突显”五个层面。

### （一）详略度

不同识解的形成与外界观察的详略程度密切相关，人们可从不同精确程度和详略程度来认识和描写一个事体。[14]笔者对识解原文的详略度方面有不同侧重。

例1　One hundred and twenty acres, according to the County Clerk, is the extent of my worldly domain.

译文：按照县书记官的说法，方圆 120 英亩以内都是我的地盘。

本句翻译中，“One hundred and twenty acres”本义不含“方圆”之意，笔者考虑行文流畅度，采用归化翻译策略对译文进行了精确处理；同时“extent”“范围”之义暗含在“domain”其中，省译，“worldly”意为“世俗的，世间的”，省译。

例 2　At 3：30 a. m.，with such dignity as I can muster of a July morning，I step from my cabin door，bearing in either hand my emblems of sovereignty，a coffee pot and notebook. I seat myself on a bench，facing the white wake of the morning star. I set the pot beside me. I extract a cup from my shirt front，hoping none will notice its informal mode of transport. I get out my watch，pour coffee，and lay notebook on knee.

译文：七月的一天，清晨 3：30，我尽力保持着体面尊严，从小屋里走出来，一手拿着咖啡壶，一手拿着笔记本——这象征着我的主权。当我安坐在长凳上时，欣赏着迎面星辰月白的余光，咖啡壶就搁在身旁。紧接着，我从衬衣前兜掏出一个杯子，心想着可别让任何人看到这么不拘礼节的方式，再掏出手表，倒好咖啡，将笔记本放在膝盖上。

这一小段文字的翻译，作者通过一系列的叙述，旨在显示主人公悠然自得、安然舒适的生活方式。原文叙述主语均是第一人称“我”，其中用了 6 个“I”，4 个形容词性物主代词，1 个反身代词和 1 个宾格。若将其全部译出，则译文很是冗余，无美感。于是，笔者翻译时采用了承前省略主语方式，尽量避免通篇皆“我”。同时，增译出时间连词“后”　“紧接着”“再”，以确保行文流畅。通过详略有度，笔者以为，在一定程度上达到了译文自然流畅的要求。

### （二）辖域和背景

一个表达式关系到至少一个认知域，而辖域指表达式所涉及的相关经验和被激活的概念域配置，往往是某一认知域内的子域。[15]辖域可为我们理解表达式提供背景知识。背景是指“理解一个表达式的意义或结构需要另外一个或数个表达式的意义或结构来作为基础”[16]。译者在理解原文时，至少应具备相关先知识，从而将译文较为准确地传达给读者。

例3　Expanses unknown to deed or map are known to every dawn, and solitude, supposed no longer to exist in my county, extends on every hand as far as the dew can reach.

译文：地契或地图上未知的广袤无垠，黎明却知晓；孤寂——倘若在我所在县已不复存在——如今却向四面八方蔓延开来，凡是有露珠的地方便可觅其踪迹。

本句可说是夹叙夹议的写法，笔者之所以将其列为辖域和背景层次来讲，主要是基于“solitude”一词。现代社会，随着工业化进程的发展，一方面人们生活在城市的喧嚣之中，另一方面人们的内心也越来越孤独寂寞。只有掌握了这个矛盾的背景知识，在翻译中才能把握住这句话的格调。笔者以为，作者是借此来衬托大自然的宁静美和自己内心的安详美。可惜的是，虽然译者理解这一点，也尝试在这方面进行努力，但因翻译能力有限，译文仍显粗糙有待提高。

例4　Any illiterate bundle of feathers, he says, can make a noise in a tree.

译文：他说，任何羽毛组成的生物，即便不谙五音，也都能在树上制造点噪音。

本句的翻译也与详略度有关，增译出不少内容。笔者在此主要将原文放在辖域层，分析译文的处理。“bundle of feathers”指的是“一堆羽毛”，采用部分代整体的借代手法，译者需了解该修辞手法的相关背景知识；“illiterate”本义为“不会读写，文盲的”，用以形容树上的鸟，显然不合适。据此背景知识，笔者增译出“生物”，同时将其译为“不谙五音”，也能达到拟人效果。

### （三）视角

视角是识解理论的另一层面，指“在心理上观察某一事物或场景的位置，涉及诸如位置、距离和方式等因素”[17]。运用到翻译领域，即指译者对原文进行阐述的角度。

例5　My watch says 3：50. The indigo bunting on the hill asserts title to the dead oak limb left by the 1936 drouth, and to divers near-by bugs and bushes. He does not claim, but I think he implies, the right to out-blue all bluebirds, and all spiderworts that have turned their faces to the dawn.

译文：3：50 时，山上的靛蓝鹀坚称："那根在 1936 年干旱期间死去的橡树枝，以及附近各式各样的昆虫和灌木丛都是我的。"他倒没有宣布，但我想他是在暗示，暗示自己享有所有蓝知更鸟没有的权利，暗示那些所有面朝黎明的紫露草——我才是这儿的主人。

原文中均采用第三人称视角的间接叙述手法，同本文中对其他鸟类描写的手法一样，将"靛蓝鹀"拟人化。译者在翻译时，为了增强感染力，将其译为直接引语"那根……都是我的"，同时第二句保留第三人称视角，同原文一致，进行评述"他倒没有……但我想……暗示……紫露草"。最后一句译自原文"the right to..."，转换成第一人称视角，"我才是这儿的主人"来体现出"靛蓝鹀"的傲骄，拟人形象更为生动具体。

例 6　At 3：35 the nearest field sparrow avows，in a clear tenor chant，that he holds the jackpine copse north to the riverbank，and south to the old wagon track. One by one all the other field sparrows within earshot recite their respective holdings.

译文：3：35 分时，离我最近的田雀开始歌唱，声音嘹亮：短叶松灌木丛为他所有，北至河岸，南至老货车道。紧接着，凡在我听力所及范围内，所有田雀都叽叽喳喳宣布着他们各自的产权。

笔者在原文的中"the nearest"翻译时，站在第一人称视角称述事情，增译出"离我最近的"。同时，第二句的"within earshot"译为"凡在我听力所及范围内"也是同理。"recite their respective holdings"译为"叽叽喳喳宣布各自产权"也是站在作者视角，增译出对田雀的评价，值得注意的是，此处的"叽叽喳喳"评价不带贬义。之所以采取第一人称视角，一是从上文中作者对自己起床后的一系列动作描写可以推断出；二是保持视角不变，使行文更为通顺流畅。

**（四）突显**

"我们有确定注意力方向和焦点的认知能力，语言表达在很大程度上可被视为讲话者对周围环境进行概念化过程的反映，而这个概念化过程受到注意力突显原则的制约。"[18]同一部作品，不同译者根据自己注意力方向和焦点的不同，在译文表达中有不同的主观性侧重，被突显后就可置于句子特殊的、显赫的位置。

例7　Books or no books, it is a fact, patent both to my dog and myself, that at daybreak I am the sole owner of all the acres I can walk over.

译文：然而，无论有没有产权书，一切我途经之地，黎明时分都只属于我——这是不争的事实，也是我和我的小狗享有的专利。

在该例句中，笔者在语序上做了调整，将原句的重心转移，凸显出“that at daybreak I am the sole owner”，并用破折号对其进行解释说明。这使得句子明显有了主次之分，当然值得注意的是，这是笔者在阅读原文的基础上进行的有倾向性的带主观意愿的侧重，不同的译者对本句的理解和表达或各不相同。

例8　Now he is going to translate for me the olfactory poems that who-knows-what silent creatures have written in the summer night. At the end of each poem sits the author—if we can find him. What we actually find is beyond predicting: a rabbit, suddenly yearning to be elsewhere; a woodcock, fluttering his disclaimer; a cock pheasant, indignant over wetting his feathers in the grass.

不知是什么生物在夏夜里写下了行行无声的诗歌，如今，我的小狗要用他的嗅觉帮我翻译呢。而诗人就坐在每首诗的末尾——倘若我们能找到他的话。然而，我们实际上找到的却总出乎意料：一只兔子，倏忽想跑去别处；一只山鹬，鼓翼弃权；一只山鸡，因在草地里弄湿了羽翼而愤愤不满。

第一句的翻译，采用移位法进行凸显。翻译时不可避免要对原语的成分按照译语的约束机制进行变动移位，翻译中的移位包括两种：语序移位和成分性质移位。[19]具体体现在两个方面，一是语序上做了调整，如上一个例子所述，主次上有了侧重，此处不再赘述；二是体现在原词搭配和译词转换上，具体说来，有三处。首先，“who-knows-what silent creatures have written”没有直译成“谁知道是……”而是直接采用否定句式“不知……”，增强语势；其次，笔者在翻译“silent creatures”时，将“silent”置于“诗歌”之前，采用这种移位法是对诗歌特征的彰显；“olfactory”在原文中做定语，修饰“诗歌”，笔者将其置于“小狗”前，以此来凸显“小狗”的嗅觉特征。

第二句对三个词组“yearning...；fluttering...；wetting...”的翻译，笔者凸显的是动作的结果而非动作的过程。

## 四、总结

识解既是一种认知能力，也是一种认知方式，是人们用不同方式认知同一情景的能力。[20]识解理论对翻译活动具有很大的启示意义，通过识解理论的“详略度、辖域、背景、视角和突显”五个层面来分析翻译过程，可以有效把握译者的思维方式，准确理解译者的翻译行为，深入剖析译者的翻译策略，是翻译研究的一种全新视角。同时，译者在进行翻译时，有必要进行系统的识解运作，这将有助于翻译能力的培养、个人翻译风格的形成以及翻译效果的反思。因翻译能力有限，本文重点分析论述了笔者在翻译过程中识解层面的思路，但愿能抛砖引玉，期盼读者对识解理论运用于翻译实践做更深入的探讨，同时也不吝意见和指正。

**注释：**

[1] 王寅，《语义理论与语言教学》，上海：上海外语教育出版社，2014，第7页。

[2] 文旭，《语义、认知与识解》，《外语学刊》2007年第6期，第35页。

[3] 陈吉荣，《翻译认知能力建构研究》，杭州：浙江大学出版社，2014，第23页。

[4] 颜林海，《翻译认知心理学》，北京：科学出版社，2008，第111页。

[5] 颜林海，《翻译认知心理学》，北京：科学出版社，2008，第176页。

[6] 王寅，《认知语言学》，上海：上海外语教育出版社，2006，第11页。

[7] 王寅，《认知翻译研究》，《中国翻译》2012年第4期，第18页。

[8] 王寅，《认知语法概论》，上海：上海外语教育出版社，2006，第23页。

[9] 陈吉荣，《翻译认知能力建构研究》，杭州：浙江大学出版社，2014，第80页。

[10] Langacker，R. W.，*Foundations of Cognitive Grammar Vol.* Ⅱ：*Descriptive Application*，Stanford，California：Stanford University Press，1991，p. 4.

[11] 陈吉荣，《翻译认知能力建构研究》，杭州：浙江大学出版社，2014，第23-26页。

[12] 陈吉荣，《翻译认知能力建构研究》，杭州：浙江大学出版社，2014，第24页。

[13] 王寅，《认知语法概论》，上海：上海外语教育出版社，2006，第30-31页。

[14] 王寅，《认知语法概论》，上海：上海外语教育出版社，2006，第24页。

[15] 王寅，《认知语言学的“体验性概念化”对翻译主观性的解释力——一项基于古

诗〈枫桥夜泊〉40篇英语译文的研究》，《外语教学与研究》2008年第3期，第211－217页。

[16] 王寅，《认知语法概论》，上海：上海外语教育出版社，2006，第28页。

[17] Talmy, L., *Toward a cognitive Semantics*, Cambridge: The MIT Press, 2000, p. 68.

[18] 王寅，《认知语言学的“体验性概念化”对翻译主观性的解释力——一项基于古诗〈枫桥夜泊〉40篇英语译文的研究》，《外语教学与研究》2008年第3期，第214页。

[19] 颜林海，《英汉互译教程》，北京：科学出版社，2015，第68页。

[20] Langacker, R. W., *Foundations of Cognitive Grammar Vol. I: Theoretical Prerequisites*, California: Stanford University Press, 1987, p. 23.

# 中餐菜名俄译探究

王文渊

中国石油西南油气田公司天然气研究院，四川成都　610213

**摘　要**：中国历史悠久，幅员辽阔，人口众多，饮食文化品类繁多，丰富多彩，菜名也是五花八门，富含文化底蕴。本文对中餐菜肴命名的特点进行了简要介绍，并通过对菜肴命名方法的分类，探讨了中餐菜名的俄译方法。

**关键词**：中国餐；菜名；俄译

## 一、引言

中国和俄罗斯互为最大邻国，由于地缘优势以及近年来两国关系的进一步深化发展，中俄两国之间的文化交流达到了前所未有的程度。来华旅游和进行贸易的俄罗斯人也与日俱增。据国家旅游局统计，2010 年后，俄罗斯每年来华游客的总数量均保持在 200 万人以上。在此大背景下，两国文化交流日益频繁，对翻译的需求变得迫切。餐饮是旅游中必不可少的重要一环，菜单翻译属于旅游翻译的一种，旅游翻译应是“文化的使者”，以传播中国文化为己任，以旅游者为导向。[1] 2008 年北京市人民政府外事办公室出台了《中文菜单英文译法》，对中国菜名的英译进行了统一的规范，但其他语种因为使用面和受众的限制，并没有统一规范的翻译原则和方法。因此，将中国菜名译为俄语已经成为中俄两国文化交流中面临的最迫切需要解决的问题之一。

---

**收稿日期**：2017－02－21

**作者简介**：王文渊（1988—），女，甘肃兰州人，中国石油西南油气田天然气研究院助理工程师，四川师范大学外国语学院 2015 级翻译专业俄语笔译方向硕士研究生，主要从事俄汉、汉俄翻译研究。

## 二、中餐菜肴的命名特点

中国历史悠久，幅员辽阔，人口众多，饮食文化品类繁多，丰富多彩。中国饮食文化的形成和发展与中国传统文化紧密相连，阴阳五行说、“天人合一”思想、老庄的自然学说以及古代神话传说、宗教传统等都对中国饮食文化产生了重要影响。加之食材选取广泛，烹饪方式灵活多变，讲究色、香、味、形俱全，追求意境美。因此，中国人民吃饭并不仅仅是为了填饱肚子，还追求意境和品味，而这些主要是通过菜名体现出来的。中餐菜名五花八门，且有大量的文化隐喻及非文化隐喻出现，“它们是人们精心构思的产物，既能传达菜肴的主要用料、加工方法、文化内涵，又能激发顾客的品尝欲望和审美情趣，具有信息功能、文化功能和美感功能。它们体现了传统儒家思想的影响，折射出政治文化的影子，反映了汉民族特有的思维方式、审美理想生活观念、地域特征、时代特色等”[2]。

### （一）内敛、委婉、含蓄的表达方式

“中庸和谐是中国人饮食之道的真谛。”[3]《论语》《中庸》等儒家经典文献中提到的“中庸之道”提倡“克己忍耐”“安分守己”等，造就了整个中华民族“含蓄、内敛、委婉”的民族心态特点，这一文化传统在菜肴命名中也得以体现。[4]例如：“鸳鸯火锅”“百鸟朝凤”“龙凤起舞”“松鹤延年”等，表现了中华民族追求幸福平安、富裕美满、吉祥如意、健康长寿等美好生活的愿望；“红白豆腐”（猪血烧豆腐）、“翡翠白玉”（菠菜炒豆腐）、“一清二白”（小葱拌豆腐）等讲究色调搭配组合的菜名；以及“两个黄鹂鸣翠鸟”（煎蛋黄拌小葱）、“一行白鹭上青天”（青菜叶上排放小块蛋白）、“窗含西岭千秋雪”（清炒白蛋花）这样以古诗词命名的菜肴，可以增添回味无穷的空间和意境悠长的韵味，使宾客在一饱口福的同时，也能对博大深邃的民族精神世界进行探索。

### （二）“天人合一”的和谐观

“中国传统文化中的和谐原则源自《周易》……（人）在适应自然环境过程中还会按照自己的愿望去改造自然，并建立起人和自然之间的平衡关系，中国古人把这种和谐关系叫作‘天人合一’。这种和谐关系在饮食文化

的范畴内，具有特别重要的意义……为了协调人类个体自身与周围环境的关系，这便是中国饮食文化在精神或社会层面上的基本特征。”[5]在古人看来，自然过程、历史过程、人生过程和思维过程在本质上是同一的，这种“天人合一”的观念贯穿于传统文化的方方面面，在菜肴命名上也有许多体现，出现了很多以药膳、历史人物和文化名城命名的菜肴。

### （三）灵物崇拜

数词在中华文化中占有重要地位，有着丰富的文化内涵。在中国古代，由于人们对语言灵物的崇拜，引起了对数词的灵物崇拜，他们认为有些数词能给人们带来幸福和财富，有些数词却会招来灾难或不幸。因此，数词就带上了吉凶褒贬的神秘意义色彩，这种观念也反映在了菜名上。例如，“三”自古以来就有生发、吉祥之意，“三”又有稳定、和谐之意。因此，人们对“三”很是崇拜，反映到菜名中有就有凉拌三丝、地三鲜等。另外，中国古代有“五行”之说，即金、木、水、火、土，和东、南、西、北、中的“五方”相配。[6]数词“五”被赋予了无所不包、囊括万物的含义，在菜名中很常见，如“五谷丰登”“五香排骨”“五彩饭”等。

除了以上列举的特点以外，中国菜肴的命名方式在当代也有了新的发展，例如以歌曲名、政治术语、电视剧名等来作为命名元素。这些菜名都反映了中华文化丰富的内涵，与饮食文化一道，成为一门古老又现代、普通又讲究的文化艺术。

## 三、中餐菜名的俄译方法

近年来，由于中俄两国友好关系不断深化，民间交往日益频繁，俄罗斯来华旅游人数一直很多。各具特色又名目繁多的中餐菜名，在翻译过程中存在不少困难，为更好地传播中国饮食文化，吸引更多来华游客，准确、精美、生动、简洁的菜名翻译显得尤为重要。王秉钦先生曾指出，中餐菜肴的命名具有这样的特点：“既有现实主义的写实手法，又有浪漫主义的写意笔味；既蕴含着深刻的历史文化背景，又充满着民俗情趣和地方风味。有的菜名，可以说，已经不是一个单纯的菜肴名称，而是一个令人赏心悦目的艺术品名了。”[7]下面将按照写实与写意两大类对中餐菜名的命名方式及对应的俄译方法进行梳理。

### （一）以写实手法命名的中餐菜肴名称俄译

在中餐中用写实手法命名的菜名占大多数。其特点是如实描述菜肴的原料（形状）和烹调方法（刀法），这也是翻译的中心内容。对这类菜名一般采取直译法。[8]

采用直译法时菜肴原料通常可以做到一一对应，但在烹调方法的表达上，俄汉两种语言存在着一定差异。中国菜肴中存在众多的烹饪方法，如煎、炒、烹、炸、熘、煸、塌、煮、焖、炖、煨、烧、烩、蒸、焯、熏、填、酿、汆、扒、白灼。而在俄语中却很难找到相对应的表达方式。比如，“煎、炒、烹、炸、熘、煸、塌”这类用开油锅做菜的烹饪方式，在俄语中通常是用“жарить，жареный，обжаривание”或“в масле”这类词来表示；“焖、炖、煨、烧、烩、扒”这类加水后用文火慢煮的烹饪方式，通常用“тушить，тушение”或“тушеный”来统称；而“煮、焯、汆、白灼”等对应的俄语表达为“варить，варёный，отварить，отварение”或“отварной”；此外，“熏”通常使用“коптить”或“копченый”来表示，“蒸”一般对应的是“паровой”或“на пару”。由于中餐同类型的烹饪方法中仍有细微区别，在翻译时可借助适当的修饰词进行补充说明，如“煎”和“炸”，同样都可以用“обжаривание”，但可以在后面分别加上“на медленном огне”和“в кипучем масле”来加以区分。

另外，中餐还十分讲究刀工和刀法。因为中国人的主要餐具为筷子，这应该是世界上最方便的进餐工具，无论菜肴的烹饪方式和原料形状如何，使用筷子都可以游刃有余。因此，与西餐不同，中餐在处理原料时的刀法更加丰富，原料形状更加多样。这些词汇在俄语中通常有相对应的表达方式。如中餐常用刀法有：“切片 нарезать что тонкими ломтиками；切块 нарезать что кусочками；切丁 нарезать что；剁碎 рубить что；剔骨 отделить кости；切丝 порезать соломкой；去鳞 почистить рыбу；剥皮 сдирать；脱壳 отчищать от скорлупы；雕刻 вырезать цветок。”[9] 原料形状有：丝 соломки；丁 кубики；条 полоски；球 шарики；块 кусочки；“片 ломтики；末 измельченные。”[10]

具体说来，以写实手法命名的菜肴的俄译方法可以分为以下几种情况。

1. *以原材料命名的菜名俄译*

通常采用“菜名 + из + 主料（第二格）”或者“主料（形容词） + 菜

名”的翻译方法，如原材料中有辅料的，应采用“主料 + с + 辅料（第五格）”的形式。如：

鱼翅：плавники

鸡丝粉皮：салат из крахмального желе с мелко нарезанным куриным мясом[11]

蛋皮鱼卷：рыбный рулет с яйцом

豆瓣鲫鱼：карась с бобами

2. *以烹饪方法命名的菜名俄译*

通常采用“烹饪方法（形容词） + 主料”的翻译方法，如原材料中有辅料的，应加上“с + 辅料（第五格）”。如：

红烧肉：тушёное мясо в соевом соусе

酥炸鱼：жареная хрустящая рыба

清炖甲鱼：тушёная китайская амида

葱爆羊肉：жареная баранина с луком

3. *以口味特点命名的菜名俄译*

通常采用的翻译方法有以下三种：（1）主料 + с + 调料（第五格）；（2）主料 + в + 调料（第六格）；（3）主料 + под + 调料（第五格）。如：

鱼香肉丝：жареная свинина с рыбным привкусом

酱爆肉丁：жареная свинина в сгущённой сое

醋熘鱼片：поджаренная рыба в кислом

糖醋小排：жареные рёбрышки с мясом под кисло-сладким соусом

4. *以加工工具或者盛放器皿命名的菜名俄译*

通常采用“主料 + в/на + 加工器皿或盛放器皿（第六格）”的翻译方法。如：

砂锅豆腐：суп соевого творога в горшке

干锅手撕包菜：жареная нашинкованная капуста в кастрюле

铁板牛肉：говядина жареная на железном листе

5. *以地名命名的菜名俄译*

通常采用“主料 + 地名（带前缀 по-的副词）”或“地名（形容词） + 主料”的翻译方法。如：

北京烤鸭：утка по-пекински；

南京板鸭：вяленая утка по-нанкински；

西湖醋鱼：рыба жареная в уксусе по-сихуски；

广东香肠：гуандунская колбаса

6. *以颜色命名的菜名俄译*

通常可以采用以下两种翻译方法：（1）直接译出颜色词，即“主料＋в＋颜色词（第六格）”；（2）间接通过烹饪方法或酱料、佐料的颜色，即同“3.”的处理方式。或者同时运用上述两种方法。如：

白扒羊肉：баранина в белом соусе

红烧鱼翅：плавники акулы в коричневом соусе

红烧肉：тушёное мясо в соевом соусе

红扒鱼翅：плавники акулы паровые в красном соусе

7. *以数字命名的菜名俄译*

这类菜肴的名字一般突出数字，强调做菜原料的品种，翻译时也可采用以下两种方法：（1）具体译出菜肴的原料名称，即同“1.”的处理方式。（2）概括译出菜肴由多少种原料组成，即在“1.”的处理方式中增加修饰名词的具体数词，变格同主辅材名词。如：

烧二冬：побеги бамбука，жареные с грибами

三丝鱼翅：плавники акулы с трепангами，креветками и рыбой

炒三样：блюдо трое на масле

脆皮八宝鸭：хрустящая утка с восемью видами гарнира

8. *以药膳命名的菜肴俄译*

以写实手法命名的菜肴中有一类比较特殊，即以药膳命名的菜肴。将药材与食材相结合而来的药膳，是中医与中餐两大传统文化相互交织、相互影响的产物，体现了“天人合一”的和谐观，在全世界都是独一无二的。不仅是俄罗斯人，许多其他国家的人对此也颇感兴趣。药膳不仅可满足口腹之欲，往往还带有其他方面的功效，因此，在翻译时不仅要写明菜肴的原材料，还应另外介绍所对应的功效，便于宾客选择适合自己体质的药膳，避免食性相冲或相抵。即采用“意译＋注释”的方法。如：

当归炖鸡：Тушёная курица с китайским дудником（Функция этого блюда—успокаивающее и укрепляющее действие）

枸杞炖牛鞭：Тушёный половой орган быка с китайской дерезой（Функция этого блюда—усиливать текущую в организме жидкость и питать кровь）

人参炖老鸭：Тушёная утка с женьшенем（Функция этого блюда—укрепляющее действие）

莲子煲牛肉：Говядина в горшке с семенем лотоса（Функция этого блюда—жаропонижающее и противовоспалительное действие）

### （二）以写意手法命名的中餐菜肴名称俄译

这类菜名不完全着眼于菜肴的用料和烹调方法，而是选择并利用菜肴本身的色、香、味及造型特点，通过比喻、拟人、联想等方式，迎合人们喜爱吉祥事物的心理，取一个象征吉利又动听的名字。这类菜名往往蕴含了独特的中国文化印记，表现了中华民族含蓄、内敛、委婉的民族心态。若采用直译法，根据字面意思逐词逐字译出，如将“红烧狮子头”中的“狮子头”真的译为“левова голова”（狮子的头）肯定会使俄罗斯人大吃一惊，无法接受。而“金玉满堂”“花好月圆”“孔雀开屏”这类充满吉祥意味的菜名若同样用直译的方法译出，更是不知所云。因此，对待这类菜名应采取意译的方式，不拘泥于菜名的字面意思，而是将其原料、烹饪方法、口味、辅料等内在意义清楚明白的译出来，才能传达较为完整的信息。具体如下。

1. 表示吉祥意义的菜名

每逢年节或是家有喜事时，中国人通常会做一些特别的菜肴，并且赋予它们非常高雅的名字，以表示庆祝或纪念。这类菜名通常富有祝福与吉祥的意义，而与食材本身并无太大关系，在翻译时只能舍弃形式，抓住实际的原材料和烹饪方法，采用意译的手段进行。如：

金玉满堂：капуста-младенец с кукурузой и шариками

花好月圆：корень лотоса с фиолетовой капустой

四喜丸子：четыре шарика из мясного фарша

2. 以外在形象命名的菜肴

芙蓉鸡片：рубленое филе кур в соусе

红烧狮子头：колобок из трепангов и свинины

灯笼鸡：курица，обернутая в бумаге

翡翠虾仁：жареные чилимы с горохом

某些时候为使译文形象生动，有些菜名可以采用“直译+注释”的翻译方法，即根据字面意思进行直译，再加以注释说明原材料与烹饪方法，或者补充说明菜名背后的历史文化背景。这样可保留原语特色，又能在达意的同时传达菜肴背后的文化信息，更能展现中华文化的博大精深、与众不同。举例如下：

孔雀开屏：Павлин распускает хвост. Это блюдо, сделанное из 15 компонентов, в том числе утиного мяса, ветчины, свиного языка, перепелиных яиц, мяса крабов и огурцов

蚂蚁上树：Муравьи выбираются на дерево. Это блюдо делается из прожаренного риса（или вермишели）со специально приготовленной острой мясной подливкой

龙虎斗：Битва дракона с тигром. Это блюдо, компонентами которого служат змейное мясо（символ дракона）и мясо специально откормлённой кошки（символ тигра）

3. *以人名命名的菜肴*

东坡肉：свинина по－Дунпо. Аппетитное блюдо носит имя своего создателя Су Дунпо—видного поэта династии Сун

宫保鸡丁：филе кур по－гунбао. Это блюдо берёт начало с Цина. В династии Цин, по должности чиновника Цин Баочжэнь（人名）— Гунбао в провинции Сычуань. В его семье повара жарят малого петуха с зелёными перцами. Это блюдо очень вкусно. В дальнейшем, ограничившись временем года, люди используют сухой красный перец как заменитель зелёного перца, ещё прибавляют лущёный земляной орех. Постепенно сложилось известное блюдо

麻婆豆腐：соевый творог Мапо（тофу）. Это блюдо пользуется известностью в китайской кухне. Оно является типичным представителем Блюда Чуань. В конце династии Цин в Чэнду около моста Ваньфу было мастерское тофу, рябая хозяйка хорошо готовит это блюдо, поэтому это блюдо получило название «соевый творог Мапо»

叫花鸡：курица по－бедняцки. Рецепт этого блюда получается совсем случайно и интересно. Какой-то нищий украл курицу, но у него не было котла для приготовления. Тогда этот бедняк выпотрошил курицу, начинил её зелёным луком с солью, зашил, обмазал глиной и запек в костре. Так и получилось это блюдо. А дальше повара усовершенствовали этот рецепт, сделав разные начинку, и блюдо приобрело широкой известностью.

4. *以历史典故或神话故事命名的菜肴*

历史典故或神话故事包含着深厚的民族文化语义，所以在翻译这类菜名时，除了采取意译的方式，也可以直译出菜名，并补充说明其主辅原料以及相关的文化背景。[12]

如霸王别姬可以译为：тушёная болотная черепаха с курицей，或 Князь-гегемон Сян Юй трагически попрощался с женой Юй Цзи—это тушёная болотная черепаха с курицей. Название этого блюда имеет отношение к историческому событию. В 202 году до нашей эры князь－гегемон Сян Юй потерпел жестокое поражение в борьбе с другим князь－гемоном Лю Баном. Ему было стыдно вернуться на родную землю. На берегу реки «Уцзян» он попрощался с любимой женой и зарезался. Так как в Китае 甲鱼（болотная черепаха）так же называется 王八，которое по произношению похоже на 霸王（Князь-гегемон），а 鸡（курица）по произношению похоже на 虞姬（Юй Цзи）. Таким образом и получилось название этого блюда.

以上几类菜名都具有一定的历史文化背景，采用“直译＋注释”的方式可以最大限度地保留菜名本身的原语风味，但这样译出的菜名往往十分冗长，现代餐饮环节中很少采用，通常只出现在介绍风俗文化的印刷品中。建议在口译中可直接译出食材与烹饪方法，再根据宾客的兴趣程度，见缝插针地补充少许历史文化背景。

### （三）被俄罗斯人熟悉接受的中餐菜肴名称俄译

随着中俄两国交流与合作的深入，中国饮食文化也随之走出国门，进入俄罗斯人的日常生活，有些中国特色的菜肴被俄罗斯人熟悉和喜爱，并音译成俄语被普遍接受，有的甚至已经进入俄语词典的词条，成为俄语词汇的一部分。因此，在翻译此类菜名时，应采用音译，可以帮助保持和传播中华文化。[13]如：

豆腐：доуфу

月饼：юэбин

锅包肉：гуобаожоу

回锅肉：хуйгожоу

馄饨：хуньдунь

粽子：цзунцзы

当然，这类菜名在音译时，也可以增加注释说明，以便俄罗斯人能更好地理解。

## 四、结语

中国饮食文化是中国文化的重要组成部分，菜名作为菜肴的第一印象，有着十分重要的意义，它不仅是对菜品的介绍和解释，更是对中国几千年饮食文化的传播和推广。在翻译菜名时应首先弄清中餐菜名的命名方法，在掌握其特点和分类的基础上，才能更好地选择直译、意译、直译+注释、音译等不同翻译方法。以上所谈的俄译方法，并不是单一和独立的，在实际运用时译者应敢于变通创新，善于运用多种翻译方法和原则，在符合译语规范和译语受众习惯的前提下，尽可能保留原语的语言词汇内涵，甚至尽可能充分地传达原文所含的所有信息，包括文化内涵。“语言是文化的载体，翻译是文化的传通。”[14]每位译者都应肩负起传播母语文化的责任。

**注释：**

[1] 陈刚，《跨文化意识——导游词译者之必备》，《中国翻译》2002年第2期，第37－40页。

[2] 王才英，《漫谈中国菜名文化及其英译时文化缺失的对策》，《厦门教育学院学报》（社会科学版）2009年第3期，第62页。

[3] 季鸿崑，《食在中国——中国人饮食生活大观野》，济南：山东画报出版社，2008，第18页。

[4] 张慧莲，《中国菜名里的文化微探》，《安徽文学》2009年第5期，第364页。

[5] 季鸿崑，《食在中国——中国人饮食生活大观野》，济南：山东画报出版社，2008，第19页。

[6] 季鸿崑，《食在中国——中国人饮食生活大观野》，济南：山东画报出版社，2008，第365页。

[7] 王秉钦，《文化翻译学：文化翻译理论与实践》，天津：南开大学出版社，2007，第206页。

[8] 王秉钦，《文化翻译学：文化翻译理论与实践》，天津：南开大学出版社，2007，第

206 页。

[9] 黄怡红、吴淑华，《浅谈中式菜肴的汉译》，《世纪桥》2013 年第 3 期，第 147 页。

[10] 汪成慧，《俄汉饮食文化差异及中餐菜名的俄译》，《齐齐哈尔大学学报》（哲学社会科学版）2004 年第 3 期，第 107 页。

[11]《新编汉俄分类词汇手册》（修订版），北京：外语教学与研究出版社，2002，第 854 页。文中大部分菜名译文参见：《新编汉俄分类词汇手册》（修订版），北京：外语教学与研究出版社，2002，第 853 - 875 页。

[12] 周进辉，《中餐菜名的俄译方法及原则》，《课程教育研究》2013 年第 11 期，第 45 页。

[13] 周进辉，《中餐菜名的俄译方法及原则》，《课程教育研究》2013 年第 11 期，第 45 页。

[14] 李莹，《中国菜名中的文化与翻译方法》，《文教资料》2009 年第 36 期，第 66 页。

# 英、汉、藏三语教学研究

# 云南迪庆藏区三语教育语言态度实证研究与启示

原一川[1]　夏　娜[2]　夏百川[3]　胡德映[4]　冯智文[5]　李　鹏[6]　杨林伟[7]

1. 云南师范大学　外国语学院，云南昆明　650500

2. 云南师范大学　外国语学院，云南昆明　650500

3. 云南师范大学　校长办公室，云南昆明　650500

4. 云南师范大学　云南华文学院，云南昆明　650500

5. 云南师范大学　外国语学院，云南昆明　650500

6. 云南师范大学　教育科学与管理学院，云南昆明　650500

7. 昆明理工大学　城市学院，云南昆明　650504

**摘　要：** 本文采用实证定量问卷调查方法，以云南迪庆藏区中小学的教师、

---

**收稿日期：** 2017－02－01

**基金项目：** 2014年国家社会科学基金项目“云南藏区三语教育语言生态评估与外语政策研究”（批准号14BYY068）研究成果之一。

**作者简介：** 原一川（1957—），男，四川简阳人，澳大利亚拉筹伯大学语言学博士，云南师范大学外国语学院教授、研究生导师，云南师范大学副校长，教育部高等学校外语类专业教学指导委员会英语分会委员，国际多语教育协会中国区多语能力与多语教育研究会会长，教育部国家基础教育实验研究中心特聘外语研究员，教育部本科教学工作水平评估专家组成员，中国西部外语教育研究会副会长，上海外语教育出版社特约编审，云南省外语教育学会会长，云南省中学外语教学研究会副会长，云南省小学外语教学研究会会长，云南省高校高级职称评委会委员外语学科组组长，云南省高校高级职称评委会委员，主要从事英语语言文学、应用语言学以及汉语国际教育研究。

夏娜（1986—），女，河南商丘人，硕士，云南师范大学外国语学院讲师，主要从事外国语言学及应用语言学研究。

夏百川（1978—），男，河南商丘人，云南师范大学旅游与地理科学学院边疆地理学专业博士研究生，云南师范大学校长办公室助理研究员，主要从事边疆经济与社会发展研究。

胡德映（1958—），男，云南澜沧人，博士，云南华文学院/云南师范大学国际汉语教育学院教授，主要从事应用语言学、二语习得研究。

冯智文（1963—），男，云南宣威人，博士，云南师范大学外国语学院教授，主要从事应用语言学、二语习得研究。

李鹏（1973—），男，云南新平人，博士，云南师范大学教育科学与管理学院副教授，主要从事应用心理学、教育统计学研究。

杨林伟（1972—），男，云南会泽人，昆明理工大学城市学院副教授，主要从事应用语言学研究。

学生及其家长为研究对象，调查其对现行三语（藏语、汉语和英语）教育的语言态度。研究结果表明，迪庆藏族师生和家长对藏区三语教育持肯定、支持的态度。他们认为，在我国自上而下的政策法规倾向与支撑下，迪庆藏区的三语教育生态环境正在改善，三语教育在全面提升藏族的素质教育、促进藏族团结、发展藏族地区经济文化、保障藏族地区的稳定和安全等方面发挥了积极的作用。

**关键词**：三语教育；藏族；态度；语言政策

## 一、前言

云南迪庆藏族自治州位于云南省西北部，居住着藏族、傈僳族、纳西族、白族、回族等少数民族，其中主要聚居民族为藏族，是全国最为团结稳定的藏区之一。为更好地发挥云南藏区的优势，进一步深化和扩大云南藏区的对外开放，把云南建成民族团结进步的示范区，笔者认为，其核心要义离不开提高民族人口素质，而提高人口素质的关键在于教育。我国的民族、民族教育政策基于民族平等构建而来，充分尊重各少数民族的语言、文字、历史及文化。藏文是藏族历史上最主要的交际工具之一，是藏族形成的重要特征，记载传播着丰富的物质文化和精神文化。[1]为更好地适应少数民族地区教育实际，国家大力提倡发展民族教育，在少数民族地区鼓励和推行双语教育，培养了大批熟悉两种语言和文化的教师人才，很好地促进了该地区民族文化的传承创新。进入21世纪以来，一些学者提出少数民族地区应实行“三语教育”。这里所说的“三语”，就是汉语、外国语、少数民族语。[2]云南迪庆藏族地区的三语教育由双语教育演化而来，是我国少数民族地区新型的语言教学现象，是民族教育领域的核心问题。本文以迪庆藏族自治州部分中小学为研究对象，调查教师、学生及家长对现行的藏语、汉语与英语三语教育的语言态度，以期为国家和少数民族地区制订语言与民族教育政策，特别是外语教育政策提供参考和借鉴。

## 二、研究方法

### （一）云南迪庆藏族自治州简介

迪庆，藏语意为吉祥如意的地方，地处滇、川、藏三省区结合部的青藏高原南延地段，举世闻名的大香格里拉和世界自然遗产“三江并流”核心区，是东部藏区重要的物资集散地和商转站，也是东部藏区重要的经济、文化中心，地缘优势突出，战略地位十分重要。全州面积2.4万平方公里，包括辖县级市香格里拉市、德钦县和维西傈僳族自治县1市2县，29个乡（镇），188个村（居）民委员会。全州总人口41万人，藏族人口占36%。迪庆藏文化的特点是一方面保留了古老的藏文化，另一方面由于地处多民族聚居区，接受汉文化比其他藏区早。迪庆州实行的双语教育教学模式，属于“以汉语文教学为主，同时开设藏语文课”的二类教学模式。

在迪庆州，以语言为教学用语的初级学校数量的情况是，全州共有各级各类学校105所。全部中小学教学语言为汉语普通话，乡村小学低年级藏汉语兼用。就设置了语言课程的学校或机构数量而言，全部学校都开设了语文课程（汉语言），所有初中以上的学校都开设了英语课程，州藏文中学和州佛学院还开设了藏文课程。接受三语教育的学生数量逐年提高。因为国家近年来加大了对藏区的投入和扶持的力度，全州各级学校的硬件条件在西部边疆五省区和云南省都是一流的。但是，迪庆州的教育由于历史原因，其藏语文教学规模和质量在西部边疆五省区仍处于末端，汉语文和英语教学质量在云南省内的排名也在最后。所以，加快教育改革步伐，提高三语教育质量是云南藏区面临的当务之急。

### （二）调查样本

本研究选取德钦县民族小学、德钦县中学、迪庆州藏文中学、德钦县教师进修学校、香格里拉市一中、香格里拉市二中、香格里拉市三中为田野调查的研究对象。考虑到研究的成本与可行性，笔者采用分层随机抽样方式对研究对象发放调查问卷。所抽取的样本被试对象的基本情况如下。受试藏族学生有1 323人，占全部受试者的71.3%；汉族学生263，占14.2%。因为本研究的对象是藏族学生，故我们只以1 323名藏族学生为样本。被试对象教师180人样本中藏族教师所占比例将近60.0%。被试对象家长156人，样本中藏族父母占据大多数，约84.6%。

### （三）调查工具

文章所采用的李克特五级量表问卷改编自《中国少数民族地区三语教育调查问卷》（Anwei Feng & Bob Adamson，2009，2011）。所有问卷中第一部分均为匿名的个人信息。教师问卷有20个题项，探究教师所在学校语言教育的现状、对语言和语言教育的看法及对改善现状的看法。学生问卷包含16个题项，调查学生讲藏语、汉语和英语的程度以及对三种语言的重要性排序，对所在学校开设语言课程的了解程度、对语言及语言教育的看法。家长问卷有32个题项，调研其文化水平、对孩子所在学校的了解与对语言及语言教育的看法。

### （四）数据的处理

使用SPSS18.0（社会科学统计软包）对调查数据进行处理。采用描写性统计中的均值和标准差对教师语言态度数据进行分析，使用频率统计讨论家长的语言态度数据。

## 三、讨论与分析

### （一）教师的语言态度

表1　教师语言态度描述统计

| 题项 | 极小值 | 极大值 | 均值 | 标准差 |
|---|---|---|---|---|
| 1. 藏族学生的母语很重要，因为如果他们精通母语的话就能更好地帮助他们学习学校的各个科目。 | 1 | 5 | 3.81 | 1.014 |
| 2. 藏族学生应该只学习汉语并用汉语去学习学校的各个科目。 | 1 | 5 | 2.17 | 1.179 |
| 3. 英语对藏族学生来说太难了，他们不能够学得像汉族学生一样好。 | 1 | 5 | 2.53 | 1.296 |
| 4. 这里的藏族文化正在退步，总的来说藏族拒绝任何外来的东西包括外语。 | 1 | 4 | 1.70 | .845 |

**续表1**

| 题项 | 极小值 | 极大值 | 均值 | 标准差 |
|---|---|---|---|---|
| 5. 藏族学生的智商不如汉族学生的智商高，所以他们学习外语比较慢。 | 1 | 5 | 1. 65 | . 751 |
| 6. 不应该让藏族学生学习英语，因为他们的主要任务是学习汉语。 | 1 | 5 | 1. 63 | . 957 |
| 7. 如果藏族学生学习英语，应该给他们定一个低于英语新课标的标准。 | 1 | 5 | 2. 78 | 1. 314 |
| 8. 用于教英语和学英语的语言，即中介语，应该是藏语，而不是汉语。 | 1 | 5 | 2. 33 | . 933 |
| 9. 所有的藏族学生应该和汉族学生一样遵循汉语和英语的教学大纲，而不必学习藏语。 | 1 | 5 | 1. 69 | . 923 |
| 10. 藏族学生学习好的关键首先是学好他们自己的母语，这样他们才能同样学好包括汉语和英语在内的各个学科。 | 1 | 5 | 3. 48 | 1. 235 |
| 11. 我认为学生学好三门语言是完全可能的。 | 1 | 5 | 4. 28 | . 897 |
| 12. 三语教育能全面提升跨境民族的素质教育。 | 2 | 5 | 4. 33 | . 746 |
| 13. 三语教育能促进跨境地区民族团结。 | 1 | 5 | 4. 39 | . 736 |
| 14. 三语教育能促进跨境地区经济发展。 | 2 | 5 | 4. 42 | . 676 |
| 15. 三语教育能促进跨境地区各级学校的改革发展。 | 1 | 5 | 4. 34 | . 785 |
| 16. 三语教育能促进跨境地区的稳定和安全。 | 2 | 5 | 4. 33 | . 770 |
| 17. 三语教育能帮助跨境民族学生更好地学习其他学科。 | 1 | 5 | 4. 21 | . 857 |
| 18. 三语学习对跨境民族学生是一种负担。 | 1 | 5 | 2. 32 | 1. 203 |
| 19. 三语教育阻碍了跨境地区文化整体发展和提升。 | 1 | 5 | 1. 88 | 1. 015 |
| 20. 三语教育阻碍了跨境地区教育整体发展和提升。 | 1 | 5 | 1. 81 | 1. 003 |

上表按照李克特五点量表对20个问题进行分析，即均值越接近1，表明对该题项所代表的观点越持否定态度；均值越接近3，表明持相对中立态度；均值越接近5，则越持肯定态度。从题项12至17可知，教师认为三语教育基本上能全面提升跨境民族的素质教育，促进跨境地区的民族团结、经济发展、各级学校的改革发展以及其稳定和安全。其他反向题项的均值也大

都在2以内。研究显示，教师对三语教育的态度总体上是积极、肯定的。此外，教师针对如何改善目前状况的看法如下所述：在藏族学生占大多数的学校里，81.7%的教师同意或完全同意藏语教学应该更进一步地去改善；81.1%的教师同意或完全同意汉语教学应该更进一步地加强；70.5%的教师同意或完全同意英语教学应该更进一步地提高。在藏族学校教师配备上，呼吁配备藏族英语教师的比汉族英语教师的多出约27.1%，他们认为藏族教师更了解学生需求。约86.1%的教师认为在同等条件下，藏族学生除了能掌握好自己的母语和汉语以外，还能和汉族学生一样学好英语。总体而言，教师认为藏族学校里，藏语教学最应该得到进一步改善，呼吁最应该配备藏族英语教师，大多数教师对学生能够同时掌握藏语、汉语和英语三种语言持乐观态度。

### （二）学生语言态度

被调查学生对藏语、汉语、英语重要性程度的排序如下，藏语、汉语、英语顺序占65.7%；汉语、英语、藏语为27.0%；英语、汉语、藏语7.3%。学生讲藏语、汉语、英语的流利程度所占比例分别为46.0%、64.1%及4.2%。74.9%的学生所在学校专门为藏族学生开设了民族语言课。与此同时，针对藏族学生开设英语课的学校却不足半数（47.6%）。但大多数学生（84.1%）认为学校足够重视这三种语言——藏族语言、汉语和英语的教学。此外，约80.0%的学生认为学校重视藏族语言及其文化。此外，对藏族学生进行三语教育相关问题的研究描述统计见表2。

**表2　藏族学生对三语教育的态度描述统计**

| 题项 | 极小值 | 极大值 | 均值 | 标准差 |
|---|---|---|---|---|
| 1. 我喜欢我自己的藏语言，并希望把它学得很好。 | 1 | 5 | 4.00 | 1.080 |
| 2. 我毫不在意我自己的藏语言，因为它对我的将来无用。 | 1 | 5 | 2.04 | 1.182 |
| 3. 我的父母期望我把自己的藏语言学得跟汉语一样好。 | 1 | 5 | 4.02 | 1.008 |
| 4. 我认为英语很重要。我们应该而且能够学得跟汉族学生一样好。 | 1 | 5 | 3.81 | 1.046 |

续表2

| 题项 | 极小值 | 极大值 | 均值 | 标准差 |
|---|---|---|---|---|
| 5. 我认为汉语是最重要的，我们应该集中精力学习汉语。 | 1 | 5 | 3.28 | 1.080 |
| 6. 我认为学好三门语言是完全可能的。 | 1 | 5 | 3.89 | .998 |
| 7. 三语教育能全面提升藏族的素质教育。 | 1 | 5 | 3.98 | .917 |
| 8. 三语教育能促进藏区团结。 | 1 | 5 | 4.03 | .891 |
| 9. 三语教育能促进藏区经济发展。 | 1 | 5 | 4.01 | .927 |
| 10. 三语教育能促进藏区各级学校的改革发展。 | 1 | 5 | 4.00 | .888 |
| 11. 三语教育能促进藏区各级学校的改革发展。 | 1 | 5 | 3.93 | .938 |
| 12. 三语教育能促进藏区的稳定和安全。 | 1 | 5 | 3.81 | .982 |
| 13. 三语教育能帮助藏族学生更好地学习其他学科。 | 1 | 5 | 3.81 | 1.066 |
| 14. 三语学习对藏族学生是一种负担。 | 1 | 5 | 2.68 | 1.275 |
| 15. 三语教育阻碍了藏区文化的整体发展和提升。 | 1 | 5 | 2.55 | 1.286 |
| 16. 三语教育阻碍了藏区教育的整体发展和提升。 | 1 | 5 | 2.56 | 1.323 |

表2亦按照李克特五点量表的方式对以上16个问题进行描述统计，评价标准与表1一致。由表可知，相比汉语、英语而言，大多数藏族学生更偏好自己的母语——藏语。此外，在三语教育能够带来的诸多益处方面，学生与教师的态度基本保持一致，持乐观、积极的态度。在14、15和16题项的反向因子上，藏族学生保持相对中立的态度。

### （三）家长的语言态度

对孩子所在学校的了解情况方面，共对156名学生家长发放了问卷，剔除无效问卷后，145名（93.5%）家长认为学校应该教授少数民族学生藏语言；137名（89.0%）家长认为学校没有用藏语言教授任何一门课；136名（88.9%）家长认为学校只用普通话讲授大多数或所有学科；151名（97.4%）家长认为学校应该教授少数民族学生英语；142名（92.8%）家长认为学校足够重视少数民族学生的语言和文化；153名（98.1%）家长认为学校对待少数民族学生和汉族学生一样。91.0%的家长认为学校应该进一步提倡藏语的教与学，另有61.5%的家长建议学校聘用更多的藏族教师，因为他们更理解藏语学生的需求。57.1%的家长赞同为了不同民族学生之间更好地融合，应该有更多招收藏族学生的学校。39.1%的家长同意或完全同意藏族学生应该首先学习他们的本族语，然后再学普通话和英语，32%的家长保持中立。约80.0%的家长看好三语教育在全面提升藏族的素质教育、促进藏族团结、藏族地区经济发展、藏族地区各级学校的改革发展、藏族地区的稳定和安全以及帮助藏族学生更好地学习其他学科等方面发挥积极和正面的作用。

## 四、研究的启示

我国是一个多民族、多语种、多文种的国家[3]，十分重视少数民族语言文字的使用和发展，并制定了相关的政策法规。《中华人民共和国宪法》（1982）第四条明确规定，各民族都有使用和发展自己的语言文字的自由，都有保持或者改革自己的风俗习惯的自由。《中华人民共和国民族区域自治法》（1984）第十条规定，民族自治地方的自治机关保障本地方各民族都有使用和发展自己的语言文字的自由，都有保持或者改革自己的风俗习惯的自由。该法第三十七条亦做出如下规定，招收少数民族学生为主的学校（班级）和其他教育机构，有条件的应当采用少数民族文字的课本，并用少数民族语言讲课；根据情况从小学低年级或者高年级起开设汉语文课程，推广全国通用的普通话和规范汉字。此外，该法第七十一条规定，国家举办民族高等学校，在高等学校举办民族班、民族预科，专门或者主要招收少数民族学生，并且可以采取定向招生、定向分配的办法。高等学校和中等专业学校招收新生的时候，对少数民族考生适当放宽录取标准和条件，对人口特少的少数民族考生给予特殊照顾。各级人民政府和学校应当采取多种措施帮助家庭经济困难的少数民族学生完成学业。《中华人民共和国国家通用语言文字法》（2000）第八条规定，各民族都有使用和发展自己的语言文字的自由。此外，《中华人民共和国教育法》（1995）第十二条规定，以少数民族学生为主的学校及其他教育机构，可以使用本民族或者当地民族通用的语言文字进行教学。

2013年云南省对少数民族语言文字的抢救保护做出了规定，并出台了《云南省少数民族语言文字工作条例》。该条例第十一条规定，各级人民政府应当支持少数民族地区的学校在学前和小学教育阶段开展少数民族语言文字和国家通用语言文字的双语教学，重视少数民族人才的培养。第十二条规定了民族高等院校和其他有条件的高等院校应当设置少数民族语言文学专业。《迪庆藏族自治州自治条例》（1989）第四十七条规定，自治机关在招收少数民族学生为主的学校，推行双语或双文教学，并积极推广普通话。1980 年，迪庆州委下发了《关于重视和加强藏语文教育及使用藏文的决定》，恢复藏文教学，各县创办寄宿制民族小学，中甸、德钦两县民族小学和藏族聚居乡镇完小陆续开设藏汉“双语”课，迪庆州民族师范学校开办藏文教学试验班。

我国政府历来高度重视和关注少数民族语言保护问题，一直致力通过各种法律法规充分保障其活力。以上政策法规从国家、省、州自上而下的层面对少数民族语言文字的使用提供了法律规范和保障，亦为迪庆藏区藏族使用自己的母语——藏语文及保持其活力提供了空间和可能。正如原一川、胡德映、冯智文（2015）所提及的那样，中国是一个多民族共同生存的国家，从国家法规到地方政策，中国均采取语言多元化的价值取向，即在同一个社区中认可并支持多种语言共存。[4] 早在 1951 年，联合国教科文组织就组织专家讨论母语教育问题，提出“每个学生在开始接受正规教育时都应使用其母语”。会议报告要求尊重和保护每一个人的母语，并对母语做出如下定义：“母语是指一个人自幼习得的语言，通常是其思维与交流的自然工具。”[5] 同时，该组织还公布了至今依然广泛受到人们推崇的共识，即“母语是识字和学习的最佳语言”。此外，该组织还于 1999 年宣布，自 2000 年起，每年的 2 月 21 日为国际母语日，促进语言和文化的多样性以及多语种化。这些理念逐渐影响了改革开放后的中国，并在传播过程中不断进行本土化尝试，部分理念内化为我国的语言政策。[6]

就政府的政策倾向或行为倾向而言，迪庆州实行的双语教育教学模式，属于“以汉语文教学为主，同时开设藏语文课”的二类教学模式。1980 年，迪庆州恢复藏文教学，各县创办寄宿制民族小学，中甸（现香格里拉市）、德钦两县民族小学和藏族聚居乡镇完小陆续开设藏汉双语课，迪庆州民族师范学校开办试验班。1994 年 10 月，迪庆州藏文中学正式挂牌成立，解决了小学、初中和高中藏汉双语教学的衔接问题和学生的升学需求，全州藏汉双语教育初步形成了小学、初中、高中相互衔接和较为完整有序的教学体系。2010 年全州 19 个藏区乡镇从小学开始普及藏语文教学，全面推动了迪庆州藏区中小学藏语文教育教学工作，双语教育教学工作得到进一步加强。

总之，云南藏族地区正在切实加强“三语教育”。立足民族学习母语，面向全国学习汉语，面向世界学习英语，是很有道理，也是很有必要的，这是藏区广大干部群众的共识。政府对三语教育特别是藏语和汉语的投入和支持力度不断加大，藏族学生学习三语的态度也是积极主动的。尽管云南藏区藏族讲藏语的人数有所减少，但藏语还是安全语言；懂藏文的人数逐年增加，三语教育语言生态环境，如学校教育、社会环境、经济建设，民族文化、地理交通、宣传媒体、语言景观、宗教信仰等正在改善。云南藏区开展的三语教育成效较大，这无疑对本地的社会发展和经济建设起到了重要推动作用。

## 五、结语

语言活力是语言生态的重要体现。对迪庆藏区学校教师、学生及学生家长的调查研究表明，大多数被调查者认为藏族学生学习好的关键首先是学好他们自己的母语，然后他们才能同样地学好包括汉语和英语在内的各个学科。此外，提倡除母语之外的汉语和英语的教育可从以下两点理解。首先，普通话和规范汉字是我国规定的通用语言文字，《中华人民共和国教育法》（1995）明确规定，“汉语言文字为学校及其他教育机构的基本教学语言文字”，“学校及其他教育机构进行教学，应当推广使用全国通用的普通话和规范字”。换言之，汉语是我国各民族交流的通用语。其次，在当今国际性语言交往中，英语毫无疑问已成为世界上最为普及和最具有影响力的语言[7]，已毫无争议地成为国际通用语。在此背景下，要全面提高民族素质，需培养学生“三个面向”的能力。因此，云南迪庆藏区应加强三语教育，做到“立足民族学习母语，面向全国学习汉语，走向世界学习英语”。简言之，语言教育既要符合中华民族“大一统”的思想，又要维护当地少数民族的本土文化，同时还要为中华民族文化的国际化做出贡献。[8]多语种的共生共存、和谐发展使得多样的语言、文化得以保存和发展，亦可适应不同的环境。在我国自上而下的政策法规支撑下，迪庆藏区的三语教育生态环境正在日益改善，为语言、文化的多样性处于能动的生态平衡状态而努力做出了自己应有的责任担当和积极贡献。

**注释：**

［1］苏雄娟，《云南藏区藏文教育与藏文化保护》，《云南师范大学学报》（教育科学版）2002年第1期，第102页。

［2］罗安源，《西部大开发中的语言教育问题》，《中央民族大学学报》2001年第3期，第106页。

［3］戴庆厦，《论新时期我国少数民族的语言国情调查》，《云南师范大学学报》（哲学社会科学版）2008年第3期，第1页。

［4］原一川、胡德映、冯智文，《云南跨境民族三语教育成效与外语教育规划研究》，北京：科学出版社，2015，第63页。

［5］周庆生，《国外语言政策与语言规划教程》，北京：语文出版社，2001，第525页。

［6］方小兵，《联合国教科文组织母语观念在中国的传播与发展》，《琼州学院学报》2014年第4期，第16页。

［7］李丽生，《英语的全球化与语言的多样性》，《云南师范大学学报》（哲学社会科学版）2005年第1期，第104页。

［8］原一川、钟维、吴建西、饶耀平、范庆江，《三语背景下云南跨境民族外语教育规划》，《云南师范大学学报》（哲学社会科学版）2013年第6期，第22页。

# 三语教育背景下藏族学生英语语用迁移实证研究

刘承宇[1]　卢文佳[2]　覃冰玲[3]

1. 西南大学　外国语学院，重庆北碚　400715

2. 重庆市南开（融侨）中学校，重庆南岸　400065

3. 广东省信息安全测评中心，广州越秀　510095

**摘　要**：在三语教育背景下，我国少数民族学生学习英语时往往会受到三语间语用迁移的影响。本文以卡明斯（Cummins）1976 年提出的门槛假设理论为理论基础，从招呼言语行为入手，通过调查西部地区某高校藏族英语学习者英语学习中的语用迁移情况，着重探讨其藏语与汉语水平对英语语用迁移的影响。结果显示，藏族英语学习者在招呼言语行为的语义程式和排列顺序上存在语用负迁移现象，非平衡藏汉双语者比平衡藏汉双语者受到更多语用迁移的影响，其主要迁移源为其强式语。本文进而就如何提高藏族学生英语水平及语用能力提出了一些参考性建议。

**关键词**：藏族英语学习者；语用迁移；招呼语；语言能力；迁移源

---

**收稿日期**：2017 - 01 - 27

**基金项目**：英国邦戈大学和中国香港教育学院资助 2010—2015 中国大陆、香港地区、英国合作研究项目“中国少数民族地区外语教育调查研究”阶段性研究成果。

**作者简介**：刘承宇（1963—），男，四川荣县人，英语语言文学博士，西南大学外国语学院教授、院长、英语语言文学专业博士研究生导师，中国英汉语对比研究会功能语言学专业委员会秘书长，中国多语能力与多语教育研究会会长，西部地区外语教育研究会秘书长，在国内外期刊发表学术论文 50 多篇，出版学术专著、译著、教材、词典等 10 多部，主持或主研国家级、省（部）级和校级科研基金项目 10 多项，主要从事功能语言学和外语教育研究。

卢文佳（1991—），女，四川乐山人，重庆南开（融侨）中学校英语教师，中学二级，主要从事语用学与语篇分析研究。

覃冰玲（1991—），女，广西贵港人，广东省信息安全测评中心大数据中心数据分析员，主要从事语用学与外语教育研究。

西南大学外国语学院英语师范专业本科 2013 级藏族学生格桑卓玛参与了本次调查研究，并协助翻译藏语问卷，特此致谢。

# 一、引言

语用迁移是中介语语用学（interlanguage pragmatics）研究的核心话题之一。影响语用迁移的因素有很多，语言水平是影响二语习得跨语言迁移的一个重要因素。高桥（Takahashi）和毕比（Beebe）提出了在二语习得中二语水平与语用迁移正相关的假设[1]，但其后的很多研究得到了与之相反的结论[2][3]。近年来，随着世界经济社会的不断发展和全球化进程的日益深入，三语现象在我国乃至全球范围内越来越普遍。当双语者在习得第三门语言时，其语言水平是否会对三语习得中的语用迁移产生影响呢？本文以我国藏族学生的英语学习为背景，探讨其 L1（藏语）与 L2（汉语）水平与英语（L3）语用迁移之间的关系，对比不同的背景语言优势对目的语语用迁移的影响。

# 二、研究背景

## （一）藏族地区三语教学的基本情况

藏族是我国主要的少数民族之一，主要聚居于我国西藏、青海辖区内及四川、云南、甘肃部分地区，人口总数约 640 万人（2013 年）。自 1951 年和平解放以来，西藏地区的汉藏双语教育模式一直处在不断探索发展之中。张廷芳归纳了西藏地区各级学校双语教育的 7 种模式：（1）以藏语文为主，兼学汉语文；（2）以汉语文为主，藏汉双语教学；（3）汉藏兼学、双语并重；（4）小学以藏语授课为主，初中后以汉语授课为主；（5）小学一年级开始实行汉藏双语教学，除藏文课外多数课程用汉语授课；（6）三语双文的教学类型；（7）除藏语言文学、藏医等专业课程和公共藏文课外的课程均用汉语教学。[4]目前，西藏地区多数学校采用的是模式（5）。另外，从 1985 年起，我国先后在内地 20 个省、直辖市开办了内地西藏班，通过统一考试从西藏各地小学中选拔出优秀学生进入内地西藏班学习，除藏文课外，其余课程均使用汉语授课。

由于当地社会发展的需要和英语在各方面的特殊地位，西藏地区的很多学校都开设了英语课程。然而，各地市和不同学校的英语教学起始年级很不一致，有的从小学一年级就开始，有的从初中一年级才开设，而有的学校藏文班级到高中才开设英语课程，开设年限仅1～2年。各地区学生三语水平存在显著差异，经济较发达的拉萨市三语测试结果明显好于其他各市。总体来说，藏族地区三语教学质量不高，学生在英语口语及书面表达中经常出现汉藏语音、词汇、语法及语用迁移现象，英语语用能力较低。[5]造成这一现象的一个原因就是藏、英、汉三种语言存在较大文化差异，因而造成语言使用方面的差异也非常显著。

### （二）语用迁移的基本理论

语言迁移是指目标语和其他任何已经习得的（或没有完全习得的）语言之间的共性和差异所造成的影响。[6]语言迁移体现在语音、词汇、句法及语用等各个层面上。语用迁移是中介语语用学的重要研究内容，卡斯珀（Kasper）将语用迁移定义为“学习者已有的语言及文化语用知识对二语语用信息的理解，产出和学习的影响”[7]。他根据利奇（Leech）对语用学的区分，将语用迁移划分为语用语言迁移（Pragmalinguistic transfer）和社交语用迁移（Sociopragmatic transfer）。前者指“母语语言现象的施为用意会影响学习者对目标语言的感知和产出，从而产生形式与功能的映射”；后者指“语言使用者对目标语言行为的解释和其在目标语境中语言运用背后所反映的社会感知受到相同母语语境知识的影响”[7]。同其他语言迁移现象一样，语用迁移也有正迁移和负迁移之分，即已有的语用知识对新语用知识的获得和跨文化交际的进行起促进或干扰作用的影响。据此，语用迁移可进一步细分为语用语言正迁移、语用语言负迁移、社交语用正迁移和社交语用负迁移。本文主要研究三语学习者的社交语用负迁移，即以母语为基础的社交语用知识对外语社交语用知识习得起干扰作用的影响。

### （三）三语背景下的语言迁移研究

目前国内外关于三语语用迁移的研究主要集中在影响语用迁移的因素上，包括元语言意识、语言水平、语言距离等。福斯尔（Fouser）在调查三语学习者的语用迁移时，并未发现太多社会语言信息的迁移，他将其归因于被试高度发展的元语言意识的影响。[8]萨丰特·约达（Safont Jordá）发现双语者在语用意识和语用产出方面均优于单语者，高水平三语者语用产出多于低水平者。[9]凯克（Koike）和弗兰泽尔（Flanzer）证明了语言背景对语用迁移会产生影响。[10]凯克和弗兰泽尔在之前研究的基础上，发现口语中出现的迁移现象更多，并指出与三语距离相近的语言更容易成为迁移源。[11]国内学者将三语习得理论和研究方法同我国具体情况相结合，主要探讨了我国少数民族学生英语学习中的语用产出和语用迁移情况。[12][13]

针对语言水平与语言迁移的关系，德·安杰利斯（de Angelis）指出，目标语言水平和原语言水平均对迁移产生影响。[14]就目标语言水平而言，研究者们认为语言迁移更可能发生在目标语言习得初期，学习者的目标语水平低，更需要从已学语言中迁移语言知识到目标语中。[5][15]但奥德林（Odlin）同时也指出，语言迁移与目标语水平并不是简单的负相关关系。[6]就原语言水平来说，铃本（Ringbom）认为原语言水平决定了迁移的类型，低水平的原语言只能引起语言形式上的迁移；高水平原语言学习者才能完成语义上的迁移。[16]在三语研究领域，有关 L1、L2 水平同 L3 语用迁移关系的问题至今仍没有确定的答案。

卡明斯（Cummins）提出二语习得中的门槛假设，即“双语儿童的语言能力水平可以使其双语习得经历促进认知发展”[17]。这里的所谓“门槛”，是指双语习得者的双语必须达到的语言水平高度。平衡双语能力对认知发展有促进作用，而非平衡双语能力对认知影响既非积极也非消极。[17]托马斯（Thomas）的研究表明平衡双语者的 L3 水平远高于非平衡双语者。[18]斯温（Swain）等人的研究发现，具有 L1 和 L2 读写能力的双语者，其 L3 水平远远高于只具有 L2 读写能力的双语者。[19]曾丽的研究同样也表明，只有平衡双语者在学习第三语言时才表现出优势。[20]蔡凤珍、杨忠的研究与卡明斯得出了相反的结论，他们研究新疆少数民族学生的英语学习时发现，非平衡双语者的成绩高于平衡组双语成绩，并指出 L2（汉语）对 L3（英语）习得有显著影响。[21]因此，本文试图通过对藏族学生英语学习情况的观察研究，探讨以下两个问题：（1）藏族英语学习者在实施招呼言语行为时，其语义程式的使用和排列顺序是否会出现语用迁移现象？若是，哪种语言是主要迁移源？（2）藏族英语学习者背景语言水平的平衡性是否会影响三语语用迁移？若是，三语语用迁移与其语言优势的关系如何？

## 三、研究设计

### （一）研究对象

本研究的被试为西南地区某高校的41名L3为英语的藏汉双语大学生。根据图纳（Tunmer）等人（1984）对平衡双语和非平衡双语的界定[22]，我们通过语言背景调查（问卷2A）及语言水平测试（含2010年公共藏语三级考试与2010年中国少数民族汉语水平等级三级考试），将其分为三组。

（1）平衡藏汉双语组（简称“平衡组”）：包括18名被试，他们出生于藏语区，从初中一年级开始就读于内地西藏班，此后一直在汉语区接受教育，时间长达7年以上，其藏语与汉语水平相当；藏语测试成绩均在80分及以上，汉语测试成绩在225以下（藏语三级满分100分，汉语三级满分300分，下同）。

（2）藏语为强式语组（以下简称“藏强组”）：包括11名被试，他们出生和成长于藏语区，上大学前从未在汉语区学习或生活，主要通过学校教育学习汉语，在家里和社区的主要用语为藏语，藏语水平高于汉语水平；藏语测试均在80分及以上，汉语成绩低于180分。

（3）汉语为强式语组（以下简称“汉强组”）：包括12名被试，他们均出生和成长于内地藏汉混居区，主要通过家庭教育学习藏语，除了在家中使用藏语外，其他场合主要使用汉语，其汉语水平高于藏语水平。藏语测试均低于60分，汉语测试均高于250分。

藏强组和汉强组统归为非平衡藏汉双语组（以下简称“非平衡组”）。平衡组和非平衡组的被试年龄和性别分布大致相当。此外，在41名被试中，28名被试的高考英语成绩在60分以下，13名在60~70分之间（总分150分）。被试的英语水平都相当低。

### （二）研究方法

本研究的语用能力测试分为两个部分。第一部分研究使用“语篇补全测试”（DCT）的问卷调查法。问卷1共分12个DCT情景，控制因素为交际者的熟悉程度、等级关系和交际场合。该问卷设计成汉语、藏语和英语三个版本，分别由汉语本族语者、西藏藏语本族语和美国英语本族语者各20

名来完成。该部分研究旨在收集汉语、藏语和英语使用者在各种情景中分别使用的招呼策略，为第二部分问卷设计提供依据。

第二部分是通过网上问卷方式分别发放给汉语组、藏语组和英语组完成，在线收集后采用毕比（Beebe）等人的语义成分分析法[23]进行分析。

第二部分的调查问卷包括问卷2A和问卷2B。问卷2A旨在了解被试的个人信息、教育背景和三种语言水平及其使用情况。问卷2B设计为带选项的补全测试（MDCT)。具体做法是将问卷1中每个情景各组被试出现的所有语义程式记录下来，将语义相近、功能相同的归为一项，统计各项出现频率，选出在汉语或藏语中与在英语中出现频率相差较大的语义程式，将其译成英语后与出现频率最高的英语语义程式一并设计为问卷2B中各种情景的备选项。要求被试选出在给定场景中所需且恰当的英语招呼语成分，并将选项序号按照适当的顺序排列。

下面是一个诱发招呼言语行为的MDCT例子。

When encountering an elder neighbor Susan coming back from the vegetable market, how will you greet her?

(1) Aunt Susan! (2) Aunt! (3) Susan! (4) Hi!

(5) Nice day, isn't it? (6) Shopped from the market?

(7) Need some help? (8) Mind the traffic.

Your choices: ______________________________

在上例所提供的选项中，“(1) Aunt Susan!”为迁移源为汉语的语用失误选项称作汉迁项，“(8) Mind the traffic.”为迁移源为藏语的语用失误选项称作藏迁项，“(2) Aunt!”与“(6) Shopped from the market?”为汉语和藏语共有而英语中没有的语义程式项称作汉藏迁移项。若被试选择了以上选项，则判定其发生了相应的语用迁移。而语义程式的排列顺序指组成招呼话语的各个语义程式出现的先后顺序，若被试的选项排列顺序与汉语组或藏语组的招呼模式相同或非常相似而不同于英语组则判定其发生了顺序迁移。

假设某被试的答案为：“(1) Aunt Susan! → (4) Hi! → (6) Shopped from the market? → (8) Mind the traffic.”，那么其发生了汉语语用迁移(1) 藏语语用迁移；(8) 汉藏语用迁移 (6) 以及顺序迁移。

### （三）数据收集与处理

本研究收集并统计了平衡组、藏强组与汉强组各被试在问卷2B中所涉及的各种情景中的社交语用负迁移率，计算出各组平均迁移率，并对这些数据进行了SPSS统计分析。如在例1描述的情景中，根据问卷1的调查结果，汉语组的招呼模式为：[类亲属敬称] 苏珊阿姨/阿姨 + [招呼] 好 + [明知故问式问候] 从市场买菜回来啊？ + （[关切式问候] 需要帮忙吗？）；藏语组的招呼模式（翻译为中文）为：[类亲属敬称] 阿姨 + [招呼] 你好 + [明知故问式问候] 从市场买菜回来啊？ + [关切式问候] 需要帮忙吗？ + [提醒式问候] 路上小心；英语组的招呼模式为：[招呼] Hi! + [名称] Susan! + [寒暄] Nice day, isn't it? + （[关切式问候] Need some help?）。

## 四、研究结果与分析

### （一）藏族英语学习者的语用迁移情况

本研究首先探讨藏族英语学习者在实施招呼言语行为时是否会出现语用迁移现象。通过对问卷1藏、汉、英三个版本招呼语语用案例收集以及问卷2B语用测试的分析发现，藏语本族语者在实施招呼言语行为时与英语、汉族本族语者存在相似之处，但也有其自身特征。在下级对上级的称呼上，藏族本族语者更倾向于使用泛称。例如在情景1中向不熟悉的经理打招呼时，英语本族语者被试均使用“Mr. ...”，汉语本族语者则称呼其为“××经理”，藏族本族语者则会用泛称“领导”，在2B语用测试中，大部分被试选择了“leader”或“... manager”迁移选项。这种迁移现象在情景2和情景3中也有所体现。同英语本族语的招呼言语行为相比，藏族和汉族本族语者都喜欢加入明知故问式问候（“从市场买菜回来啊？”），而藏族人民的招呼语更加积极且礼貌，他们的招呼语里面还会有更多的关切式问候（“需要帮忙吗？”）以及提醒式问候（“路上小心”），因此在2B语用测试中，部分被试选择了“Shopped from the market?”或者“Mind the traffic”等迁移选项。这在问卷涉及的各个情景中均有体现。另外，我们注意到，在招呼语的排列顺序上也有迁移发生。英语本族语者在实施招呼言语行为时，通常是先说招呼语，再喊名称，而汉语和藏语刚好相反，是先称呼某人，再用招呼语。例如在情景 1 中，英语本族语被试会说“Hello，Mr. ...”，而藏语本族语和汉语本族语则会说“领导/××经理，（您）好”。因此，在 2B 语用测试中，一些被试就选择了“leader/... manager，hello”迁移选项。此类迁移在情景 3、4、7、8 里面也有体现。具体迁移类型及迁移个数如图 1 所示：

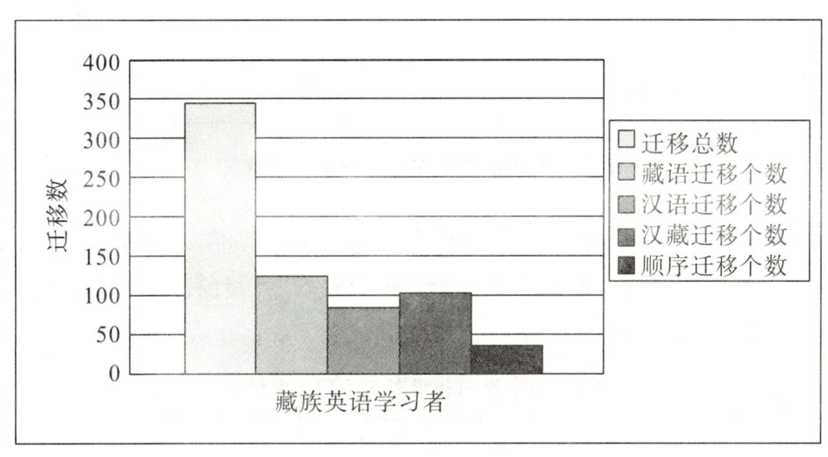


图 1　藏族英语学习者语用迁移情况

由图 1 可见，藏族学生在语用测试时，出现了藏语迁移、汉语迁移、汉藏迁移和顺序迁移等四种迁移现象。通过计算对比所有被试的汉语与藏语迁移率发现，两组迁移率差异并不明显（$p = 0.483 > 0.05$），因此无法判定其主要迁移源是汉语还是藏语。

### （二）藏语（L1）与汉语（L2）水平平衡性对英语（L3）语用迁移的影响

其次，本研究试图探讨藏族英语学习者的背景语言水平对其语用迁移的影响。首先，我们考察了 L1 与 L2 水平的平衡性对 L3 语用迁移的影响，计算并比较了平衡组与非平衡组被试的平均藏语迁移率、平均汉语迁移率及平均总迁移率，结果如图 2 所示：

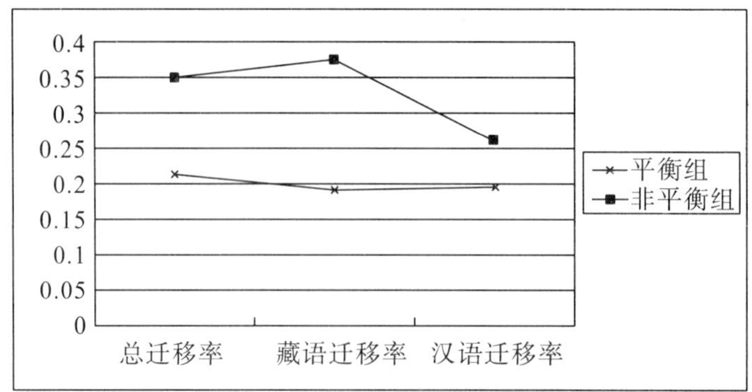


**图 2　平衡组与非平衡组语用迁移情况**

由图 2 可见，非平衡组在总迁移率、藏语迁移率和汉语迁移率上均高于平衡。为进一步证实该差异是否显著，我们对这两组迁移率进行独立样本 t 检验，结果如表 1 所示：

**表 1　平衡组与非平衡组语用迁移情况**

| | Mean | Sig. |
|---|---|---|
| 平衡组 - 藏迁率 | 0. 1905 | . 012 * |
| 非平衡组 - 藏迁率 | 0. 3724 | |
| 平衡组 - 汉迁率 | 0. 1944 | . 204 |
| 非平衡组 - 汉迁率 | 0. 2619 | |
| 平衡组 - 总迁率 | 0. 2125 | . 011 * |
| 非平衡组 - 总迁率 | 0. 3448 | |

$* p < 0.05$

从表 1 可以看出，平衡组与非平衡组的藏语迁移率及总迁移率分别为 p = 0. 012 < 0. 05 和 p = 0. 11 < 0. 05），在 0. 05 的显著水平上差异显著。由此表明，平衡组的藏语迁移率和总迁移率明显低于非平衡组。两组的汉语迁移率没有显著差异。综上可知，平衡组的语用迁移率明显低于非平衡组的语用迁移率，平衡双语者的语用能力比非平衡语者相对较高。根据问卷 2A 的调查结果可知，参与研究的被试均从小学开始接受汉语教育，不同的家庭语言背景和教育背景影响其双语发展的平衡程度，从而导致英语语用意识发展的不均衡。这一结果从三语语用意识发展角度验证了卡明斯假设的合理性，即平衡的双语能力对认知发展有促进作用。[17]

### （三）语言优势对语用迁移的影响

我们接着试图了解在不平衡组中优势语的不同是否会对语用迁移产生影响。因此，我们根据语言优势，将不平衡组中的被试分为汉强组和藏强组，并分别计算并对比其组内的汉语及藏语迁移率，所得结果如图 3 所示：

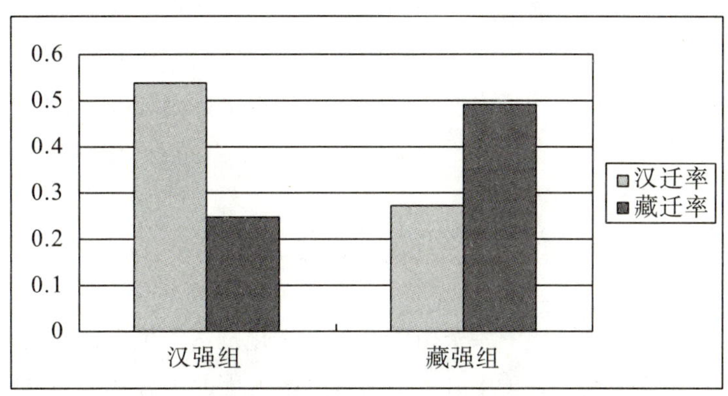


**图 3　汉语强式语组与藏语强式语组语用迁移情况**

从图 3 可以看出，在汉强组中，被试的汉语迁移率大于其藏语迁移率；在藏强组中，被试的藏语迁移率大于其汉语迁移率。为验证该差距是否存在显著性，我们分别对两组内的迁移率进行了配对样本 t 检验，结果如表 2 所示：

**表 2　汉语强式语组与藏语强式语组语用迁移情况**

| | Mean | Sig. |
|---|---|---|
| 汉强组 - 汉迁率 | 0. 5392 | . 020 * |
| 汉强组 - 藏迁率 | 0. 2500 | |
| 藏强组 - 汉迁率 | 0. 2727 | . 011 * |
| 藏强组 - 藏迁率 | 0. 4959 | |

$* p < 0.05$

从表 2 可以看出，汉强组的汉藏迁移率对比差异显著（$p = 0.02 < 0.05$）。这说明汉语为强式语的被试汉语迁移率大于藏语迁移率，其主要迁移源为汉语。藏强组的汉藏迁移率对比差异显著（$p = 0.011 < 0.05$），这说明藏语为强式语的被试藏语迁移率大于汉语迁移率，其主要迁移源为藏语。

对以上两组数据分析可知，来自强式语的语用迁移多于来自弱式语语用迁移，两组主要的迁移源均来自强式语，语言优势对藏族学生英语学习中语用迁移产生重要影响。勒斯尼俄瓦斯卡（Leśniewska）和威塔里兹（Witalisz）研究也指出，强式语对弱式语产生明显影响，而弱式语几乎对强式语没有可观测到的影响。[24]这个结论也从侧面印证了铃本的观点，即三语习得者的二语水平越高，二语对三语的迁移作用就越明显。[16]特伦布莱（Tremblay）通过对三语习得者口语产出中的非目标语词汇以及语码转换的研究，也得出了相似结论：母语对被试的三语使用影响大，但母语影响随着二语法语水平的提高而下降。[25]

## 五、讨论

藏族是我国少数民族中一个历史悠久、文化发达的民族，其礼仪文化中孝敬父母、尊敬师长、忠于主人、侍奉官员等方面的内容都受到中原地区礼教文化的影响，但也保留有本地的特点。由于佛教在西藏地区具有至高无上的地位，长期以来在信教群众中形成了一套非常严格的礼仪制度[26]，具体表现在问候语与称呼词的使用中，如在藏语中，对于跟父母相应的血缘关系以及长幼次序都有严格相应的称谓词，“先生”一词在藏语中仅指对僧人和学者的敬称，见面时互相打招呼要从身体、工作等方面表示问候，而不是简单地说句“您好”等。[27]藏族和汉族在招呼语使用方面的这种差异及其对 L1 和 L2 的掌握情况必然会对英语作为第三语言习得时的语用迁移产生影响。

格罗斯吉恩（Grosjean）指出，一门语言成为强式语的主要原因是人们更多地暴露在该语言环境中，并随时需要使用该语言进行交流。[28]根据问卷 2A 的结果我们可以看到，不同语言优势的被试指出，他们在与人交流以及思考时，多数使用自己的强式语。由此可知，强式语始终处在一个被激活的状态。因此，藏族英语学习者潜意识里更倾向于从强式语中寻找迁移源。

本研究的结果表明，在三语教育背景下，藏族英语学习者英语语用负迁移数量多，语用能力较低，受藏语及汉语影响严重。这应当引起教育政策制定者、教师以及学生的共同关注。

首先，在英语高考中应加强对语用能力的考察力度，引起师生对语用能力的重视，敦促学生在语用能力的提高方面下功夫。教材编写者应增加有关语用知识的内容，定期审订教材，删除课文中一些不地道的中式英语的表达，并编写适合少数民族学生语言习得规律的英语教材。教师应当将语用知识作为英语教学的重点部分，将提高学生的语用能力作为教学的主要目标之一。广大藏族英语学习者在英语学习中也应当有意识地学习语用知识。

其次，双语平衡能力的发展对藏族学生的英语学习有很大的促进作用。因此，应在西藏地区的小学、中学进行汉藏双语教学，以促进藏族学生的双语能力均衡发展，提高其语言学习中的认知能力。但需要注意的是，如今英语教学呈现出越来越低龄化的现状，西藏地区部分小学已开始开设英语课。根据本研究结果可知，若在背景语言水平不平衡的情况下学习第三门语言，不但三语学习易受到一语、二语负迁移的影响，二语水平也很难提高，结果只能是事倍功半。因此，少数民族学生应在充分掌握二语后才开始学习英语，摒弃学语言“越早越好”的传统思想观念。

## 六、结语

本研究通过调查分析探讨了三语背景下藏族学生英语语用迁移情况，结果表明：（1）藏族学生在英语学习过程中，存在各种语用迁移情况，如汉语迁移、藏语迁移、汉藏迁移和顺序迁移；（2）平衡双语组的语用迁移少于非平衡组，平衡双语者的语用能力比非平衡双语者高。以上结论从三语语用意识发展角度验证了卡明斯假设的合理性，即平衡的双语能力对认知发展有促进作用；[17]（3）来自强式语的语用迁移多于来自弱式语的语用迁移，由此说明强式语对藏族学生英语学习中语用迁移产生了重要影响。

本研究是对三语背景下藏族学生语用迁移的初步探讨，受试人数和样本抽取范围较少。今后可增加受试人数，扩大样本抽取范围，使研究结果更精确可靠。本研究是在被试三语水平不高的情况下探讨的 L1、L2 水平对 L3 语用迁移的影响，而三语水平对语用迁移的影响以及三种语言不同水平搭配对语用迁移的影响等也是值得进一步探讨的研究课题。

**附录 1（问卷 1，中文版）**

**问候语言语行为调查问卷**

您好！为了解汉语中问候语使用情况，我们设计了此问卷。请您根据自身的真实经历如实回答每一道题，每题的答案无对错之分，所收集的数据仅用于学术研究。对于您所付出的时间和提供的一切帮助，谨表示诚挚的谢意！

您的民族：________________

1. 你被安排到机场去接待一个不认识的领导，见到他时你会如何跟他打招呼？

2. 你需要去找你们学院张院长为你的出国交换生项目申请表签字，你来到他的办公室门口，会怎样和他打招呼？

3. 假设你在路上遇见刚从菜市场买菜回来的李阿姨，你会怎样跟她打招呼？

4. 早上上班看到新来的同事小王已经在办公室了，你会如何跟他打招呼？

5. 在图书馆迎面遇到不熟悉的小方同学，你会如何跟他打招呼？

6. 在旅游途中遇到久未谋面的朋友李雷，你会怎样和他打招呼？

7. 走在路上看到你的爷爷，你会如何跟他打招呼？

8. 假设你是一家公司的秘书，你看到你的上司王经理从办公室出来，你会怎样跟他打招呼？

9. 早上在教学楼的电梯里遇到你的老师秦老师，你会如何跟她打招呼？

10. 中午，你看到朋友小米正在朝食堂走去，你会如何跟他打招呼？

11. 下午，你看到你的舍友小丽背着书包走出宿舍时，你会如何跟他打招呼？

12. 你去逛超市时，遇到手里提着一大包东西的朋友小王，你会如何跟他打招呼？

附录2（问卷1，英文版）

**Questionnaire on Greetings**

Hello, everyone, we organize this questionnaire in order to know how the English-speakers express greetings. Please do us a great favor and answer the following questions honestly and seriously. The results will not be open to the public, and the collected data will be used only in academic research. Thanks very much for your time and help.

Your nationality: ________________

1. Suppose Peter Smith is the manager of ABC Company whom you did not

meet before and you are asked to pick him up at the airport, how do you greet him?

2. Suppose you want to ask Dean Zhang in your school to sign your application form for the exchange program, you go to his office and how will you greet him at first?

3. When encountering an elder neighbor Susan coming back from the vegetable market, how will you greet her?

4. When you come to your office in the morning, how will you greet your new colleague Jay who is already there?

5. How will you greet an unfamiliar classmate Jane when encountering her in the library?

6. How will you greet your friend Tom whom you have not seen for a long time while travelling?

7. If you come across your grandfather in the street, how will you greet him?

8. If you were a secretary in a company, how would you greet your manager David Smith when you see him walking out of the office?

9. How will you greet your teacher Jane Smith when you encounter her in the elevator in the teaching building in the morning?

10. How will you greet your friend Jenny when you see her heading toward the school canteen at noon?

11. How will you greet your roommate Tom when you see him walking out of the dormitory?

12. On the way to the supermarket, you encounter your friend Mike with a large bag of stuff in his hand, how will you greet him?

**附录3（问卷2A）**

## 藏族学生英语学习及语言能力调查问卷

您好！为了解藏族学生英语学习情况，促进少数民族英语教学的发展，我们设计了此问卷。请您根据自己的看法或经历如实回答每一道题。每题的答案无对错之分，所收集的数据只用作学术研究，我们会严格保密。对于您所付出的时间和提供的一切帮助，谨表示诚挚的谢意！

第一部分　个人简况

姓名________　性别________　年龄________　民族________

年级________

高考英语入学成绩________

高考语文入学成绩（勾选）________（藏/汉）

第二部分　语言背景

1. 请问您从小生长生活地为________。

A. 藏语区　B. 汉语区　C. 汉藏混居区　D. 其他

2. 您会几种语言?

A. 一种　B. 两种　C. 三种　D. 四种及以上

它们分别是________________________________

3. 对您来说，心目中的第一语言是________。

A. 藏语　B. 汉语　C. 其他

4. 您在家一般用什么语言和家人沟通?

A. 藏语　B. 汉语　C. 其他

5. 您所在学校的教学用语为________。

A. 全为藏语　B. 全为汉语　C. 大部分课程用藏语，小部分课程用汉语

D. 大部分课程用汉语，小部分课程用藏语　E. 一半课程为藏语，一半课程为汉语

6. 您在学校或其他公共场合一般用什么语言和他人进行沟通?

A. 藏语　B. 汉语　C. 其他

7. 您在思考、想问题的时候使用的是哪种语言?

A. 藏语　B. 汉语　C. 其他

8. 对于藏语，您________。

A. 会讲会写　B. 只会讲　C. 只会写　D. 完全不会

9. 您是通过什么途径来学习藏语的?

A. 从小跟父母学会　B. 学校　C. 其他

10. 您认为自己的藏语水平为________。

A. 非常高　B. 比较不错　C. 一般　D. 不怎么好　E. 很低

11. 对于汉语，您________。

A. 会讲会写　B. 只会讲　C. 只会写　D. 完全不会

12. (1) 您是通过什么途径来学习汉语的？选 B 者请回答 (2) 小题。

A. 从小跟父母学会 B. 学校 C. 其他

(2) 您所在学校的汉语开课年级为________年级，每周课时为________节。

13. 您学习汉语的时间有多长？

A. 1~3 年 B. 4~6 年 C. 7~9 年 D. 9 年以上

14. 您认为自己的汉语水平为________。

A. 非常高 B. 比较不错 C 一般 D. 不怎么好 E. 很低

15. 对于英语，您________。

A. 会讲会写 B. 只会讲 C. 只会写 D. 完全不会

16. 您所在学校的英语开课年级为________年级，每周课时为________节。

17. 您学习英语有多长时间？

A. 1~2 年 B. 3~4 年 C. 5~6 年 D. 7 年及以上

18. 您认为自己的英语水平________。

A. 非常高 B. 比较不错 C 一般 D. 不怎么好 E. 很低

19. 您认为已学的语言知识对英语的学习有帮助吗？

A. 有 B. 没有 C. 不好说

20. 如果已学的语言知识对英语学习有帮助的话，您觉得哪种语言对您的英语学习帮助大？

A. 藏语 B. 汉语 C. 其他

**附录 4（问卷 2B）**

## 英语招呼语言语行为调查问卷

年龄________ 性别________

亲爱的同学，你们好！为了解藏族学生在英语学习中语用知识的习得情况，我们设计了此问卷。问卷包含八个不同场景，每个场景包含一道题目和若干个选项（选项编号不代表话语顺序）。请选出在该场景中你认为恰当的英语招呼语选项，并将选项的序号按你认为适当的顺序排列。若你认为该场景下不用打招呼，则在横线上写 NO。如有不认识的单词可查字典或询问他人。对于您所付出的时间和提供的一切帮助，谨表示诚挚的谢意！

1. Suppose Peter Smith is the manager of ABC company whom you did not

meet before and you are asked to pick him up at the airport, how do you greet him?（假设领导让你去机场接一位你从未谋面的ABC公司经理，你会怎样跟他打招呼?）

（1）Leader!（2）Mr. Smith!（3）Manager Smith!（4）Mr. Peter!（5）Manager Peter!（6）Hello!（7）You must be very tired after the long journey.（8）I am ... here to pick you up.（9）I am ... from ...（10）How was your flight?（11）Feel free to ask me for help anytime you need.

Your choices: ______

2. Suppose you want to ask Dean Zhang in your school to sign your application form for the exchange program, you go to his office and how will you greet him at first?（假设你想让你们学院的张院长在交换生申请书上面帮你签字，你来到他的办公室门口，会怎样和他打招呼?）

（1）Dean Zhang!（2）Mr. Zhang!（3）Teacher!（4）Excuse me.（5）Are you busy now?（6）I am ...（7）Is it convenient for you now?（8）May I bother you to sign a form for me?（9）May I have a moment of your time?

Your choices: ______

3. When encountering an elder neighbor Susan coming back from the vegetable market, how will you greet her?（假设你在路上遇见刚从菜市场买菜回来的苏珊阿姨，你会怎样跟她打招呼?）

（1）Aunt Susan!（2）Aunt!（3）Susan!（4）Hi!（5）Nice day, isn't it?（6）Shopped from the market?（7）Need some help?（8）Mind the traffic.（路上小心）

Your choices: ______

4. When you come to your office in the morning, how will you greet your new colleague Jay who is already there?（早上你来到办公室，看到新同事Jay，你会怎样和他打招呼?）

（1）Jay!（2）Good morning.（3）How early you came here!（4）Welcome to join us!（5）Breakfast yet?（6）Nice to meet you!（7）Feel free to ask me for help anytime you need.（8）How's work going for you?

Your choices: ______

5. How will you greet an unfamiliar classmate Jane when encountering her in the library?（你在图书馆遇到一位不熟悉的同学Jane，你会如何跟她打

招呼？）

（1）Hey！（2）You also came here to study！（3）Come and sit here beside me.（4）Come and help me look for a book.

Your choices：________________

6. How will you greet your friend Tom who you haven't seen for a long time while travelling？（旅游途中遇到久未谋面的朋友 Tom，你会怎样和他打招呼？）

（1）Long time no see！（2）Hey！（3）Tom.（4）Woah！（5）You're also here.（6）Fancy seeing you here！（7）I can hardly recognize you！（8）What brings you out here？（9）So great we can travel together！

Your choices：________________

7. If you come across your grandfather in the street，how will you greet him？（你在街上遇到你爷爷，你会怎么跟他打招呼？）

（1）Hey！（2）Grandpa！（3）Where are you going？（4）What's up？（5）Mind traffic（路上小心）（6）Let me go with you.（7）Let me carry the stuff for you.（我来帮你拿东西）

Your choices：________________

8. If you were a secretary in a company，how would you greet your manager David Smith when you see him walking out of the office？（假设你是一家公司的秘书，你看到你的上司 David 从办公室出来，你会怎样跟他打招呼？）

（1）Leader！（2）Manager George！（3）Sir！（4）Hello！（5）Good day！（6）Anything I can do for you？

Your choices：________________

9. How will you greet your teacher Jane Smith when you encounter her in the elevator in the teaching building in the morning？（早上在教学楼的电梯里遇到你的老师 Jane Smith，你会如何和她打招呼？）

（1）Teacher！（2）Ms. Smith！（3）Ms. Jane！（4）Jane！（5）Hello！（6）Good day！（7）Going to give a lecture？

Your choices：________________

10. How will you greet your friend Jenny when you see her heading toward the school canteen at noon？（中午你看到你的朋友 Jenny 正往食堂走去，你会如何跟她打招呼？）

(1) Jenny! (2) Hey! (3) Where are you going? (4) Going to have lunch? (5) Let's go together.

Your choices: ____________________

11. How will greet your roommate Tom when you see him walking out of the dormitory? (你回宿舍的时候遇到你的室友 Tom 正要走出宿舍，你会如何与他打招呼?)

(1) Tom! (2) Man. (3) Hey. (4) Where are you going? (5) Going out? (6) When will you come back? (7) Bring me a coke when you come back.

Your choices: ____________________

12. On the way to the supermarket, you encounter your classmate Bob with a large bag of stuff in his hand, how will you greet him? (去超市的路上看到你的同学 Bob 提着一大袋东西，你会如何与他打招呼?)

(1) Bob! (2) Hey! (3) Tom. (4) Woah! (5) Bought so many things? (6) What did you buy? (7) How great you are, man! (8) Need some help?

Your choices: ____________________

**注释:**

[1] Takahashi, T. and L. Beebe, "The Development of Pragmatic Competence by Japanese Learners of English", *JALT Journal*, 8 (1987), pp. 131 – 155.

[2] Takahashi, S. and M. Dufon, "Cross-linguistic Influence in Indirectness: The Case of English Directives Performed by Native Japanese Speakers", unpublished manuscript, University of Hawaii at Manoa, Honolulu, 1989, p. 45.

[3] Maeshiba, N., Yoshinaga, N., Kasper, G. and S. Ross, "Transfer and Proficiency in Interlanguage Apologizing", S. Gass and J. Neu (eds.), *Speech Acts across Cultures*, Berlin: Mouton de Gruyter, 1996, pp. 155 – 187.

[4] 张廷芳,《西藏少数民族汉语教学概况与研究》，北京：中国藏学出版社，2007，第 30 – 50 页。

[5] 史民英、邢爱青,《西藏地区三语教学存在的问题与对策》,《西藏大学学报》(社会科学版) 2011 年第 2 期，第 137 – 156 页。

[6] Odlin, T., *Language Transfer*, Cambridge: Cambridge University Press, 1989, pp. 25 – 43.

[7] Kasper, G., "Pragmatic Transfer", *Second Language Research*, 8 (1992), pp. 203 - 231.

[8] Fouser, R., "Too Close for Comfort? Sociolinguistic Transfer from Japanese into Korean as an L3", J. Cenoz, B. Hufeisen and U. Jessner (eds.), *Cross-linguistic Influence in Third Language Acquisition: Psycholinguistic Perspectives*, Clevedon, UK: Multilingual Matters, 2001, pp. 149 - 169.

[9] Safont Jorda, M. P., *Third Language Learners: Pragmatic Production and Awareness*, Clevedon, UK: Multilingual Matters, 2005, pp. 27 - 35.

[10] Koike, D. and V. Flanzer, "Pragmatic Transfer from Spanish to Portuguese as an L3: Requests and Apologies", A. Simóes, L. Wiédemann and A. Carvalho (eds.), *Portuguese for Spanish Speakers: Acquisition and Teaching* [Portuguese para falantes de espanhol: Acquisic ? ao e ensino], São Paulo: Editora Pontes, 2004, pp. 95 - 114.

[11] Koike, D. and V. Flanzer, "First and Second Language Pragmatics in Third Language Oral and Written Modalities", *Foreign Language Annuals*, 44. 1 (2011), pp. 80 - 104.

[12] 丁泓棣、阿斯罕、刘承宇,《三语学习者语用意识与语用产出的实证研究》,中国语用学研究会编,《语用学研究》(第一辑),北京:高等教育出版社,2008,第174 - 184 页。

[13] 刘惠萍、张绍杰,《请求策略语用对比研究——以新疆维吾尔族大学生为例》,《外语与外语教学》2012 年第 3 期,第 24 - 28 页。

[14] De Angelis, D., *Third or Additional Language Acquisition*, Clevedon, UK: Multilingual Matters, 2007, p. 45.

[15] Navés, T., L. Miralpeix and M. L. Celaya, "Who Transfers More... And What? Crosslinguistic Influence in Relation to School Grade and Language Dominance in EFL", *International Journal of Multilingualism*, 2 (2005), pp. 113 - 134.

[16] Ringbom, H., "Lexical Transfer in L3 Production", J. Cenoz, B. Hufeisen, and U. Jessner (eds.), *Cross-linguistic Influence in Third Language Acquisition: Psycholinguistic Perspectives*, Clevedon: Multilingual Matters, 2001, pp. 59 - 68.

[17] Cummins, J., "The Influence of Bilingualism on Cognitive Growth: A Synthesis of Research Findings and Explanatory Hypotheses", *Working Papers on Bilingualism*, 9 (1976), pp. 1 - 44.

[18] Thomas, M., "The Development of a Bilingual Legal System in Hong Kong", *Hong Kong Legal Journal*, 1988, p. 15.

[19] Swain, M., Lapkin, S., Rowen, N. and D. Hart, "The Role of Mother Tongue

Literacy in Third Language Learning", *Language, Culture and Curriculum*, 3.1 (1990), pp. 65-81.

[20] 曾丽，《儿童三语习得中元语言意识的发展对我国少数民族外语教育政策制定的启示》，《外语教学与研究》2001 年第 5 期，第 748-755 页。

[21] 蔡凤珍、杨忠，《L2（汉语）对新疆少数民族学生 L3（英语）习得的影响研究》，《外语与外语教学》2010 年第 2 期，第 10-13 页。

[22] Tunmer, W., Pratt, C. and M. Herriman, *Metalinguistic Awareness in Children: Theory, Research and Implication*, Berlin: Springer-Verlag, 1984, pp. 169-187.

[23] Beebe, L., T. Takahashi & R. Uliss, "Pragmatic Transfer in EFL Refusals", R. Scarcella, E. Andersen & S. Krashen (eds.), *Developing Communicative Competence in a Second Language*, Rawley, MA: Newbury House, 1990, pp. 55-73.

[24] Leśniewska, J. and E. Witalisz, "Cross-linguistic Influence and Bilingual Children's Weaker Language", M. Pawlak and L. Aronin (eds.), *Essential Topics in Applied Linguistics and Multilingualism*. Switzerland: Springer International Publishing, 2014, pp. 225-233.

[25] Tremblay, M.-C., "Cross-linguistic Influence in Third Language Acquisition: The Role of L2 Proficiency and L2 Exposure", *Ottawa Papers in Linguistics*, 33 (2006), pp. 109-111.

[26] 徐国宝，《藏文化的特点及其所蕴涵的中华母文化的共性》，《中国藏学》2002 年第 3 期，第 126-144 页。

[27] 申文安，《藏英汉语言与文化对比学习》，兰州：甘肃民族出版社，2005，第 277-284 页。

[28] Grosjean, F., *Life with Two Languages: An Introduction to Bilingualism*, Cambridge, MA: Harvard University Press, 1982, pp. 1-50.

# 小学英语教学研究

# 简论小学英语游戏教学

罗婷婷

四川师范大学附属实验学校，四川成都　610068

**摘　要**：本文在充分总结作者的教学实践经验的基础上，对小学英语中的游戏教学问题进行了简要的研究。在扼要讨论了小学英语游戏教学的三个必要性、四条原则以后，详细地探索了三大类十五种游戏在小学英语教学中的具体应用，总结性地提出了小学英语游戏教学中需要遵循的六要原则，为小学英语教学提供一些参考。

**关键词**：小学英语；游戏；教学

游锦在《小学英语游戏》（“English Games in Primary School”）一文中写道：“英语游戏可以作为一种有效手段用以帮助教师吸引学生的注意力。”[1]这就涉及小学英语游戏教学的话题，是很有道理的。那么，什么是游戏教学呢？鲁子问在《小学英语教育学》一书中写道：“游戏教学是指在教学中尽可能地采用游戏的方式，将枯燥的语言现象转变为学生乐于接受的、生动有趣的游戏形式。”[2]广义上看，游戏教学是以取得胜利为目标的一种竞争性的练习，游戏者必须运用所学知识或技能促进练习并追求胜利。狭义上来看，游戏教学是针对教学目标专门设计的教学性游戏，有着明确的教学目标和具体的教学内容，并含有经过仔细考虑的教学策略。“兴趣是学好语言的老师。”[3]“一个成功的英语教师要在教学中有意识地培养学生对英语的持久兴趣，激励学生不断处于较佳的学习状态之中，使他们对英语乐

**收稿日期**：2017－11－16

**作者简介**：罗婷婷（1987—），女，四川成都人，四川师范大学附属实验学校英语教师，小学一级，曾获教育部人文社会科学重点研究基地“十三五”重大项目《中国外语教育理论与实践创新研究》“第十届全国基础英语素质教育实验基地学术交流研讨会”教学课例一等奖、成都市教科院论文二等奖、成都市锦江区赛课一等奖，主要从事小学英语教学研究。

学、善学、会学，学而忘我，乐此不疲。”[4]游戏可以促进儿童对英语学习产生兴趣。“游戏满足了儿童的天性，在游戏中激发他们的思维是他们最愿意接受的。”[5]作为小学英语教师，如何使枯燥的语言变得让学生喜爱呢?激发小学生学习英语的兴趣是一大关键。近年来，游戏教学在小学英语教学中已经显示出强大的生命力，这种新型教学方法不仅受教师的喜爱，而且也深得学生欢迎。采用游戏教学不仅能够培养小学生学习英语的兴趣和求知欲，还可以活跃课堂气氛，增强师生感情。

## 一、小学英语游戏教学的必要性

小学是学生英语学习的启蒙和打基础的阶段，教师应在分析学生的年龄特征、心理、注意力等特征的前提下，精心组织教学。游戏是教学的而其中，游戏在小学英语教学中的运用是非常重要、十分必要的。

### （一）符合新课标要求

教育部 2011 年制定的《义务教育英语课程标准》明确指出：“义务教育阶段英语课程的总目标是：通过英语学习使学生形成初步的综合语言运用能力，促进心智发展，提高综合人文素养。”[6]游戏教学是素质教育下的面向全体学生的一种教学方法。根据英语新课标准，在介绍语言技能时讲，第一级和第二级都有“玩演”的内容，从第三级开始就只有听、说、读、写四个方面，可见“玩演”也就是说游戏在小学英语学习中是必不可少的语言技能之一。游戏教学是符合英语新课标准的要求的。

### （二）符合小学生的心理发展需要

小学 3 ~6 年级的学生处在 9 ~12 岁之间，这个年龄段的孩子具有好奇心强、好活动、爱表现、爱模仿的特点。[7]侯璐在《小学英语课堂中的玩、演活动设计探索》一文中写道：“玩、演活动的设计需要符合小学生年龄特征、心理需求以及知识结构等特点。”[8]的确是这样的。小学生对陌生的英语具有好奇心，他们很少羞怯，喜欢表现从而引起其他同学或老师们的注意；他们的听觉敏捷，模仿能力、记忆力比较强。所以在教授英语的过程中，如果根据小学生的心理来采用适当的教学方法，能够增加他们的兴趣，提高学习的效率。

### （三）实现教学实践的目的

如果没有理论的指导，那么教学实践就将会是盲目的。近年来，有不少专家着手研究小学英语教学，取得了《小学英语教学法教程》与《小学英语课程体系整体创新的实践与探索》[9]等成果，这对于小学英语教学工作的开展具有很好的指导作用。当然小学英语教学法还需要不断更新和完善，很多英语教师在实践中还没有根据这些理论来进行教学反思、总结甚至研究，所以需要形成更系统、更全面的小学英语教学法，既能有利于理论完善，又要有可操作性，更好地指导教师进行教学实践。游戏教学法作为小学英语教学法的一个重要组成部分，也有比较高的理论价值和研究意义，有助于小学英语教学法的完善。

## 二、小学英语游戏教学的原则

教师在小学英语游戏教学的过程中，需要坚持以下六条原则：

第一，游戏教学是“在做中学”“在玩中学”，归根结底是要使学生学有所获，学有所成，切不可因寓教于乐而本末倒置。教师务须做到兼顾设计任务活动以激发学生兴趣和突出重点难点两个方面。围绕素质教育目标，以挖掘小学生的潜能，发展个性和特长为核心，精心设计具有实践性、趣味性、知识性的小学英语游戏活动。

第二，游戏教学的内容和所需时间要有确定，不可放任自流。

第三，要使用清楚的课堂活动指令语或手势语组织好游戏教学。比如，在教学环节的过渡阶段，教师可以给出创建与教学步骤相关的指令语；在控制学生行为时，可以用祈使句来发布指令；在活动结束时，可以拍手示意。

第四，在组织游戏活动时，要讲清每一项活动的要求和步骤，必要时教师要给学生做出示范。这样，久而久之，学生就会自觉地与教师合作，井然有序地参与活动，从中获得心智的开发和成功的体验。

第五，要根据小学英语课的特点，建立课堂常规。要为学生确立良好的行为标准，使他们明白什么是好的行为，帮助他们形成自觉的纪律意识，养成良好的课堂行为习惯。特别是大班进行教学的时候，更需要对于课堂的控制多动脑筋，对课堂秩序的整体把控要到位。

第六，在开展课间或户外的游戏活动时，要特别注意游戏秩序，避免出现安全问题。

## 三、小学英语游戏教学的应用

小学英语教学中所运用的游戏的形式多种多样，择其要者，有“破冰/热身游戏”（Icebreakers / Warm-ups）、“动态游戏”（Active Games）与“户外/课间游戏”（Outdoor / Breaktime Activities）三大类，每一大类下面又可分出若干种游戏来。下面就这三大类所包含的各种游戏在小学英语教学中的应用逐一进行探讨。

### （一）“破冰/热身游戏”

“破冰/热身游戏”类主要包括“炸弹游戏”（Bomb）、“吊死鬼游戏”（Hangman）、“头脑风暴游戏”（Brainstorm）、“注意力集中游戏”（Concentration）、“西蒙说游戏”（Simon says）、“偷看者汤姆游戏”（Peeping Tom）与“什么不见了”（What's missing）等。这些游戏可以用于小学英语课前热身、课前引入、复习等教学环节，通过学生间的互动来完成。这些游戏以语言的习得、训练以及思维能力的培养为目标，有利于学生更快地进入学习状态。

1．“炸弹游戏”

老师可以用来复习所学的词汇，准备一些单词卡，请学生起立，一张一张地给学生快速看单词卡并让学生认读。在这些单词卡片中，画一些有炸弹的图片。当学生看到这些炸弹时需要坐下并用手保护自己的头，而且不能说话。谁遭遇了炸弹，但没有遵守规则就被淘汰掉，直至最后一名幸存者，最后一名幸存者为获胜者。在这个游戏中，炸弹的设计是为了引起学生的注意，在复习中增加一些趣味性。

2．“吊死鬼游戏”

This word has 5 letters：________　________　________　________　________. You can use “Is it a \ an...?”（让学生猜字母）。如果猜对了就把字母写在相应的横线上，如果猜错了，教师就可以画一个“吊死鬼”的头部，如果还猜错，教师继续画“吊死鬼”的鼻子、眼睛、嘴巴……如果学生一直猜不出，教师可以写出一两个字母作为提示。可以分为男女生比赛或大组竞赛，哪个组最先猜出来就获胜。如果“吊死鬼”被完整地画出来，则所有的同学闯关失败。

3. “头脑风暴游戏”

以单词“fruit”为例，教师可以引导学生对水果种类进行归纳总结。如：“What fruit do you know?”“I like apples \ bananas \ cherries...,”教师根据学生的回答将相应单词书写在黑板上。可以把学生分为四个大组比赛，哪个组的同学说的词最多就获胜。

4. “注意力集中游戏”

这个游戏适用于单词复习环节，通过手脑并用，在一定节奏中练习单词的竞争性游戏。这个游戏有一段开场白：“Concentration，concentration! Now beginning! Keep the rhythm! Keep the beat!”边说这段话边拍手打节奏。这个游戏可以激发学生的学习兴趣，为了在游戏中保持胜利，他们课后会查很多生词，甚至生僻词，带给教师很多惊喜。教师要注意要求学生不要加重单词尾音的发音，要注意可以根据学生的熟练程度调整韵律节奏。教师可以参考练习的类别有“数字”“动物”“颜色”“水果”“家具”等。

5. “西蒙说游戏”

这是个“全身反应法”（Total Physical Response，简称 TPR）游戏，适用于课堂的热身、复习环节，能够锻炼孩子的英语口语、动手协调、反应能力。如果扮演“Simon”的人以“Simon says”开头来宣布口令，则其他人必须按照命令做出相应动作。如“Simon says jump”，其他人则必须马上跳起。而如果充当“Simon”的人没有说“Simon says”而直接宣布口令：“jump”，其他人则不准有动作。如果有动作，做动作的人被淘汰出游戏。如此反复，最后的幸存者获胜。

为了增加趣味性，也可以把“Simon”改成“Peter”与“Susan”等做游戏学生自己的英文名，用“Peter says”与“Susan says”等取代。

6. “偷看者汤姆游戏”

适用于引入、新知教授、复习环节。教师可准备一些单词卡片或者图片，在另一张纸上挖出几个小洞或者大一点的洞，然后把这张纸遮住单词卡或图片。让学生在获得部分图片信息的情况下，进行有意识地猜测，建立信息差，增强学习兴趣。班级分大组或者小组比赛时，哪个组先说出单词卡或图片上的内容就获胜。

7. “什么不见了游戏”

这个游戏可用于引入、新知教授、复习等环节。教师可以把单词卡或图片贴在黑板上，让学生看了后闭上眼睛，然后教师拿走一张词卡或图片，请学生睁开眼睛，问“What's missing?”培养学生的瞬间记忆能力。可以把学生分成小组，最先发现不见了的卡片的小组获胜。

### （二）“动态游戏”

“动态游戏”类主要包括“传声筒/咬耳朵游戏”（Telephone/Whisper Game）与“鲨鱼游戏”（Shark Game）等游戏。这些游戏是为了能让学生在小组学习过程中“动起来”，并鼓励他们乐于去执行语言学习任务，活跃课堂气氛。

1.“传声筒/咬耳朵游戏”

这种游戏需要把学生分成小组来进行。教师悄悄地告诉每一组第一名同学要传的内容，可以是单词，也可以是句子，第一名同学再悄悄地传给第二名同学，以此类推，当传到最后一个同学时，再看哪组传得又快速又准确，传得最快速最准确的小组获胜。

（1）对于小学低年级的学生而言，可以组织他们传单词。比如，教师可以在“slide \ swing \ seesaw”三个单词中选择一个告诉学生，通过学生传单词帮助他们对这三个单词进行区分。

（2）对于小学高年级的学生而言，可以组织他们传句子。比如，教师把“My favourite subject is English”这个句子告诉学生，通过传句子帮助学生区分比较难发音的单词和较长的句子。

2.“鲨鱼游戏”

这是一种游戏评价方式。游戏评价法是通过小学生最喜欢的游戏形式，来评价小学生的英语基础知识和能力的掌握情况，以培养小学生的学习兴趣和学习习惯等，激发小学生的学习兴趣。教师组织小学生做各种各样游戏，同时对在游戏中的获胜者给以不同形式的鼓励。比如，在组织学生玩“属于游戏”时，教师可先在黑板上按组画四只大鲨鱼，在四只大鲨鱼上画四个人背着降落伞，降落伞上画几条绳子。教师提问题，等学生回答后，可以选择是擦其他组的绳子还是加自己组的绳子。绳子最先被擦完的组淘汰掉，绳子剩下最多的组获胜。此游戏可极大提高学生参与课堂的积极性，建议在小学高段使用，这样，更适合学生的心理承受力。教师可以根据教的内容进行评价，比如，在教授动物时，可以用动物赛跑；教水果时，可以画几棵树摘苹果；教颜色时，可以用彩虹；等等。

### （三）“户外/课间活动游戏”

“户外/课间活动游戏”类主要包括“石头剪刀纸游戏”（Paper Scissors Stone）、“抱抱游戏”（Hug Game）、“渔夫游戏”（Fisher）、“红绿灯游戏”（Red Light，Green Light）、“捉迷藏”（Hide and Seek）与“狼先生游戏”（Mr. Wolf，Mr. Wolf，What's the Time）等游戏。这些游戏更多是指户外和在课间的活动，它们没有明确的语言学习任务，但可以培养学生的运动能力、小组协作能力以及活动策划运用能力。

1．*“石头剪刀纸游戏”*

这是同我们常见的“石头剪刀布游戏”相似的猜拳游戏。每两三个或多个学生为一组，以组为单位进行猜拳游戏，遵从的原则是“石头打剪刀，纸包石头，剪刀剪纸”，如果一个学生出拳为“石头”（stone），另一个学生出拳为“剪刀”（scissors），那么“石头打剪刀”，出“石头”的学生获胜；如果一个学生出拳为“纸”（paper），另一个学生出拳为“石头”，那么“纸包石头”，出“纸”的学生获胜；如果一个学生出拳为“剪刀”，另一个学生出拳为“纸”，那么“剪刀剪纸”，出“剪刀”的学生获胜。这种游戏适合在课间、课堂需要决出胜负、分组时或者娱乐时玩耍，可以增强计价活动的趣味性和竞争性。

2．*“抱抱游戏”*

在做这种游戏时，采用的是“教师发布指令、学生采取行动”的模式。比如，教师说“three”，学生就三人抱在一起；教师说“five”，学生就五人抱在一起。落单的学生则被淘汰出局。在学生能熟练玩耍后，教师可以加大难度，用上加减乘除。比如，教师说：“Five minus one is?”（5－1＝?）学生要经过思考后才能做出判断，于是四个人抱在一起，这个玩的过程也是在对学生英语思维的培养。学生不断就被淘汰出局，最后剩下的学生获胜。

3．*“渔夫游戏”*

这种游戏比较适合在户外玩，可以是几个人，也可以是十几个人。一个人扮演鱼夫，其他人扮演小鱼。

鱼：Fisher，fisher，how deep's water?

渔夫：5 meters.（可以根据场地调整距离）

鱼：How can we get there?

渔夫：Run（walk \ jump \ fly \ craw \ hop）.

玩这个游戏时需要注意，渔夫站在一边，鱼站在另一边，在相互说完上面的句子后，渔夫要去抓小鱼，小鱼要尽快回到指定的安全区域，如果被渔夫抓到就被淘汰，能够安全返回安全区域而不被预付抓住的小鱼获胜。

4. "红绿灯游戏"

这种游戏也适合在户外玩。可以由几个人或者更多的人一起玩，选一人任队长。队长发布指令"Red light，green light，red light，green light"，其他学生则从起点出发。当队长说"Red light"后，所有其他的学生都要停下来。当队长说"Green light"后，所有其他的学生就前进，最先到达终点的学生获胜。

5. "捉迷藏"

这种游戏可以在户外玩，也可以在教室玩。教师在教室那么小的地方怎么玩呢？根据教室场地，教师可以改编玩法。一个学生藏物品，另一个找。其他学生一起说"Hide and Seek"，当找的学生离物品近的时候，其他学生声音变得宏亮，当找的学生离物品远的时候，其他学生声音变得弱小。找的学生根据声音的大小判断物品的远近。教师可以用其他新学又比较难的词或句子替换"Hide and Seek"这个词组，以达到巩固新知识的目的。教师在设置规则时需说明时间限制，如果寻找的学生在规定的时间内找到所藏的物品，即该学生获胜。如该学生未在规定的时间找到所藏的物品，则藏的学生获胜。

6. "狼先生游戏"

这种游戏可以用在课堂中玩，可以再课间玩，还可以在户外玩。[12]这种游戏适合小学低年级学生玩，用于复习时间或者数字，也可用于活跃课堂气氛。一名学生扮演老狼即"狼先生"（Mr. Wolf），其他学生扮演小羊即绵羊（sheep），教师要为绵羊指定一个安全区域。

小羊："Mr. Wolf，Mr. Wolf，what's the time？"

老狼："It's 9 o'clock."

老狼只说到12点时才会去抓小羊，其他时间小羊可以自由活动。小羊在老狼说12点前回到指定的安全区域就获胜，如果不能安全返回安全区域而被老狼抓住则被淘汰。反复淘汰后，剩下的学生获胜。

可以用于小学英语教学的游戏是多种多样的，限于篇幅，这里只讨论了三大类十五种游戏在教学中的应用。不过，从中可以看出，小学英语游戏教学是符合我国当前素质教育的要求的，同时也符合小学生心理发展的特点。

通过游戏教学，学生可以更加轻松快乐地学习，同时也能在游戏过程中提高语言的综合运用能力。教师可以在有限时间内更好地调动学生参与的积极性，更高效地达成教学目标。

**注释：**

[1] 游锦，“English Games in Primary School”，张叉主编，《外国语文论丛》第5辑，成都：四川大学出版社，2012，第304页。

[2] 鲁子问，《小学英语教育学》，北京：中国电力出版社，2004，第51－52页。

[3] 陈琳、王蔷、程晓堂，《英语课程标准解读》，北京：北京师范大学出版社，2002，第34－37页。

[4] 蔡珍，《论小学生英语学习兴趣的培养和保持》，张叉主编，《外国语文论丛》第5辑，成都：四川大学出版社，2012，第200页。

[5] 曾尼、胡俐，《浅论游戏在小学英语教学活动中的设计与运用》，张叉主编，《外国语文论丛》第5辑，成都：四川大学出版社，2012，第308页。

[6] 中华人民共和国教育部制定，《义务教育英语课程标准》，北京：北京师范大学出版社，2012，第8页。

[7] 伍新春，《儿童发展与心理学》，北京：高等教育出版社，2004，25－30页。

[8] 侯璐，《小学英语课堂中的玩、演活动设计探索》，张叉主编，《外国语文论丛》第5辑，成都：四川大学出版社，2012，第314页。

[9] 详见：王蔷，《小学英语教学法教程》，北京：高等教育出版社，2006；王蔷等著，《小学英语课程体系整体创新的实践与探索》，上海：上海教育出版社，2012。

[10] 王蔷，《小学英语教学法教程》，北京：高等教育出版社，2003，第114－116页。

[11] 何杰，《英语课堂游戏》，宁波：宁波出版社，2003，第23页。

# On English Learning Motivation in Rural Primary Schools

苟 艳

巴中市恩阳区下八庙镇中心，四川巴中 636063

**Abstract**: This paper aims at the motivation of pupils' English learning in rural primary schools. Teaches are advised to make efforts to inspire pupils' English learning enthusiasm and achieve effective English teaching through matched languages between students and teachers, active classroom atmosphere and unique teaching styles.

**Key words**: motivation; pupil; rural primary school

## I. Introduction

In *Collected Essays of Foreign Languages and Literatures*, Issue 5, edited by Zhang Cha, Sichuan University Press, 2014, I read some academic essays on English teaching in rural primary schools and I feel very interested in them [1]. Studies on English teaching in rural primary schools is indeed worth our while, and my essay attempts to discuss motivation of pupils' English learning in rural primary schools. Motivation refers to the internal mental inclination in maintaining individual activities for reaching one's ultimate goal. Chomsky emphasized the importance of motivation by saying: "The truth of the matter is that about 99% of

**收稿日期**：2016—10—12

**作者简介**：苟艳（1988—），女，四川巴中人，英语教育硕士，巴中市恩阳区下八庙镇中心英语教师，教一级，主要从事小学英语教学研究。

teaching is making the students feel interested in the material."[2] It's easy to discover that children are quite malleable according to *The Story between an Old Man and Young Kids*. There was a public lawn in front of an old man's house. He enjoyed the warmness of sunshine there, but a group of naughty children started to play on the lawn and bothered him frequently. To resolve this issue peacefully, the old man thought of a very smart idea. He used one dollar to "thank" the children for playing on the lawn initially, then fifty cents, five cents and at the end no money at all. The children were deeply annoyed by the old man's gradual reduction and final stopping of giving. They eventually left the lawn with disappointment and kept the old man alone to retrieve his comfort under the sunshine. From this story, we can see that the old man used a trick to change these kids' mental inclination and finally reached his goal. Broadly speaking, this old man succeeded in using motivation. This story can be a metaphor for primary schools' English teaching as well.

The pupils in primary schools are usually at the age from six to eleven, according to Erikson's Life-Stage Virtue. This is a stage in which they develop their advantageous life attributes including being competent and industrious. If the pupils can obtain enough effective training in these aspects, they would get a solid sense of being hard-working and be full of confidence in their independent living of lives. Otherwise, the pupils would feel no motivation and have a sense of inferiority to others.[3] Because of these features, they are immature in mentality and self-awareness, have unsteady interest towards learning, and are easy to be influenced by external factors. Therefore, external motivation to pupils' learning is important. English learning motivation is directly connected to classroom learning activities according to pupils' learning interest. Based on these facts, this essay demonstrates the present status of English learning in rural primary schools, and discusses several techniques illustrating how to motivate pupils' English learning under such a context.

## II. The Present Circumstances of English Learning in Rural Primary Schools

Most rural primary schools in China share some common characteristics. Here I would like to take the primary school where I work for example. It is a small - scale rural primary school. Most of the young adults in the nearby villages seasonally migrate to more developed areas to earn money for a living, and leave their parents and children at home alone. Most pupils in my school are from such a family background. Their parents show little concern to their children's education, and they hold that it is the responsibility of teachers to take care of their children. If their children gain good grades, they think it is due to their children's intelligence, having little to do with the teachers. And if their children fail to get satisfactory grades, they blame the teachers for it.

The pupils here in my school are shy and aimless. There are around 15 pupils in each class. The teaching and learning atmosphere is not optimistic as the pupils are well-disciplined. This poses a challenge for both teachers and pupils particularly in English class. Although the pupils are interested in taking English classes, they are not motivated to learn English. They can easily find excuses for their late homework, and rarely memorize English words or recite English articles by themselves. As an English teacher, I can see the pupils' enthusiasm for English learning in my class, but they seldom do any English practice outside class.

Krashen once pointed out that the language input barrier would be informed in the brain to affect the language accusation when the learning motivation is weak.[4] If the pupils don't have the motivation to learn English, can they learn English well?

The Chinese Ministry of Education commanded in Year 2002 that Chinese students start to learn English in their third grade of the primary school period so that they can catch up with the progress of the new era.[5] The pupils may have strong interest and curiosity towards a totally new subject. However, how can they keep the same attitude towards increasingly complicated English learning as time is advancing? The role of English teachers is significant in resolving this issue by incurring motivation and setting learning requirements.

## Ⅲ. The Strategies to Inspire the Pupils'Motivation

### i. Teaching as a Child to Raise the Pupils'Attention

As a primary school English teacher, strong logical thinking is not that necessary. The phrase "strict logic" should not be used too much in their teaching, because pupils are born with the tendency of thinking by intuition. Therefore, no matter what kind of language the teacher speaks, only when the language has the possibility of gaining the pupils'attention is it a good teaching language. At the beginning of English learning, most of the pupils in rural primary schools are too shy to talk in English. They worry about being laughed by classmates or teacher. If their fears are not eliminated by their teachers'caring language or action, they will be less likely to love English. To avoid such an embarrassing situation, the teacher need to use gestures, eye contact, facial expression or plain language to encourage the pupils to speak English aloud in a class. It will be even better to let the pupils choose their favorite way to communicate with the teacher freely. Meanwhile, the pupils should be informed that their classroom behavior is under the control of the teachers, and they don't need to worry about any negative evaluation on their actions.

### ii. Arousing the Learning Intention to Activate the Classroom Atmosphere

Environment has direct influence on people's emotion, so is the classroom setting for students. As a good teacher, not only does he need to teach a wonderful class, the ability to control the classroom atmosphere is also required. The pupils in the rural primary schools are shy. Boys are even shier than girls in English class. They don't take initiative to answer questions unless their names are called. As a matter of fact, since English is a new language for them, their minds are filled with panic. If English teachers can eliminate their fear for new knowledge, they would be relaxed and learn new knowledge more joyfully. Moreover, the pupils are born to be playful and prefer learning by playing games. Therefore, it's wise to conduct teaching such that pupils can both learn something and become smarter. In addition, it's these pupils not English teachers who are the principal part in an English class. This requires that English teachers give initiative to pupils so that they can finally master more knowledge.

There are three ways for teachers to build a pleasant classroom atmosphere. The first is that English teachers have a mastery of subject knowledge, teach with enthusiasm and enough examples, and seek the internal reward. The second is that English teachers should endeavor to generate a connection between teaching requirements and pupils'expectation. The third is that English teachers should offer substantial help for pupils'learning so that they can take part in the learning activities confidently.

### iii. Unique Teaching Styles

Teaching is an art. Only when it has a unique style can it generate positive social effect and eternal artistic charm. An teacher, without a unique style, can achieve a short – time success, but can never really achieve triumph and honor. A lesson is like a poem, melody or drawing, which is a fascinating art. This requires English teachers to have a correct self-understanding so as to build up capability, temperament, motivation, interest, goals and belief. If an English teacher has a distinct teaching style, he can shape the pupils' personality with his own one, nurture them with his profound knowledge, lead them with his scientific way of thinking, and finally affect them with his temperament. Ultimately this kind of English teachers will develop a wonderful teaching career.

## IV. Conclusion

The primary school English learning is a challenge for students. They are anxiously expecting approachable English teaching methodologies and an relaxing state of mind other than pressures from criticism, assignments, tests and even boring knowledge-delivering techniques. English teachers should motivate pupils with various fruitful teaching technologies to improve their teaching capabilities and let pupils have confidence to actively participate in English learning.

**Notes**:

[1] For detailed information, see:

罗伦芳，《乡村小学英语教学的现状及对策》，张叉主编，《外国语文论丛》第5辑，成都：四川大学出版社，2012，第161—164页。

王长建，《浅谈民族地区农村小学英语教学》，张叉主编，《外国语文论丛》第5辑，成都：四川大学出版社，2012，第165—171页。

郭书美，《农村小学英语课外作业布置之技巧》，张叉主编，《外国语文论丛》第5辑，成都：四川大学出版社，2012，第172—175页。

[2] Chomsky, N., *Language and Problems of Knowledge*, Cambridge, MA: MIT Press, 1988, p. 181.

[3] https://en.wikipedia.org/wiki/Erik_Erikson

[4] S. Krashen, *Principles and Practice in Second Language Acquisition*, Oxford: Pergamon, 1982, pp. 29-32.

[5] 中华人民共和国教育部，《全日制义务教育英语课程标准（实验稿）》，北京：北京师范大学出版社，2002，第4页。

# 中学英语教学研究

# 英语教学中“折中理念”的应用

吕　京[1]　杨　敏[2]　罗大珍[3]

1. 四川师范大学　基础教学学院，四川成都　610068

2. 四川师范大学　基础教学学院，四川成都　610068

3. 绵阳师范学院　继续教育学院，四川绵阳　621000

**摘　要**：折中教学法是一种博采众长、兼收并蓄的教学手法。在英语教学中应用“折中理念”将有助于加深认识，明确英语教学目的；有助于以人为本，根据学生实际因材施教；有助于形式多样，激发学生学习英语的兴趣；有助于主辅结合，灵活运用英语教学方法；有助于互动交流，积极营造良好的课堂氛围。

**关键词**：英语教学；折中理念；折中教学法

## 引　言

“折中教学法是一种博采众家之长，避免各派之短的多元性、综合性的教学方法。”[1]对其进行深刻认识、把握和合理运用将有助于针对学生的个体差异和具体教学情况，摆脱僵化的理念束缚，提高学生的英语语言运用能

**收稿日期**：2017－01－26

**基金项目**：2017年四川省社科规划外语专项项目“基于MOOCs的大学英语课堂教学有效性研究”（编号SC17WY028）阶段性成果之一。

**作者简介**：吕京（1971—），男，四川苍溪人，博士，四川师范大学基础教学学院教授，泰国西那瓦大学（Shinawatra University）华夏国际学院博士研究生导师，主要从事英语教学、教育教学管理研究。

杨敏（1980—），女，四川泸州人，四川师范大学基础教学学院副教授，四川师范大学外国语学院硕士研究生导师，主要从事英语教学、英美文学研究。

罗大珍（1972—），女，四川苍溪人，绵阳师范学院继续教育学院副教授，主要从事英语教育、教育教学管理研究。

力与综合素质，从而有助于更好地践行英语新课改的理念。运用折中理念，可从英语教学的五个方面入手。

## 一、加深认识，明确中学英语教学的目的

在教学领域，教学目的对整个教学活动起着统贯全局的作用。折中教学法对于认识教育发展的不平衡、明确存在差异性的教学目的有重要意义。当前城乡中学英语教育发展呈现出不均衡状态，无论是师资配备、现代教育技术，还是教育质量、课堂管理水平等方面都存在较大差距。随着我国教育改革的全面深化，中学英语教学进入了一个关键的时期。中学英语教育已不仅仅是基础教育，还要根据不同教学阶段的教学目的以及有关课程的不同教学要求，培养懂外语的各类人才。

一要注重素质教育，优化英语课堂教学。首先，要树立符合素质教育的中学英语教育观。中学英语教学中实施素质教育是一项长期的工作，也是提高民族素质、增强综合国力的一项系统工程。在此基础上了解、熟悉并掌握教学内容，明确教学大纲，在课堂上有的放矢地进行教学，使目标教学落到实处。其次，要注重教育立德树人的文化作用。语言是文化的载体，文学是语言的艺术。英语不仅是一门工具学科，还是一种文化的载体。在进行知识传授和能力培养的同时，自觉挖掘教学内容的文化内涵，让学生通过学习英语这门语言来了解异国文化，能反过来加深对本民族文化的理解，发挥自身的潜能，提升人文素质，进而能对人格塑造过程中学生的人生观、世界观产生积极的影响。最后，还要引导学生树立明确的学习目标。学生只有明确了英语学习的目的，将其与自己全部生活的目标联系起来，才能把英语学习真正作为自己生活的一个组成部分，养成良好的学习习惯和形成有效的学习策略。

二要进一步培养学生重实用、重交际的英语语言应用能力。新一轮招生考试制度改革做出了重大调整，“切实通过综合改革，更好地贯彻党的教育方针，全面实施素质教育，增加学生的选择性，分散学生的考试压力，促进学生全面而有个性的发展”[2]。这一趋势会改革死板应试教育体制下英语的考核办法，着眼于学生英语的表达与应用能力，使英语语言的教学真正回归其本质，还能增加学生的选择性，将英语实实在在地学成一门可以运用的国际语言，从而能更好地推进素质教育的实施。

三要关注地域、城乡差异，考虑特定的教学目的。目前，我国教育环境发展很不平衡，经济发展的差距带来教育教学的差距，中西部地区教育发展相对滞后，农村教育仍是短板。结合城镇化建设推动义务教育均衡发展，中学英语教学也要充分认识到农村学生学习的局限性，对语言教学的应用要考虑学生的认知和情感要求，选择最有效、最适合具体的教学环境、最能够满足教与学需要的知识，教学活动要尽量贴近实际生活。

## 二、以人为本，根据学生实际因材施教

学生的发展状况还受年龄、性格、先天遗传、认知方式和后天环境等的重要影响，必然在学习英语知识、培养技能和能力的认知过程中存在认知上的个别差异，在一定程度上影响第二语言习得的效果。中学英语课程要提高学生的学习效率，就要在面向全体学生的同时，尽量调动他们的主观能动性，全面培养学生自主学习的能力，加强学生对自己学习的责任感。要了解学生的个性，让不同的学生接受不同的教育方式。[3]“折中教学法”强调因材施教，在中学英语教学中注重以人为本，对学习过程中完整的人要给以充分尊重与重视，根据学生实际情况的变化调整教学策略和教学方法，改进学生的学习方法，让学生建立学习英语的自信心，充分发挥主观能动的主体作用，从而使全体学生的素质得到全面发展，为全面提高英语课堂教学质量提供重要保证。

一要尊重并理解学生的差异。学生个体无论在认知结构、认知能力，还是兴趣、认知风格等方面都存在着差异，这种情况是客观存在的。教师一方面要以真诚、坦率的态度，尊重学生的多样化，运用不同的策略，满足不同层次学生的需求，深入研究学生的内心反应，从学生的角度来理解学习过程，帮助学生了解自己的优势和弱点，使学生扬长避短，提高英语学习效果。另一方面，要尊重不同层次学生的人格、情感和意见，充分考虑学生的认知和情感需求，尽量给予鼓励、肯定、承认、赞扬、奖赏、信任等具有正面意义的强化激励，不要轻易给学生压抑性的批评，引导学生对学习过程的情感投入，从而把学习内容和情感有机地结合起来，当学生感到老师所教的内容与他们的需求和身心发展相一致时，这种教学内容会更加容易被消化、吸收，从而提高英语学习的效率。

二要发挥学生的主观能动性。学生是学习的承担者，要引导其正确认识

自己在学习中的作用，发挥主观能动性，积极、主动地学习。英语学习动机对学习兴趣的形成起着积极的促进作用，能使学生参与课堂教学，充分发挥学生的主动性和积极性，让整个课堂活动具有意义。一个有强烈学习动机的人，才可以有强大的学习动力，调动他们的主观能动性，也才能让其主动地投入到英语学习中去，从学习知识、解决问题的过程中获得某种满足感，并以兴奋活跃的思维状态去面对英语语言知识和技能，在加强基础知识和基本训练的同时，使基础知识转移为语言技能，并发展成运用英语进行交际的能力，并由此建立起用英语交流的信心，形成良性循环。

三要培养学生自主学习的能力。在中学英语教学中，要帮助学生了解内在自我，发展健全的人格，以此来激励学生自身主体意识的不断增强，要让学生深刻地意识到，对自己学习负最大责任的人就是自己，让他们理解只有通过自己的努力方可获得良好的学习效果；培养学生观察、记忆、思维、想象能力和创新精神，并经常提供机会锻炼他们的自主能力，发展他们自主学习的能力和合作精神；指导和引导学生了解世界和中西方文化差异，拓展他们的视野，培养爱国主义精神，让其形成健康的人生观，为他们的终身学习和内在的可持续发展打下良好的基础。

## 三、形式多样，激发学生学习英语的兴趣

折中理念的优势就在于承认多样性，丰富和拓宽中学英语教学内容。从多方面着手，激发学生学习英语的兴趣是优化英语课堂教学过程的一个重要方面。兴趣是学习的动力，对学好英语有着举足轻重的作用。学习英语的兴趣越浓，学习的积极性就越高，学习的效果就越好。在中学英语课堂教学过程中，通过形式多样的课堂活动，并运用多种分层次的激励形式和多元化的教学模式，激发学生学习英语的兴趣，从思维的深度引发学生对教学内容的思考、联想与想象，才能更好地充分发挥学生的主体性作用，提高学生的思维和行为的灵活性，让学生带着持续的干劲和动力在不知不觉中提高英语学习的效率。学生在课堂教学过程中发挥出的主体作用反过来又促进了课堂教学整体质量的提高。

一方面，课堂活动形式多样化。在中学英语课堂教学过程中，激发学生学习英语的兴趣需要设计形式多样的课堂活动，先以独到的切入点迅速吸引学生的注意力，用最快的速度将学生的思想集中到课堂上，再从思维的深度

引发学生更深入的联想和想象，使学生通过积极、独立的思考不断提高自己的思维灵活性。首先，要以正确的教学理念充分发挥学生的主动性和积极性，采取理智、开放的教学态度，灵活运用各种教学手段和方法，讲究科学和实效，设计的课堂活动要满足学生需求，要富有挑战性及情趣性，从多方面吸引学生，调动学生上课的积极性。其次，要增加课堂上语言实践的广度和密度，注重学生听、说的培养。听与说的实践对学习英语兴趣的产生和发展有非常重要的作用。在课堂上多要求学生朗读、背诵单词和课文，尽量用英语组织教学，让学生能在实际运用中提高听的能力，训练学生在听的过程中判断内容、抓住中心主题，针对重点进行概括。当学生的成绩取得进步时，学习的信心会增强，学习态度和兴趣会逐步改善，继而产生强烈的学习愿望。第三，创设特定的语言学习情境。学习语言最有效的办法就是置身于特定的语言环境中。一开始，学生可以分角色表演课文对话，尽量模仿录音中的语音和语调，这样既练习了学习一门语言“说”的能力，提高了学生英语口头表达的自信心，增加了英语学习的趣味性，又强化了学生对知识的理解和掌握。接下来，可以在课堂上创设一些特定的模拟情境，提供语言情景中的内容梗概，引导学生自己安排特定细节、编排对话，并分角色表演，培养他们灵活运用英语的能力。在学生对这种方式熟练以后，这种活动可以分小组合作安排到课下时间来进行，促进学生语言综合实践能力的一步步提高。最后，设置新颖的课堂教学类型。通过专题讨论、演讲、辩论等课程帮助学生加强对教学内容的掌握，加深对西方历史和文化的了解。

另一方面，探索实施分层教学。实际上，笔者在教学实践活动中发现，很多学生在学习中未能取得优异成绩，根本的原因不是学生智力问题，而是学生没有得到恰当的教学条件和教师合理的帮助。“折中”就是要避免千篇一律，中学英语教学要走分层次、多元化的路子。因此，教师要不断加强学习，多观察多反思，努力强化与提高自身的素质，提升实施分层教学的能力，以不同学生的实际需求为出发点，想方设法、有效地引发学生学习英语的兴趣和积极性，有意识地为不同层次的学生创设成功的机会，让学生既体验到过程的艰辛，也能享受到成功后的喜悦，促使学生在各自原有的基础上得到进一步发展，从而使中学英语教学质量在整体上得到提高。特别是对于基础差、学习有困难的学生，要对他们所取得的小进步及时表扬鼓励，进行正面强化，让学生感到真正学有所得，从而渐渐地对英语学习产生兴趣，变以前的被动学习为主动学习。可以说，有效的分层教学是促进优秀学生快速成长、普通学生学有所成、大面积提高教学质量的人才培养方法。

## 四、主辅结合，灵活运用英语教学方法

英语教学方法有很多，都有其独到的实践依据和价值，但同时也有其不足之处。教学需求、教学对象和教学条件是不断变化的，教学方法也就因之必须灵活地、动态地调整。“折中”就是要根据教学实际取其长处避其不足，随着教学目的的差异、课程教学的进展以及不同的教学阶段敏锐地洞察学生的学习需求变化，再根据教学条件的变化，选择相对适合该教学实际的教学方法，不足之处再灵活选用其他方法的某些内容或技巧作为辅助，从而形成主辅结合的折中型教学方法。在中学英语教学的不同阶段，应根据不同的教学目的和教学对象采用适当的、不同的教学方法，用一种发展的眼光和思路来审慎求实地进行有机综合、避其局限、灵活变通、创新教学方法，形成自己的教学特色，提高英语课堂教学效率。

第一，以一种方法为主，其他方法为辅。根据教学的实际情况，符合语言实践需要并使用得当的教学法才可能激发学生的学习兴趣，达到预期的教学目的。英语教学方法发展至今有很多，比如翻译法、视听法、认知法和交际法等，每种教学方法都有其独到的实践依据和价值，但同时也有其不足之处。例如，交际教学法在现阶段得到广泛的认可，在锻炼学生对外语的实际应用能力、实现交际的教学目标方面发挥了积极作用，符合第二语言习得的规律，使学生的语言熟练程度有效地得到巩固，有利于提高学生的英语交际能力。但也应看到交际教学法有语言知识方面薄弱的不足，还需要在运用这种教学法的同时，辅以其他教学法最大限度地来弥补语言文字和文化知识方面的问题。

第二，注重方法运用的灵活性。实际上，每一种教学方法都是在一定的历史条件下产生的，都是根据当时的具体情况形成并随着形势的变化而慢慢发展改进的，在某个角度强调了某个侧面，有特色也就必然有一定的局限性。教学需求、教学对象和教学条件是不断变化的，要实现有效的教学，教学方法也就必须灵活地、动态地调整。折中教学法的灵活性和有效性对我国中学英语教学具有深刻的意义。区域之间、城乡之间、学校之间，在办学条件、师资配备、教育质量和管理水平等方面水平差距显著，有效的教学方法不可能原样照搬，教师只能根据教学实践的经验，在所掌握的教学方法范围

内灵活选择运用有效的教学方法，来满足学生的不同需要，满足某一教学环节的实际要求，以达到不同的教学目的。

第三，分阶段要有所侧重。在中学英语教学的不同阶段，既要进行交际法提倡的任务型教学来培养学生的交际能力，又要运用传统的教学方法掌握系统的语言知识，提高语言的综合能力，但是形式与功能、传统法与交际法的结合运用要有所侧重，根据所学课文的难易程度、不同类型要做相应的调整。“不同的教学阶段，所采用的教学方法应有所不同。基础阶段应侧重于语言知识和能力的培养，可借助语法翻译法及听说法来培养学习者的语言能力及对语言学习的兴趣；进入提高阶段后，教学方法的采用应该有助于学习者语言运用能力的培养与提高。”[4] 基本上，中学英语教学重点逐渐从基础词汇和基本句型向复杂句型和篇章结构过渡，从语义分析向语用分析过渡，教学方法从以讲解句型结构为主、语法翻译法到以实践为主的交际法过渡，有利于逐步巩固语言熟练程度，提高学生的英语交际能力和综合能力。

第四，创新教学方法，形成教学特色。随着时代的发展，知识更新速度日益加快，教师在正确掌握教材的重点、难点，了解和把握先进的教育理论和方法之外，还必须与自己的教学实际相结合，积极改善自己的知识结构和认知结构，用发展的眼光和思路来审慎地进行有机综合，跳出局限，勇于实践并在对中学英语教学各种因素的折中调节后创新教学方法，形成自己的教学特色，实现从知识型、经验型、技能型向创新型的转变，再将研究成果用于教学实践，切实提高中学英语课堂教学效率。

## 五、互动交流，积极营造良好课堂氛围

在课堂教学活动中，“教”与“学”是一个双向交流的互动过程，教师为主导，学生为主体，“通过更多地开展学生之间、师生之间的互动，在创造性、探究性教学和合作教学、基于解决问题的教学氛围中，让学生处于获取知识和应用知识解决问题的中心地位，自觉成为学习的主体”[5]。教师要具备较高的专业知识水平、观察能力、组织能力和情绪感染力，营造轻松、民主的气氛，调动学生参与课堂活动的积极性。

一要提升中学英语教师综合素质。随着时代的发展，新的教学形势对教师提出了更高的要求。但目前我国义务教育的发展很不均衡，教师水平也参差不齐，全面提升中学英语教师的综合素质刻不容缓。在时间有限的课堂活

动中，要营造良好的课堂氛围，调动学生参与的积极性，激发学生的学习潜力，科学地分配知识密度、广度、深度，“教师不光要具备较高的专业知识水平，同时还要具备良好的观察能力、组织能力和极好的心理素质，以应对课堂上可能出现的各种状况”[6]，对每位学生的个性和认知特点、学习情况要心中有数，让每个学生的能力和特长都能得到充分的发挥；同时还要具备良好的自我心理调节能力、情绪感染力和更新知识、反思创新的能力，运用“折中”探索出适合自己所在地区和学校特定条件的方法和路子，最终实现教学目标。

二要注重学生的参与和交流。“折中”的优势在于开放交流。教师要与学生保持一种互动关系，要了解学生的要求、学习的态度、动机及学习的环境，这样才能培养学生良好的学风和正确的学习习惯。首先，中学英语课堂教学过程要有利于学生的参与，教师在课前要充分了解学生的需求、学习的态度、动机及学习的环境情况，“给学生一个方向，让学生根据其指定的方向进行充分的参与互动，体现出学生的主体性和全员参与性，让学生在使用中学习英语，在参与中寻求兴趣，让英语课堂成为敢说、敢演、敢用的愉快课堂”[7]。其次，学生在教师的引导下，通过自己的体验、感知、实践、参与和交流，在参与中寻求兴趣，进入最佳的学习状态，逐步掌握语言的规律，在用所学的英语进行互动交流的过程中提高语言能力、思维能力以及交流与合作的能力，养成良好的学风和正确的学习习惯，在参与中得到训练和发展，达到发展智力、培养能力的目的。第三，引导学生建立学习小组合作学习。除了根据学生的兴趣爱好选择贴近生活的话题和学生们一起讨论之外，还可以引导学生根据自己的兴趣爱好、个性特征组成不同的小组，针对不同的话题发表自己的见解，在融洽的交流中英语能力得以提升。最后，还要注重现代教育技术的运用来辅助教学，根据不同的课型，利用计算机、实物、幻灯片、录音、电视、电影、多媒体等各种手段，使教学形象、直观、有趣，让学生能有更多的机会积极观察思考，积极参与教学活动，从而更有效地提高教学质量。

三要营造轻松的课堂氛围。课堂上师生之间的互动交流，并不仅仅是知识的交流，教师还要充分调动自己情绪的感染力，采取积极措施加强与学生情感方面的正面交流，营造平等、民主、轻松的氛围，尊重、理解、爱护、宽慰每一个学生，多用适度的、及时的肯定、鼓励和表扬，来缓解学生的学习压力、克服学习困难，不断强化学生参与互动交际的信心，尽可能排除学生学习英语的各种心理障碍，让学生产生更多的亲切感和信赖感，促进学生深入学习，用委婉的批评方式让学生明白自己的问题，建立起克服学习焦虑和犯错恐惧的自信心，养成从多角度观察问题、思考问题的好习惯，提高英语学习的效率。

## 六、结语

折中理念包含了英语教育的辩证法思考，近年来在英语教学中引起了越来越多的关注。充分领会这一理念，将会进一步多元化地促进英语教师在“学中用”、在“用中学”，进一步促进教学理论与实践相结合，更加有效地推动英语教学的发展。

**注释：**

[1] 李宝芳，《折中教学法及其对外语教学的启示》，《河北理工大学学报》（社会科学版）2009 年第 4 期，第 185 页。

[2]《国务院关于深化考试招生制度改革的实施意见》（国发〔2014〕35 号），2014，http：//www. gov. cn/zhengce/content/2014 - 09/04/content_ 9065. htm.

[3] 唐云云，《高中英语课堂教学方法的“折中之路”》，华东师范大学，2008 年学位论文，第 2 章，第 10 页。

[4] 马宏成，《试论折中教学法在高中英语教学中的应用》，《三峡大学学报》（人文社会科学版）2009 年第 1 期，第 354 页。

[5] 杨德安，《试论外语教育教学中的以人为本》，《三峡大学学报》（人文社会科学版）2008 年第 6 期，第 94 页。

[6] 徐颖莹，《浅谈交际型教学法在英语教学上的应用》，《内江科技》2010 年第 10 期，第 200 页。

[7] 马平平，《浅谈折中教学法与外语教学》，《扬州大学学报》（高教研究版）2006 年第 10 期，第 84 页。

# 略论中学英语语法教学的原则和方法

邓道宣[1] 江世勇[2]

1. 乐山师范学院 外国语学院，四川乐山 614000

2. 乐山师范学院 外国语学院，四川乐山 614000

**摘 要**：语法是学生发展语言运用能力的重要基础之一，是中学英语教学的重要内容。探讨英语语法的教学策略和原则，有助于落实课程标准关于语言知识的教学目标。

**关键词**：中学英语语法；原则；方法

## 一、引言

《普通高中英语课程标准（实验）》（以下简称《标准》）指出："知识是语言能力的有机组成部分，是发展语言的重要基础。"[1]语言知识和语言技能都是语言能力的组成部分，它们之间是相互影响和相互促进的关系。英语基础知识是发展英语听、说、读、写等技能的重要基础，但语言知识本身也是语言学习的目标之一。因此，教学目标应包括知识的掌握和技能的形成，而教学内容也应包括掌握语言知识的学习和技能的培养。在发展学生英语听、说、读、写等实践能力的同时，也不能忽视知识的学习，语法是英语知识的重要组成部分，探讨英语语法的教学策略和原则，有助于落实《标准》课程关于语言知识的教学目标。

---

**收稿日期**：2016－01－06

**作者简介**：邓道宣（1957—），男，四川马边人，乐山师范学院外国语学院教授，四川省高等学校教学名师，乐山师范学院外语教师教育研究中心主任，主要从事英语课程与教学论研究。

江世勇（1976—），男，四川绵竹人，乐山师范学院外国语学院副教授，乐山师范学院外语教师教育研究中心副主任，主要从事英语课程与教学论研究。

## 二、语法的概念

语法用于描述语言结构（句法）、语义以及语用如何发挥作用，使个人能够通过语言实现交际的目的。[2]对于语法的内涵，传统的语法概念与现代语法概念有所差别。一般说来，对语法的理解有以下几种。

### （一）语法是一种知识

语法是语言学家和语言教师所研究的一门知识，包括描述性知识和程序性知识。描述性知识由各种语法规则组成，包括词法、句法和章法，包括词类、从句、时态和语态、情态等；程序性知识指如何运用语法完成交际任务的知识。第一种知识可以通过学习获得，而第二种知识表现为一种能力，必须通过训练和应用才能掌握。

### （二）语法是一种技能

掌握了语法知识并不等于能说出或写出符合语法的句子，更不等于能用正确的句子交流思想。学习者要通过各种练习，要反复使用才能掌握语法。对于以某种语言为母语的人来说，语法更是一种技能，一种自动的技能，因为他们尽管能使用规则，但却很可能说不出所使用的语法规则。

### （三）语法是一种交际基础

很多人认为，合乎语法就等于语言正确无误。但是，语法不仅要解决语言正确的问题，还应保证意义得当，使用得体。因此，语法不应该只是简单的句子结构和单词的用法，同时也包括形态和语篇，及语域在语言使用中的作用。因此，有学者提出了交际语法这个概念，语法成为有效交际的基础。

语法并不是一种静态的语言知识，语法的习得是语言能力的动态生成的过程。事实上，上述三种观点并不矛盾，而是从不同视角来看待语法的，都能说明语法的特征。可以说语法是一种知识，在语法知识的基础上才能形成运用于交际的语法能力，而语法能力又是语言能力的重要组成部分。

# 三、新课程的语法教学理念

传统的语法翻译法认为应当直接呈现语法规则，再通过对规则的模仿来学习语言；而直接法、交际法则认为应当在语言中自然地认识和掌握语言规律。“中国学生的英语学习有两个极端：一个是把语法当作目的，即使句子懂了，也要死抠语法；另一个极端是认为通过大量的听说读写活动，就能自然而然地内化语法规则。”[3] 高中英语语法教学必须严格依照课程标准，充分考虑学校、学生和教材的实际进行教学，既要考虑到语法规则不能脱离语言环境这个特点，也要考虑语法规则自身体系的特点，采取折中的观点来进行教学。根据新课程标准，教师应充分利用课堂教学，有目的地培养学生的语法意识、语法敏感性，提示学生监控自己的语言。这不仅是语法教学的重要部分，对于学生听、说、读、写各项技能的发展也具有重要作用。

要取得好的教学效果，就必须认识语法的本质。在新课程教学理念下，教师需要形成三维的语法教学观念，这也是新课程语法教学与传统的语法教学的根本区别。具体来讲，语法教学必须关注语义、结构和语用三个方面，主要应做好以下两点。

## （一）形式、意义和用法的统一

系统功能语言学认为语言及语言的功能都是语言学习必须考虑的要素，前者注重形式，后者注重意义，意义决定形式，两者相辅相成。语法教学和学习必须关注形式、意义和用法。仅仅掌握语法的结构，如掌握“there be”结构，而不能用于实际的交际，这样的学习就是毫无意义的。在新课程标准下，高中英语语法教学必须既要关注语法形式的正确性，也要关注语法是否能表达意义，是否能区别差异，是否贴切。比如，对于“I have been coming to this city for four years”，多数学生可能会理解为“我来到这个城市四年了”，而完成进行时表示“反复、重复、持续”的概念时是不能用具体次数的，所以这句话的实际意义为：“在过去的四年里，我多次来这个城市。”因此，语法的学习不仅是一个形式的问题，而是如何在合适的环境下使用什么样的结构，才能表达所需要的意义的问题。

### （二）词汇、句法和语篇的结合

正常的语言行为不仅体现于独立的单句中，也存在于单句所构成的语篇中。语篇是实际使用的语言单位，是由意义上相联系的句子构成的。而句子之间意义的衔接主要是通过语法手段和词汇手段实现的。所谓语篇语法，其实就是与句子语法相对而言的一种语法体系。句子主要描述单词或短语如何组合成句子，而语篇语法则主要描述语篇的组织体系，即语篇的各个组成部分是如何有机地结合在一起、形成有意义的语篇的。[4]理解语言往往要求我们跳出句子的框架，看到更大的语言结构。作为语言使用者，我们不仅要说出或写出语法上正确的句子，还要考虑如何使用恰当的语法形式来组织要表达的信息。而不同种类的信息往往是由不同的语篇语法来表达的，不仅包括语篇的连接方式，还包括情景化的语法，这就跳出传统的语法形式，进入语用、篇章的层面。[5]

## 四、新课程语法教学的目标和内容

《标准》明确指出：英语课程改革的重点就是要改革英语教学过分强调语法和词汇知识的讲解与传授、忽视对学生实际语言运用能力培养的倾向。课程标准对语法内容的描述与之前的教学大纲有比较明显的区别，比如，《标准》没有将语法规则直接加以描述，而是将语法规则融入真实环境中的语言功能中，体现了对语言功能、交际的重视。比如，七级标准中关于比较级的描述是“比较人、物体及物体的常用表达方式”，这意味着比较级要结合对人、物等的实际比较。因此，语法教学要注重实用性，必须与意义的教学和交际活动结合起来，让学生在对意义的理解中掌握语法的表意功能。

新课标语法教学的高考目标要求（八级语法目标）的前两条要求学习者掌握某些语言表达形式，这与传统语法教学的要求是完全一致的。而八级语法目标的第三、四两条以及九级语法目标则在传统语法教学目标的要求上进了一步，强调语言形式的表意功能和有效运用，要求学习者用学到的语言形式去做事，这种强调语法知识的交际功能和强调语言知识在实际交际中的运用能力的培养正是新课标的语法教学目标要求的精髓所在[6]。

目前，初中阶段的语法教学以基本词法为主，兼顾简单句法。高中语法教学的主要任务是在进一步巩固初中已学过的语法知识基础上，继续学习句子的补语、过去完成时、过去将来时、将来进行时、现在完成进行时、一般将来时的被动语态、现在完成时的被动语态、现在进行时的被动语态、动词的“-ing”形式、动词的“-ed”形式、状语从句和定语从句、非限制性定语从句、主语从句、表语从句、同位语从句、间接引语、主谓一致、省略、倒装、强调、情态动词的对比归纳、构词法以及虚拟语气等。其中虚拟语气是2000年教学大纲没有要求学习掌握的新的语法项目，值得我们特别关注。以上内容都合理、有序地分布在外研版模块一至五中（虚拟语气在模块六中讲解），以让学生进行第一轮语法学习；外研版模块六至八则是安排第二轮语法学习，循环再现重要的语言结构，通过各种练习、活动和任务去复现巩固、对比归纳、拓展加深课程标准所规定的语法要求。

语法教学不仅要使学生掌握语言的形式和意义，更要使学生清楚形式的运用，赋予语法交际意义。高中英语语法应以句子为中心，与逻辑思维联系起来，与人说话的意识联系起来，与篇章语境联系起来，与题材联系起来，与文化联系起来，从而实现语法的表意、交际功能。

## 五、语法教学的原则

### （一）注重教学的对比性

在已经掌握了母语的情况下进行外语学习，原有的母语知识必然会对新的语言学习产生影响。根据现代外语教学的研究，原来所学的知识对后来学习的知识产生的影响分为两类，即正迁移和负迁移。一般来讲，母语与目的语的系统相近的话，正迁移居多，反之，则负迁移更多。英汉两种语言有其共性，但有更多的差异，因此高中英语教学要注意充分利用对比，帮助学生认识两种语言的异同，促进正迁移，减少负迁移。在外语教学中，通过对比，增强学生对目标语的监控意识，注意母语和目标语的差异，在使用目标语的时候，则能有较多的注意力被分配到目标语的语法结构上，有利于语法的正确使用。比如，通过对比英汉语言的句子特点，了解两种语言的基本句型（SVO结构）的相同点以及从句方面的差异，有利于学生形成正迁移，掌握基本句型，形成语言能力的基础。

### （二）注重教学的情景性

语言学习只有在一定的情境中才能被正确理解和运用，新课程改革的目的是改变传统教学中过分强调语法知识的讲解和传授的状况，让学生在运用语言的过程中领悟语法知识要点。在新课程理念的指导下，教师应将语法结构置于具体的情境之中，对日常生活中的情景进行创造性利用，让学生在语言交际的过程中领会语法规则。

在单元教学准备中，教师可利用真实的环境或设计模拟的情境进行语法教学，使语法教学更趋形象化、真实化。教师可以根据单元教学的目的、内容的特点，创设真实性情景，让学生在情景中学习语法。比如，在学习语法结构“be + *adj.* + enough to do sth.”和“be too + *adj.* + to do sth.”时，教师可让学生 A 和 B 一近一远地站在讲桌前，然后让学生伸手去拿讲桌上的一本书：“Try your best to reach the book，will you?”学生 A 可以很容易拿到书。教师便指着他说：“It is close enough（for A）to reach the book”，而 B 怎么样都够不到书，教师则指着他说：“It is too far（for B）to reach the book.”通过情景的创设，抽象的语法知识变得形象，既降低了学习的难度，也激发了学生学习英语的积极性。

### （三）注重教学的系统性

语法教学的系统性要求教师对整个高中阶段的语法要求、语法项目，各个阶段、各个单元的语法项目具备整体的考虑，从而高屋建瓴地把握语法知识的讲解。目前高中英语的教材编排是按照功能和交际的目的来安排的，语法项目也是围绕实现交际和语言功能来安排的。教材安排的目的是让学生在语境中发现、把握语法规则，在实际语言运用中内化语言规则，从而形成语言能力。因此在语法教学中应做到整体考虑、综合设计、逐步推进、归纳拓宽。语法教学要注重让学生体验、发现语法规则，通过系统、生动的讲解，使学生的语法知识条理化、系统化。

### （四）注重教学的启发性

在新课程理念下，教师不是直接地给学生传授语法，而是针对语法项目提出问题，引导学生观察、发现、归纳，并提出解决问题的建议。因此，语法教学的设计要特别注意学生的认知、心理特点，提供的语言材料要有一定的挑战性，让学生去发现语法规则，给学生留下思考的空间，而不是直接将规则搬上来。比如，在学习直接引语和间接引语时，教师不是直接将语法规则呈现出来，而是提供范例，列出“I'm doing a biology experiment now”和“He was doing a biology experiment then”，让学生通过观察总结出变化的规则，然后提供更多的例子，归纳语法规则，并在情景中把握用法和功能。

## 六、语法教学的模式

语法教学是当前新高中英语教与学中一个较为突出的热点问题，也是一个难点问题。语法教学方法应该改进和创新，但这并不意味着全盘否定过去。一般来说，随着高中学生认知水平的提高，语法教学应该更多地使用归纳法，因为与演绎法相比，归纳法能推动学生的主动参与，有利于学生观察、思维、分析、综合能力的培养，有利于学生的探究学习和自主学习能力的提高，但在学习一些比较难的或者某些比较直接、明了的语法项目时，例如在进行虚拟语气中的错综时间条件句（conditional sentence of mixed time）的教学时，也完全可以继续采用演绎法。总之，在实施语法教学方法的调整、改进和创新的同时，也要注意沿用我国传统语法教学中合理、有效、仍有生命力的部分。下面是一些主要的语法教学模式。

### （一）归纳教学

归纳教学属于传统语法教学模式，也是语法教学中比较常见和有效的教学模式之一。在日常教学中，不应该也不可能对一种新的语法项目进行深挖讲解。教师可根据教材编写的设计理念，集中一段时间运用归纳法对每个单元的重点语法项目进行专项突破。教师可引导学生仔细观察含有语法规则的材料，让学生去发现意义和形式，再通过学生的讨论，归纳出这种语法项目的结构特征和使用规则。这种模式有利于提高学生的探究学习、自主学习能力。当然，语法教学不能仅仅局限于语言形式和语法规则，教师还必须认真设计巩固操练和实际应用环节的教学活动，让学生在意义的理解中把握规则。只有通过实际的应用，特别是在交际或者模仿交际中发挥语言的本身功能，学生才能内化规则，将语法规则和语言意义结合起来，真正掌握语法项目。[7]

### （二）演绎教学

演绎教学模式是语法教学的另一种常见模式，与语法的归纳教学模式相辅相成，适用于不同的环境。在进行模块复习时，教师可以将本模块所涉及的语法内容以及以前模块中学过的有关内容进行集中，通过对比、归纳，进行专项梳理，然后再演绎至具体和特殊的典型，促进学生巩固应用语法规则。例如，在学习宾语从句、表语从句、主语从句和同位语从句后，可以用一组句子对名词性从句进行结构的对比。

表 1　名词性从句结构的比较

| 宾语从句 | We don't know when Tom will come back. |
| --- | --- |
| 表语从句 | The question is when Tom will come back. |
| 主语从句 | When Tom will come back is not known yet. |
| 同位语从句 | We have no idea when Tom will come back. |

然后，将名词性从句的词性特征，以及四大类连接词："that""if/whether""wh-"和关系代词"what"的使用加以对比、归纳和总结。让学生对名词性从句的全貌有一个较全面的了解和把握。然后，将这些规则应用到实际的语言活动中，通过关注意义，加强学生对规则的内化和具体掌握。

### （三）三维语法教学模式

1. 三维语法教学的理念

多年来，语言教师倾向于两类语言教学方法：一类重语言形式或语言分析，一类重语言运用。实践证明，两类方法必须结合才是更好的教学方法。从交际的角度看待语法，我们能够认识到语法不仅是一个各种形式的集合，语法结构不仅有句法的形式，也可以用于合适的语言环境来表达语义。这三个方面被表述为形式、意义和用法。美国著名语法专家拉森·弗里曼（Larsen Freeman）于 1995 年提出了一种全新的建立在"Form""Meaning""Use"三个不同维度上的三维语法教学法，将语言的形式、意义与实际的使用有机地结合起来。新课标下的高中语法教学一定要从运用的角度出发，把语言的形式、意义和用法融为一体，真正形成学生的语言能力。比如，在学习现在完成时的时候，必须帮助学生了解"have/has + PP"词以及

“have/has + been doing”的区分，按照三维语法教学的理念，学生除了了解完成时的结构外，还必须了解它的不同形式所表示的意义，此外，如何在语境中使用这样的结构来表情达意就成了该语法项目的关键。比如在表示“已经持续工作了7个小时都没有休息”时，应使用哪一种结构呢？显然，这里用“have/has been doing”更为合适，因为它表示一种完整、持续的行为，而单独使用“have/has + PP”则无法表达此意。三维语法教学的模式如下（图1）：

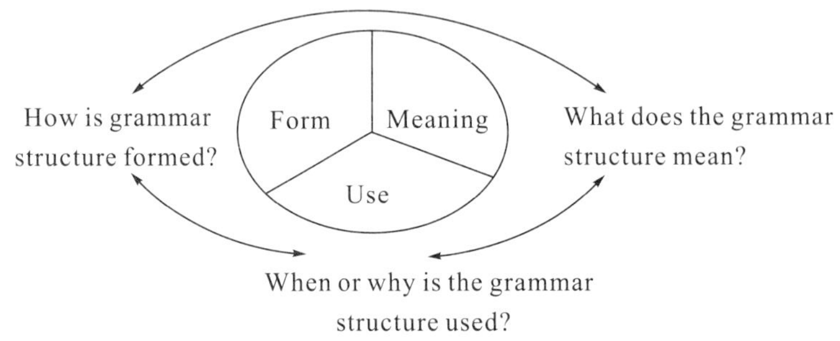


图1　三维语法教学观（**Larsen-Freeman**）

通过三维语法教学，学生可以知道一个语法结构是什么，是怎么构成的，有什么意义，还能知道为什么在两种具有相似语法或词汇意义的形式中，说话人偏偏选择了一种，而不是另外一种。

2. 三维语法教学的过程

一般可以把三维语法教学模式分为五个步骤来完成：热身准备→发现语法→学习形式→理解意义→应用语法。热身准备是对上一堂课要点的复习，然后通过一些参与性的活动，如听歌、竞赛、表演等形式，让学生对新单元的内容有一个初步的理解，调动学生的背景知识，激发他们的学习兴趣和求知欲望，为发现和探索语法规则做好准备。

学习形式是通过教师的讲解和引导，让学生在感知、发现语法现象的基础上将语法规则以语法结构的形式总结出来。在新课层面上，这部分内容常常表现为回归课文阅读文章，从文章中判断和找出形式或类似结构。经过这一阶段后，学生能够为下一步理解、操练规则理清头绪，做好准备。理解意义是指通过设计以意义理解为主的活动能够，促进学生对语法项目的理解，进而为下一步的语法应用打下基础。

应用语法是教师为帮助学生掌握语法功能项目的意义和提高其语言应用

能力所设计的语篇意识强、交际性好、促进创造性思维发展的活动或任务。当然，上述五个步骤并非一成不变。根据课堂教学的需要，有时也会把学习形式提前，或把学习形式和理解意义结合起来，有时也可能因为想要加强语言输入而提高某些语法规则的使用频率，以达到“强化”的目的。

### （四）任务型语法教学

任务型教学是“标准”所倡导的一种教学方法，其目的在于给学生提供真实的交际或学习任务，通过完成任务，体验语言规则，练习各项语言技能。任务型语法教学是指将语言规则的学习融入各种语言任务中，通过完成任务，让学生体验、发现语法规则，并通过进一步的任务来巩固语法规则。

任务型语法教学模式环节主要包括设置任务、阅读、发现、总结、归纳语法规则、汇报等。例如，教授现在完成时的被动语态时，教师可以设计以下任务：“What has changed in our classroom?”先让全班学生闭上眼睛，然后让几个学生按教师所给字条提示行动，如“clean the blackboard”“turn off the light”等。然后，其他学生睁开眼睛，观察教室内的变化，让学生运用如“The blackboard has been cleaned”等现在完成时的被动语态句子进行表达。再如，在学习祈使句直接引语变成间接引语时，教师可播放关于交通事故的视频或图片，要求学生扮演目击者、警察和记者，进行访谈，了解交通事故发生的原因，还可以组织讨论，要求学生根据讨论结果设计防止事故的调查表，对如何避免事故提出合理建议。[8]

在语法任务前，教师应借助阅读材料或听力的内容展示语法要点，并布置学习任务，然后让学生按照计划在小组中或对子活动中完成探究、运用语法的学习任务。如果时间充足，可让学生在课堂中汇报和展示成果，以激发学生的参与。同时，教师应再根据学生共同体现出的问题，安排有针对性的训练活动进行集中讲解。[9]此外，教学活动和任务的设计应符合学生的年龄特点和生活背景，使学生有话可说；任务的完成形式应该是多样化的；任务的难度应该是有层次性的，有难有易，以照顾到不同水平的学生。

下面是一些常见的任务模式。

（1）合作型任务。这类任务要求学生通过合作来完成某项任务，如展示、购物、旅游等。比如在讲授名词性从句时，教师首先布置“连线成谚”的任务，通过各合作小组之间比赛谁连得多的方式进行，从而为该语法课教学揭开新颖的序幕。之后，教师在课堂上可让不同小组的同学对教材的阅读文章进行“拼图阅读，查找含有名词性从句的句子”的任务，让不同的小组分工合作，独立完成，既达到认识名词性从句的目的，又合理控制了任务的难度，使课堂教学的每一步都紧凑、有效。

（2）信息差型任务。信息差任务是在有意义的语境中进行语法结构训练的有效方式。在该活动中，学生首先需要获取一定的信息，教师要求学生以对子或小组的形式完成获取所需信息任务，消除信息缺口，以便解决问题。

（3）解决问题型任务。解决问题型任务与信息差型任务不同，所有的学生都能通过合作、辩论、推理等获取同一信息，提出他们解决问题的办法，并最终得出合适的结论。比如如何保护环境、如何降低交通事故、如何戒烟等。

（4）交换观点型任务。这类任务让学生通过表达不同的观点来学习、巩固语法知识。比如，在学习情态动词时，让学生回想自己最近三天的饮食情况，通过访谈、填写表格完成任务，最后让每个小组派代表向全班汇报。

### （五）运用多媒体教语法

利用多媒体制作语法教学的课件，开发基于多媒体的课程资源对高中英语教学来说是十分必要的。利用PPT或基于Web网页所开发的课程资源具有交互性、动态性的特点；同时，画面形象生动，能够将语法知识教学“完美包装”，激发学生参与的兴趣。比如，通过播放视频、音频或静态图片的方式引入语法主题，可以使学生更有效地融入交际中，获得丰富的语法背景知识。此外，利用计算机多媒体教学，语法的练习也较传统教学更直观、生动，有利于加深学生对语法知识的认知。比如，利用PPT可以设计完形、阅读、听力等训练方式，通过色彩的对比、声音的凸显，教师可以将语法知识、答案等形象地反馈给学生，给学生留下深刻印象，促进语法知识的掌握。

### （六）通过趣味活动教语法

新课程改革要求教师能够利用多种有效手段进行教学。除了阅读、讲解、练习等方式外，教师也要尽可能地使语法学习形象、生动、幽默，给学生留下比较深刻的印象。采用活动的方式进行教学往往能在幽默、有趣的情景中促进学生对语法知识的掌握。趣味活动具有使气氛轻松、缓解学生压力的作用，出于天性，学生乐于参与、接受挑战和展示自己。在语法项目呈现前后，教师可以利用游戏来进行热身、巩固和检测语法知识。比如，在直接引语与间接引语学习后，教师可以让全班学生分组写下主语、事件（动词+其他部分），提示学生可将内容写得生动有趣，然后由第三部分的学生随机搭配，用间接引语转述，向全班汇报，之后再交换角色。这样，可能会出现如“Peter said he could eat ten horses”之类的有趣句子，这样既能调动学生的兴趣，又能使学生在轻松幽默的氛围里巩固语法知识。

**注释：**

[1]《普通高中英语英语课程标准（实验）》，北京：北京师范大学出版社，2001，第14页。

[2] Nunan, D., *Practical English Language Teaching: Grammar*, Beijiing: Higher Education Press, 2007, pp. 187-188.

[3] 文秋芳，《英语学习的成功之路》，上海：上海外语教育出版社，2003，第152页。

[4] 程晓堂，《基于语篇的语言教学途径》，《国外外语教学》2005年第1期，第8-16页。

[5] 周遥，《英语语法教学新动向》，《基础教育外语教学研究》2006年第9期，第26-29页。

[6] 周文筑，《普通高中课程标准实验教科书英语》，《语法教与学》[EB/OL]，http://www.pep.com.cn/peixun/xkpx/peixun_111/jcjs/jj/200806/t20080625_477181.htm2006-07-06。

[7] 邱玲，《高中英语三维语法教学模式的探索》，深圳：中国唱片深圳公司，2007，第67页。

[8] 何静令，《新课程标准下语法教学的定位与对策》，《基础教育外语教学研究》2005年第4期，第37—40页。

[9] 鲁子问、康淑敏，《英语教学方法与策略》，上海：华东师范大学出版社，2008，第171页。

# How to Motivate Middle School Students to Learn English Well

徐纪明

四川省德阳中学　四川德阳　618000

**Abstract**: This essay thoughtfully analyzes the current situation in English teaching and learning in Chinese middle schools, and opens up a debate on the significance of the motivation of the students and the causes of demotivation in English learning, as well as the application of motivating systems for instructional skills in English teaching in middle school.

**Key words**: motivation; teacher; students; learn English well

## I. The Significance of Motivation

It is generally acknowledged that motivation is an extremely important factor in successful foreign language learning: "The psychological experiments suggest that the stronger the learner's motivation is, the more quickly the learner can learn a foreign language." [1] Most teachers agree that a successful language learner is usually highly motivated to learn. It is true that one cannot hope to learn a foreign

---

**收稿日期**: 2016 - 03 - 16

**课题项目**: 2001—2002 年教育部骨干教师国家级培训课题"How to Motivate Middle School Students to Learn English Well"研究成果之一。

**作者简介**: 徐纪明 (1958—), 男, 重庆市人, 中学教授级正高级教师, 四川省首批中学特级教师, 四川省学术和技术带头人, 四川省教育科研课题评审专家库成员, 四川省德阳市有突出贡献的优秀专家, 四川省德阳市首批学科带头人, 四川省德阳市高中英语中心组组长, 德阳市外语专业委员会副理事长, 德阳中学外语教研组长, 重庆市优秀教师, 中国教育学会会员、中国外语教育研究中心、中小学英语教育研究中心特约研究员, 主要从事高中英语教学与研究工作。

language successfully without motivation.

### i. The Definition of Motivation

"A working definition of motivation would be that it consists of internal processes which spur us on to satisfy some need." [2] Generally, motivation is the process that arouses, sustains and regulates human and animal behavior. According to Jeremy Harmer, motivation is some kind of internal drive that encourages somebody to pursue a course of action. [3]

There are two main categories of motivation in educational psychology. One is intrinsic motivation, which is concerned with what takes place inside the classroom. From drive to incentive it is of vital importance in determining students' attitudes toward the language targeted. Factors of physical conditions, teaching methods, the teacher's quality and learning success can also affect the intrinsic motivation. The other is extrinsic motivation, which is, from incentive to drive, concerned with factors outside the classroom. Factors of integrative motivation and instrumental motivation, such as academic and professional purposes, will affect extrinsic motivation. Moreover, the student's attitudes around him or her also have a strong influence upon the student's motivation in English learning. "Both intrinsic and extrinsic motivation are sources of satisfaction for a teacher to adopt the approaches and activities to interest the students." [4]

We can understand the motivation of the students in foreign language learning like this: Drive encouraging students to pursue a course of action is roused by individual needs containing interest, desire and volition, while incentive, produced by learning aim and environmental pressure, is based on objective reality related to the needs. When put together, they produce motivation.

### ii. Motivation in Learning English

It is convincing that motivation plays a vital role in foreign language learning. Theoretically, motivation can stimulate a learner's enthusiasm by arousing a learner to feel enlivened, provoked or excited. Actually, the students who are positively motivated in learning English have a strong desire to participate actively in language activities, and they feel full of energy to be engaged in learning.

Driven by motivation, they are spurred forward toward their destinations. No wonder, it is commonly considered that the integratively motivated learners are usually the most successful.

Indeed, the more the students are integratively motivated in English learning, the more successful is the English teaching. Therefore, a study of motivation of the middle school students in English learning is crucial for a teacher. Without a knowledge of the ways and means of encouraging students in learning, without knowing about their "appetites" in the widest sense of the word, not being sensitive to their interests, the teacher's task would be impossible to accomplish. For this purpose, teachers should place an understanding of motivation very high on their list of priorities and be skilled at inspiring the students to learn English actively and successfully.

## II. Causes of Demotivation

We have seen that it is a common phenomenon among middle school students that they are de-motivated in English learning. Such students show little interest in English. They often feel bored with English learning. Some of them either sleep in class or play truant while having English lessons or even give up learning English. Some causes of demstivation are proposed here.

### i. Lack of Clear Purpose

Some middle school students do not think English is useful, for they do not think the mastery of English has a great deal to do with their future careers. They even consider learning English as a waste of time. The investigation from three senior middle schools shows that about 70 percent of the senior middle school students have a strong desire to go to university or college for further study, about 10 percent of the students who want to go to professional school want to learn English for a better job, and that the rest of nearly 20 percent of the students have no clear purpose. They think that they have no chance to go to university or professional school after their graduation from middle schools; nor do they have any opportunity to go abroad or deal with foreigners. Also, English is not required in qualification examination for cadres, workers, soldiers and the like. So they think it unnecessary for them to spend much time learning English. Without clear purposes for English learning, the students, of course, have no motivation.

### ii. Lack of Interest

Another problem of de motivation of middle school students is lack of interest. An investigation from the poorly-motivated students indicates that their de motivation is usually due to two factors, one is that students feel English leaning materials are uninteresting and the other is that they are often bored with their teacher's lessons.

For one thing, English learning itself, such as practicing pronunciation, memorizing new words and expressions, keeping grammar rules in mind, can be very dull and dry. Many a student does not feel such hard work interesting from the beginning. After a period of time, they become tired of working at it, and their initiative for English learning might disappear sooner or later. It is not strange that the students show little interest in English learning. A senior student I visited once said, "English textbooks seem to me so heavy to carry and so tiresome to read." Such students as him have a strong feeling of hostility towards English learning, and often fall far behind their classmates.

Furthermore, the teaching methodology employed by the teacher is not as effective or successful as expected. According to the national syllabus for middle school English issued by the Chinese government, the purpose of English teaching is to lay solid foundations for the students' use and further study of English. This is right and blameless, of course, but what does this foundation mean? Many middle school teachers think that this foundation just means learning the most commonly used vocabulary and essential grammar rules. They think that teaching listening and speaking is a waste of time, as few students will have the chance to communicate directly with native English speakers or to become English professionals. The great majority of them will be ordinary workers and peasants, who may or may not have the opportunities to read English. Therefore, to meet the students' needs, all or most of the class should spend time on reading and on developing reading skills. And for this purpose, it is assumed that all one needs is a good command of grammar and a large vocabulary. As a result, most teachers totally neglect the training of the students' communicative abilities in their teaching. Most of them have been using and are still using the grammar-translation method. Time is spent in reading what is printed in the textbooks, but the students have little chance to practice, and the teachers speak little in English too. They teach English simply by speaking Chinese.

### iii. Fear of Difficulties

English learning has its enjoyment, but it also involves hard work. Many learners hold the opinion that learning is not easy; it requires self-discipline and hard work. Actually, any one might face many difficulties in the process of English learning. However, some middle school students have no self-confidence and hesitate to press forward when they encounter difficulties in English learning. They think English is too difficult for them to learn, and do not believe they themselves have enough courage and perseverance and definite aptitude to overcome the difficulties. Thinking that it is impossible for them to master English, they lose heart and even give up learning English.

Moreover, some middle school students are so heavily occupied with other compulsory courses, such as Chinese, mathematics, physics, chemistry, and the like, that they are not able to spend enough time learning English. Under the high pressure of anxiety about their lessons, those students whose other subjects are poor, are frequently prone to feel disappointed at English learning and de-motivated.

### iv. Vulnerable to Failure in Examinations

It is not surprising that an English learner would fail a hundred times in examinations. However, some middle school students are very sensitive to failure in examinations. It seems that they learn English completely for the purpose of examinations. Each time they fail in the examination, they feel ashamed of themselves, and eventually they become afraid of taking examinations. They often ascribe their failure either to bad luck or to the queer and difficult questions set by the teacher in an examination, or doubt their own intelligence quotient. After they fail in the examinations again and again, they fall into depression and feel exhausted. Those students who are upset by failure are easily oppressed with anxiety and often produce a strong feeling of hostility toward learning.

Meanwhile, some of the teachers and the parents have un practically high expectations of the students' success. When their students fail, teachers either complain about their carelessness in the examination or scold them with angry and rough words, which greatly hurts the students' self-esteem and affects their self-confidence. Additionally, many teachers are accustomed to assigning the students too much extra homework that the students are heavily burdened with the work day and night. And what is more, these students are often looked down upon by their peers. The heavy pressure makes them vulnerable to failure in examination, and with a depressed emotion, how can the students participate actively and energetically in English learning?

## III. Suggestions to Arouse Students' Motivation

There is no formula for surmounting the students' demotivation, but some suggestions proposed here might aid in arousing students' motivation in English learning.

### i. Helping Each Student Set and Attain Appropriate Goals

Goal setting is defined as specifying some state of affairs to be attained by or for oneself at a specified future time. [5] Many teachers have noticed the importance of students having some control over the establishment of their own goals. If a student perceives a goal, which is something he or she wishes to achieve, and if that goal is sufficiently attractive, the student will be strongly motivated to do whatever is necessary to reach that goal.

De Charms suggested that you teach the students to mentally plan the behavioral sequence required to reach goals he considers realistic for himself by means of a four-step process:

(a) Analyze personal strengths and weaknesses;

(b) Choose personal goals realistically, noting own capabilities and realities of the situation;

(c) Select immediate concrete actions that can be taken now to move toward the chosen goal;

(d) Determine ways to tell whether action taken is moving one toward the goal[6].

Goal setting is an important feature to the contract system utilized in many middle school classrooms. The students, in effect, contract with the teacher to accomplish certain goals, such as mastering a specified body of content, completing a term paper and gaining high scores in examinations. Records of progress toward these goals are kept by the students and discussed periodically with the teacher. Therefore, many experienced middle school teachers of English utilize the contract procedures to report good effects on resultant student motivation.

### ii. Arousing Students' Interests

It is generally considered that interest is one of the most powerful factors in motivating students to learn a foreign language. Interest is a good starting point in learning. Undoubtedly, a person likes to do what he or she is interested in. Regarding studying English, he or she may be full of favor and initiative to learn. If he or she feels it interesting to learn English, he or she will be motivated to acquire what the teacher teaches. The more he or she learns, the more he or she likes English. Generally, the motivated learners will feel that English learning is enjoyable. With great interest in English, an English learner will be in pursuit of it all his or her life. Therefore, it is of great significance for a teacher to arouse the students' interest in English learning. Interest, subdivided into two phases of direct interest and indirect interest, is a crucial means to arouse a student's intrinsic motivation. Direct interest results from direct learning process itself and the content being learned. It attracts students' attention, but it lasts for a short time, as it is hard to be involved in students' thinking after it is perceived[7].

(1) Securing Students' Curiosity

Curiosity is a powerful intrinsic or internal motivator. More than anything else, middle school students are curious, and this in itself is motivating. The teacher should be alert to recognize curiosity on the part of the students and reinforce its occurrence. Indeed, the teacher should also deliberately structure situations in which the climate will be right for stimulating the students' imagination and curiosity. Active and enthusiastic classroom atmosphere, beautiful pronunciation and intonation, carefully - designed handwriting on the blackboard, interesting materials, novel ideas, new and effective teaching approaches, humorous behavior, and good manner are all available to arouse students' curiosity and cause them to be interested in what the teacher is teaching. In this sense, the students are motivated in learning.

(2) Concentrating Students' Attention

A teacher must know how to secure the attention of the students. To know exactly how and why the students are motivated will mean finding out how they feel about English at the beginning of the course. How students' attention can be directed and their curiosity aroused involves some work with teachers and students. If a teacher can make his lesson lively and interesting, students' attention will surely focus on his or her lesson, and they will listen attentively, look carefully and learn actively. If the students concentrate their attention upon the learning task, they will possibly not allow their thoughts to wander away from what is being taught or practiced, and this means that students attending or focusing behavior is attained by external action of the teacher. And, of course, students can understand better what is taught in class. Therefore, as a teacher, you should create a good environment and have your lesson carefully designed and well prepared so as to make the students feel attracted and interested. For this purpose, your attractive lesson can concentrate your students' attention and enhance their interest gradually.

(3) Providing Students with Meaningful and Realistic Activities and Relevant Games

The students need activities that are exciting and stimulating. They would rather be involved in something active than sit silently and listen passively. Provided with various meaningful and realistic English activities and relevant games, students will learn linguistic knowledge and develop their communicative competence in an interesting and enjoyable atmosphere. Their pleasure will drive boredom away. In this sense, their interest could be aroused and retained.

In order to create the best possible environment for practicing language skills, the activities should make students motivated and have the following aims:

—to promote students' activity and co-operation

—to reduce stress and individual anxiety

—to focus on the students' own interests and creative ability [8]

During the whole class, students should be put in the dominant position, and the teacher should act as an initiator, monitor, advisor, encourager and consultant in the activities of English practice.

While providing students activities and games, the teacher should make the language practice meaningful, realistic, relevant and interesting. For example, when teacher teaches speaking, he or she can use different kinds of dialogues, such as mini-dialogue, open-ended dialogue, mapped dialogue, or role-play, interview, information gap. The teacher can also promote some games for students to practice oral English, such as guessing games, elicitation games, memory games and some others. While teaching writing, the teacher can adopt the following to make lessons interesting and effective. First, the teacher can use the controlled writing activities, such as direct copying, gap-filling, re-ordering words, substitution, correcting the wrong sentences and parallel writing. Then, the teacher can use guided writing activities, such as writing from pictures, speech bubbles and the like. Finally, the teacher can use free activities like personalization; that is to say, write what is related to students' own lives or experiences. This is the way that the students' response is based on their opinion, experience and knowledge.

Furthermore, the teacher can also use some writing games to develop students' writing skills, such as personal description. Ask each student to write a sentence to form a story logically with cohesion and coherence, for example, using structural devices which link sentences together and logical progression to combine or reorder sentences.

### iii. Enabling Students to Perceive Success

It is generally acknowledged that the greatest motivating factor is expectation of success. According to psychological experiments, the experience of success derives from two events: the actual accomplishment of feat and recognition from others. Most middle school students draw most satisfaction from tasks that are challenging but attainable. If a student makes great progress in learning, or receives good results in exams, or he or she is praised or rewarded because of fulfilling a certain task the teacher assigned, the student must get so excited and cheered up that they are motivated to do better next time. It is clear that students are highly motivated by success. The retention of high interest must rely on students' desire for accomplishment and success. The more English they learn, the more avid they are for learning what they don't know and more eager to obtain the knowledge they desire. Therefore, it is very important and necessary for a teacher to enable students to perceive success in English learning.

In order to enable students to achieve success, a basic motivational purpose for a teacher is to help students regard learning tasks as challenging and attainable. In classroom drills, to give students unrealistically high challenging activities will have a negative effect on motivation. It will also be the case that low challenging activities are equally demotivating. If the students can achieve all the tasks with no difficulty at all, they may lose the motivation that they have when faced with the right level of challenge. Consequently, understanding students' motivation is a matter of becoming aware of the kinds and level of their needs. Much of the teacher's work in the classroom concerns getting the level of challenge right. This involves the type of tasks set, the speed expected from the student, etc. A teacher should give students more positive feedback to inspire their motivation rather than negative feedback to reduce their motivation.

Also, in order to motivate students to be successful in learning English, a teacher should help students to do the following:

—know how to go about learning

—know effective ways of learning English

—develop an ability to communicate in the target language

—be active in learning

—be willing to practice in class

—be willing to communicate in real: life situation

### iv. Encouraging Students to Overcome Frustration

Good language learners are not necessarily those for whom a language comes very easily; but they have persevered, have overcome frustrations, and have, after many trials and errors, achieved a satisfactory level of achievement. [9] In interpretation of the middle school students and their English learning, the cognitive skills that the students bring to the learning tasks have received the main emphasis. Affective and personality factors have received much less attention. However, any foreign language teacher, and for that matter, any foreign language learner, can testify that foreign language learning often involves strong positive or negative emotions. Moreover, most of the middle school students declare their feelings and intentions when they opt between continuing or giving up their English learning. Nothing has brought about greater concern about student motivation than frustrations. Therefore, teachers should treat the importance of motivation as self-evident and encourage students to overcome frustrations.

(1) Building up Students' Self-confidence

It is widely acknowledged that self-confidence is an intrinsic motivation. A learner who has self-confidence usually does not hesitate to accept responsibility, to begin difficult a task, to appear relaxed in the face of challenge, and to do what he expects to succeed. In this sense, the students who have strong self-confidence are sure of their powers to succeed even if they have many difficulties in learning. And they have no anxiety about examinations. So, teachers should build up students' self-confidence in learning by creating a certain situation to provide opportunities to cultivate students' volition, increase their perseverance and reinforce their self-esteem so that the students can make every effort to excavate their potentiality (ability and aptitude) for learning.

In addition, self-confidence, in a sense, means ambition. The ambition of the students can also increase their effectiveness to combat frustrations. There is little doubt that ambition can turn a learner's goal into motivated behavior. With ambition to learn English well, the students can persevere in learning. Many examples among middle school students have proved that the students who are ambitious to succeed in English learning usually have extraordinary courage to overcome any frustration and work hard until they attain the end they have in view.

(2) Treating Examinations Sensibly

Many middle school teachers consider examination a good means to urge students to learn. They believe that under the heavy pressure, frequently, of worrying about failure in examinations, the students have to learn English rigorously. The heavier the pressure is, the harder the students work at it. For this purpose, teachers often give students difficult examinations that affect their anxiety and motivating force. There is an opposite view of some teachers that examinations exert a pernicious influence on teaching and learning. On the one hand, the teachers teach English for the purpose of examination, focusing on grammar and vocabulary instead of communicative competence. They often spend much time training students' examination strategies. In effect, even though some students get high scores in examinations, they are found in a certain situation as "being blind to what is seen, deaf to what is heard, and mute to what is spoken." On the other hand, failure after failure will affect students' motivation negatively. The more they fail, the less motivation they have.

Therefore, it is important and necessary for both teachers and students to treat examinations sensibly. Teachers can utilize examinations or tests to spur students to learn but should avoid the use of stressful procedures: "Mild anxiety and the light tension that it produces probably heighten activity and facilitate learning. But when anxiety becomes acute or chronic, it produces disorganization of cognition response." [10] The highly anxious students do not concentrate well on learning tasks and generally do not do as well as they might. Therefore, a teacher should never deliberately induce anxiety in students. Also, care must be taken to identify the students who are anxiety prone, and for such students, efforts must be made to reduce the stress of examinations. Besides, we, as teachers, should help the students to draw useful lessons from failure and improve their learning strategies, and help them assimilate the language material more consciously so as to learn English through practice and then improve their competences both in linguistics and communication.

## v. Establishing Good Relationships with Students

It is asserted that "of all the factors influencing learning among students, emotion establishes a proportion of twenty-five per cent"[11]. In terms of psychology and physiology, emotion or feeling is a response to the stimuli from outside environments. It is very important for a teacher to build up good relationships between students.

(1) Giving Students a Cheerful Emotion in Class

Teachers must be highly devoted, even self-sacrificing at times. A teacher should play a guiding role in exciting the students' emotion, so that the teacher's own emotion would influence that of the students. There is a common point that all qualified teachers love their students and their jobs. They teach with high spirit and emotion, making full use of their emotion to influence their students positively. It is unlikely that teachers are able to inspire and encourage students to learn energetically if they themselves are not full of spirit and lack enthusiasm in teaching. The reason why a lot of students dislike English lesson lies in the fact that teachers lack emotion and have impotent methods. Therefore, a teacher should have not only good knowledge of English, but good emotion and efficient ways to elicit students' emotional response so as to arouse and cultivate their non-intelligence factors that facilitate their intelligence and are made to be more effective in English learning.

(2) Showing Concern for Students

According to educational psychological experiments on how students think and learn, emotional and motivational instruction is supported by the fact that teachers behave affectionately towards students and show concern about them. Thus, teachers should be aware that student motivation in learning depends considerably on the teacher's attitude and behavior to them. Whether the student is good or poor at English, a teacher should show interest in and concern for him. Students hope that their teachers are kind, tolerant, considerate, and show great patience to them all. When the teacher ignores a student, he or she will have negative motivation in learning. We, as middle school teachers, should try to seize opportunities when the students need our concern badly and try possible means to cause them to respond to emotional, motivational and interpersonal demands of English learning. Indeed, all our kind care, selfless help, patient coaching, enthusiastic encouragement, efficient instruction, appropriate praise, mild criticism, and frank suggestions, can not only drive our students' anxiety away but prompt them to study harder than before. And we will be more respected by our students for our convincing instructions. For this purpose, it helps us to establish good rapport with the students.

(3) Showing Confidence in All Students

Many experienced teachers think that teachers should show confidence in all of the students, place high hope on them rather than find fault, here and there, with them. To a certain degree, English teaching is a process of interaction between teachers and students. They influence each other with confidence both in teaching and learning. However, in some schools, some teachers classify the students into groups of promising or non-promising, lovely or indifferent and non-enthusiastic. Then they focus their teaching on the so-called promising students. They are indifferent to the non-promising students and do not believe such kinds of students can be successful in English learning. In class, the teacher seldom asks them to answer a question. Instead, opportunities are always offered to the promising students. Such prejudice hurts the students' feeling. So, teachers should show confidence in all of the students, whether they are good or poor at English.

(4) Praise Instead of Punishment

Praise is the number one behavior modification tool employed by educators. [12] Praise motivates students. Praise builds self-confidence. Praise improves self-esteem. Praise is helpful. The poor students are not stupid, so praise instead of scolding or punishment.

Most experienced teachers are sensitive to operate student intelligence by stimulating their non-intelligence factors. Teachers should never neglect students' progress, great or slow. Even if a student who falls far behind his or her classmates makes a bit of headway, the student is probably expecting a positive feedback from the teacher and recognition from other students. It is observed that if the middle school students frequently receive feedback words like "Good"

"That's great" "Excellent", their confidence will be established, and they will be inspired to participate actively in thinking about the teacher's question and try his or her best to answer it. In each case the teacher's words represent a judgment of what he or she thinks about the other person. The teacher's praise is a judgmental interpretation of their behavior, accomplishments, ideas, appearance, or character. For this purpose, the students will, of course, make progress in English learning.

Generally speaking, the students who take criticism very personally are much more affected by being praised than being blamed. Usually, they are vulnerable to punishment. But some teachers are liable to use punishment. When a student can not spell some new words or fails to answer a certain question in class, or fails in the examination, they, instead of encouraging the students, become unhappy or even angry immediately, and often make the student very embarrassed. There is no doubt that blame stimulates the students' motivation negatively.

An investigation from some schools I visited proves that some punishments are still given to the students by some teachers nowadays, such as scolding, ridicule, loss of privileges, embarrassment, extra work, fines, corporal punishment or expulsion. What punishment produces is the feeling of hostility between teachers and students. As we have seen, teacher's quality and student's motivation of hostility between teachers and students are very sensitive and effective. Evidently, punishment has little effect on improving the students' English. In addition, punishment does hurt the students and may dampen the good rapport between the teacher and student.

## IV. Conclusion

This essay, which mentions the current situation of English teaching and learning in some middle schools, discusses the significance of motivation in foreign language learning so as to help readers be convinced of the benefit and indispensability of motivation in learning English, analyzes the main reasons why the students have poor motivation in learning English and tends to help middle school teachers be fully aware of the vital importance of educational psychology in

English learning and the necessity of improving English teaching methods in middle school classrooms. This essay also offers some effective suggestions to arouse the students' motivation in learning English, and, basically, tries to help middle school teachers of English, particularly young teachers, develop instruction skills and improve their teaching techniques that may affect students' motivation which prompts students to learn English desirably and energetically, while purposefully attempting to help impart to teachers of English basic knowledge and skills that are directly related to successful teaching.

As we have seen, in foreign language learning, motivation is the crucial force, which determines whether a learner embarks on a task at all, how much energy he or she devotes to it, and how long he or she perseveres. There is no doubt that motivation of the student is the most powerful factor influencing students' success or failure in foreign language learning. How to motivate students to learn English well is tremendously dependent on the teacher's instructional skills and teaching approaches. As a teacher, without knowing how to motivate students to learn, his or her teaching would be impossible to be successful. Undoubtedly, it is desirable that teachers make every effort to affect student motivation, enhance their interest and increase their English competence.

On the whole, this essay has limited itself to the application of motivation in middle school instruction. It has emphasized the motivating system composed of non-intelligence factors of motivation of middle school students in English learning, such as interest, attitude, emotion, volition, curiosity, need for success, desire for stimulation and new experience as well as rapport between the teacher and students, and the like. In conclusion, it can be said that a teacher who is skilled at providing students' motivating environment for English learning is, of course, able to make his or her teaching more effective and prompt the students to learn English more actively and successfully, just as George Brenard Shaw said: "What we want is to see the child in pursuit of knowledge, and not knowledge in pursuit of the child." [13]

**Notes:**

[1] Packard Robert. G., *Psychology of Learning And Instruction*, Columbia: University of

Mossouri Press, 1975, p. 265.

[2] Dennis Child, *Psychology And The Teacher*, London: Cassell Educational Ltd., 1986, p. 32.

[3] Jeremy Harmer, *The Practice of English Language Teaching*, New York: Longman Inc., 1991, p. 191.

[4] Goodwin W. L. & Klausmeier H. J., *Facilitating Students Learning*, New York: Harper & Row Ltd. 1975, p. 84.

[5] Jeremy Harmer, *The Practice of English Language Teaching*, New York: Longman Inc., 1983, p. 380.

[6] *Psychology and Teaching: A Humanistic View*, Morris J. De charms, 1977, p. 386.

[7] Mcdonough Stever H., *Psychology in Foreign Language Teaching*, London: Unwin Hyman Ltd. 1986, p164.

[8] David Nunan, *Designing Tasks for the Communicative classroom*, N. Y.: Cambridge University Press, 1989, p203.

[9] Naiman, N. et al., *The Good Language Learner*, The Ontario Institute for Studies, 1978, p. 231.

[10] Marion Williams & Robert L. Burden, *Psychology for Language Teachers*, N. Y.: Cambridge University Press, 1997, p. 363.

[11] Bloom, Benjamin S., *All Our Children Learning*, New York: McGraw - Hill, 1980, p. 17.

[12] Hubbard P., *A Training Course for TEFL*, Oxford: Oxford University Press, 1983, p. 139.

[13] *George Bernard Shaw*, *His Life and Works: A Critical Biography*, Forgotten Books, 2016, p. 316.

# 大学英语写作主流教法
# 于农村中学英语写作教学中之运用探索

杨应国

新都一中，四川新都　610500

**提　要**：本文是2012年度四川省中小学教学名师专项课题“新课改背景下农村中学英语写作教学中成果教学法与过程教学法的对比研究”研究成果，介绍了课题研究提出的背景、原因与现状，以比较研究的方式探索了成果教学法与过程教学法在农村中学英语写作中的运用，为农村中学英语写作教学提供了参考。

**关键词**：英语写作教学；成果教学法；过程教学法；探索

“近年来，写作教学一直是中学课程改革的主导性话题之一。”[1] 2012年高三年级“一诊”之后，笔者利用晚自习时间当面批改几个特优生的英语作文，针对性地指出这些学生中英语写作的若干个突出问题。这时，一个学生不经意说了一句：“老师，你看，我们几个英语还算可以的学生在这次英语考试的书面表达都出现了这么多的问题，你不如每周专门开设一至二节英语写作指导课，规范系统地讲一讲如何进行英语写作如何？”

这个学生不经意的一句话，让笔者一愣：对啊，我们完全可以规范地进行英语写作教学啊。可是，面对不同学习基础的学生，又该怎么去教呢？应该采取哪些教学方法才更有效呢？有没有比较成型的体系可供参考？那些英

---

**收稿日期**：2017－01－24

**基金项目**：2012年度四川省中小学教学名师专项课题（川教函［2012］901号）“新课改背景下农村中学英语写作教学中成果教学法与过程教学法的对比研究”研究成果。

**作者简介**：杨应国（1969—），男，四川安州人，四川省成都市新都一中英语教师，中学高级，四川省英语特级教师，成都师范学院教育科学院教师教育实践专家，四川省中小学教学名师，四川省中小学骨干教师，主持完成国家级子课题、省级名师专项课题各一项，主要从事基础英语教育与研究。

语教学水平很高的学校又是如何解决这一教学实践中遇到的具体问题的呢？可不可以把大学英语写作教学的两种主要方法——成果教学法与过程教学法迁移到我们农村中学英语写作教学活动中呢？有没有人专门对这个问题做过比较正式的严肃的级别相对较高的课题研究呢？

对于这些问题，我校英语教研组进行了激烈的讨论，并通过互联网以及各类英语专业的图书及期刊查阅了很多资料，结果发现，关于此问题的学术论文及研究课题较少，以非实证性研究居多且不成体系，难以参考与借鉴。

但是，随着四川省新课程标准的实施，特别是即将实施的新高考对英语学科的考法变化，英语学科的教研人员和教学一线的广大教师为了贯彻新课改理念，不断地探索与新的教学理论相结合的教学观、教学方法和实施途径，提高受教育者的基本素质，以实现受教育者和谐、全面发展的目标。[2]然而，英语写作教学的现实情况是：教师普遍没有英语写作教学的理论与实际经验，学生得不到规范的、恰当的英语写作指导与训练，英语写作教学水平低下。

进一步调研发现，当前我省农村中学英语写作教学的现状堪忧。英语写作教学一直是中学英语教学中的难点，学生不愿写，教师批改作文费时费力，效率低。学生缺乏兴趣，易产生心理疲倦，大多数学生属于被动学习，学习积极性和热情不高，缺乏成就感，因此学习效果不佳。当然造成这种现状的原因很多，有农村中学基础教育的一贯薄弱，有经济环境的相对落后，有学生学习方法与学习能力的因素，也有教师教学水平不足、教法不能切合学生实际的因素。有的学校甚至没有设置写作课。为改变此现状，广大教师和学生强烈呼吁高效的英语写作教学方法和途径。

简阳阳安中学高二九班的舒同学说："每次英语考试，我最怕作文。费了很多时间写了作文，老师给分低，批注为中国式英语。我都不知该怎么办了。"

广安县二中高三一班的姜同学在调查中说："我们学校是农村县二中，同学们英语基础普遍较差，老师平常也很少讲怎么才能提高。可以说，英语这一科让大家头疼不已，写作更是应付了事。"

德阳罗江中学刚刚入职的杨老师说："教写作对我来说是个挑战，一方面，写作是语言知识的正确输出，属于综合运用；另一方面，我自己缺乏实际的教授写作的技能技巧，需要学习与借鉴优秀教师的教法。"

师生在调查中的说法，坚定了笔者对尝试把大学英语写作教学的主流教法运用于农村中学英语写作教学进行研究的决心。

我们不妨再看看以下几组数据：2002 年普通高等学校招生全国统一考试中英语写作的抽样平均分为 13.33，与作文总分之比为 53.3%；2003 年普通高等学校招生全国统一考试中英语写作的抽样平均分为 13.06，与作文总分之比为 52.2%；2005 年普通高等学校招生全国统一考试四川考区抽样平均分文科为 11.15，理科为 13.05，与作文总分之比分别为 44.6% 和 52.2%。

以上数据表明，中学英语写作课效果不理想是客观存在的事实。究其原因，笔者认为有以下三个方面：（1）在中学英语教学中，多数师生对写作课的地位和重要性认识不足；（2）中学英语写作教学方法有待改进；（3）学生缺乏较强的写作动机。笔者认为在中学开展英语写作教学方法的研究是必要的，就现有研究条件来看也是切实可行的。

成果教学法和过程教学法是目前国内外广泛采用的两种写作教学方法。成果教学法最早源于中世纪的拉丁语教学，作为教学实践，则始于 19 世纪。这种教学方法的理论基础是行为主义理论。该理论认为教学过程即是教师给予刺激、学生做出反应的过程。这种教学方法把重点放在写作成品上，首先由教师提供范文，进行分析、讲解，然后学生模仿范文进行写作，最后教师评改、打分。而过程教学法以交际理论为基础，该理论认为写作的过程实质上是一种群体间的交际活动，因而其重点应放在学生的写作过程和写作能力上。过程写作的模式包括：写前准备阶段，初稿阶段，同伴评价阶段，修改或重写阶段，教师评价阶段，修改、重写或编辑阶段。过程教学法的理论家们认为，写作是一个创造性的发现过程，在此过程中，学生以英语为工具，去发现和澄清意义，从而准确表达他们的思想。同时，写作又是一个复杂的过程。写作的各个阶段并非线形排列，而是一个相互交叉、相互包含的过程，每一个阶段在成稿之前都可能被多次重复，文章也会经过多次修改，不断趋于完善。

长期以来，尤其是新课改之后，写作教学一直是中学英语教学的难点。由于教师缺乏相应的教学经验，也没有一定的教学理论认识，有些教师甚至没有教授写作。农村初中面临的问题很多。家长对孩子教育明显重视不如城市，普遍的情况是：学生的学业基础、学习习惯差，学习竞争意识也不强。英语写作教学水平成了中学英语教学水平提高的一个制约因素。高考、诊断考、期末考等书面表达一题的平均得分历来较低。中下水平的学生大多不能完成写作任务，有的甚至只字未写，就交了白卷。而此题的赋分极高，客观上造成英语科目成为他们升学路上的一大障碍。写作教学不足的影响可见一斑，农村中学英语写作教学是不可小视的薄弱环节。

近年来，部分教师和研究者逐渐意识到英语写作课改革的价值和意义，开始尝试引入国内外一些新的写作教学研究成果，并尝试将其运用于实践。过程教学法的使用就是例证。自20世纪70年代以来，美、英写作教学法领域，一些专家开始反思传统的写作教学法，在他们提出的众多写作教学法中，过程写作教学法受到推崇，至今仍然是国外外语课堂写作教学的主要方法。国内开展过程写作教学法的研究起步较晚，始于20世纪90年代。起初，过程写作教学法的研究主要集中在大学英语写作课堂中，源于大学教师及研究人员对大学生英语写作现状不满意。这些研究中，非实证性研究（如个人感想、操作描述及理论反思）所占比例较大，具有代表性的研究者有于飞、张慧芬[3]等。但实证性研究成果较少。与此同时，中学外语写作研究也开始进入活跃时期。在英语写作教学法研究的影响下，中学英语写作教学的思路、方法得以不断创新。过程写作教学法[4]在中学英语写作课堂中的运用也开始受到关注，高旭阳等运用过程写作方法论思考、探讨甚至指导实践，无疑对中学英语写作课的创新注入了活力，丰富了中学英语课堂写作实践，但是正如姚兰、程骊妮在《我国20世纪80年代以来英语写作研究状况之研究》一文中指出的那样：在1980—2003年英语写作研究论文中，非实证性研究占绝对优势，而实证性研究显得薄弱，这一观点在李志雪、李绍山的研究文章中也已经得到证实。然而，罗瑜、李红的实验研究结果表明：采用“结果法”比“过程法”更能有效地帮助中国大学非英语专业学生提高英语写作水平。[5]因此，只凭为数不多的几项实证研究，我们无法判断过程写作教学法在中国英语写作课堂中是否行之有效，也无法判断过程写作教学法对中国学生英语写作会产生多大程度的影响。在中学英语写作教学研究中，尽管进行过程写作教学的人数日益增加，但仍然缺乏相关的过程写作教学的实证研究。因此，笔者认为结合农村中学英语写作教学开展过程写作教学的实证研究将有助于澄清过程写作教学法在农村中学英语写作教学中的可行性，为探索更有效的写作教学途径提供可资借鉴的经验。

因此，笔者提出把大学英语写作教学法引入农村中学英语写作教学。在教学中研究，在研究中教学，在比较中检验效果。我们试图通过此次实验研究，来填补成果教学法与过程教学法在中学英语写作教学的对比研究这一空白。“写作这项技能在一定程度上决定了学生在未来发展的潜力。”[6]把大学英语写作教学法引入农村中学英语写作教学这一课题研究的实际意义更在于它能为我省农村学校英语写作课的教学提供借鉴与帮助。本课题研究的基本内容有：成果教学法与过程教学法的基本要领与理论依据；现在农村中学英语写作教学的现状与问题分析；对不同年级、不同阶段、不同层次的学生使用了上述两种教学法的效果检验与追踪分析；过程教学法在教学中的实际运用技能研究；过程教学法成功课例收集；成果教学法与过程教学法运用过程中师生的收获与感受等。本研究要重点解决的问题是：本课题以我校高中2014级、2015级、2016级随机抽取的部分学生为研究对象，在分组条件下分别运用写作教学法中的成果教学法和过程教学法理论，在英语课堂中开展以上两种写作教学方法运用效果的实验对比研究。实验不同年级与层次的学生分为高分对照组和低分对照组，共8个实验组。本研究打算通过实验验证以下假设：（1）在中学英语写作教学中，成果教学法和过程教学法哪个更有效？（2）这两种教学法分别会对高分组和低分组产生什么影响？

笔者也探究了如何结合农村中学英语写作教学中开展的成果教学法与过程教学法的实证研究去求证过程教学法在农村中学英语写作教学中的可行性、科学性、有效性。通过比较两种写作教学法的优劣长短，为探索更有效的写作教学途径提供可借鉴的经验、可依循的规律、已验证的做法。

本研究是在教学常态下进行的，以行动研究法为主，辅以第二课堂活动。采用文献研究、问卷调查、谈话、个案研究、讲座、对比等方法。

笔者会同我校同仁通过对几年来所收集的数据进行的分析，得出以下结论：

（1）在农村中学开设专门的英语写作课是完全必要的，把大学英语写作教学法的教学引入到农村中学英语写作教学是完全可行的；

（2）英语优生组与普通组比较：成果教学法在英语优生组效果很好，而在普通组明显效果不够理想；过程教学法更加适用于普通组，

（3）选择两种教法的哪一种应该根据学生实际来决定。

**注释：**

[1] 严静，《初中英语写作教学的误区》，张叉主编，《外国语文论丛》第6辑，成都：四川大学出版社，2012，第285页。

[2] 中华人民共和国教育部制订，《普通高中英语课程标准（实验）》，北京：北京师范

大学出版社，2003，第11页。

[3] 于飞、张慧芬，《写作教学中的“成果教学法”，“过程教学法”和“内容教学法”浅析》，《外语界》1996年第3期，第38页。

[4] 张吉生、周平，《英语写作教学中“结果法”与“过程法”的对比研究》，《外语与外语教学》2002年第9期，第19页。

[5] 罗瑜、李红，《“结果法”真的过时了吗？——英语写作教学法“结果法”与“过程法”的比较研究》，《西安外国语学院学报》2003年第2期，第22页。

[6] 严静，《初中英语写作教学的误区》，张叉主编，《外国语文论丛》第6辑，成都：四川大学出版社，2012，第285页。

# 论语篇意识在中学英语阅读翻译教学实践中的运用

张紫微

攀枝花市第七高级中学校，四川攀枝花　617005

**摘　要**：语篇是最基本的阅读理解的翻译单位。一个合格的阅读者不仅要具备语篇分析的能力，还必须在理解过程中利用语篇意识。只有将语篇意识具体化到阅读理解实践的分析、文体、风格、用词等各个方面，才能将阅读理解翻译的质量提高，避免出现严重的阅读理解失误。

**关键词**：语篇；翻译；阅读理解；教学

## 一、前言

随着中学英语教学改革的不断深入，中学英语教学重点已转向培养学生的英语应用能力，尤其是听说能力。但是，由于受思维方式和文化习惯的影响，目前我国学生在英语知识的综合运用方面依然存在很大的问题。具体在高中教学的实践中，我们发现进行语篇理解时学生会出现各种错误，或是选词，或是连贯，或是语言风格，等等。显然，传统的以词句为单位的高中阅读教学已经不能适应新的教学的要求。高中教学中的阅读理解的实践必须将语篇意识放在首位。

**收稿日期**：2016－12－01

**作者简介**：张紫微（1993—），女，四川攀枝花人，四川省攀枝花市第七高级中学英语教师，中学一级，主要从事高中英语教学研究。

## 二、语篇与阅读翻译的关系

自20世纪90年代中期以来，越来越多的教师采纳语篇分析来组织教学。李运兴指出："翻译课正在经历一次从以句子为中心到以语篇为中心的改革。"[1]那么，采用语篇分析来组织翻译教学具体应该怎么操作呢？我们首先要明白语篇分析与翻译实践的关系。

首先，从对语篇的认识上，在相当长的一个时期内，语言学家如J. G. 内斯菲尔德（J. G. Nesfield）和诺姆·乔姆斯基（Noam Chomsky）都认为："句子为最高一层的语言单位。"[2]而功能语言学家韩礼德（Halliday）在与夫人哈桑（Hasan）合著的《英语中的衔接》（*Cohesion in English*）（1976）一书中指出："语篇是一个语言单位（a semantic unit）。"K. L. 派克（K. L. Pike）更明确指出："语篇处于最高层次。"[3]系统功能语言学把语篇视为一个超级句子，是一个语义单位。它可长可短，可大可小，可以以口头形式出现，也可以以书面形式出现；认为可以像研究句子一样来研究，并构制出一套语法。这在语言学的发展上不能不说是一个重大突破。也就是说，它打破了传统的纯语法和句本位的研究，主张将语法研究与语篇或话语分析结合起来，这就为阅读理解实践提供了广阔而可靠的理论渊源。

阅读理解就是要有目的地选择语言资源，对整个语篇进行重写，重建一个适用于目的语文化的语篇[4][5]。严复先生称"译事三难信达雅"，他对翻译原则做出了精辟、明确的表述。1932年林语堂提出了"达意传神"的主张，后来傅雷又提出了"重神似而不重形似"的理论主张。虽然现代翻译理论众多，然而，翻译过程中应坚持一个什么样的标准，译文要达到一个什么程度，依然是一个难以一言定论的问题。

笔者认为，阅读首先是原文语篇理解，继而是译文语篇再现。它是建立在文本整体意义上的转化，寻求的是整体意义上的对应，即从整体上认识理解原文语篇的内容，形成一个整体的概念，再将此概念用译文语言表达出来，使译文语篇意义完整，内容连贯一致，语言形式自然流畅。因此，本文所指的翻译过程中的语篇意识也就是整体意识，即从语篇整体把握原文、理解原文、再现译文。这种翻译方法也是符合格式塔（the Gestalt）心理学派所主张的一种自上而下（top-down）、由结构整体到组成部分的认知方法。

# 三、语篇意识的运用

## （一）运用语篇意识理解意义

翻译是一门博大精深的科学，是对译者综合能力、综合知识的考察，任何一个门类知识的欠缺都可能导致原文意思的扭曲。对学生来说，最容易出现的问题就是在对原文处理的过程中，对文化、语言、思维方式等方面的理解往往站在自己的立场去看待，甚至对原文的用词也单纯依赖字典，从而在脑中形成一种模糊而遥远的概念，因此做阅读理解就自然地根据自己的主观意识想当然的去翻译了。

理解是翻译的关键，在翻译实践中必须首先要对原文材料进行全面的、透彻的理解，通过对语言的表层结构分析理解，进而探明语言的深层结构所蕴含的意义，并通过对疑难处的重点分析突破，一般就可以达到理解的程度了。但不应将自己的思路囿于结构形式的分析，因形害意，而应由表及里，探求语言外壳所包含的内容实质，即深层结构所体现的作者的思想和情态。在这里还应该注意一个问题：求“雅”失“信”。只追求表面的文采和效率，而忽视了对原文的理解，这样会使译文似是而非，词不达意。对初学的翻译者来说，这一点尤为重要，必须培养严谨的翻译作风，在理解上恪守一个“严”字。

例 1　He never got a new suit from me that she didn't make him come and get on his visits to Grand Rapids。[6]

学生将这句话译为：“他从来没有在我这里取去一件新衣服，因为他到大瀑布城来访问时，她不让他来取衣服。”这显然学生是把“that she didn't make him come and get on his visits to Grand Rapids”误译为了状语从句，来说明主句中“never got”的原因。实际上“that... Grand Rapids”应该是定语从句，修饰“a new suit”；“never got”和“didn't make”都是否定形式，双重的否定意义依然是肯定。因此，这句的正确意思是：“每当他来到大瀑布城访问时，她总是要他到我这里来做一套新衣服。”

例2 True eccentrics never deliberately set out to draw attention to them. They disregard social conventions without being conscious that they are doing anything extraordinary. This invariably wins them love and respect of others...

误译："真正的怪人从不有意做些什么怪事来引人注目。他们玩世不恭，却并未意识到他们自己的所作所为与众不同。他们因此总是赢得尊敬和爱慕……" 分析：他们"玩世不恭"，居然还能"赢得尊敬和爱慕"，这不是逻辑矛盾吗？把"disregard social conventions"译为"蔑视社会习俗"，便可避免这一逻辑错误。

### （二）运用语篇意识把握文体

各种语言都存在不同的文体类别，不同的类别又具有不同的文体特点。例如，法律、广告、科技、旅游、商贸等领域的翻译各自都有着不同的文体特点。在理解过程中必须在语篇意识的指导下通篇把握不同文体类别的语言特征，使译文的文体与原文的文体相适应。在翻译理论与实践的过程中，必须始终把握不同类别材料的文体特点。

例3 It is a common property of any matter that is expanded when it is heated and it contracts when cooled.[6]

译文一：任何物质，如果遇到热，它就会膨胀，如果遇到冷，它就会收缩，这是共性。

译文二：热胀冷缩是所有物质的共性。

例4 Action is equal to reaction, but it acts in a contrary direction.[6]

译文一：作用与反作用相等，但它们向相反的方向起作用。

译文二：作用力与反作用力大小相等，方向相反。

科技阅读理解的翻译是用另一种语言来表达科学论文，科学语言重在"达意"，讲究概念的清晰性和表达的简洁性。科技翻译的服务对象主要是具有专业知识的科技工作者或临时需要某一方面科技资讯的读者，科技语篇信息量大，他们不可能慢慢地品味译作，而要准确快速地获取所需的资讯，所以译文之美，除了靠思想内容的真实准确外，还要靠表达形式的简洁之美，用地道的、通顺的语言形式，准确无误地将原文的思想内容和风格表达出来。因此以上两例中第二种翻译显然更符合科技说明文的的问题理解要求。

### （三）运用语篇意识重现风格

阅读理解在翻译上的风格论所研究的基本问题是在语言转换中如何保证译文对原文的适应性（Adaptation）。由于翻译过程受原作的局限，译文的基本体式和风貌不能由译者随意加以改变或渲染，从这个意义上说，译者的创造性和文思的活动领域是相当狭小的。但是，由于译者的知识结构和语言素养、刻苦精神和个人能力、理解水平和对翻译技能的领悟掌握各不相同，因此，译者在阅读理解的实践中所表现出来的“对原文的适应性”差异悬殊。正因为如此，同一篇原文在不同水平的学生翻译的译文中才有明显的高低之分，优劣之别。

我们以海明威作品《某事的结束》（*The End of Something*）中一个片段的翻译为参考来说明这个问题。在翻译文章之前，通过语篇分析我们可以清楚地看到，海明威在作品中善于用简约、精练的语言来省略情感的表现和主题的揭示，让读者通过反复揣摩来获得含蓄的意境和深刻的内容。如果在译文中对原文句子结构和表达方式的调整不当，就会影响原作风格的再现，更妨碍其深刻内容的表达。

例 5　The one-story bunk houses, the eating-house, the company store, the mill offices, and the big mill itself stood deserted in the acres of sawdust that covered the swampy meadow by the shore of the bay. [7]

译文：一座座平房工棚、食堂、公司栈房、工厂办公室和大厂房都空无一人，留在湖湾岸边草地上遍地的锯木屑堆里。

从译文的结构、用词、基调我们可以看出，译文忠实于原文内容，运用直译的方法将原文重现在读者面前，语言简练。从这个意义上说，译文合乎原作的风格，在处理风格的传递上非常恰当。

因此，翻译不只是简单地机械地将一种文字转换成另一种文字，而应是一种新的创造，一种包含了个人感情行为的再创作。[8] 在这种再创作的过程中，在忠实原文所表达的内容的基础上，还应使原文本的风格得以重现。翻译的好坏，也能从它是否忠实于原文的内容，能否再现原作的文体风格方面反映出来。当然，要做到这一点就要求译者具备较高的水平。只有具备一定的文学修养、一定的生活经验才能准确理解文章作者要表达的真实含义。

### （四）运用语篇意识控制阅读技巧

对阅读技巧的控制主要是指翻译过程中语言的运用问题。常用的阅读理解的翻译技巧有增译法、省译法、转换法、拆句法、合并法、正译法、反译法、倒置法、包孕法、插入法、重组法和综合法等。这些技巧不但可以运用于笔译中，也可以运用于口译过程中。每一种语言都有它自己的语法和词汇的使用习惯，这是一种语言的实质和精神所在。所以在实践中切不可按照其原来的结构顺序机械地翻译，即所谓的“直译”。这样的翻译方法不但不能恰当地传达原文的面貌，而且只能给人以简单的单词汇堆砌的感觉。这不是翻译，至少不是真正意义上的翻译。好的翻译者在阅读原文的同时，会进行思索和想象，用多样和符合原文意图的句型、表达来进行翻译。当然这里所说的语言运用问题是指反对机械地直译方法，但并非是要求翻译者使用破坏原文文法结构和词汇用法的绝对自由的翻译方法，这种“自由化”的翻译方法是有害的，是要不得的。

## 四、结束语

阅读理解在高中英语教学中占有重要的地位，翻译准确才能理解准确。翻译实践是一个系统的工程，涉及译者各个方面的综合能力。忽视任何一个方面都将导致阅读理解的结果出现大的失误。只有在掌握了翻译的基本能力之后，在语篇意识的指导下，从整个语篇的角度思考翻译对象，进行翻译实践，才能真正提高阅读理解的质量。

**注释：**

[1] Beaugrande, R. de & W. Dressler, *Introduction to Text Linguistics*, London: Longman, 1981, p. 23.

[2] Cook G., *Discourse Analysis*, Oxford: Oxford University Press, 1989, p. 155.

[3] Pike, K. L., *Linguistic Concepts: An Introduction to Tagmemics*, Lincoln and London: University of Nebraska Press, 1982, p. 146.

[4] 张美芳、黄国文，《语篇语言学与翻译研究》，《中国翻译》2002年3期，第3-7页。

[5] 费道罗夫,《翻译理论概要》, 北京: 中华书局, 1995, 第213页。
[6] 刘文俊,《科技英语翻译之雅》,《湖北教育学院学报》1994年第2期, 第1页。
[7] Ernest Hemingway, *The Complete Short Stories Of Ernest Hemingway*, 上海: 上海译文出版社, 2011, 第322页。
[8] 李运兴,《句群分析——翻译教学的一个重要手段》,《中国翻译》1997年第1期, 第48页。

# 提高高中学生英语阅读理解能力的教学探讨

张丽娜
绵竹中学，四川绵竹　618200

**提　要**：英语阅读能力是最重要的语言能力之一。如何有效培养和提高学生的阅读能力一直是中学英语教学的重点。为此，笔者从目前高中英语教学的现状出发，结合自己的教学实践和经验，分析了高中学生在英语阅读理解方面存在的主要问题，并提出了相应的解决途径和措施。

**关键词**：高中学生；英语阅读；能力提高

阅读是高中学生理解和吸收英语书面材料信息的最重要手段，是学生继续学习和发展的基础，在高中英语教学中占有非常重要的地位。高中英语教学的重要任务之一是对中学生进行听、说、读、写的基本训练，培养学生口头、书面综合运用英语的能力，其中，培养学生的阅读理解能力尤其重要。从某种意义上说，阅读理解能力的提高也有助于学生听、说、写能力的提高。英语阅读材料的分析、综合、判断、推理等思维活动，可以促进学生逻辑思维能力的发展。阅读可使学生得到大量创造性运用语言的启示，不断深化对英语的认识，掌握语言的本质特征，从而进一步提高运用语言的能力。[1]因此，如何有效地提高中学生的英语阅读能力成了一个迫切需要解决的问题，本文拟就此做初步的探究。

---

**收稿日期**：2017－02－07

**作者简介**：张丽娜（1980—），女，四川绵竹人，四川省绵竹中学英语教师，中学一级，曾获得“四川省德阳市模范教师”“四川省绵竹市骨干教师”“德阳市高中英语学科先进个人”等荣誉称号，主要从事中学英语教学研究。

## 一、学生英语阅读能力的现状

普通高中英语新课程标准的改革已进行多年，学生英语阅读方面的情况怎样呢？笔者通过与学生的交流和平时在教学中的观察，发现很多学生在英语阅读方面仍然存在很多问题，阅读很吃力。不少学生快速捕捉阅读材料信息的能力，对材料进行理解、分析、推理和判断的能力差，特别是对语篇的深层含义的理解能力较弱，阅读速度十分缓慢，阅读效率十分低下，无法从阅读中获得乐趣，英语学习成了负担。

在日常英语教学过程中，笔者还经常发现有些学生在做阅读理解题时，由于阅读材料中出现了较多不熟悉或不认识的单词，而影响他们对文章主旨和细节问题的理解，从而放弃阅读，直接凭感觉选出答案。还有不少学生因为对一些常用的和常见的英语语法和句法掌握不好，导致在做阅读理解题时搞不懂句子的真正含义，造成对句意理解上的偏差，严重影响了学生英语语言实际运用能力的进一步提高。

基于这些情况，如果我们老师不能及时、有效地帮助学生提高阅读能力，势必会使他们失去对英语学习的兴趣和信心。

## 二、学生英语阅读能力低下的原因

在高中英语教学过程中，虽然学生在阅读方面存在着这样或那样的问题和困难，内在的和外在的原因有很多，但是，通过对学生的调查和分析，笔者认为造成学生英语阅读理解能力低下的原因归纳起来主要有六个方面。

### （一）词汇相关问题

词汇是语言的基本要素之一，是语言的建筑材料，是理解的基础，也是学生阅读理解的最大障碍。学生在词汇方面的问题主要有三个方面。

1．词汇量不足

词汇之于语言，犹如砖瓦之于大楼。“如果不运用词汇，即使掌握了语法结构也绝不可能表达任何意思。”[2] “没有足够的词汇，就不能进行有效的听、说、读、写，就无法用英语进行有效的交际。”[3]语言学家博林格曾说过：“任何一个掌握了一门外语的人都清楚地知道，主要时间都是花在掌握这门语言的词汇上面的。"[4]在英语学习中，学生所掌握的词汇量的多少，直接决定着英语阅读速度的快慢和对文章内容理解的深刻与否。有的学生英语成绩一直不好，归根结底就是词汇量不足。2017年高考英语考试大纲要求学生掌握的词汇量为3 500左右。而目前很多学生都达不到这一要求。

2．词义理解不准

受先入为主的影响，不少学生掌握某一单词的意义往往是最初学习和了解的基本意义，而在日后的学习过程中没有及时丰富所学词汇的扩展、延伸和转借等意义，以至于屡屡出现用初识意义去阅读而误解或理解不通的现象。

3．不重视构词法

英语教学大纲中公布的25个前缀、后缀等经常是学生学习的盲点或遗忘点。造成这一现象的原因是：一方面，学生不善于利用常见的前缀、后缀、合成、转化等构词法去扩大词汇量；另一方面，学生忽视其重要性，从而在阅读中不认识由它们构成的新单词。

### （二）句法相关问题

一个完整意思的理解是以句子为单位的，而句意的正确理解要求掌握句子结构，"英语句子结构模式的掌握，是高效英语阅读的前提"。由于表达的需要，英语句子结构富于变化。有些学生对句子结构或模式不熟，在阅读中因弄不清句子结构而无法理解句子的确切含义。

### （三）篇章理解技巧

很多学生具备了一定的语言基础知识，但由于缺少必要的篇章理解技巧和方法，导致阅读理解效果差，质量不高。

### （四）相关的背景知识

背景知识对调动学生阅读的兴趣、更好地理解材料内容都很有关系。[5]相关的背景知识直接影响着阅读理解的速度。受语言学习环境和条件的影响，不少学生缺乏英语语言国家的民族文化背景、社会行为模式、价值观念、历史、地理等方面知识。学生只能依据材料本身提供的信息去理解阅读材料。信息量不足难以产生合理的推测和联想，导致学生理解困难，判断失误。

### （五）不良的阅读习惯

在教学实践中，我们发现学生中常见的不良阅读习惯有：出声阅读、指读；阅读速度慢，视幅小，纠结于一个句子甚至一个单词，而忘记了阅读的目的是按照作者的意图来理解文章，所以，经常有学生说：单词我都认识，但这句话或这篇文章的意思还是不懂。

### （六）欠严密的逻辑思维

思维是形成概念并运用概念进行判断、推理的过程。在英语高考阅读理解中，除了要求学生对文章具体细节理解以外，还要求学生能根据已知的内容去推测作者真正的意图、观点、态度和文章的寓意。而逻辑思维不严密的学生经常会犯过分高度概括、过分简单化、有理无据推断、因果关系错误、观点结论前后矛盾等错误。

## 三、提高学生英语阅读能力的途径

《普通高级中学英语课程标准》（实验稿）明确指出："学习策略是提高学习效率、发展自主学习能力的保证。"[6]但是，实践告诉我们：学生英语阅读能力的培养和提高不是一朝一夕能够达到的，需要经过长期的、持之以恒的努力才能一步步实现。那么，如何在有限的教学时间里有效地提高学生的阅读能力呢？笔者的具体做法如下。

### （一）培养良好的阅读习惯

阅读习惯的好坏直接影响阅读的效率。对于初学者来说，这一点尤为重要。然而好的阅读习惯并非一下子就能养成，只有在正确的指导下，在阅读实践过程中逐步培养。因此，每次进行阅读训练时，教师都可以向学生提出一些具体的要求。主要的要求包括以下三点：

（1）阅读时不要出声，要默读。默读是通过视觉器官直接感知文字符号，速度要比出声阅读快得多；

（2）不要逐字逐词地读，而要以意群或句子为单位。逐字逐词的阅读会导致学生过多地把注意力放在单词上，不仅阅读速度慢，而且往往不容易抓住文章的中心大意；

（3）不要一见生词就查词典，要养成根据上下文猜测生词词义的习惯，在不影响理解全文的地方，要舍得放过难点，只有这样才能保持阅读兴趣。

### （二）重视课外泛读

培养阅读理解能力，不能仅仅拘泥于教科书，而应该重视课外泛读，实现课内外阅读相结合。进行课外泛读，不仅可以使学生巩固所学的语言基础知识和阅读技能，而且还能使学生熟悉各种文章体裁和风格，开阔知识面，提高他们对阅读各种文章的适应力。因此，我们应鼓励学生多读报纸杂志等课外读物。

建议学生多阅读下列四方面内容的材料：

（1）选一本感兴趣，并且翻最初几页你不查词典也能看得懂的英语书。开始可选一些简易或缩写的读物，然后可选一些原著；

（2）订一份英语报纸，如《21世纪报》(*21 st Century*)。报纸的词汇量很大，涉及各个方面，对扩大词汇量，获取信息很有帮助；

（3）选一本与教科书程度相近或略难的带有英语练习的英语书，如《维克多高考英语阅读6+1》(*Victor English*)。这类书的特点是书中的文章都短小有趣，可读性很强，且文章后设置了理解性的练习，读者可阅读文章后做这些练习，以检查是否看懂了，看懂了多少；

（4）扩大阅读面。实际上英语已渗透到我们生活的每个角落，只要你有心，就可以随时学习，如《疯狂英语》系列（*Crazy English*）。

### （三）培养学生词义推判技巧

阅读理解的主要问题在于词汇量及其意义，词汇量小就不能扩大阅读，对词汇意义认识狭窄，就难以领会作者的真意。阅读是一个不断扩大词汇量和不断加深对词汇意义的认识过程。[7]在阅读过程中，我们自然会遇到许多生词。通常，许多人立即翻阅字典，查找词义。其实，这种做法是不科学的。它不但费时费力，而且影响阅读速度。事实上，阅读材料中的每个词与它前后的词语或句子甚至段落有着密切的联系。我们可以利用语境（各种已知信息）推测、判断某些生词的词义。

1. 根据定义推判词义

如果生词是句子或段落所解释的定义，理解句子或段落本身就是推断词义。例如："... a pharmacist, a scientist who is an expert in medicines." 由定义可知，“pharmacist”就是“药剂师”。

2. 利用文中的举例推判词义

有时为了进一步说明某一生词，作者会采取举例的方式来对它进行具体的说明和解释。理解了这些例子的意思，便可以归纳出词的含义，常见的举例的提示词有“for example, for instance, such as, like, include, just as, in such cases, including, for instance”等。例如：“Today young couples who are just starting their households often spend lots of their money on appliances, for instance, washing-machines, refrigerators and color televisions.”从文中的“washing-machines”（洗衣机），“refrigerators”（冰箱），“color televisions”（彩电）可以猜出“appliances”的意思为“家用电器”。

3. 利用文中的同义词或重述推判词义

为了解释清楚文章中出现的一个较难的词，作者有时会用同义词或近义词来使其意表达的更清楚明白，这些词就为读者提供了线索。有时作者可能采取重述的方式复述一下前面的内容，也就是换一个说法。这种重述往往用比前面一种表达更为简单易懂的词语。表达重述时也有一些信号词，常用的有“in other words, that is to say, that is”等。例如：“Children often try to emulate or copy the behavior that they see on the television.”这里的“emulate”可能是一个生词，但其后“or”引出了它的同义词“copy”（仿照、模仿）。

4. 根据英语构词法推判词义

如果文中出现的生词是派生词（derivate），则可以根据其词缀（affix）来对整个单词的含义进行推断。词缀可以分为“前缀”（preffix）与“后缀”（suffix），所以如果文中出现的生词是派生词，则可以根据其前缀或后缀来对整个单词的含义进行推断。

（1）根据前缀推判词义。

例如：“He fell into a ditch and lay there, semiconscious, for a few minutes.”根据“conscious”（清醒的，有意识的），结合前缀“semi-”（半，部分的，不完全的），我们便可推测、判断出“semiconscious”的词义应为“半清醒的，半昏迷的”。又如：“I'm illiterate about such things.”这里的“literate”意为“有文化修养的，通晓的”，前缀“il-”表示否定，因此“illiterate”指“一窍不通，不知道的”。

（2）根据后缀推判词义。

例如："Insecticide is applied where it is needed." 这里的后缀"-cide"表示"杀者，杀灭剂"，结合大家熟悉的"insect"（昆虫），不难猜出"insecticide"意为"杀虫剂"。又如："Then the vapor may change into droplets." 这里的后缀"-let"表示"小的"，"drop"指"滴，滴状物"。将两个意思结合起来，便可推断出"droplet"词义为"小滴，微滴"。

（3）根据合成词的各词素推判词义。

如果文中出现的生词是合成词（compound），则可以根据其自由词素（free morpheme）来对整个单词的含义进行推断。例如："Growing economic problems were highlighted by a slowdown in oil output." 这里的"highlight"或许是一个生词，但是分析该词结构后，就能推测出其含义。它是由"high"（高的，强的）和"light"（光线）两个自由词素组成的，合在一起便是"以强光照射，使突出"的意思。又如："Bullfight is very popular in Spain." 这里的"bull"（公牛）和"fight"（打、搏斗）结合在一起，指一种在西班牙颇为流行的体育运动——斗牛。

### （四）培养对篇章的整体理解能力

萧惠云在《英语标准化考试与中学英语教学》中指出，阅读是以获取信息为目的的。[8]适当的阅读策略或技巧对于提高学生的阅读速度和阅读效率是十分重要和必要的。常有这样的情况出现：学生能看懂句子，但读完对文章印象却不深，这往往涉及对文章框架结构的整体理解。那么，如何提升对文章的整体理解呢？

首先，要重视文章的题目和文章的首句。因为文章的题目就是文章的主题，文章的内容就是环绕主题展开的。首句很关键，因为首句是文章的导入，点明作者写文章的意图、背景等。每一段的第一句也很重要，因为每一段的第一句实际上多半是主题句，然后进行陈述或论述，逐步展开，给予例证，最后把该段内容用一句话来小结，所以每段的最后一个句子常常是该段的结论句，而整篇文章的最后一句就往往是这篇文章的结论或作者写这篇文章的用意所在。所以我们在阅读文章时要养成这样一个习惯：见了文章的题目，要停顿一下，想一想，这篇文章大概写什么。接着再往下阅读时要特别注意每段的第一句与最后一句，并用心记住，在读完全文时清晰地将全文的主要内容像看电影似的一幅一幅地印在脑中，既把这样握住了全文的主要内容、论点、论据，又学会了作者的逻辑推理方法技巧及整篇文章的框架结构，而这是写文章最重要的，也就是文章的构思。

阅读理解能力的提高始于基础，重在方法，贵在坚持。基础扎实，厚积薄发，方法得当，才能事半功倍。持之以恒，多看多读，才能从量变上升为质变。在教学中，只要教师重视阅读，学生加强阅读，学生的阅读理解能力就一定会提高。

**注释**：

[1] 吴棠等，《中学英语教学法》，南宁：广西人民出版社，1981，第 207 页。

[2] 英国著名英语教育学家杰里米·哈默（Jeremy Hammer）语，转引自：刘宇梅，《认知策略在初中英语词汇教学中的运用》，张叉主编，《外国语文论丛》第 6 辑，成都：四川大学出版社，2012，第 202 页。

[3] 岳茂，《初中英语词汇学习中的问题与对策》，张叉主编，《外国语文论丛》第 6 辑，成都：四川大学出版社，2012，第 199 页。

[4] 苏宁，《国外第二语言阅读研究的当代发展》，《外语教学理论与实践》1998 年第 4 期，第 23－27 页。

[5] 束定芳、庄智象，《现代外语教学》，上海：上海外语教育出版社，2001，第 139 页。

[6] 全日制义务教育，《普通高级中学英语课程标准》（实验稿），北京：北京师范大学出版社，2001，第 6 页。

[7] 王才仁，《英语教学交际论》，南宁：广西人民出版社，2001，第 294 页。

[8] 萧惠云，《英语标准化考试与中学英语教学》，广州：广东教育出版社，1988，第 169 页。

# 大学英语教学研究

# 大学英语听力焦虑分析及对策研究

钟玉国

攀枝花学院　外国语学院，四川攀枝花　617000

**摘　要**　“焦虑”作为人特有的一种情绪体验，是语言习得过程中一个重要的情感变量。对学生而言，焦虑情绪在听力理解过程中的负面影响不容忽视。在大学英语听力教学中，焦虑情绪是普遍存在的，课堂焦虑会对英语听力理解的成效产生严重的负面影响。对于大学英语听力焦虑问题，可以采用五大教学应对策略。

**关键词**　焦虑；促进型；延缓型；线性；时效性；焦虑值

## 一、“焦虑”概念的界定

焦虑是一个心理学的概念，是一种情感障碍，指的是个体由于不能达到预期的目标或者不能克服障碍的威胁，从而使其自尊心或自信心受到挫折，或是失败感和内疚感增加而形成一种紧张不安、带有恐惧的心理状态。语言焦虑则是语言学习中的一种复杂的心理现象，是指学习者因语言学习过程的独特性而产生的一种与语言学习相关的自我意识、信念、感情以及行为的明显焦虑情绪。

20 世纪 70 年代，语言焦虑逐渐引起了学术界的关注。克莱曼（Kleinmann）根据阿尔珀特（Alpert）和哈柏（Haber）的研究，将语言焦

---

**收稿时间**：2016－11－26

**基金项目**：2014 年度四川省应用外语研究会“规划”项目“大学公共英语听力焦虑调查及对策研究”（编号 SW2014－004）研究成果之一。

**作者简介**：钟玉国（1968—），男，四川巴中人，攀枝花学院外国语学院副教授，主要从事英语教学法、英美文学研究。

虑按照其性质划分为“促进型”和“延缓型”两种：前者能够使学习者保持警觉，从而产生动力，激发他们挑战新的任务；后者却使学习者产生紧张害怕的情绪，从而出现逃避学习任务的行为。威廉斯（Williams）指出，这种划分与焦虑的严重程度有关，即较严重的焦虑心理会严重妨碍和阻挠人们学习。[1]随后，更多的相关研究让人们对焦虑感和外语学习的关系有了比较一致的看法。美国心理学家霍维茨（Horwitz）在1986年也提出了外语焦虑的概念，认为外语焦虑是一种产生于外语学习过程和课堂外语学习相联系的一种有关自我意识、信念、情感和行为的独特的综合体。[2]在进行进一步研究的时候，学者们发现焦虑与听、说、读、写等各项学习技能之间的相关性不尽相同，因此，外语焦虑进一步细化为口语焦虑、听力焦虑、阅读焦虑和写作焦虑。

霍维茨和约翰·科普（John Cope）曾针对外语课堂焦虑这一现象指出，焦虑是在听和说的过程中表现得极为显著的一种心理现象，由焦虑所引发的听力障碍是一个值得研究的问题。[3]听力理解是一个极其复杂的过程，它不存在于空间中，只停留在时间上，稍纵即逝。听者必须记住他所听到的语音、语调、词汇和语法结构，并将听到的内容放在更大的社会文化背景下来理解。因而，由于听不懂或记不住而焦虑急躁是一种极易产生并相当普遍的心理现象。

根据普通心理学对焦虑的界定，再对比外语焦虑的定义，笔者将听力理解过程中的焦虑简称为听力焦虑。听力焦虑是指在听力课堂上，学生在听力理解的过程中，通过自我认知评价，预料或担心听不懂所学材料所造成的潜在危险对自我和自尊产生了威胁，导致听力理解效率降低或中断，并伴随有紧张、不安的一种情绪体验。

## 二、焦虑与语言习得的关系

关于外语焦虑与语言习得的关系，研究者观点不一。肯定焦虑正面影响的学者认为一定程度的焦虑可令学习者保持紧张和警觉，从而促使他们将焦虑转化为较强的内在动力，接受并战胜这种挑战，使他们有效地完成语言学习任务。但大多数学者却对此持怀疑态度，他们认为焦虑对语言学习产生负面影响。一方面，焦虑情绪的存在使学生紧张造成课堂表现较差，因为过度的担心耗费了本来可以用于记忆和思考的精力，也就是说焦虑实际上占据了信息加工的“智力空间”[4]，限制了个人认知加工的宽度、广度和质量。另一方面，如果焦虑频繁地发生在语言学习活动中，学习者会因想摆脱焦虑情绪的大量体验，采取排斥语言学习的态度，导致语言学习的最终失败。综合这两种观点，笔者更赞同威廉斯的看法：焦虑对二语习得的正负影响取决于焦虑程度的高低。只有当焦虑处于较低程度时，才可能对语言习得产生正面影响，而较高程度的焦虑对语言学习产生负面影响。

听力具有线性呈现和时效性的特点，它不同于可以反复思考的阅读，也不同于可以采取迂回策略的说和写，所有放送的言语信息必须在瞬间同时运作，对学习者的瞬时感应能力和语言的高度自动化反应要求很高。听力理解因此被有些语言学家认为是一个“复杂、能动而又脆弱的过程”[5]。在这一过程中，英语学习者产生较高程度的焦虑是可以预料的，而较高程度的焦虑又反过来可能进一步妨碍听力理解的正常进行，从而导致学习者信心不足或丧失，听力理解能力止步不前，虽进行大量的听力训练但效果不佳。所以，可以假设在听力理解中，学生较高程度的焦虑情绪普遍存在的可能性以及它对听力理解的负面影响。[6]基于该假设，笔者确定将降低焦虑程度作为提高大学英语听力教学效果的切入点，进行相关的研究与探讨。

## 三、听力焦虑的成因

根据笔者多年的大学英语教学研究，在大学英语听力课堂中，学生的焦虑感集中地表现在以下三个方面：一是来自听力考试，二是来自外界或自身的负评价，三是来自交际活动。

首先，学生在关于听力考试的调查中焦虑值普遍都偏高。在回答“在进行英语考试时，我很放松”时，74%的学生选择了反对；在回答“我很担心英语考试成绩不好”，有77%的学生选择了同意。可见听力考试给学生带来了巨大压力。有些学者认为考试焦虑可能是由学生的学习技能缺陷导致的，有些学者则认为考试结果的不确定性是考试焦虑产生的根源[7]。

其次，学生在负评价方面焦虑值普遍偏高。具体表现为：73%的学生对自己能学好英语（听力）缺乏信心；62%的学生认为其他人的英语听力能力比自己强；81%的学生担心老师对自己的学习评价不高。瓦森（Warson）与弗伦德（Friend）曾对负评价做出解释：对他人的评价有畏惧感，对负评价产生沮丧心理以及担心他人会对自己做出负评价的预期心理。[8]这种“沮丧”或“预期”心理不仅会影响个体的行为结果，而且可能对个体在行为过程中的焦虑产生影响，威胁个体自尊心的满足，挫伤其自信，从而使其在活动开始之前就产生明显的焦虑倾向。

第三，对自己的英语听力能力评估较低的学生更容易出现较高程度的英语交际畏惧。学生在“在英语课堂上我不太喜欢主动回答问题”这一问题上焦虑值很高。

## 四、听力焦虑的教学应对策略

根据上述研究，可以得出结论：焦虑情绪在英语课堂是普遍存在的，听力焦虑对英语听力理解的成效形成了负面影响。因此，排除听力教学过程中学生的高焦虑心理势在必行，在研究对策时，要有的放矢地设计出最轻松有效的教学模式，尽量将焦虑控制在较低范围内。

### （一）帮助学生树立提高英语听力水平的信心

有焦虑感的学生常常自卑，觉得自己的天赋不如别人，加上听力材料播放速度快，常跟不上听力教学进度。作为教师，首先应该让学生了解在听力课堂教学中产生焦虑是一种普遍心理现象，而不是某一个体的行为；从听力自身的特点和性质向学生进行解释，在听的过程中出现焦虑情绪也是一种正常现象。其次，设法降低学生“担心老师对自己评价不高”的焦虑。老师对学生的评价对学生的听力学习有着重大影响，或者说学生外语学习动机的最直接来源是外语教师对待他们的态度。所以教师应该有意识地、经常性地对学生的成绩、进步和平时表现给予积极的鼓励，向他们表明教师对他们的听力能力表示肯定和满意。教师的纠错活动是引发学生焦虑情绪的重要因素[9]。过多或不当的纠错会打断学生学习思路，阻碍交流，挫伤学生的自信心，破坏他们心理上的安全感，导致强烈的学习焦虑感。因此，教师要把错误类型进行区别对待，适当地允许学生犯错，而不是每错必纠。如果对纠错的时机、次数和方式处理得当的话，势必会收到良好的学习效果。

### （二）建立和谐的师生关系，创造轻松的课堂学习氛围

师生之间的人际关系是决定能否形成良好学习氛围的基本要素。教师的人格魅力虽然不是影响教学质量的决定性因素，但对学生的学习效果有着重

要影响，特别是对听力焦虑的高患群体而言，教师作为“重要他人”的言谈举止，有着举足轻重的影响和重大意义。在听力课堂上，教师如沐春风般的微笑，满含鼓励与期待的眼神，适时的善解人意的幽默话语，舒适轻松的恰当演绎，对学生宽容而不放纵的尺度把握，教师自身对语言教学的热情活力以及对不同水平学生的一视同仁的态度，为营造轻松和谐的课堂氛围提供了前提保证。人在面对感兴趣的事物的时候思维活跃、想象丰富、记忆牢固，因此采用形式多样的课堂活动有利于营造良好的课堂教学环境。在进行听力训练时，教师提问的艺术与技巧、听力训练的渠道与媒介的多种组合，听力效果反馈形式的确定等问题，在备课时都要予以充分的考虑，在授课中灵活应变，可使学生保持积极饱满的热情和健康的情感，享受听力训练的乐趣，将焦虑降至较低程度。教学评价是检验学生进步与否、教学成果大小的尺度，听力训练的成果检验也离不开评价这把尺子。为了使外语学习获得成功，教师必然会让学生操练大量技能并不断加以测试，但若是在操练和测试过程中教师的不当教学行为诱发学生产生了焦虑，形成“焦虑诱导情境”[10]，则是不可取的。教师的作用应该在于尽量把学生的焦虑降低到最低限度。因此，在听力训练过程中，教师应该以发展的眼光对学生基于各自基础上所取得的进步予以及时的鼓励与肯定，引导学生进行阶段性的历时自我评估，将听力成果客观、及时地进行量化与具体化，使学生对自己的学习成果有着清醒的认识，对自己的学习产生积极的自我评价。教师的形成性评价要与学生的阶段性自我评价相结合，这有利于持续性地增强学生的学习自信心，降低焦虑对学生的困扰，使学生向成功的目标稳步、执着地迈进。

### （三）加强听力学习方法的指导力度

笛卡儿曾说：“最有价值的知识是关于方法的知识。”对于学习能力低下的学生来说，听力方法和技巧的掌握可以帮助他们对听力材料的理解和把握，有助于降低学生的焦虑程度，提高听力理解的成功率。首先，容忍知识的模糊和不完整是作为一名成功听者的重要条件，因此教师在课堂教学中要点破“听”的实质，鼓励学生建立模糊容忍度[11]，引导他们侧重对内容梗概、主题思想、态度语气和篇章结构等宏观性问题的把握。其次，教师应让学生了解到一个好的听者也是一个好的预测者。教师可借助图片、幻灯片、多媒体设备，通过对篇章类型、话题类型等进行阶段性和目的性的训练，实现对学生预测能力的培养及对有效信息的注意。

### （四）加强基本功训练，减少听力理解的障碍

学生缺乏听力训练是造成学生听不懂、产生高焦虑心理的主要原因[12]，因而在听力教学中要着重加强听力能力的训练。在进行听力练习的时候，要遵循听单词、短语、句子这一由简到难的原则，突出听力辨析训练，不仅要听辨音素、单词、短语和句子，还要听辨重读、弱读、连读、同化等。当学生具备一定的词汇量、语法知识和较强的听辨能力的时候，自然也就减少了听力理解的障碍，这样听的时候就会有收获感、成功感，高焦虑感也就自然降低甚至消失了。通过大量的听力实践，练就雄厚的实力应对错综复杂的不可知，让真实的成功体验说话，是降低焦虑最直接的途径。[13]教师可通过部分微技能训练、精听与泛听相结合，引导学生扎扎实实地训练听力基本功，听熟基本词汇、常用词汇和常用句型，加强对英语连读、弱读、失去爆破、重音移动等语流中的词句变化的感知，逐步习惯外国人讲话时的发音和语调，从而获得语音编码能力，培养音义整合能力，逐步达到以组块形式进行编码，建立语言的流利性和自动化[14]的目的。

### （五）选择适合学生的听力材料

优秀的听力材料的选择不仅能激发学生的学习兴趣和动机，也是实现教学目标的必经之路。教师在选择听力材料时，要特别注意从语速、生词量、语料篇幅、内容、题材、体裁等方面确定与学生实际水平大致匹配的听力材料；结合社会热点问题和学生关注的话题，进行适当的补充，以提高学生学习的积极性与参与性。做到系统教材与量体裁衣、适宜点缀相结合，最大限度地实现可理解输入。

## 五、结语

综上所述，焦虑是语言学习过程中一个重要的情感因素，较高程度的焦虑势必对语言学习造成负面影响。[15]由于听力理解的特点，焦虑更易成为语言学习者，特别是语言学习能力较弱的学生群体中普遍存在的心理现象。重视焦虑在听力理解中的作用，注意缓解焦虑情绪，有利于提高大学英语听力教学效果。

**注释:**

[1] Willams K., "Anxiety and Formal Second/foreign Language Learning", *RELC Journal*, 1991, p. 31.

[2] Cheng Y, Horwitz E. K. Schellert, D. L., "Language Anxiety: Differentiating Writing and Speaking Components", *Language Learning*, 1999, p. 53.

[3] Horwitz, E. K., Horwitz, M. B., and Cope. J., "Foreign Language Classroom Anxiety", *Modern Language Journal*, 1986, p. 27.

[4] Philips E. M., "The Effects of Language Anxiety on Students' Oral Test Performance and Attitudes", *The Modern Language Journal*, 1992, p. 49.

[5] Young, Dolly J., "Creating a Low-anxiety Classroom Environment: What Does Language Anxiety Research Suggest?", *The Modern Language Journal*, 1991, p. 17.

[6] 吴昊,《英语听力课堂焦虑研究及应对策略》,《安徽职业技术学院学报》, 2005 年第 4 期,第 64 页。

[7] 付丽萍,《对高职英语听力焦虑的研究及教学启示》,《荆门职业技术学院学报》2006 年第 4 期,第 90 页。

[8] Watson, D. & R. Friend, "Measurement of Social Evaluative Anxiety", *Journal of Consulting and Clinical Psychology*, 1986, p. 34.

[9] 白钥容,《外语学习中的外语焦虑影响——国内外相关研究概述及思考》,《基础教育外语教学研究》2003 年第 7 期,第 27 页。

[10] 雷霄,《本科生英语学习课堂焦虑调查及其对英语教学的启示》,《外国语言文学》2004 年第 1 期,第 35 页。

[11] 杨晋,《英语学生焦虑感和听力理解的关系》,《外语研究》2000 年第 1 期,第 55 页。

[12] 陈晓莉、张梅,《外语课堂焦虑与大学英语学习的关系》,《重庆大学学报》(社会科学版)2004 年第 5 期,第 114 页。

[13] 王琦,《外语学习课堂焦虑与课堂气氛的相关研究及其教学意义》,《西北师大学报》(社会科学版)2003 年第 6 期,第 28 页。

[14] 王银泉、万玉书,《外语学习焦虑及其对外语学习的影响—国外相关研究概述》,《外语教学与研究》2001 年第 2 期,第 123 页。

[15] 唐艳玲,《对情感因素在外语"教"与"学"中介入的再认识》,《山东外语教学》2004 年第 2 期,第 72 页。

# Exploring the Teaching Strategies in College English Classrooms

陈　琳[1]　王艳艳[2]

1. 成都航空职业技术学院　基础部，四川成都　610100

2. 成都航空职业技术学院　基础部，四川成都　610100

**Abstract**: Roy Killen's framework described the teaching strategies that are commonly used in the western educational context. Based on this framework, this study found that College English teachers widely used the teaching strategy of direct instruction and also provided the analysis of reasons. Overall, College English needs to be reformed in its pedagogical strategies in order to respond the requirements of College English reform and also promote interests of non-English majors in learning College English.

**Key words**: Teaching strategies; College English; non-English majors; learning English

## I. Introduction

College English is a compulsory subject for all non-English major students in

---

**收稿日期**：2016－12－07

**基金项目**：2012年成都航空职业技术学院教育科研项目"提高高职学生英语学习兴趣和英语应用能力教学模式的探索与实践"（项目序号13）研究成果。

**作者简介**：陈琳（1981—），女，四川成都人，澳大利亚纽卡斯尔大学哲学博士，成都航空职业技术学院基础部英语教研室讲师，主要从事第二外国语教学方法与理念建构研究、文化与语言研究。

王艳艳（1980—），女，四川成都人，成都航空职业技术学院基础部英语教研室讲师，主要从事大学英语教学研究。

China. This subject is primarily designed to improve the language proficiency of College English students. Teaching strategies as a crucial part of College English drew concerns among teaching practitioners and curriculum reformers. Regarding teaching strategies, Roy Killen identified seven types: direct instruction, classroom discussions, small-group work, cooperative learning, problem solving, and student research and performance activities. [1]

This research employed mixed methods and invited two sample universities in Sichuan province which were coded as University C and University D. University C is located in the capital city and University D is situated in a regional city of Sichuan province. In total, 28 female teachers and 17 male teachers voluntarily completed the survey. There were 13 male students and 12 female students interviewed. They were from different majors and various grades in the universities. The on-site records of the classroom observations in the College English classes included the teaching content, teaching activities and strategies, and the details of student engagement. Apart from this, the classroom interactions, including the teacher-student and student-student interactions were observed on the basis of Killen's suggestions on effective interactions in classrooms.

## II. Teachers' Use of Presentation-based Teaching Strategies

The frequency of use of the teaching strategies (Table 1) was described by a five-point scale, from never (scored 1), seldom (scored 2), sometimes (scored 3), often (scored 4) to very often (scored 5). The mean scores indicated that the most frequently used teaching strategy was direct instruction (mean = 4.44; 95% CI [4.26, 4.63]). The least used teaching strategy is student research (mean = 1.18; 95% CI [1.06, 1.29]).

**Table1** ***Mean scores for the use of each teaching strategy***
**(*ordered from the most used to the least used*)**

| Teaching strategies | N | Min | Max | Mean | SD | 95% CI |
|---|---|---|---|---|---|---|
| Direct instruction (DI) | 45 | 3 | 5 | 4.44 | .624 | [4.26, 4.63] |
| Classroom discussion (CD) | 45 | 3 | 5 | 3.36 | .529 | [3.20, 3.51] |
| Small-group work (SGW) | 45 | 1 | 5 | 3.18 | .650 | [2.98, 3.37] |
| Performance activities (PA) | 45 | 2 | 4 | 2.87 | .548 | [2.70, 3.03] |
| Cooperative learning (CL) | 45 | 2 | 4 | 2.71 | .589 | [2.53, 2.89] |
| Problem solving (PS) | 45 | 1 | 3 | 1.82 | .576 | [1.65, 2.00] |
| Student research (SR) | 45 | 1 | 2 | 1.18 | .387 | [1.06, 1.29] |

* *Five-point scale from never* (1) *to very often* (5).

## Ⅲ. The Reasons for Using Direct Instruction

One reason for the popularity of direct instruction is the large class sizes in College English. Participant C10, a senior university student, recalled his learning experience:

> It's an extremely big class full of students. The teachers started the lecture by listening to the new words listed at the back of the textbooks. Then the class moves to the drill practice.

According to David Hayes, there is no quantitative definition of what constitutes a "large" class, as perceptions of this will vary from context to context.[2] Some scholars, such as Keith Johnson holds the view that 50 would be large enough for a College English class, while others have argued that a large English class could have as many as 100, or even 150 students.[3] This thesis argues that a "large class" refers to a College English class where the number of students ranges from 50 to 100. On average, the student-teacher ratios in the observed classes at University C and University D were 51 : 1 and 59 : 1 respectively. This overt gap in the numbers of teachers and students largely led to the large size of the English language classes. Even other disciplinary classes in Chinese universities are large, with fifty to ninety in a class, or even more. In terms of language classes, Vivian Cook has claimed that the optimum size for a College English class is fewer than twenty students, because different learners can achieve the same level of success if the language instruction can match their own preferred approach to learning. [4] In these large-sized classes, the teacher participants obviously have difficulties in catering for all the students who present individual differences in their abilities, learning styles and interests. As such, the number of students is an affecting factor that influenced the teachers' pedagogical choices. It is likely that College English teachers tended to choose direct instruction as a main strategy to deliver the curriculum contents, believing it to be the most effective way for them to take control of the instructional sequence and to accommodate individual learners when teaching large classes.

Another reason for the teachers' use of direct instruction is that teachers are under pressure for time in College English, as they need to deliver a large amount of factual knowledge within two to four hours of instruction each week. In most of the observed English language classes, it was shown that direct instruction was used as the most common teaching strategy to instruct the language-related skills and other factual points, including grammar and vocabularies. The following extract is representative of the classroom observations:

> C05 class and the teacher (8. 30 am—10. 00 am): This class is for 39 students majoring in history. The teacher started the lecture by explaining the new words list for the reading passage (forty new words in total). Then she went on to translate the passages sentence by sentence, followed by asking students to complete the questions attached to the passage.

The typical class above was not as large as other observed classes (39 students), but the teacher was seen to use the teaching strategy of direct instruction as well. This indicates that large-sized classes are not the only possible reason for the wide use of direct instruction in College English classrooms. The teacher also considers the curriculum content required to be covered when selecting teaching strategies. As observed in this class, the teaching content was mainly reading, with an extension of factual knowledge in new vocabularies. Killen argued that direct instruction can be equally effective with large and small classes, and for students from most cultures, particularly when teaching factual information. In this class, the teacher employed the teaching strategy of direct instruction and arguably this could introduce a broad range of ideas and examples in a short time. Therefore, delivering a large amount of teaching content is another reason for the pedagogical choice of teachers.

The third reason for teachers' using direct instruction is associated with the teacher education system in China. These teacher participants may be not well equipped with a thorough pedagogical knowledge, and are unable to employ different teaching strategies. With regard to the degrees or credentials that these teacher participants held, or were studying towards, the data indicated that the overwhelming majority had attained a master's degree in English language and literature (78.5%), while only 10% held a master's degree in Teaching English to Speakers of Other Languages (TESOL). Less than 4% of the teacher participants advised that they were currently enrolled in a TESOL course. A small number of the teacher participants had a bachelor's degree, either in English language and literature or TESOL, but all of them had at least 12 years' experience in teaching College English. In general, they were entitled to teach English language because of their qualifications and professional experience. However, more qualified teachers with teaching skills are needed as the data suggested.

## IV. Conclusion

This study suggests that the most prevalent teaching strategy in China is still direct instruction. Therefore, College English is supposed to reform teaching strategies to respond its requirements. Ideally, instructors of College English are able to use a wide range of teaching strategies.

**Notes:**

[1] Roy Killen, *Effective Teaching Strategies: Lessons from Research and Practice* (6th ed.), Cengage Learning Australia, 2013, pp. 16 - 17.

[2] David Hayes, "Helping Teachers to Cope with Large Classes", *ELT Journal*, 1997, 51 (2), pp. 106 - 116.

[3] Keith Johnson, *An Introduction to Foreign Language Learning and Teaching*, Pearson Education, 2008, pp. 38 - 46.

[4] Vivian Cook, *Second Language Learning and Language Teaching* (3rd edition), London, New York: Edward Arnold, 2001, pp. 123 - 126.